루돌프 슈타이너 자서전

루돌프 슈타이너 자서전
내 인생의 발자취

마리 슈타이너가 후기를 붙여
1925년에 발간한 미완 자서전

한국인지학출판사
Korea Anthroposophy Publishing

Rudolf Steiner
Mein Lebensgang

루돌프 슈타이너 전집 | 인지학 2
루돌프 슈타이너 자서전
내 인생의 발자취

원표제: Rudolf Steiner, Mein Lebensgang
독일어 원작(루돌프 슈타이너 전집 28)을 한국어로 번역함

1판 1쇄 발행 2018년 6월 6일

지은이 | 루돌프 슈타이너
옮긴이 | 장석길·루돌프 슈타이너 전집발간위원회

발행인 | 이정희
발행처 | 한국인지학출판사 www.steinercenter.org
주소 | 04090 서울특별시 마포구 독막로 230 우리빌딩 2층·6층
전화 | 02-832-0523
팩스 | 02-832-0526
기획제작 | 씽크스마트 02-323-5609
북디자인 | 김다은

ISBN 979-11-960888-6-6
     979-11-960888-3-5 (세트) 04040

잘못된 책은 구입한 서점에서 바꿔 드립니다.
이 책은 한국인지학출판사가 스위스 도르나흐 소재 "루돌프 슈타이너 유고관리기구Rudolf Steiner-Nachlaßverwaltung"의 허락을 받아 1925년 출판본의 제7개정판을 텍스트로 하여 번역, 출간한 것입니다.
이 책의 내용, 디자인, 이미지, 사진, 편집구성 등을 전체 또는 일부분이라도 사용할 때에는 발행처의 서면으로 된 동의서가 필요합니다.

이 도서의 국립중앙도서관 출판예정도서목록(CIP)은 서지정보유통지원시스템 홈페이지(http://seoji.nl.go.kr)와 국가자료공동목록시스템(http://www.nl.go.kr/kolisnet)에서 이용하실 수 있습니다.(CIP제어번호: CIP2017034867)
이 책은 사단법인 한국슈타이너인지학센터, 인지학 출판프로젝트 2025, 벨레다 코리아의 후원으로 제작되었습니다.

후원계좌 | 신한은행 100-031-710055 인지학출판사

루돌프 슈타이너 박사의 자서전은 인지학의 생성 배경과 발도르프 교육 방법론의 뿌리를 읽어낼 수 있는 방대한 저작물이다. 한국어 번역판이 출간된 것은 오로지 故 장석길 선생의 여러 해에 걸친 지난한 번역 작업 덕분이다.

  아무도 가지 않은 인지학의 길을 열어 주고자 슈타이너의 원서 번역에 전념한 결과물들 가운데 이 자서전과 《인간과 지구의 발달-아카샤 기록의 해석》은 장석길 선생이 타계 직전 사단법인 한국슈타이너인지학센터에서 발간되길 희망한 책이다. 선생의 뜻대로 이 책이 한국에 인지학을 폭넓게 알리고 발도르프 교육학의 밑거름이 되길 바라며, 다시 한번 선생의 순수한 헌신에 경의와 고마운 마음을 표한다.

- 루돌프 슈타이너 전집발간위원회

장 석 길(1953-2016)
· 충남 당진 출생
· 1982년 한국외국어대학교 독어교육과 졸업
· 1991-1996 독일 체류
   남부 독일의 슈타이너 치유교육 현장인 "푀렌뷜Föhrenbühl 캠프힐 공동체"에서 활동
· 1996년 귀국 후 문막(원주)에서 농사를 지으며 인지학 서적 번역 작업에 전념함

추천사 송순재 (전 감리교신학대학교 교수, 전 서울시교육연수원장,
현 삶을 위한 교사대학 대표)

    마침내 루돌프 슈타이너의 자서전이 우리말로 번역, 출간되었다. 이 번역서는 한국인지학출판사가 시작한 출판 프로젝트의 일환으로 세상의 빛을 보게 된 작품이다. 이 기획은 너무도 방대한 것이라서 믿기지 않을 정도이나, 시작이 반이라 했으니 머나 먼 그 길을 독자의 한 사람으로서 함께 떠나 보기로 한다.

    그 동안 대안교육운동의 빠른 확산에 발맞추어 관련 도서와 문헌 논문들이 쏟아져 나왔다. 아마도 루돌프 슈타이너와 발도르프 교육학에 관한 책들이 가장 많지 않았는가 싶다. 질과 양에 있어서 그렇다. 이 영역에 종사하는 교사와 학부모 층의 남다른 열정과 노력, 나아가 독일 쪽의 내용 지원과 협력도 큰 몫을 한 것 같다. 이 지점에서 슈타이너의 주요 저작물로 꼽히는 자서전이 출간된 것이니 이 책은 교육운동에서 역사적인 의미를 부여할 만하다. 그 동안 슈타이너와 발도르프 교육학 영역에서 거둔 성과에도 불구하고 한 가지 아쉬움이 있었다면 번역서들이 대체로 2차 문

헌에 한정되어 있었다는 점이다. 이렇게 볼 때 전집 번역 기획과 본 자서전은 그러한 한계를 넘어서는 뜻 깊은 행보라 생각된다. 현장과 학계 모두 특별히 축하해 마지않을 일이다.

자서전은 그야말로 자기가 살아오고 일해 온 역정에 대한 성찰적 기록이니 만큼 이것보다 더 슈타이너의 삶과 정신세계를 이해하도록 도울 수 있는 길은 없을 것이다. 하지만 자서전 쓰기는 늘 어렵고 늘 위험을 수반하는 일이다. 왜냐하면 본의든 본의가 아니든 기억이나 기술의 착오가 있을 수 있고 또 자신의 어두운 부분을 감추고 때로 교묘하게 미화하기까지 하는 등 오류 가능성이 잠재되어 있기 때문이다. 수식어 없이 과감하게 자신을 있는 그대로 드러내고자 했던 루소나 톨스토이 등의 작품은 이런 점에서 귀감이 될 만하다. 루돌프 슈타이너 역시 나름의 이유 때문에 자서전 같은 건 쓰지 않으려 했다고 한다. 즉 한 사람의 개인적인 면모는 말과 행동을 통해 드러나야지 개인사를 돌아보는 따위의 과정을 통해서 드러낼 일은 아니라는 것이다. 그럼에도 그가 펜을 들게 된 이유는 자신과 자신의 일을 둘러싼 주위의 몰이해나 잘못된 판단을 가능한 한 객관적인 시각을 통해 바로잡을 필요를 느꼈기 때문이라고 한다. 이러한 슈타이너의 심경을 대하면서 나는 훨씬 공감적 시선을 가지고 이 작품을 읽는 기쁨을 누릴 수 있게 되었다.

우리는 이 책을 통해서 그 동안 궁금했던 점들, 이를테면 그의 성장과정과 학문적 배경이 어떠하였기에 현대인의 삶 전체에 의미심장한 자극을 던질 수 있었는지, 교육학 뿐 아니라 의학, 건축학, 사회학, 농법, 예술 등의 분야에 마치 세계의 천재로 꼽히는 괴테처럼 혹은 그 이상으로 현재 여전히 또한 새롭게 영향력을 미칠 수 있는지, 인지학의 배경은 무엇인지, 정신과학을 어떻게 이해해야 할지, 그가 말하는 종교와 기독교란 어떤 것인지 등에 대해서 직접 탐구할 수 있게 될 것으로 기대한다. 정말 흥미진

진하고 가슴 뛰는 일이 아니겠는가?

한편 그 동안 현장 일각에서는 루돌프 슈타이너와 발도르프교육의 이해에 대한 의구심과 해소되지 않는 다양한 의문이 제기되곤 했다. 이는 독특한 만큼 의례적으로는 이해되기 어려운 사상의 깊이 때문일 것으로 생각된다. 모든 비범한 사상가들은 자기만의 언어와 어법, 행동양식을 가지고 있다. 예컨대 현대 실존주의 철학자 중 카를 야스퍼스Karl Jaspers의 책을 읽어나가다 보면 그가 고안해 낸 독특한 언어세계와 마주하게 된다. 그런데 이것을 이해하지 못하면 그의 철학세계에는 결코 접근할 수 없다. 그런 식으로 초보자로서 슈타이너의 독특한 언어와 정신세계에 대한 답사를 자서전을 가지고 시작한다면, 슈타이너의 세계를 쉽게 단정 짓는다든지, 애초부터 문을 걸어 잠근다든지 하는 등의 오류는 피할 수 있을 것이다. 이러한 탐구와 노력은 100주년을 기념하는 세계적인 발도르프 교육학이 우리 땅에 더욱 튼실하게 안착하고 성장해나가는 토대가 될 것이다.

사단법인 한국슈타이너인지학센터는 발도르프교육의 확산을 위해 꾸준히 힘써왔다. 그 깊이를 더하기 위해 한국인지학출판사를 설립한 것은 큰 의미를 지닌다. 지난 세기 초의 독일어로 슈타이너가 말하고자 했던 내용들을 소화해서 우리말로 옮기는 일 자체가 얼마나 난해한 작업인지 많은 설명이 필요치 않을 것이다. 전집발간위원회가 양질의 번역을 위해 책임을 다하며, 전문용어를 정리하느라 쏟아 부은 시간과 노고, 그리고 뜨거운 열정에 대해 깊은 감사와 축하의 말씀을 드리고 싶다. 부디 루돌프 슈타이너의 자서전이 혁신교육을 추구하고 있는 우리 교육계는 물론 문화와 정신계 전반에 걸쳐 또 다른 차원에서 미래를 기약할 수 있는 생산적 자극제가 되기를 바라 마지않는다.

루돌프 슈타이너, 1919년

차례

5   헌사
6   추천사

13   I 1861~1872
─── 크랄예베치, 뫼들링, 포트샤흐, 노이되르플

39   II 1872~1879
─── 비너노이슈타트

59   III 1879~1882
─── 빈, 인체르스도르프

85   IV 1882~1886
─── 빈

101   V 1882~1886
─── 빈

116   VI 1882~1886
─── 빈, 아터제

130   VII 1886~1889
─── 빈

152   VIII 1886~1889
─── 빈

165   IX 1889~1890
─── 바이마르, 베를린, 뮌헨, 빈

178   X 1890년 무렵

186   XI 1890년 무렵

193   XII 1890년 무렵

204   XIII 1890년 무렵
─── 빈

219   XIV 1890
─── 로스토크, 빈

239   XV 1890~1894
─── 바이마르

255   XVI 1890~1894
─── 바이마르

266   XVII 1892~1894

278   XVIII 1894~1896
─── 바이마르

296   XIX 1890~1894
─── 바이마르

313   XX 1890~1894
─── 바이마르

527	후기
531	주석
553	색인
562	도판목록
563	루돌프 슈타이너 연보
567	루돌프 슈타이너 전집 목록

335	**XXI** 1894~1897 바이마르		456	**XXXI** 1900~1913 베를린
350	**XXII** 1897 바이마르		468	**XXXII** 베를린
366	**XXIII** 바이마르, 베를린		485	**XXXIII** 베를린
375	**XXIV** 1897~1899 베를린		491	**XXXIV**
390	**XXV** 베를린		496	**XXXV**
401	**XXVI** 베를린		503	**XXXVI**
406	**XXVII** 베를린		511	**XXXVII**
416	**XXVIII** 베를린		519	**XXXVIII**
424	**XXIX** 베를린			
436	**XXX** 1899~1902 베를린			

- 번역문은 자서전의 성립 시기와 배경, 문체, 저자의 의도 등을 고려하여 최대한 원문의 표현과 표기를 살렸습니다. 이에 따라 저서와 간행물의 제호가 불규칙하게 표기되는 경우가 많으며, 지명, 인명을 비롯한 고유명사도 일반적인 표기 원칙에서 벗어나는 것들이 있습니다. 또 독일어 단어의 철자는 1996년 개정 독일어 맞춤법을 따랐습니다.

- 외국어/외래어의 한글 표기는 국립국어원의 외래어표기법을 기본으로 했으나, 소수의 독일어, 체코어, 폴란드어 어휘는 원어 발음과 관행에 따르는 것이 합당하다고 여겨져 표기법과 달리 썼습니다.

- 저자가 괄호로 추가한 설명 이외에 루돌프 슈타이너 전집발간위원회가 독자의 이해를 돕기 위해 붙인 주석은 해당 낱말에 직접 작은 글씨로 붙여 구별했습니다.

- 슈타이너 인지학의 용어의 범위는 기본적으로는 당시 독일의 관념론 철학, 괴테와 실러를 중심으로 하는 문학, 서양 신비주의 등의 어휘를 크게 벗어나지 않습니다. 하지만 슈타이너는 많은 용어에 새로운 의미와 연관성을 부여하여 독특하게 사용했고, 이는 오늘날까지 슈타이너의 텍스트가 어렵게 여겨지거나 오해 받는 원인이 되고 있습니다. 우리나라 인지학 연구의 짧은 역사 안에서 슈타이너 용어는 영어, 일본어 번역문의 경유, 슈타이너 사상의 배경이 된 서양 근대 문학과 철학 및 서양 신비주의 전통에 대한 이해 부족, 슈타이너의 어법과 텍스트에 대한 착오, 우리말과 일본어 한자어 사용법 격차의 오해 등으로 인해 대부분 합리적으로 정리되어 있지 않습니다. 루돌프 슈타이너 전집발간위원회는 이미 출간된 ≪인간과 지구의 발달-아카샤 기록의 해석≫, ≪발도르프 교육예술≫, 곧 나올 ≪우주론, 종교, 그리고 철학≫, ≪신비적 사실로서의 그리스도교≫, ≪신비학 개요≫, ≪자유의 철학≫, ≪신지학≫과 더불어 이 자서전이 인지학의 개념을 이해하는 중요한 기초자료를 제공한다고 확신하면서, 문제가 되는 용어의 올바른 번역을 위해 깊이 있는 연구와 노력을 기울여 왔습니다. 인지학 원문에 관심 있는 독자들께서는 Seele, Geist, Idee, Anschauung, Imagination, Intuition, Denken-Fühlen-Wollen 등의 용어 사용이 기존의 역어와 어떻게 다른지 주목하시기 바랍니다. 사단법인 한국 슈타이너 인지학센터, 한국인지학출판사, 루돌프 슈타이너 전집발간위원회는 분야별 연구자 집단과 교육 현장 관계자들이 참여하는 텍스트·용어 세미나와 용어집 출판 작업을 앞으로도 계속해 나갈 계획입니다. 독자 제위의 적극적인 참여와 조언을 기다립니다.

I

1861~1872
크랄예베치, 뫼들링, 포트샤흐, 노이되르플

아동기의 인상과 첫 수업 —— 마을학교의 사건들 —— 스스로 공부하다

내가 가꾸어온 인지학(Anthroposophie)의 공개적인 논의 자리에서는 얼마 전부터 내 삶의 발자취에 대한 자료와 평가가 등장하고 있다. 그리고 이렇게 나온 이야기들을 근거로 나의 정신적인 발달에서 변화라고 보이는 것들이 어디서 비롯된 것인지 결론을 내리는 일도 있었다. 이를 계기로 친구들은 내 인생 행로에 관해서 내가 직접 무언가를 쓰면 좋을 것 같다는 의견을 밝혔다.

이런 일은 내 취향이 아니라는 점을 고백해야겠다. 나는 늘 내가 해야 할 말과 해야 한다고 믿는 일을 할 때 나의 개인적인 바람에 따르지 않고 상황이 요청하는 대로 맞추어 하려고 노력했기 때문이다. 물론 여러 분야에서 드러나는 개인적인 면모야말로 사람의 활동에 가장 값진 특색을 부여한다는 것이 나의 평소 신념이긴 하지만, 다만 그 개인적인 면모는 말과 행동을 통해서 드러내야지, 자신의 개인사를 돌이켜보는 가운데 드러낼 일은 아니라고 믿는다. 개인사를 돌이켜보아 밝혀지는 것이 있다면 그것은 그 사람

혼자서 감당하는 것이 마땅할 것이다.

    그럼에도 불구하고 내가 보살펴온 일과 내 삶이 어떻게 연결되어 있는지를 두고 나오는 수많은 그릇된 판단을 객관적인 서술로 바로잡아야 한다고 생각하기 때문에, 또 그런 그릇된 판단을 고려해볼 때 내게 호의적인 사람들의 독촉이 근거가 있는 것으로 보이기 때문에, 이 책을 쓰기로 결심할 수밖에 없었다.

    부모님의 고향은 니더외스터라이히Niederösterreich(하下오스트리아. 오스트리아에서 빈을 둘러싼 지방)였다. 아버지는 게라스Geras에서 태어났는데, 그곳은 니더외스터라이히의 삼림지대에 있는 아주 작은 마을이었다. 어머니는 가까운 호른Horn 시가 고향이었다.

    아버지는 게라스에 있는 프레몽트레 수도회와 긴밀한 관계를 유지하며 유년기와 청소년기를 보냈다. 아버지는 늘 넘치는 애정으로 이 시절을 회고하면서, 어떻게 수도원에서 봉사했으며 수사들로부터 어떤 가르침을 받았는지 즐겨 이야기했다. 나중에 아버지는 호요스 백작의 사냥터지기로 일했다. 백작 가문은 호른에 영지를 소유하고 있었는데, 그곳에서 아버지는 어머니를 알게 되었다. 그후 아버지는 사냥터지기 일을 그만두고 오스트리아 남부철도국에 전신기사로 들어갔다. 처음에는 슈타이어마르크 지방 남쪽의 작은 철도역에서 근무했다. 그 뒤에는 헝가리와 크로아티아 국경에 있는 크랄예베치Kraljevec로 전근했고, 이 무렵 어머니와 결혼했다. 어머니의 처녀 시절 성은 블리Blie였는데, 호른의 어느 오래된 가문 출신이었다. 나는 1861년 2월 27일에 크랄예베치에서 태어났다. 그 바람에 나의 출생지는 우리 집안이 있던 곳과는 멀리 떨어진 곳이 되고 말았다.

아버지와 어머니는 전형적으로 니더외스터라이히의 도나우 강 북쪽 아름다운 삼림지대 출신의 순박한 사람들이었다. 이 지역은 다른 곳보다 늦게 철도가 들어왔는데, 게라스는 오늘날까지도 철도가 닿지 않는다. 부모님은 고향의 추억을 사랑했다. 그래서 부모님이 고향 얘기를 할 때면, 비록 인생의 대부분을 고향에서 멀리 떨어져 살 운명이었지만 마음은 고향을 떠난 적이 없음을 누구든 본능적으로 느낄 수 있었다. 아버지가 바쁜 직장 생활에서 은퇴하자, 부모님은 곧장 호른으로 귀향했다.

아버지는 한결같이 다정한 성격이었지만, 젊은 시절에는 욱하는 기질도 있었다. 철도 일은 단지 생계수단이었는지, 아버지는 그 일에 애정으로 매달리지는 않았다. 내가 아직 어렸을 때 아버지는 때때로 사흘 밤낮을 근무해야 했고, 그러고 나면 24시간 동안 일에서 풀려났다. 이렇듯 삶은 그에게 오직 암울한 일상의 연속이었다. 아버지는 정치상황을 지켜보는 일에 열성이었다. 정치는 아버지가 가장 적극적으로 관심을 보이는 분야였던 것이다. 넉넉지 않은 가계였기 때문에 어머니는 홀로 집안일을 해내야 했다. 어머니의 일과는 아이들과 작은 살림을 사랑으로 꾸려가는 일로 채워졌다.

내가 한 살 반이 되었을 때, 아버지는 빈 근교의 뫼들링Mödling으로 전근했다. 그곳에서 우리는 반 년 동안 머물렀다. 그 다음 아버지는 슈타이어마르크에 인접한 니더외스터라이히의 포트샤흐Pottschach 남부철도역 역장으로 자리를 옮겼다. 나는 만 두 살부터 여덟 살까지를 그곳에서 보냈다. 어린 시절 나는 경이로운 풍경에 둘러싸여 있었다. 눈길이 닿는 곳에는 니더외스터라이히와 슈타이어마르크를 잇는 산—슈네베르크Schneeberg, 벡셀Wechsel, 락스알페 Raxalpe, 젬머링Semmering—이 늘어서 있었다. 슈네베르크 산마루의 민둥민둥한 바위가 햇살을 붙잡아서 작은 역을 향해 되쏘는 풍경이 아름다운 여름날의 아침을 알리는 인사였다. 그와는 대조적으로 벡셀의 회색 등마루는 엄숙한 기분이 들게 했다. 풍경 어디서나 미소 짓듯 자리잡은 초록색으로 인해 산들은 마치 초록을 뚫고 나온 것 같았다. 멀리는 장엄한 영봉들이 펼쳐졌고, 바로 눈앞에는 매혹적인 자연이 있었다.

하지만 이 작은 역에서는 모든 관심이 철도 운행에 집중되었다. 당시에 이 지방에서는 기차가 아주 띄엄띄엄 운행되었다. 그래서 기차가 올 때면 시간이 있는 마을 사람들 가운데 많은 이가 역으로 모여들어, 그런 일 말고는 단조롭기 짝이 없는 일상에서 그나마 기분전환을 했다. 학교 교사, 신부, 장원의 회계원, 때때로 읍장까지 그곳에 나타났다.

나는 그런 환경에서 어린 시절을 보낸 것이 인생에서 중요한 의미가 있다고 믿는다. 그때 환경 덕분에 기계에 깊은 관심을 갖게 되었기 때문이다. 기계의 속성을 철저히 보여주는 열차가 자연 속으로 멀리 사라질 적마다 내 어린 마음속에서 매혹적이고도 장엄한 자연을 향한 관심이 희미해지려 한 것이 기계에 대한 나의 관심이었음을 나는 안다.

이 모든 것에 영향을 끼친 사람이 있었다. 그는 대단히 특이한 인물로, 포트샤흐에서 도보로 약 45분 거리에 있는 성 발렌틴 성당의 신부였다. 그는 우리 집을 즐겨 방문했는데, 거의 매일 우리 집으로 산책을 와서 오랫동안 머물렀다. 너그럽고 상냥하면서 개방적인 가톨릭 성직자의 전형이었다. 또 건장하고 어깨가 벌어졌으며 재치가 있었다. 그는 즐겨 익살을 떨었고, 자기 농담에 사람들이 웃으면 좋아했다. 그가 떠나고 한참이 지나서도 사람들은 그의 말을 떠올리며 웃곤 했다. 그는 현실을 잘 아는 사람이어서 곧잘 유익하고 실용적인 충고도 해주었다. 그 가운데는 우리 가족에게 오래도록 영향을 준 조언 하나가 있었다. 포트샤흐의 철로 양쪽으로는 아카시아 나무가 줄지어 서 있었다. 언젠가 우리 가족과 함께 이 아카시아 나무가 늘어선 좁은 길을 걷다가 그가 말했다. "야, 아카시아 꽃이 정말 예쁘네!" 그러더니 한 나무에 훌쩍 뛰어올라 아카시아 꽃 송이를 잔뜩 땄다. 그러고 나서 아주 커다란 붉은 손수건을 펼치고는 격렬하게 코를 쿵쿵거리면서 채취한 꽃을 조심스레 싸서 보퉁이를 만들어 옆구리에 꼈다. 그리고 아버지에게 말했다. "아카시아가 이리 많으니 복 받으셨네요." 아버지는 놀라서 되물었다. "그걸 도대체 어디에 써먹는다는 겁니까?" 신부가 답했다. "맙소사! 아카시아 꽃을 엘더플라워처럼 구워 먹을 수 있다는 걸 모른다고요? 아카시아가 꽃향이 더 은은하고 맛도 훨씬 좋은데 말입니다." 그 뒤로 우리집에서는 기회가 닿는 대로 구운 아카시아 꽃이 식탁에 올랐다.

포트샤흐에서 부모님은 딸 하나와 아들 하나를 더 낳았다. 그 뒤로 가족은 더 늘지 않았다.

나는 아주 어렸을 때 별난 버릇이 있었다. 혼자 식사를 할 수 있게 되면서부터 부모님은 내게서 눈길을 뗄 수 없었다. 내가 수프 접시나 커피 잔을 한번만 쓰고 버리는 물건으로 여겼기 때문이다. 그래서 식사 후에 눈여겨보는 사람이 없으면 접시나 컵을 식탁 밑으로 던져서 산산조각 내버렸다. 그 소리에 어머니가 다가오면, "엄마, 내가 벌써 다 치웠어요!" 하고 소리치며 어머니를 반겼다.

내가 무슨 심각한 파괴욕구가 있어서 이런 짓을 했을 리는 없다. 나는 장난감을 아주 조심조심 다루어 오랫동안 멀쩡하게 유지하는 아이였다. 그중에 유달리 나를 사로잡은 놀잇감이 있었는데, 지금까지도 그런 놀잇감을 특별히 좋게 여긴다. 그것은 바로 책 아래 쪽에 달린 실을 당겨 책의 그림을 움직일 수 있는 그림책이었다. 사람들은 실을 당겨 자신의 일상을 그 그림에 부여하면서 짧은 이야기를 따라갔다. 나는 그런 그림책 앞에 여동생과 한참 동안 앉아 있곤 했다. 그리고 그 그림책을 보면서 저절로 기초적인 읽기를 배웠다.

아버지는 내가 일찌감치 읽기와 쓰기를 배우기를 바랐다. 내가 학교 갈 나이가 되자 아버지는 나를 마을학교에 보냈다. 선생님은 나이가 많아서 가르치는 일을 힘겨워했다. 하지만 마찬가지로 나도 그 선생님한테 수업을 받는 일이 힘겨웠다. 선생님을 통해 무언가 배울 수 있으리라는 생각은 전혀 들지 않았다. 선생님은 부인과 어린 아들을 데리고 종종 우리집에 왔다. 당시 내 생각에는 선생님의 아들이 악당처럼 느껴졌다. 그 바람에 그런 악당을 아들로 둔 사람한테서는 아무것도 배울 것이 없다는 생각이 내 머릿속에 박혀 있었다. 게다가 '대참사'까지 벌어졌다. 역시 이 학교 학생인 악당이 한번은 장난삼아 나뭇조각으로 학교에 있는 모든 잉크병을 휘젓고 다닌 바람에 학교가 온통 잉크 얼룩으로 뒤덮였다. 악당의 아버지가 이 사실을 알게 되었을 때는 학생들 대부분이 이미 집에 가고 없었다. 학교에는 나와 선생님 아들과 사내아이 몇이 남아 있었다. 선생님은 흥분하여 이성을 잃고는 끔찍한 욕설을 퍼부었다. 목이 쉬지 않은 상태였다면 선생님은 짐승처럼 울부짖었을 것이다. 그는 길길이 날뛰는 와중에도 우리의 거동을 보고 누가 범인인지를 분명히 알게 되었다. 하지만 그때 사정이 달라졌다. 관사는 교실과 붙어 있었다. 관사에 있던 사모님이 소동을 듣고 교실로 들어와 눈을 부릅뜨고 양팔을 마구 휘둘러댔다. 여자는 자기 아들이 그런 일을 저지를 리 없다고 확신했다. 그리곤 나에게 죄를 뒤집어 씌웠다. 나는 그곳에서 뛰쳐나왔다. 집에 이 일을 알리자 아버지는 몹시 화가 나셨다. 그래서 선생님 부부가 우리 집에 왔을 때, 아버지는 그들에게 아주 분명하게 자퇴를 통보하면서, "내 자식이 다시는 당신 학교에 한 발짝도 들여놓지 못하도록 하겠소." 하고 선언했다. 그 뒤로는 아버지가 직접 나를 가르쳤다. 그래서 나는 아버지 사무실에서 몇 시간이고 아버지 곁에 앉아서 읽고 쓰기를 공부했고, 아버지는 틈틈이 사무를 보았다.

 아버지한테 배우는 동안에도 나는 수업에서 제대로 흥미를 느끼지 못했다. 다만 아버지가 쓰는 것은 흥미로웠다. 아버지가 하는 일을 따라하고 싶은 마음은 있어서, 그렇게 따라하는 동안 나는 많은 것을 배웠다. 나를 가르치기 위해 아버지가 준비한 내용에서는 별로 공감을 느끼지 못했다. 그 대신에 나는 아이다운 방식으로 실제로 일상생활에서 이루어지는 활동을 익혔다. 철도 일이 이루어지는 과정, 그리고 그것에 연관된 모든 것이 나의 관심을 끌었다. 특히 자연법칙을 보여주는 소소한 현상들이 흥미로웠다. 쓰기는 내키지 않아도 해야 하는 공부였다. 나는 되도록 빨리 써서 공책 한 면을 금세 채웠다. 그래야 아버지가 사용하는 모래를 글씨가 써진 종이 위에 뿌릴 수 있기 때문이었다. 잉크를 머금은 모래가 아주 빨리 마르는 모습, 그리고 모래와 잉크가 합쳐져서 만들어지는 혼합물이 나를 사로잡았다. 나는 손가락으로 글자가 말랐는지를 계속해서 확인해 보았다. 그 과정에서 호기심이 너무 컸던 나머지, 비교적 너무 일찍 글자에 손을 댔다. 그 바람에 글씨 연습의 결과물은 아버지 마음에 조금도 들지 않았다. 그러나 아버지는 마음씨 좋은 분이어서 나를 종종 구제불능의 '악필가'라고 부르는 정도로 야단을 쳤을 뿐이다. 하지만 쓰기를 둘러싸고 내가 벌인 일은 이것만이 아니었다. 나는 글자 모양보다 깃펜의 모양에 더 관심이 많았다. 나는 아버지의 종이 자르는 칼을 깃의 갈라진 틈으로 밀어넣어 깃과 같은 물건이 물리적으로 얼마나 탄력이 있는지 알아보기도 했다. 물론 그런 다음에는 벌어진 깃을 다시 구부려 붙여 놓았지만, 그로 인해서 글씨는 더욱 형편없어졌다.

또한 자연 현상을 인식하는 감각이 각 현상의 연관성을 통찰하기도 하고 '인식의 한계'에 부딪히기도 한 것도 이 시기였다. 우리 집에서 약 3분 거리에 방앗간이 있었다. 방앗간 사람들은 내 동생들의 대부모였다. 방앗간 사람들은 늘 우리를 반갑게 맞아주었다. 나는 곧잘 부모님의 눈길을 벗어나 그곳으로 사라졌다. 열정적으로 제분 작업을 '연구'하기 위해서였다. 그곳에서 나는 '자연의 내부'로 파고들었다. 그보다 더 가까운 곳에는 방적공장이 있었다. 이 공장에서 쓰는 원자재가 들어오고 완제품이 되어 실려 나가는 곳은 철도역이었다. 나는 공장 안으로 사라지고 공장 밖으로 모습을 드러내는 모든 것을 역에서 지켜보았다. '공장 내부'를 들여다 보는 일은 엄격히 금지되어 있었다. 그래서 그 안으로는 한 번도 들어가보지 못했다. 그게 바로 '인식의 한계'였고, 나는 무척이나 그 한계를 넘어보고 싶었다. 그 곳의 공장장은 사무적인 일로 거의 날마다 아버지를 보러 왔다. 공장장은 나 같은 아이에게는 공장 '내부'의 비밀을 신비의 베일로 감추고 있는 수수께끼 같은 인물이었다. 그는 몸 곳곳이 흰 솜털로 뒤덮여 있었고, 그의 눈길은 기계 일을 오래 한 탓에 늘 어디엔가 고정되어 있는 것 같았다. 그는 기계적인 어투로 거칠게 말했다. '이 사람은 저 공장 안에 있는 것과 어떤 관계일까?'라는 의문은 내 마음 속의 풀 수 없는 문제였다. 하지만 나는 누구한테도 그 비밀을 캐묻지 않았다. 내 어린 소견으로는 볼 수 없는 일을 두고 질문해봐야 아무 소용이 없다고 생각했기 때문이다. 이처럼 나의 일상은 친절한 방앗간과 불친절한 방적공장 사이에서 이어졌다.

한번은 철도역에서 매우 '충격적인 일'이 일어났다. 아버지가 화물을 싣고 우르릉거리며 달려오는 열차를 보고 있는데, 뒤쪽 한 량이 불길에 싸인 모습이 아버지 눈에 들어왔다. 열차 승무원들은 이런 사실을 전혀 눈치 채지 못했다. 열차는 불이 붙은 채 역으로 들어왔다. 그때 벌어진 모든 일은 나에게 깊은 인상을 남겼다.

불은 인화성이 강한 물건을 실은 칸에서 일어난 것이었다. 오랫동안 나는 *어떻게* 그런 일이 일어날 수 있을까 하는 생각에 골몰했다. 비슷한 다른 경우에도 그랬지만, 그 문제를 두고 주변 사람들이 들려준 얘기는 내 의문을 풀어주지 못했다. 내 머릿속은 여러 질문으로 가득했지만, 답은 주어지지 않았다. 그러는 동안 나는 여덟 살이 되었다.

여덟 살 때, 우리 가족은 헝가리의 작은 마을인 노이되르플Neudörfl로 이사했다. 이 마을은 라이타Laytha강을 경계로 니더외스터라이히를 마주하고 있었다. 아버지가 맡은 철도역은 마을 한쪽 끝에 자리잡고 있었다. 역에서 국경을 이루는 강까지는 걸어서 30분 거리였다. 거기서 다시 30분쯤 더 걸으면 비너노이슈타트Wiener-Neustadt에 이르렀다.

포트샤흐에서는 코앞에 있던 알프스 산맥이 이젠 멀리 보이는 풍경이 되었다. 그래도 우리 가족의 새로운 거처에서 금방 닿을 수 있는 낮은 산들을 바라볼 때면, 뒤쪽 멀리 알프스 산맥이 추억을 일깨우며 늘어서 있었다. 동네 한쪽으로는 아름다운 숲과 함께 적당히 솟은 언덕이 시야를 막아섰고, 반대쪽으로는 밭과 숲으로 덮인 평지를 넘어 헝가리까지 시야에 거칠 것이 없었다. 가까운 산 가운데 한 곳은 45분쯤이면 오르는데, 나는 특히 그 산에만 가면 한없이 기분이 좋았다. 산 정상에는 성녀 로살리아의 성화를 모신 아담한 경당이 있었다. 이 작은 경당이 산책의 종착점이었는데, 처음에는 종종 가족들과 함께 갔지만, 나중에는 혼자 산책하는 것을 즐겼다. 이런 산책은 철따라 자연이 주는 풍요로운 선물을 안고 돌아올 수 있어서 특히나 즐거웠다. 숲에는 블랙베리, 라즈베리, 산딸기가 있었다. 이런 것들을 한 시간 반쯤 따 모으면 버터 바른 빵에 치즈 조각만 곁들이는 가족의 저녁식사에 멋진 보탬이 되어 마음 속 깊이 만족감을 느꼈다.

마을 소유의 숲에서 이리저리 돌아다니는 일도 또 다른 즐거움이었다. 마을 사람들은 그곳에서 땔나무를 해 왔다. 가난한 사람들은 직접 나무를 했고, 부자들은 하인을 시켰다. 다들 서로 아는 사이였고, 대부분 인정이 넘쳤다. 그들은 '슈타이너 루돌프'가 다가오면 늘 시간을 내어 함께 수다를 떨었다. "그래 슈타이너 루돌프, 너 또 산책하러 가는 거냐?" 하는 말로 시작해서 이야기를 늘어놓았다. 사람들은 자기 앞에 있는 것이 어린 아이라는 사실에 개의치 않았다. 나이가 육십이 되어도 마음은 아이처럼 순박했기 때문이다. 그렇게 이야기를 나누면서 나는 마을 사람들의 내밀한 가정사까지도 거의 다 알게 되었다.

노이되르플에서 걸어서 약 30분 거리에 자우어브룬Sauerbrunn 마을이 있다. 그곳에서는 철과 탄산을 함유한 샘물이 솟아난다. 그리로 가는 길은 철로를 따라 이어지는데, 군데군데 아름다운 숲을 지난다. 방학 때면 날마다 새벽같이 일어나서 토기 물통 하나를 메고 물을 뜨러 갔다. 내 물통에는 대략 3~4리터가 들어갔다. 누구든 공짜로 샘물을 받았다. 내가 물을 받아 오면 점심때 온 가족이 탄산이 든 맛좋은 물을 즐길 수 있었다.

비너노이슈타트 쪽으로, 그리고 계속해서 더 먼 슈타이어마르크 쪽으로 갈수록 산세는 완만해져서 평원을 이룬다. 이 평원을

포트샤흐에서 바라본 젬머링 산

노이되르플 마을의 도르프슈트라세

관통하며 라이타 강이 굽이굽이 흐른다. 산 중턱에는 구속주회 수도원이 있었다. 나는 산책길에 자주 수사들과 마주쳤다. 지금도 드는 생각이지만, 그때 수사들이 말을 걸어주었다면 내가 기뻐했을 것이다. 그들은 정말 한 번도 말을 걸지 않았다. 그래서 나는 그들과의 만남에서 늘 불확실하지만 장엄한 인상을 받았으며, 그런 인상은 두고두고 뇌리를 떠나지 않았다. 내 나이 아홉이었던 그때에, '이 수사들의 임무와 관련해서는 분명 내가 알아야 하는 중요한 것이 있다'는 생각이 내 안에 확고히 자리 잡았다. 그래서 또다시 의문에 휩싸인 채 해답 없는 궁금증만 마음속에 품고 다녀야 했다. 정말 이런 온갖 것에 대한 의문이 소년인 나를 참으로 고독하게 만들었다.

알프스로 이어지는 산록에는 피텐Pitten 성과 프로스도르프Frohsdorf 성이 보였다. 당시에 프로스도르프 성에는 샹보르Chambord 백작이 살았는데, 그는 1870년대 초에 하인리히(앙리) 5세로 프랑스 왕위에 오르고자 했다. 나는 프로스도르프 성과 관계가 있는 삶의 풍경으로부터 강한 인상을 받았다. 샹보르 백작은 자주 수행원과 함께 노이되르플 역에서 기차를 탔다. 이 인물에 관한 모든 것이 내게는 관심거리였다. 특히 백작의 수행원 한 사람에게서 깊은 인상을 받았다. 그는 귀가 한쪽밖에 없었다. 다른 쪽 귀는 깨끗이 잘려 나갔고, 많은 머리가 그 부분을 덮었다. 그 모습을 보면서 처음으로 결투가 무엇인지 알게 되었다. 그 사람이 결투에서 한쪽 귀를 잃었기 때문이다.

프로스도르프와 연관된 사회의 열악한 삶도 한 부분 알게 되었다. 노이되르플에는 보조교사가 한 사람 있었다. 나는 종종 보조교사의 작은 방에서 그가 일하는 모습을 지켜볼 수 있었는데, 그는 마을과 인근의 가난한 주민을 위해서 샹보르 백작에게 자선을 청하는 글을 무수히 썼다. 청원서를 보낼 때마다 자선금으로 1굴덴이 왔고, 보조교사는 그 가운데 예외 없이 6크로이처를 자신의 수고비로 챙길 수 있었다. 그는 이 수입이 꼭 필요했다. 교사일로는 한 해에 58굴덴 밖에 벌지 못했기 때문이다. 거기다 아침 커피와 점심 식사는 '정교사' 댁에서 했다. 그리고 나를 포함해서 열 명쯤 되는 아이들에게 '과외수업'도 하고 수업료로 다달이 1굴덴을 받았다.

나는 이 보조교사한테서 많은 은혜를 입었다. 하지만 그의 학교 수업에서 많은 것을 배웠기 때문은 아니었다. 이런 사정은 포트샤흐에서 겪은 일과 별로 다를 것이 없었다. 나는 노이되르플로 이사하자마자 마을의 학교로 전학했다. 이 학교는 교실이 하나였는데, 이 교실에서 다섯 학년의 소년소녀들이 동시에 수업을 받았다. 나와 같은 줄에 앉은 사내아이들이 아르파드Arpad 왕의 이야기를 베껴 쓰는 동안, 아주 어린 아이들은 백묵으로 i와 u가 그려진 칠판 앞에 서 있었다. 아무 생각도 없이 거의 기계적으로 문장을 베껴 쓰도록 하는 것 말고는 달리 교사가 할 수 있는 일이 없었다. 모든 수업을 거의 보조교사 혼자서 맡아야 했기 때문이다. '정교사'가 학교에 나타나는 일은 극히 드물었다. 그는 마을의 공증인이기도 했다. 사람들은 그가 공증인으로서 할 일이 너무나 많아 학교 수업은 도저히 할 수 없다고 했다.

사정이 이런데도 나는 비교적 일찍 제대로 읽는 법을 배웠다. 이런 읽기 능력 덕분에 나는 보조교사로부터 내 인생의 지침이 될 무엇인가를 알게 되었다. 노이되르플 학교로 전학하자마자 나는 그의 방에서 기하학 책 한 권을 발견했다. 나는 그 선생님과 사이가 매우 좋았기 때문에, 그 책을 보자마자 들고 나와 얼마 동안 볼 수 있었다. 나는 이 책에 열정적으로 덤벼들었다. 몇 주 동안 내 마음은 삼각형, 사각형, 다각형의 합동과 닮음이라는 개념으로 가득했다. '평행선은 어디선가 교차할까?' 같은 질문에 사로잡혀 골똘했고, 피타고라스 정리에도 매혹되었다.

외적 감각들을 통한 인상 없이도 순수히 내적으로 주시해 본 갖가지 기하학적 형태를 만듦으로써 영혼적으로 살아갈 수 있다는 사실에서 나는 대단한 만족을 얻었다. 그 속에는 해답 없는 질문으로 우울해진 내 기분을 달래 줄 위로가 있었다. 순수하게 정신적으로 무언가를 파악할 수 있다는 점에서 어떤 내적인 행복감을 느꼈다. 나는 기하학에서 처음으로 행복이 무엇인지를 알게 되었다.

확실히 기하학을 통해서 내게는 처음으로 어떤 통찰이 싹터 내 안에서 점점 발전해 갔다. 어린 시절에는 거의 의식하지 못하는 상태로 내 안에 있던 그 직관은 스무 살 무렵에 확실하고 완전히 의식할 수 있는 모양을 갖추게 되었다.

나는 나 자신에게 말했다. 감각들이 지각하는 사물과 사건은 공간 안에 있다고. 그러나 이 공간이 사람 밖에 있는 것과 마찬가지로, 그 내부에는 정신의 존재들과 과정들이 움직이는 무대와 같은 일종의 영혼 공간이 존재한다. 사고 안에서 나는 사람이 사물로부터 만들어내는 형상 같은 것들은 볼 수 없었고, 대신에 이 영혼의 무대에 등장하는 어떤 정신의 세계를 볼 수 있었다. 내가 보기에 기하학은 겉보기로는 사람이 직접 만들어 낸 것 같지만 사람과는 완전히 독립된 의미를 갖는 지식이었다. 물론 당시에 나는 어려서 나 자신에게 분명하게 말하지는 못했지만, 사람은 기하학과 마찬가지로 그런 정신세계에 관한 지식도 마음속에 갖고 있어야 한다고 느꼈다.

왜냐하면 내가 보기에 정신의 세계가 실재한다는 사실은 감각적인 세계의 실재만큼이나 확실했기 때문이다. 하지만 이런 가정을 입증할 어떤 방법이 필요했다. 감각세계에 대한 경험이 착각이 아닌 것처럼 정신의 세계에 대한 경험도 착각이 아니라고 나 자신에게 말하고 싶었다. 나는 기하학을 공부하면서 나 자신에게 말했다. 기하학에서 우리는 영혼 자신만이 그 고유의 힘으로 직접 체험하는 것을 알 수 있다고. 이런 느낌으로 나는 감각세계와 똑같이 내가 체험한 정신의 세계에 관해 말할 수 있는 합당한 근거를 찾아냈고, 그래서 정신의 세계를 그런 방식으로 설명했다. 나는 두 가지의 생각을 품고 있었다. 그것들은 불확실하긴 했지만, 여덟 살도 되기 전에 이미 나의 내적인 삶에서 중요한 역할을 했다. 나는 사물과 존재들을 '보이는 것'과 '보이지 않는 것'으로 구분했다.

나는 이런 것들을 사실 그대로 이야기한다. 그럼에도 인지학을 몽상으로 몰기 위한 근거를 찾는 사람들은 이런 이야기에서 내가 어릴 적부터 몽상을 보는 데 소질이 있어서 자연히 내면에서 그 몽상적인 세계관을 키우게 된 것이라고 결론지으려 할 것이다.

훗날 정신의 세계를 서술하는 일에서 나는 개인적인 경향을 따르지 않고 오로지 그 내적인 필연성에만 전념했다. 바로 그 때문에 나는 기하학을 통해 '보이지 않는 세계'가 있음을 입증한 아이다운 서툰 방식을 아주 객관적으로 회고할 수 있다고 자신한다.

그런데 내가 이 말만은 해야겠다. 내가 감각 세계에 즐겁게 살았던 이유가 있다. 즉, 감각 세상이 정신의 빛을 얻지 못했더라면, 나는 감각 세계를 정신의 암흑처럼 내 주변을 느낄 수도 있었을 것이다.

노이되르플에서 나는 보조교사의 기하학책 덕분에 정신의 세계를 입증할 수 있었고, 또 그 입증은 당시 나에게 꼭 필요한 일이었다.

그밖에도 보조교사 덕분에 얻은 것은 많았다. 나에게 예술적인 것들을 알게 했으니 말이다. 그는 바이올린과 피아노를 연주했고, 그림도 많이 그렸다. 이 두 가지로 인해 나는 그에게 몹시 끌렸다. 그래서 되도록 자주 그의 곁에 붙어 있었다. 그는 무엇보다 데생을 좋아했다. 그래서 아홉 살밖에 안된 나에게 목탄으로 데생을 하도록 했다. 나는 그의 지도를 받으며 목탄 데생으로 그림을 모사해야 했다. 예를 들어 체체니Széchényi 백작의 초상화를 모사하느라 오랫동안 앉아 있어야 했다.

노이되르플에서는 드문 일이었지만 가까운 자우어브룬에서는 자주 강렬한 인상의 헝가리 집시 음악을 들을 수 있었다.

이 모든 것이 성당과 작은 공원묘지 바로 옆에서 지낸 어린 시절의 나에게 영향을 끼쳤다. 노이되르플 역에서 성당까지는 몇 걸음 거리였고, 그 둘 사이에 공원묘지가 있다.

작은 공원묘지를 따라 조금 더 가면 마을이 시작되었다. 이 마을에는 집이 두 줄로 늘어서 있었다. 한 줄은 학교에서, 다른 한 줄은 사제관에서 시작되었다. 두 줄로 늘어선 집 사이에 실개천이 흘렀고, 실개천 양편으로는 우람한 호두나무들이 있었다. 이 호두나무를 중심으로 학교 아이들 간의 서열이 정해졌다. 호두가 익기 시작하면 아이들은 남녀 가리지 않고 겨우내 먹을 호두를 모으려고 나무에 돌을 던져 호두를 털었다. 가을이 되면 누가 호두를 더 많이 모았나 하는 것 말고는 별다른 화제가 없었다. 호두를 가장 많이 모은 아이가 가장 추앙을 받았다. 그렇게 호두의 양에 따라 한 계단씩 서열이 낮아지는데, '마을의 이방인'으로서 이런 서열에 끼어들 권리가 없던 내가 맨 꼴찌였다.

이 마을의 주축을 이루며 줄지어 선 '대농大農'들의 집과 '중농中農'급 주민들이 사는 스무 채 가량의 집은 사제관에서 직각으로 만났다. 또 철도역에 속하는 정원과 맞닿은 곳에는 '소농小農'들의 초가집이 모여 있었다. 우리 가족의 직접적인 이웃은 바로 이들이었다. 마을에서 시작된 여러 갈래의 길은 마을 사람들 소유의 들과 포도밭으로 이어졌다. 해마다 나는 소농민들을 도와 포도를 땄고, 한번은 마을 결혼식에도 참석했다.

나는 보조교사 외에도 학교와 관련된 인물 가운데 신부님을 잘 따랐다. 신부님은 통상 일주일에 두 번씩 종교수업을 하러 학교에 왔고, 그보다 더 자주 학교를 둘러보러 왔다. 이 분의 모습은 내 마음속 깊이 새겨져, 일생 동안 기억에서 떠나지 않았다. 열 살, 열한 살 때까지 내가 알고 지낸 사람들 가운데 단연 가장 중요한 인물이었다. 그는 헝가리의 열렬한 애국자로, 당시 진행 중이던 헝가리 지역의 마자르화化(헝가리화)에 활발하게 참여했다. 그는 이러한 신념을 헝가리어로 된 논문에 담았다. 나는 보조교사 덕분에 이 논문들을 알게 되었다. 보조교사는 이 논문들을 깨끗이 옮겨 적어야 했고, 내가 어렸음에도 불구하고 논문 내용에 관해 나와 늘 이야기를 나누었기 때문이다. 또한 신부님은 성당을 위한 실천적인 일꾼이었다. 그 점을 인상 깊게 느낀 것은 어느 날 신부님의 강론을 들을 때였다.

노이되르플에는 프리메이슨의 집합소도 하나 있었다. 그곳은 마을 사람들에게는 비밀에 싸인 장소로, 온갖 괴상한 전설들이 얽혀 있었다. 마을 끝자락에 있는 성냥공장 주인이 이 프리메이슨 집합소를 이끌었다. 이 공장주 말고는 인근에서 이 집합소와 연관된 사람 중에 눈에 띄는 인물은 또 다른 공장주와 의류상 정도였다. 그밖에도 때때로 대단히 음산한 느낌을 주는 낯선 손님들이 '멀리서' 찾아와 마을 사람들의 관심을 끌었다. 그들 가운데 의류상은 아주 이상한 인물이었다. 그는 늘 생각에 잠긴 듯 머리를 숙이고 다녔다. 사람들은 그를 '사색가'라고 불렀는데, 그의 별난 모습 때문에 사람들은 그에게 접근할 수도, 또 접근하려 하지도 않았다. 그의 집이 바로 프리메이슨의 집합소였다.

나는 이 집합소와는 어떤 관계도 맺을 수 없었다. 집합소에 대한 주변사람들의 태도를 보고 나 또한 뭔가 물어보기를 단념할 수밖에 없었기 때문이다. 게다가 성냥공장의 소유주가 성당에 대해 너무 거친 말을 하는 바람에 반발심이 들었다.

그러던 어느 일요일, 신부님은 인간의 삶에 중요한 참된 윤리를 역설하면서, 프리메이슨 집합소를 윤리의 적에 비유하여 생생하게 설명했다. 그러고 나서 다음과 같은 말로 설교를 맺었다. "사랑하는 교우 여러분, 누가 진리의 적인지를 알아차려야 합니다. 예컨대, 프리메이슨 단원과 유대인이 그 적들입니다." 이로써 마을 사람들은 공장소유주와 의류상이 공식적으로 진리의 적으로 낙인찍혔다고 받아들였다. 이런 말을 하는 신부님의 행동력이 나는 특히 마음에 들었다.

이 신부님은 나에게 또 *한 가지* 강렬한 인상을 남겼는데, 그 또한 내게는 고마운 일이었다. 이는 특히 훗날 내 정신적인 방향을 정하는 데에 지대한 영향을 미쳤으니 말이다. 하루는 이분이 학교에 와서 '성숙한' 학생들을 작은 교사방에 모이도록 했다. 나를 포함하여 학생들이 모이자, 그는 자신이 제작한 도면을 펼쳐 놓고 우리에게 코페르니쿠스의 우주 체계를 설명했다. 그는 태양 둘레를 도는 지구의 공전, 지축을 중심으로 하는 자전, 또 기울어진 지축으로 인한 여름과 겨울의 교차, 다양한 기후대 등을 매우 생생하게 설명해 주었다. 나는 완전히 심취하여 며칠 동안 그 그림을 따라 그렸고, 그 뒤로 신부님에게서 일식과 월식에 관한 특별지도까지 받았다. 그 뒤로 나의 모든 호기심은 이 주제에 맞춰졌다.

당시 나는 열 살 무렵이었고, 여전히 맞춤법과 문법에 맞게 제대로 글을 쓸 수 없었다.

성당과 묘지가 가깝다는 사실은 소년기의 내 생활에 상당히 중요한 의미가 있었다. 마을학교에서 벌어지는 일은 모두 성당이나 묘지와 연관되어 있었다. 그것은 당시 그 지방을 지배하던 사회 구조와 국가 문제 때문만은 아니었다. 무엇보다 신부님이 중요한 인물이라는 사실이 가장 큰 영향을 미쳤다. 보조교사는 성당의 오르간 주자이면서 미사 때 쓰는 신부님의 제의와 기타 성물을 관리했다. 그는 성당의 전례와 연관된 모든 일에서 신부님을 보좌했다. 학생인 우리 소년들은 미사와 장례식과 연미사에서 복사와 합창단원으로 활동했다. 리틴이와 전례의 장엄함은 소년인 나의 마음에 꼭 드는 환경이었다. 열 살 때까지 이런 성당 일에 열심히 참여함으로써, 나는 너무나 존경하는 신부님 곁에 자주 머물 수 있었다.

이렇게 성당 일에 열심이었지만, 우리 집에서 나를 격려해 주는 사람은 아무도 없었다. 아버지는 그런 일에 전혀 관심이 없었다. 당시 아버지는 '자유사상가'였다. 아버지 또한 소년기와 청년 시절에 성당에서 헌신적으로 봉사했으면서도, 내가 섞여들어 자라고 있는 성당에는 한번도 발걸음을 하지 않았다. 나이 들어 은퇴하고 고향인 호른으로 돌아간 뒤에야 비로소 아버지에게 변화가 찾아왔다. 그는 다시금 '신앙심 깊은 사람'이 되었다. 다만 그때는 내가 집과의 모든 인연에서 벗어나고 한참이 지난 뒤였다.

노이되르플에서 보낸 소년시절부터 내 마음을 강하게 사로잡은 것이 있었다. 음악으로 진행하는 봉헌 의식과 전례를 지켜보노라면, 현존재의 수수께끼에 대한 물음이 나의 정신에 매우 연상적으로 떠오른다는 것이었다. 신부님의 성경과 교리 수업보다 그가 전례의 집전자로서 감각세계와 초감각세계를 이어주는 일이 나의 영혼 세계에 훨씬 큰 영향을 주었다. 처음부터 그 모든 전례는 나에게 단지 형식에 그치지 않고 심원한 체험이 되었다. 이런 일에 관해서라면 우리 집 사람들은 나와는 딴 세상에서 살았기 때문에 더욱 그랬다. 가정환경에서 체험하는 것에도 불구하고 나는 성당의 전례를 통해 받아들인 삶을 마음속에서 저버리지 않았다. 나는 집안의 분위기와는 상관없이 지냈다. 나를 둘러싼 환경을 보면서도 실제로는 전례가 이루어지는 다른 세계에 관해서 끊임없이 생각하고 숙고하고 느끼는 것이 일상이었다. 그럼에도 나는 몽상가는 아니었다고 분명하게 말할 수 있다. 오히려 나는 실생활에 필요한 일이면 무엇에나 잘 적응했다.

    나의 이런 세계와 완전히 대조적인 또 한 가지는 아버지의 정치적 관심사였다. 아버지는 다른 역무원 한 명과 교대로 근무했다. 이 역무원은 자신이 관할하는 또 다른 역에 살았다. 그는 이틀이나 사흘마다 노이되르플에 왔다. 일이 바쁘지 않은 저녁 시간이면 아버지와 그는 정치 이야기를 했다. 두 사람의 대화는 기차역 옆에 있는 두 그루의 크고 멋진 보리수나무 아래 탁자에서 이루어졌다. 그곳에 우리 집의 온 가족과 그 역무원이 모였다. 어머니는 대바늘이나 코바늘로 뜨개질을 하고, 동생들은 이리저리 뛰어다녔다. 나는 종종 탁자에 붙어 앉아 두 어른의 끝없는 정치이야기에 귀를 기울였다. 하지만 내가 관심이 있는 것은 대화의 내용이 아니라 두 사람이 말을 주고 받는 형식이었다. 두 사람의 의견은 한 번도 일치하지 않았다. 그래서 한 사람이 "그렇잖소"라고 하면 다른 사람은 "천만에요"라고 대꾸했다. 논쟁은 언제나 열띤 정도를 지나 격정적으로 진행되었지만, 아버지의 본성인 선량함이 늘 논쟁의 분위기를 이끌었다.

그곳에서는 드물지 않게 소규모 모임이 이루어졌다. 그런 모임에는 지역의 '명사들'도 자주 얼굴을 내밀었는데, 이따금 비너노이슈타트의 의사도 모습을 나타냈다. 당시에 그는 의사가 없는 지역에 사는 많은 환자를 진료했다. 그는 비너노이슈타트에서 노이되르플로 걸어서 왔다가 환자들을 살펴본 뒤에는 역으로 와서 돌아가는 기차를 기다렸다. 우리 식구들을 포함해서 그를 아는 사람들은 대부분 그를 기인奇人으로 여겼다. 그는 의사라는 직업에 관해서는 말하고 싶어하지 않았지만, 독일 문학을 두고 얘기하기를 좋아했다. 나에게 레싱, 괴테, 실러를 언급한 사람은 그가 처음이었다. 집에서는 듣지 못한 얘기였다. 사람들은 독일 문학을 몰랐고, 마을 학교에서도 그런 이름이 나오지 않았다. 학교에서는 모든 것이 헝가리 역사에 맞춰졌다. 신부와 보조교사는 독일 문학의 위대함에는 전혀 관심이 없었다. 그런 까닭에 비너노이슈타트의 의사와 더불어 완전히 새로운 세계가 나의 시야에 들어왔다. 의사는 나와 함께 시간을 보내는 것을 좋아했다. 잠깐 동안 보리수나무 아래에서 쉬고 나면 자주 나를 자기 곁에 오도록 하고는, 역 광장을 이리저리 거닐면서 가르치는 투가 아니라 열정적인 태도로 독일 문학 이야기를 들려주었다. 그의 문학 이야기에는 아름다움과 추함에 관한 갖가지 생각이 함께 펼쳐졌다.

나는 당시의 축제와 같은 시간을 평생 하나의 장면으로 기억 속에 간직해 왔다. 키가 크고 호리호리한 의사는 늘 오른손에 우산을 쥐고 자신의 윗몸 옆에서 흔들며 성큼성큼 활보하고, 그 곁에서 열 살짜리 사내 아이가 그의 말에 완전히 열중해 있는 모습이었다.

그밖에 나는 철도 시설에도 매우 열중했다. 철도전신기를 어깨너머로 보면서 전기학 법칙들을 익혔다. 어린 나이에 전보 치는 일도 배웠다.

나는 순전히 니더외스터라이히 동부에서 쓰는 독일어 방언을 말하며 성장했다. 당시에 이 방언은 본래 니더외스터라이히와 국경을 맞대고 있는 헝가리 지역에서도 여전히 통용되고 있었다. 나에게 읽기는 쓰기와는 완전히 달랐다. 그 시절 나는 문장은 건성으로 읽었고 견해와 개념과 원뜻에는 마음으로 직접 다가갔기 때문에, 나의 읽기 능력은 맞춤법과 문법에 관한 감각을 키우는 데 도움이 되지 못했다. 이와는 달리 쓰기의 경우, 내가 일상에서 방언으로 듣는 말소리를 그대로 글자로 써야 한다는 충동이 강했다. 그로 인해 나는 엄청난 어려움을 겪고서야 비로소 제대로 된 문어를 쓸 수 있게 되었다. 문어를 제대로 읽는 것은 처음부터 아주 쉬웠다.

나는 이런 갖가지 영향을 받으며 성장했고, 이제 아버지가 나를 비너노이슈타트에 있는 김나지움으로 보낼 것인지, 아니면 실업학교로 보낼 것인지 결정해야 하는 나이가 되었다. 이때부터 나는 아버지가 정치 토론을 하는 사이에 나의 장래 운명에 대해서 다른 사람들과 얘기하는 것을 많이 들었다. 그런 기회에 아버지는 이런저런 조언을 들었다. 그러나 아버지가 기꺼이 다른 사람 말을 듣기는 하지만 행동만은 자신만의 확고한 의지에 따라 하는 사람임을 나는 그때 이미 알고 있었다.

II

1872 ~ 1879
비너노이슈타트

청소년기의 인식 노력, 특히 수학과 기하학을 공부하는 가운데 ——— 직업학교 ——— 선생님 ———
개인교수의 체험

김나지움과 실업학교 가운데 나를 어느 쪽으로 보낼지를 두고 결정적으로 아버지를 움직인 것은 나중에 철도회사에 '취업'하는 데 필요한 기초 훈련을 받도록 해야 한다는 것이었다. 아버지는 결국 내가 철도기사가 되어야 한다는 쪽으로 생각을 모았고, 그래서 나는 실업학교를 선택하게 되었다.

　그러나 노이되르플 마을학교에서 인근에 있는 비너노이슈타트의 학교로 진학하기에 앞서 우선 해결해야 할 문제가 있었다. 내가 과연 그 종류의 학교에 들어갈 준비가 되어 있는가 하는 것이었다. 그래서 먼저 고등공민학교(Bürgerschule, 당시 오스트리아에서 초등학교를 마치고 가는 학교)에 가서 입학시험을 치렀다.

　그 무렵의 일에 미래의 삶이 달려 있었지만, 정작 나는 별다른 관심이 없었다. 내가 갖게 될 '직업'이나 고등공민학교와 실업학교와 김나지움의 선택에 대해 특별한 생각이 없었다. 주변을 관찰하고 속으로 궁리하는 동안 내 마음속에는 인생과 세계에 관한 모호하지만 절실한 의문들이 있었고, 나는 이런 의문들을 풀어줄 수 있는 무언가를 배우고 싶었다. 하지만 어떤 학교를 가야 그런 걸 배우게 되는지 고민하지는 않았다.

고등공민학교 입학시험에서 나는 매우 우수한 성적으로 합격했다. 나는 보조교사 옆에서 그렸던 그림을 모두 제출했는데, 그림에서 강한 인상을 받은 교사진은 나의 부족한 지식을 문제 삼지 않았다. 나는 '우수'라고 쓰인 성적표를 받고 돌아왔다. 부모님, 보조교사, 신부님과 노이되르플의 많은 유지들이 이 일로 크게 기뻐했다. 사람들은 내가 얻은 결과물이 반가웠다. 많은 이들에게 그것은 '노이되르플 마을학교가 실력 있는 학교'라는 증거였기 때문이다.

이 모든 일을 거치면서 아버지는 그 정도로 실력을 갖춘 아들이 고등공민학교에서 1년을 허비할 것이 아니라 즉각 실업학교로 진학해야 한다고 생각하게 되었다. 그 바람에 얼마 뒤에 다시 실업학교 입학시험을 치러야 했다. 그 시험에서는 이전만큼 좋은 성적을 거두진 못했지만, 어쨌든 입학허가를 받았다. 그때가 1872년 10월이었다.

이제 나는 매일 노이되르플에서 비너노이슈타트로 통학해야 했다. 아침에는 기차를 타고 갈 수 있었지만, 저녁에는 기차시간이 맞지 않아 걸어서 돌아와야 했다. 노이되르플은 헝가리에, 비너노이슈타트는 니더외스트라이히에 있었다. 그래서 나는 매일 '트란슬라이타니엔Transleithanien'에서 '치슬라이타니엔Cisleithanien'으로 통학하는 셈이었다(공식적으로 헝가리 지역과 오스트리아 지역을 이렇게 불렀다).

점심 시간에 나는 비너노이슈타트에 머물렀다. 우리 가족은 노이되르플 역에 멈추는 기차의 승객인 어느 부인을 알게 되었다. 그리고 그 부인에게 내가 비너노이슈타트에 있는 학교에 다니게 되었다는 얘기를 했다. 부모님은 내가 학교를 다니는 동안 점심을 어떻게 해야 할지 걱정이라고 부인에게 털어놓았다. 부인은 자기 집에서 공짜로 점심을 먹도록 하겠다고 약속하고, 필요할 때는 언제라도 나를 맞아주겠다고 했다.

비너노이슈타트에서 노이되르플로 향하는 오솔길은 여름에는 무척 아름답지만, 겨울에는 걷기 힘든 날이 많았다. 도시가 끝나는 곳에서 마을에 도착하기까지는 눈을 치우지 않은 들길을 반 시간 가량 지나와야 했다. 그래서 무릎까지 쌓인 눈을 헤치며 걷느라 '눈사람'이 되어 집에 도착하기 일쑤였다.

도시 생활을 하는 내 마음은 시골 생활을 할 때와는 사뭇 달랐다. 집들이 빈틈없이 빽빽하게 들어선 곳에서 벌어지는 일은 나를 어리둥절하게 만들었다. 오직 비너노이슈타트에 있는 서점들 앞에서만 나는 오랫동안 서 있곤 했다.

학교에서 가르치는 내용이나 내 자신이 학교에서 해야 하는 일도 처음에는 내 마음을 끌지 못하고 지나갔다. 첫 두 학년 동안은 공부를 따라가는 것도 힘겨웠다. 그런 상태는 2학년 2학기에 가서야 나아졌으며, 그제야 처음으로 '모범생' 소리를 듣게 되었다.

당시에 나는 한 가지 강렬한 욕구에 사로잡혀 있었다. 나에게

실업학교 졸업 무렵의 루돌프 슈타이너, 1879년

인간적인 본보기가 되어 줄 만한 훌륭한 인물을 만나고 싶다는 것이었다. 첫 두 학년 동안 선생님들 가운데는 그런 인물이 보이지 않았다.

이렇게 지내는 중에 학교에 다시 어떤 일이 벌어져 내 마음에 깊은 영향을 주었다. 학년 말이면 발행되는 연례보고서들 중 하나에 교장 선생님이 〈운동의 결과인 인력引力〉이란 제목으로 논문을 발표한 것이다. 열한 살 소년인 나는 처음엔 그 내용을 거의 이해할 수 없었다. 논문은 서두부터 수준 높은 수학으로 시작했기 때문이다. 그럼에도 나는 몇몇 문장에서 한 가지 의미 있는 내용을 간파했다. 그때시 내 인에는 신부님에게시 배운 우주의 구조와 이 논문의 내용을 이어주는 사고의 다리가 만들어졌다. 또한 교장 선생님은 이 논문에서 자신이 이전에 쓴 책을 인용했는데, ≪모든 자연 현상의 근원인 물질의 일반 운동≫이라는 책이었다. 나는 오랫동안 돈을 모아 그 책을 샀다. 그때부터 논문과 책의 내용을 이해할 수 있도록 해주는 것이면 무엇이든 되도록 빨리 공부하는 것이 나의 이상이 되었다.

논문의 핵심은 이랬다. 교장은 물질로부터 먼 곳까지 작용하는 '힘'이 있다는 주장을 근거 없는 어떤 '신비주의적' 가설로 간주했다. 그는 천체의 '인력引力'은 물론 분자와 원자의 인력까지 그런 '힘'을 전제하지 않고 설명해내려 했다. 그에 따르면, 두 물체 사이에서는 많은 수의 작은 물체가 움직이고 있다. 이 물체들은 이리저리 움직이면서 더 큰 물체와 충돌한다. 또한 이 작은 물체들은 서로 등지고 있는 모든 측면에서도 충돌을 일으킨다. 서로 등지고 있는 것들 사이에서 일어나는 이 충돌이 두 물체 사이의 공간에서 일어나는 충돌보다 훨씬 더 많다. 이렇게 하여 두 물체가 서로 접근하게 된다. 그러므로 '인력'은 특별한 힘이 아니라 '운동의 결과'일 뿐이다. 나는 책의 첫 부분에서 두 개의 명제를 발견했다.

"1. 공간과 그 공간 안에서 이루어지는 운동은 오래 전부터 존재해 왔다. 2. 공간과 시간은 연속적이면서 동질적인 것이다. 그러나 물질은 각기 분리된 작은 입자(원자)들로 구성되어 있다."

저자는 모든 물리학적, 화학적 자연 과정을 앞에서 서술한 방식으로, 곧 물질의 작은 부분과 큰 부분 사이에서 일어나는 운동에 근거하여 설명하고자 했다.

어떤 식으로도 그 견해를 따를 마음은 전혀 들지 않았다. 하지만 이런 식으로 진술된 내용을 이해하는 것이 내게는 큰 의미가 있을 거라는 느낌이 들었다. 그리고 나는 그 내용을 이해하려고 갖은 애를 썼다. 수학과 물리학 책을 마련할 기회가 오면 절대 놓치지 않았다. 노력의 결과는 매우 더디게 나타났다. 논문과 책을 몇 번이고 다시 읽었고, 그렇게 다시 읽을 때마다 이해의 폭은 조금씩 넓어졌다.

그리고 다른 소득도 있었다. 3학년이 되면서 내 마음에 있는 '이상형'을 진정으로 충족시켜 주는 선생님을 만난 것이다. 그는 본받으려고 노력할 만한 인물로, 산술, 기하학, 물리학을 가르쳤다. 그의 수업은 대단히 논리정연하고 이해하기 쉬웠다. 그는 무엇이든 그것을 구성하는 기본 개념으로 명료하게 보여주어, 그의 설명을 따라가는 것은 사고에 더할 나위 없이 유익한 일이었다.

학교 연례소식지에 실린 두 번째 글은 바로 이 선생님의 글이었는데, 확률론과 생명보험계산 분야를 다룬 소논문이었다. 역시나 아직은 알아들을 수 없는 내용이 많았지만, 나는 이 논문에도 깊이 빠져들었다. 그러자 곧 확률론의 의미를 이해하게 되었다. 하지만 나에게 훨씬 더 중요했던 것은 경애하는 선생님이 연구 소재를 대단히 정확하게 다루었다는 사실, 그리고 바로 이 정확성이 나의 수학적 사고를 위한 본보기가 되었다는 사실이었다. 바로 이런 것 덕분에 선생님과 나 사이에 아름다운 관계가 싹텄다. 그때부터 실업학교를 마칠 때까지 내내 이런 선생님에게 수학과 물리학을 배운다는 것이 기뻤다.

이 선생님에게 배운 내용 덕분에 나는 교장 선생님의 논문과 책을 읽으며 얻은 수수께끼를 해결하는 데 점점 가까이 다가갔다.

시간이 좀 더 흐른 뒤에는 또 다른 선생님 한 분과도 마음으로 가까워졌다. 그는 저학년에서는 기하학 작도법을, 고학년에서는 화법기하학(입체 도형을 평면에 표현하는 방법을 연구하는 기하학의 한 분야)을 가르쳤다. 2학년 때에도 그의 수업을 들었지만, 3학년 과정을 배우는 동안에야 비로소 그의 수업 방식에 담긴 의미를 분명히 알게 되었다. 그는 뛰어난 설계자였다. 그 또한 모범적이라 할 만큼 명확하고 체계적으로 수업을 진행했다. 그 선생님 덕분에 나는 컴퍼스, 자, 삼각자로 도형 그리는 일을 좋아하게 되었다. 내가 교장 선생님, 수학과 물리학 담당 선생님, 기하학 작도법을 가르쳐준 선생님을 통해 배운 것들을 바탕으로, 자연의 수수께끼를 둘러싼 갖가지 의문이 좀 순진한 형태로나마 내 안에 떠올랐다. 부정할 수 없이 명료하게 내 앞에 보이는 이 정신세계에 대하여 내가 어떤 입장을 취하려면 자연을 향해 다가가야 한다고 느꼈다.

나는 나 자신에게 말했다. 우리가 영혼을 통해서 정신적 세계를 제대로 체험하려면, 생각 자체가 자연현상들의 본질에 다다를 수 있는 구조여야 한다고 말이다. 나는 이런 느낌을 가지고 실업학교 3학년과 4학년을 보냈다. 그리고 바로 그 목표에 다가가는 데 초점을 맞추어 내가 배운 모든 것을 정리했다.

어느 날 서점 앞을 지나가는데, 진열창에 문고판으로 나온 칸트의 《순수 이성 비판》이 눈에 띄었다. 나는 되도록 빨리 이 책을 구입하기 위해 할 수 있는 모든 일을 했다.

이렇게 칸트가 나의 사고 영역 안으로 들어왔을 때, 나는 아직 인류의 정신사에서 그가 차지하는 위치를 모르고 있었다. 그것이 찬성이든 반대이든 간에 칸트에 관한 어떤 의견도 알지 못했다. 순수 이성 비판에 대한 나의 무한한 관심은 오로지 내 개인적인 내면 생활에서 비롯한 것이었다. 나는 내 나이의 수준에서 인간의 이성이 실제로 어느 정도까지 사물의 본질을 통찰할 수 있는지를 이해하려고 애썼다.

외적인 생활 여건은 내가 칸트를 읽는 데 갖가지로 방해가 되었다. 집이 학교에서 멀어서 통학하는 데만 날마다 최소한 세 시간이 걸렸다. 그 바람에 집에 오면 늘 저녁 6시가 넘었다. 집에서는 산더미 같은 숙제를 해야 했다. 그리고 일요일에는 거의 전적으로 설계도형 그리기에 몰두했다. 기하학적 구조를 최대한 정확하게 그리고 빗금으로 그리고 색칠을 할 때에는 흠잡을 데 없이 깔끔하게 하는 것이 나한테는 중요한 목표였다.

그래서 그 당시에는 ≪순수 이성 비판≫을 읽을 만한 시간이 거의 없었다. 나는 다음과 같은 방책을 찾아냈다. 역사 선생님을 생각해보면, 그는 수업을 할 때 겉으로는 가르치는 것처럼 보였지만 실은 책을 읽어줄 뿐이었다. 역사 수업은 그렇게 책에 있는 내용을 그대로 배우는 시간에 지나지 않았다. 그래서 책에 쓰여 있는 내용은 어차피 집에서도 공부할 수 있다는 생각이 들었다. 나는 선생님의 '강의'에서는 아무것도 얻지 못했다. 선생님이 읽어주는 내용을 듣는 것으로는 아무것도 머리에 들어오지 않았다. 그래서 나는 칸트 문고편을 한 장 한 장 분리해서 역사책 속에 붙인 뒤, 수업시간에 그 책을 앞에 놓고 선생님이 교단에서 역사를 '가르치는' 동안 칸트를 읽었다. 이런 일은 물론 학교 규율에는 크게 어긋나는 행위였지만, 나의 행동은 그 누구를 방해하지 않았다. 또 그 과목에서 해내야 할 것에도 별다른 지장을 주지도 않아서, 역사에서 나는 '우수'라는 성적표를 받았다.

방학 때도 칸트를 열심히 읽어 나갔다. 몇몇 페이지는 내리 스무 번 넘게도 읽었다. 나는 사람의 사유와 자연의 창조가 어떤 관계인지를 가늠해보고 싶었다.

이런 사유적 노력에 대한 나의 생각에 영향을 준 것은 두 가지였다. 첫째로 내 안의 모든 사고를 완전히 개관할 수 있도록 구성해서, 어떤 불확실한 느낌에 끌려 사고가 어느 한 쪽으로 치우치게 되는 일이 없도록 하려 했다. 둘째로 내 안에서 그런 사유와 종교 수업 사이의 조화를 이루어내고 싶었다. 당시 나에게는 종교

수업 또한 대단히 중요했기 때문이다. 우리는 이 과목에서 아주 좋은 교재를 갖추고 있었다. 나는 이 교재를 통해 교리, 교회의 여러 상징, 전례 진행, 교회사를 정말 열심히 공부했을 뿐 아니라 그 가르침을 열심히 실천하며 지냈다. 그러나 내가 그 가르침을 대하는 태도를 결정지은 것은 정신의 세계란 사람이 이해할 수 있는 내용이라는 것이 나의 생각이었다. 나는 그 가르침에서 어떻게 사람의 정신이 초감각적인 세계로 들어가는 길을 깨달으면서 발견할 수 있는지를 느꼈고, 바로 그 때문에 종교수업은 내 마음 깊숙이 파고 들어왔다. 인식에 대한 이런 생각으로 인해 정신적인 것에 대한 나의 외경심—이 외경심은 나에게 언제나 확고했다—이 흔들리는 일은 조금도 없었다.

다른 한편으로 나는 줄곧 사람이 가진 사고력이 어디까지 미치는가 하는 문제에 빠져 있었다. 나에게 사유란 세상의 사물들과 (변화)과정들 자체를 실제로 파악하는 힘으로 실제 육성될 수 있다고 느꼈다. '물질'이란 사유의 밖에 놓아두고 그저 '숙고'하는 대상이라는 것이 내게는 견디기 어려운 생각이었다. 사물들 속에 존재하는 것은 사람의 사고 안으로 들어와야 한다고 거듭 나 자신에게 말했다.

하지만 이런 느낌은 내가 칸트에서 읽은 내용과 계속해서 충돌했다. 그렇지만 당시에는 이런 충돌을 거의 알아채지 못했다. 왜냐하면 《순수 이성 비판》을 읽는 목적은 무엇보다 이전부터 가지고 있던 나의 생각에 대한 확고한 근거를 얻는 것이었기 때문이다. 방학에는 언제 어디로 산책을 가든지 어딘가에 고요히 앉았다.

그러고는 사람들이 어떻게 단순하고 분명한 개념들에서 출발하여 자연현상에 대한 생각으로 가는지를 두고 늘 처음부터 다시 정리해 보았다. 그때는 내가 완전히 무비판적인 태도로 칸트를 받아들였지만, 칸트를 통해서는 어떤 진전도 이룰 수 없었다.

이 모든 것이 실생활이나 사람의 숙련된 기능 훈련과 관련된 일을 면제해 주지는 않았다. 아버지와 교대 근무를 하는 철도원 중 한 분이 책 제본법을 알고 있었다. 나는 그분에게서 제본을 배워 5학년으로 올라가기 전 방학에 내가 쓸 교과서를 직접 제본했다. 그 방학에 나는 독학으로 속기도 배웠다. 그럼에도 나는 5학년부터 개실되는 속기 과정에 참여했다.

실생활에 필요한 일을 하는 기회는 충분했다. 우리 부모님은 역 주변에 과실수가 심긴 작은 과수원과 조그만 감자 밭을 받았다. 버찌 따기, 텃밭일, 씨감자 준비, 밭갈이, 감자 캐기 같은 일은 나와 동생들의 일이었다. 학교에 가지 않는 날이면 나는 기꺼이 마을에 생필품을 사러 가는 일을 도맡았다.

열다섯 살 무렵에는 앞서 말한 비너노이슈타트의 의사와 더욱 가까워졌다. 노이되르플에 왔을 때 그가 보여준 대화 방식으로 인해 나는 그가 몹시 좋아졌다. 그는 비너노이슈타트에서 좁은 두 길이 만나는 모퉁이에 있는 집의 1층에 살았다. 나는 종종 그 집 옆으로 살금살금 다가가 보았는데, 하루는 그가 창문에서 나를 방으로 불렀다. 거기서 나는 당시로서는 '어마어마한' 장서를 마주했다. 그날도 그는 문학 얘기를 했고, 말을 마친 뒤에는 책장에서 레싱Lessing의 《민나 폰 바른헬름Minna von Barnhelm》을 꺼내 주면서 읽고 나서 반드시 돌려 달라고 했다. 그런 식으로 그는 매번 읽을 책을 빌려주고, 때때로 찾아와도 좋다고 했다. 나는 매번 책을 읽은 감상을 그에게 말해 주어야 했다. 이렇게 그는 내게 실질적인 시문학 선생님이 되었다. 그때까지 시문학은 집에서는 물론이고 학교에서도 몇 번의 '맛보기' 기회를 빼고는 나와는 거리가 멀었기 때문이다. 나는 세상 모든 아름다움에 감격해 하는 이 다정한 의사를 통해서 무엇보다 레싱을 알게 되었다.

또 다른 사건이 내 삶에 깊은 영향을 주었다. 나는 륍센Lübsen이 독학용으로 저술한 수학책을 알게 되었다. 그래서 분석 기하학, 삼각법, 미분과 적분을 학교에서 배우기 훨씬 전에 터득할 수 있었다. 덕분에 나는 ≪모든 자연 현상의 근원인 물질의 일반 운동≫을 설명하는 책으로 되돌아갈 수 있었다. 수학적 지식을 통하여 그 책을 더 잘 이해할 수 있게 되었기 때문이다. 그러는 사이에 물리학 수업에 화학 수업이 추가되었고, 그와 더불어 나의 오래된 인식의 수수께끼에도 새로운 수수께끼들이 추가되었다. 화학 선생님은 아주 탁월한 인물이었다. 그는 거의 전적으로 실험을 통해 수업을 진행했다. 말을 거의 하지 않았으며, 자연 과정들이 스스로 말하도록 했다. 그는 우리가 가장 좋아하는 선생님들 중 한 분이었다. 학생들이 보기에 그는 다른 교사와 구별되는 무언가 비상한 점이 있었다. 우리는 그가 다른 교사들보다 자신의 학문에 좀 더 깊이 들어가 있다고 추측했다. 우리 학생들은 이런 분을 '교수님'이라는 호칭으로 불렀지만, 똑같이 좋은 '교수님'인 화학 교사는 굳이 '박사님'이라고 불렀다. 그는 티롤의 사유 시인 헤르만 폰 길름 Hermann v. Gilm과 형제간이었다. 그의 시선은 강렬하게 주의를 끌었다. 우리는 그가 자연 현상들을 예리하게 바라보고는 그것을 눈 속에 간직하는 습관을 가진 사람이라 느꼈다.

그의 수업은 나를 약간 혼란스럽게 했다. 당시 나는 무엇이든 하나로 통합하려는 성향이 강했고, 그래서 그가 전해주는 다양한 사실들을 모두 내면에 담을 수 없었다. 그럼에도 그는 나의 화학 공부가 순조롭다고 생각했음이 분명하다. 그는 나에게 처음부터 '칭찬받을 만함'이라는 평점을 주었고, 그 뒤로도 줄곧 같은 평점을 유지했기 때문이다.

그 무렵 어느 날, 비니노이슈타드의 고서점에서 로테크Rotteck가 쓴 세계사를 발견했다. 나는 학교에서 역사 과목은 최고점을 받긴 했지만, 그때까지 역사는 나의 내면에 와 닿지 않는 좀 외적인 것이었다. 그 역사책을 만나면서 이제 역사는 내적인 것으로 바뀌었다. 역사적 사건을 포착하고 묘사하는 로테크의 '따스함'이 내 마음을 빼앗았다. 그때는 그의 견해에 담긴 편파성을 알아차리지 못했다. 그를 통해서 나는 다른 역사가 두 명을 알게 되었다. 요한네스 폰 뮐러Johannes von Müller와 타키투스Tacitus가 바로 그들이었다. 그들의 문체와 역사적인 삶의 이해는 나에게 깊은 인상을 남겼다. 그런 인상 탓에 나는 학교에서 듣는 역사와 문학 수업에 적응하기가 정말 힘들었다. 어쨌든 나는 바깥에서 습득한 것을 총동원해서 학교 수업을 활기 있는 배움의 시간으로 만들기 위해 노력했다. 이런 식으로 실업학교 7학년 가운데 마지막 3년을 보냈다.

열다섯 살 때부터는 나와 학년이 같거나 나보다 학년이 낮은 학생들을 상대로 개인지도를 해주었다. 나는 '모범생'으로 통했기 때문에 교사진은 기꺼이 나에게 개인지도 자리를 알선해 주었다. 이로써 부모님의 보잘것없는 수입에 기대어 온 내 교육비 지출에 다만 얼마라도 보탤 수 있게 되었다.

나는 개인지도를 하면서 그 덕을 톡톡히 보았다. 개인지도에서는 내가 배운 수업 내용을 다른 사람에게 전달해야 했기 때문에, 나는 그 수업 내용에 대해 '깨어있는' 상태여야 했다. 나는 학교에서 전해주는 지식을 마치 꿈속처럼 받아들였다고 할 수밖에 없었다. 내가 직접 노력해서 얻은 것, 또는 앞에서 말한 비너노이 슈타트의 의사와 같은 정신적 은인으로부터 받은 것 안에서는 내가 깨어있었다. 그렇듯 완전히 깨어있는 영혼상태로 받아들인 것은 학교 수업처럼 꿈결에 보는 상처럼 나를 지나쳐가는 것과는 많이 달랐다. 개인지도를 위해서는 내가 가진 지식에 생명을 불어넣어야 한다는 사실이 이렇게 반쯤 깨어 있는 상태에서 받아들인 지식을 생생한 지식으로 바꾸는데 도움이 되었다.

또한 개인지도를 하는 동안 나는 이른 나이지만 실용적인 심리 공부를 해야만 했다. 나에게 배우는 학생들을 통해 나는 사람의 영혼이 발달해나가는 과정이 얼마나 어려운지를 알게 되었다.

개인 지도하는 동급생들에게는 무엇보다 독일어 작문을 해주는 것이 내 임무였다. 게다가 내 것까지 작문을 해야 했으므로 주어진 주제를 각기 다른 형태의 문장으로 썼다. 그 바람에 정말로 곤경에 빠진 느낌일 때가 많았다. 나는 주어진 주제에 대한 가장 훌륭한 아이디어를 남의 작문을 위해 넘겨주고 나서야 나를 위한 글을 썼다.

고학년 3년 동안 나는 독일어와 독일 문학을 담당하는 선생님과 상당히 껄끄러운 관계였다. 그는 동급생들 사이에서 '제일 실패한 교수님'이자 매우 엄한 교수님으로 통했다. 내가 쓰는 작문은 언제나 지나치게 길었다. 그보다 짧은 글은 내가 가르치는 동급생들에게 받아쓰게 한 탓이었다. 그래서 선생님은 내 글을 읽는 데 오랜 시간이 걸렸다. 졸업시험이 끝나고 송별회에서 그가 처음으로 학생들과 '편안하게' 함께했을 때, 그는 내 긴 글을 읽느라 무척 짜증이 났었다고 내게 말했다.

이 선생님과의 갈등에는 또 다른 이유도 있었다. 나는 이 선생님으로 인해 학교에서 내가 끝장을 봐야 할 무언가가 생겼음을 느꼈다. 예를 들어 선생님이 시적 이미지의 본질을 논했을 때, 나는 그 배후에 무언가가 있음을 느꼈다. 그리고 얼마쯤 뒤에 그것이 무엇인지 알게 되었다. 그는 헤르바르트(J. F. Herbart 19세기 초 독일 철학자, 교육학자. 근대적 교육학의 시원을 이루는 ≪일반 교육학≫의 저자로, 쾨니히스베르크 대학에서 칸트의 후임으로 철학을 가르쳤다)을 신봉하고 있었다. 그가 직접 헤르바르트를 언급한 적은 없었지만, 나는 그의 이야기에 숨은 배경을 알아차렸다. 그래서 헤르바르트 철학의 관점에서 씌어진 ≪철학 개론≫과 ≪심리학≫ 책을 구입했다.

그런 다음 작문을 통해서 선생님과 일종의 숨바꼭질을 하기 시작했다. 나는 그가 내놓는 수많은 주장이 헤르바르트 철학에 물들어 있음을 이해하기 시작했으며, 선생님 역시 내가 쓴 작문에서 헤르바르트 철학 언저리에서 가져온 온갖 발상들을 발견했다. 그러나 우리 둘 사이에 마치 암묵적인 합의라도 있는 듯, 선생님도 나도 그 근원이 되는 헤르바르트에 대해서는 언급하지 않았다. 그러다가 한번은 내가 이런 상황에 충분히 주의를 기울이지 못한 채로 작문을 마무리했다. 사람의 어떤 성격상의 특징에 관해 쓰는 글이었다. 작문은 "그런 인간은 심리적으로 자유롭다"는 문장으로 끝을 맺었다. 선생님은 학생들의 작문을 첨삭한 뒤 각 작문에 대해 학생들과 이야기를 나누었다. 내 작문을 평할 차례가 되자, 선생님은 심하게 빈정대는 투로 입술을 실룩이며 말했다. "자네는 심리적 자유에 대해 썼더군. 하지만 그런 것은 어디에도 없다네." 나는 반박했다. "저는 그 말씀이 오류라고 생각합니다, 선생님! '심리적 자유'는 있습니다. 일상적 의식에는 다만 '초월론적 자유'가 없을 뿐입니다." 선생님의 일그러졌던 입이 원래대로 돌아갔다. 그는 나를 뚫어져라 쳐다보고는 이렇게 말했다. "자네의 작문에서 나는 자네가 철학 도서관을 차렸다는 것을 이미 오래 전부터 알고 있었네. 난 자네에게 그런 책을 읽지 말라 충고하고 싶네. 그로 인해 자네의 생각만 혼란에 빠질 뿐이니 말일세." 선생님 자신은 그런 책에서 생각의 실마리를 얻으면서 왜 나는 읽으면 생각이 혼란에 빠진다는 것인지 도무지 이해할 수 없었다. 그날의 일로 우리 사이는 일종의 긴장 관계를 유지했다.

그의 수업으로 인해 나는 할 일이 더 많아졌다. 5학년 수업에는 희랍어와 라틴어 시문학이 포함됐는데, 그 가운데 독일어로 쓰인 긴 대표작들이 수업 자료로 주어졌기 때문이었다. 나는 그제야 아버지가 나를 김나지움이 아닌 실업학교로 보낸 것을 속상해 하기 시작했다. 번역을 통해서는 희랍어와 라틴어로 이루어진 예술의 고유한 내용을 이해하기란 거의 불가능하다고 느꼈기 때문이다. 그래서 나는 희랍어와 라틴어 교본을 구입했고, 실업학교 수업과 병행하여 혼자서 은밀히 김나지움 공부를 해나갔다. 이를 위해서는 많은 시간을 필요했지만, 내가 나중에 예외적인 경로를 거쳐 김나지움을 제대로 졸업하는 바탕이 되었다. 빈 공과대학에 다닐 때에도 처음엔 정말 여러 곳에서 가정교사 일을 해야 했다. 나는 곧 한 김나지움 학생을 제자로 얻었다. 형편상—이런 형편에 대해서는 차차로 언급할 테지만—나는 개인교수로서 이 학생이 김나지움의 거의 전과정을 통과하도록 도와야 했다. 나는 학생에게 라틴어와 희랍어도 가르쳤으므로, 그 과정에서 김나지움 수업을 속속들이 함께 체험할 수밖에 없었다.

역사와 지리 담당 선생님은 내가 저학년일 때는 별 도움이 되지 않았으나 고학년이 되면서 내게 중요한 인물이 되었다. 아주 이상한 방식으로 나를 칸트 연구로 몰아갔던 선생님은 교육과정을 위한 소논문 〈빙하기와 그 원인〉을 집필했다. 나는 그 내용을 아주 열정적으로 받아들였고, 그로 인해 빙하기 문제에 활발한 관심을 갖게 되었다. 이 선생님은 저명한 지리학자인 프리드리히 지모니Friedrich Simony의 훌륭한 제자이기도 했다. 이런 연고로 선생님은 고학년 수업에서 알프스 산맥의 지질학·지리학적 관계를 칠판에 그려가며 설명했다. 물론 그런 수업에서 나는 칸트를 읽지 않았고, 대신에 눈을 크게 뜨고 귀를 기울였다. 선생님의 역사 수업에는 별 관심이 없었지만, 지리학과 지질학 분야에서는 많은 것을 배웠다.

실업학교의 마지막 학년이 되어서야 역사 수업으로 나를 사로잡는 선생님을 만났다. 그는 역사와 지리학을 가르쳤는데, 그의 알프스산맥에 관한 지리학 수업은 앞선 선생님의 매혹적인 방식을 이어갔다. 새로 만난 선생님의 역사 수업은 우리 학생들에게 큰 영향을 끼쳤다. 우리 눈에 그는 완벽한 인물이었다. 그는 정당의 당원으로, 당시 오스트리아 자유주의 노선의 진보적 이념을 열광적으로 지지했다. 그러나 학교에서는 아무도 이런 사실을 몰랐다. 당파적 견해를 학교로 끌어들이지 않았던 것이다. 하지만 현실 참여적인 삶으로 인해 그의 역사수업 또한 생기가 넘쳤다. 나는 로테크 책에서 읽은 내용을 마음에 담은 채 선생님의 열정적인 역사 해석을 들었다. 로테크와 선생님의 역사 해석은 아름다운 조화를 이루었다. 근대사를 이런 식으로 배울 수 있었다는 사실은 나에게 분명 의미가 있을 것이다.

그 무렵 나는 집에서 러시아·터키 전쟁(1877~1878)에 관해 토론하는 것을 많이 들었다. 당시 사흘에 한 번씩 아버지와 교대 근무하던 철도원은 특이한 사람이었다. 그는 교대하러 오면서 늘 커다란 여행용 가방을 가져왔는데, 그 안에는 두툼한 원고 뭉치들이 들어 있었다. 이 원고 뭉치들은 온갖 학술 서적을 발췌해서 필사한 것들이었다. 그는 그 원고들을 차례대로 나에게 주면서 읽어보라고 했다. 나는 원고들을 탐독했다. 내가 다 읽고 나면 우리는 그 내용을 두고 토론을 벌였다. 실제로 그는 자신이 써 모은 모든 것에 관해서 비록 무질서하긴 하지만 포괄적인 견해를 머릿속에 갖고 있었다. 하지만 아버지와는 정치 이야기를 했다. 그는 터키를 열렬히 옹호했고, 아버지는 러시아를 열광적으로 지지했다. 아버지는 헝가리 봉기(1849)에서 러시아가 오스트리아인들을 도와준 것을 당시까지도 고마워하는 사람들 중 하나였다. 아버지는 헝가리 사람들의 의견에는 전혀 동의하지 않았기 때문이다. 그는 마자르화가 진행되는 시기에 헝가리 국경지대인 노이되르플에 살았다. 그리고 마자르어를 할 수 없어서 노이되르플 역의 역장이 될 수 없다는 현실이 늘 다모클레스의 칼(시라쿠사의 독재자 디오니시오스 1세와 다모클레스의 일화에서 한 올의 말총에 매달려 있는 칼. 백척간두의 위험을 상징하는 말)이 되어 그의 머리 위에 있었다. 건너편 독일 본토에서는 마자르어를 사용할 필요가 전혀 없었다. 그러나 헝가리 정부는 민영철도도 헝가리쪽 철도 노선에 마자르어를 쓰는 직원을 두는 방향으로 일을 추진하고 있었다. 그러나 아버지는 내가 비너노이슈타트의 학교를 마칠 때까지 노이되르플에서 자리를 지키고 싶어했다. 이 모든 일들로 인해 아버지는 헝가리에 비우호적이었다. 그리고 헝가리를 좋아하지 않았기 때문에, 1849년에 러시아인들이 헝가리인들에게 '그들의 주인이 누군지 가르쳐주었다'는 식으로 단순하게 생각하고 싶어했다. 아버지는 자신의 '교대자'의 '터키 옹호'에 맞서 유달리 열정적이면서 유달리 상냥하게 이런 사고방식을 대변하였다. 토론의 파도가 정말로 높아질 때도 있었다. 나는 두 사람이 충돌하는 모습에는 관심이 많았으나, 그들의 정치적 견해에는 별 흥미가 없었다. 당시에 나에게 더 중요한 질문은 "실재하는 정신이 사람의 사유에서 작용하는 주체라는 것은 어디까지 입증할 수 있는가?" 하는 것이었다.

III

1879~1882
빈, 인체르스도르프

빈 공과대학 수학 —— 개인교수를 위해 인문계 대학입학자격과정을 이수하다 —— 철학 공부, 처음으로 진지하게 인식 문제를 고민하다 —— 슈뢰어의 문예 강좌의 강연 연습 —— 젊은 슈타이너가 "라오콘, 인간은 어디까지 자유로운 존재인가?"라는 주제로 강연을 하다 —— 빈대학에서 로베르트 침머만과 프란츠 브렌타노의 강의를 듣다 —— 궁정도서관과 빈 공대에서 철학 서적들을 읽다 —— ≪파우스트≫를 만나다 —— 지식과 세계에 관한 수수께끼를 풀기 위한 노력 —— 공간 문제와 그 해결 - "선을 무한대로 연장하면 원으로 이어진다." —— 시간의 수수께끼를 풀기 위한 인식 노력에서 좌절을 맛보다 —— 정신의 실재를 통찰하다 —— 약초 채취꾼을 만나다 —— 인식론 구축의 시작 —— 헤겔을 공부하면서 헤르바르트, 프리드리히 피셔, 로베르트 마이어를 읽다 —— 라이틀링어와의 조우 —— 열역학, 그리고 빛과 색채 현상의 파동이론 연구 —— 심각한 영혼의 싸움을 겪다 —— 수학과 종합기하학에서 얻은 내적인 도움 —— 실러의 ≪인간의 미적 교육에 관한 편지≫에서 설명하는 우주의 아름다움을 체험하는 의식 상태 —— 진리를 체험하는 의식 상태가 있을 수 있을까? —— 정신적 통찰로서 사고 체험, 그리고 의식의 명료성과의 연계성 —— 이 사고 체험을 통해 도달하는 정신적 실재, 그리고 자연의 내면에서 다시 만나는 정신적 실재 아버지는 남부철도회사 경영진으로부터 내가 실업학교를 졸업하고 공과대학에 진학하면 아버지를 빈에서 가까운 작은 역으로 옮겨주겠다는 약속을 받아놓았다. 빈 가까이로 옮기면 나는 매일 집에서 빈의 학교까지 통학할 수 있었다. 결국 우리 가족은 빈 근교의 인체르스도르프Inzersdorf로 옮겨오게 되었다. 그 기차역은 마을에서 멀리 떨어져 외졌고, 자연환경은 아름답지 않았다.

인체르스도르프에 와서 처음으로 빈을 방문했을 때는 철학책을 여러 권 구입하느라 시간을 보냈다. 나는 피히테의 《지식학》(Wissenschaftslehre) 초고에 특별히 애착이 갔다. 칸트를 읽은 덕분에 칸트를 넘어서고자 한 피히테의 행보를 미숙하게나마 머리에 그려볼 수준은 되었던 것이다. 하지만 그 일에 그렇게 큰 관심을 두지는 않았다. 당시 나에게 중요했던 문제는 사람의 영혼이 생생하게 짜여 움직이는 것을 정확한 사고의 형상으로 표현하는 것이었다. 자연과학적 개념을 이해하려는 노력을 통해서 나는 마침내 참된 인식을 가능케 하는 유일한 출발점을 사람의 '나'의 활동에서 찾기에 이르렀다. 자아가 활동하며 활동 그 자체를 통찰하면, 사람은 정신적인 것을 직접 의식 안에 갖게 된다고 나는 내 자신에게 말했다. 이제는 그렇게 조망한 것을 한눈에 들어오는 명확한 개념으로 표현해야 한다고 생각한 것이다. 거기에 이르는 길을 찾으려고 나는 피히테의 ≪지식학≫에 매달렸다. 하지만 내 나름의 생각도 있어서, ≪지식학≫을 한 쪽씩 따라가며 고쳐 썼다. 그 결과 긴 원고가 탄생했다. 나는 예전에 '나'라는 개념을 찾아줄 수 있는 자연현상에 대한 개념을 찾기 위해 고심했다. 하지만 이제는 거꾸로 이러한 나에서 출발하여 자연의 생성 속으로 뚫고 들어가고자 했다. 정신과 자연은 당시 나의 내면에서 철저히 대립하였다. 나에게는 정신적 존재들의 어떤 세계가 있었다. 정신 자체인 '나'가 정신들이 살고 있는 하나의 세계에 존재한다는 것을 나는 직접적으로 직관하였다. 하지만 자연은 내가 체험한 정신세계로 들어오려 하지 않았다.

 ≪지식학≫에서 출발한 나는 특히 〈학자의 사명에 관하여〉 그리고 〈학자의 본질에 관하여〉 같은 피히테의 논문에 흥미를 느꼈다. 이 저술들을 통해 내가 추구하고 싶은 일종의 이상을 발견하였다. 그밖에 ≪독일 국민에게 고함≫도 읽었다. 당시 이 작품은 다른 피히테의 작품에 비해 흡인력이 훨씬 떨어졌다.

 그때 나는 칸트에 대해서도 그전보다 더 잘 이해하고 싶었다. 하지만 ≪순수 이성 비판≫은 칸트를 더 잘 이해하는 데 도움이 되지 않았다. 그래서 ≪미래의 모든 형이상학을 위한 서설≫로 시도해 보았다. 이 책을 통해서 나는 칸트가 철학자들에게 제기한 모든 질문을 철저하게 파고드는 것이 내가 해야 할 일임을 알게 되었다고 믿는다. 그때부터는 정신세계에 대해 얻은 나의 직접적인 통찰을 *사고*의 형식으로 담아보려고 노력했다. 그리고 이런 내적인 작업에 몰두하면서, 칸트 시대와 그에 이어진 시대의 사상가들이 선택한 길에서 옳은 방향을 찾고자 애썼다. 나는 피히테가 ≪인간의 운명≫을 쓰면서 도달한 인식의 비극에 열심히 파고들었고, 트라우고트 크룩Traugott Krug의 건조하면서 냉철한 ≪선험적 종합론≫도 그에 못지 않게 열심히 연구했다. 헤르바르트 학파인 틸로Thilo가 쓴 ≪철학의 역사≫는 칸트 시대 이후 철학적 사고의 발전을 보는 내 시야를 넓혔다. 나는 셸링과 헤겔도 돌파해 나갔다. 그 누구보다도 피히테와 헤르바르트의 사상적 대립이 내 마음에 가장 강렬하게 다가왔다.

실업학교를 졸업한 뒤 공과대학에 입학할 때까지 1879년의 여름 몇 달을 오로지 철학을 공부하며 보냈다. 가을에는 생계를 위해서 어떤 공부를 할 것인지 정해야 했다. 나는 실업학교 교사 자격 과정을 이수하기로 결심했다. 내 적성에는 수학과 화법기하학이 맞았지만 화법기하학은 포기해야 했다. 낮에는 화법기하학과 연계된 기하학 도형 그리기 연습 수업이 여러 시간 잡혀 있었기 때문이다. 나는 얼마간 돈을 벌기 위해서 과외 지도를 해야만 했다. 그 일을 병행하려면 일정한 시간을 학교에 붙어 있어야 하는 도형 수업 대신에, 설령 수업에 빠지더라도 나중에 강의 내용을 확인할 수 있는 그런 수업을 듣는 것이 맞았다.

그래서 우선 수학, 자연사, 화학 과목의 수강을 신청했다.

하지만 당시 공과대학에서 내가 특히 중시한 과목은 카를 율리우스 슈뢰어Karl Julius Schröer의 독일 문학 강의였다. 내가 대학 1학년일 때 슈뢰어는 "괴테 이후의 독일 문학"과 "실러의 생애와 작품"을 강의했다. 나는 첫 시간부터 그의 강의에 매료되었다. 그는 18세기 후반기 독일 지성계를 개관하고, 괴테의 등장이 독일 지성계에 어떤 영향을 주었는지를 극적인 방식으로 설명했다. 그가 주제를 다루는 방법은 온화했고 강의 중에 시인들의 시를 낭송할 때면 그 방식이 매력적이었는데, 이것이 일종의 내면화된 방식으로 학생들을 시문학으로 이끌었다.

그밖에도 그는 "강연 및 작문 실습" 과목을 개설했다. 그 시간에 학생들은 준비해온 내용을 발표하거나 낭독해야 했다. 학생들이 발표한 것에 대해 슈뢰어는 문체나 발표 형식 등을 지도해 주었다. 나의 첫 강연 주제는 레싱의 라오콘Laokoon이었다. 그리고 다음 시간에는 좀 더 큰 과제에 도전했다. 주제는 "인간은 자신의 행위에서 어느 정도까지 자유로운 존재인가?"였다. 발표를 준비하면서 나는 헤르바르트 철학에 깊이 빠져들었다. 슈뢰어는 그 점을 마음에 들어하지 않았다. 당시 오스트리아에서는 철학 강단뿐 아니라 교육학에서도 헤르바르트가 주류를 이루었지만, 슈뢰어는 그런 흐름에 아랑곳하지 않았다. 그는 괴테의 정신적 성향에 온전히 몰입해 있었다. 그래서 헤르바르트의 사고 훈련을 인정하면서도, 헤르바르트에서 나온 것은 모두 좀스럽고 무미건조한 것으로 여겼다.

빈 대학에서도 두세 강의를 들을 수 있었다. 헤르바르트 추종자인 로베르트 침머만Robert Zimmermann이 나에겐 큰 낙이었다. 침머만은 실천철학을 강의했다. 나는 윤리학의 기본 원칙들을 검토하는 그의 강의를 부분적으로만 들었다. 프란츠 브렌타노Franz Brentano도 같은 시간에 같은 주제의 강의를 하고 있어서, 보통 하루는 침머만, 다음 날은 브렌타노, 하는 식으로 번갈아 가며 강의실에 들어갔다. 그 때문에 공과대학에서 너무 많은 것을 놓쳤으므로 이 짓을 오래 계속할 수는 없었다.

철학을 그저 책으로만 접하는 것이 아니라 철학자들의 육성으로 들을 수 있다는 사실이 내게는 몹시 인상적이었다.

로베르트 침머만은 묘한 인물이었다. 그는 이마가 유달리 높았고 철학자의 수염을 길렀다. 그에게는 모든 것이 자로 잰 듯하고 틀에 박힌 듯했다. 강의실 문을 열고 들어와 강단에 오를 때 그의 걸음걸이는 미리 연습이라도 한 것 같았는데, 미리 연습한 것이 아니라 그게 그의 자연스러운 모습이라는 생각이 들기도 했다. 그의 자세와 움직임은 헤르바르트의 미학 원리에 따른 훈련을 오래 거치면서 다듬어진 것 같았다. 그럼에도 우리는 이 모든 것에 깊이 공감할 수 있었다. 그는 강의실에 들어와서는 천천히 의자에 앉았고, 그런 다음 안경을 통해 길게 청중을 바라보았다. 그러고는 신중하고도 느리게 안경을 벗고서, 다시 한 번 맨눈으로 오랫동안 수강자 전체를 건너다보았다. 그런 뒤 원고 없이, 하지만 정교하게 다듬어진 문장을 예술적인 말투로 강의하기 시작했다. 그의 말투는 어딘가 고전적인 데가 있었다. 하지만 문장이 너무 길게 이어지는 바람에 설명을 듣는 중간에 맥락을 놓치기 일쑤였다. 그는 헤르바르트 철학을 약간 변형해서 강의했다. 그의 엄정한 사고 전개는 나에겐 인상적이었지만 다른 수강자들에게는 그렇지 않았다. 처음 서너 번의 강의에는 대형 강당이 초만원을 이루었다. 실천철학은 법학부 1학년 학생들에게 필수과목이어서, 그들은 수강 목록에 교수의 서명을 받아야 했다. 대여섯 번째 시간부터 학생들은 대부분 수업에 빠지고, 정말 몇 안 되는 수강생들만이 맨 앞줄에 모여앉아 철학의 명저를 다루는 강의를 들었다.

어쨌거나 나는 그의 강의에서 강한 자극을 받았다. 슈뢰어와 침머만 사이의 견해차도 대단히 흥미로웠다. 그들의 강의를 듣고 내가 맡은 과외 수업까지 하고 나면 남는 시간이 얼마 없었지만, 그 시간을 궁정도서관이나 공과대학 도서관에서 보냈다. 그때 나는 처음으로 괴테의 ≪파우스트≫를 읽었다. 열아홉 살 때 슈뢰어로부터 자극을 받기 전까지 나는 사실 이 작품까지 읽지는 못했다. 그러다가 도서관에서 만난 ≪파우스트≫에는 금세 강렬하게 사로잡혔다. 슈뢰어 판 ≪파우스트≫는 제1부가 이미 출판되어 있었다. 나는 슈뢰어 판으로 ≪파우스트≫ 제1부를 처음 접했다. 게다가 슈뢰어의 강의를 몇 시간 들은 것만으로 슈뢰어와도 친밀한 사이가 되었다. 그 뒤로 그는 나를 자주 집으로 데려가 강의를 보충하는 이런저런 이야기를 들려주고 내 질문에 기꺼이 대답해 주었다. 그리고 내가 그 집을 나설 때는 자신의 서재에서 읽을 책을 한 권 빌려주었다. 당시에는 그가 마침 ≪파우스트≫ 제2부를 해설과 함께 편집 중이어서, 우리의 대화에는 ≪파우스트≫ 제2부 이야기도 많이 나왔다. 그 즈음에 나는 ≪파우스트≫ 2부도 읽었다.

도서관에서 나는 헤르바르트의 ≪형이상학≫과 헤르바르트 철학의 견지에서 쓴 침머만의 ≪형태학으로서의 미학≫에 골몰했다. 거기에다 에른스트 해켈Ernst Haeckel의 ≪일반 형태학≫도 철저히 공부했다. 내가 확실히 말할 수 있는 것은, 슈뢰어와 침머만의 강의를 통해서, 그리고 앞서 말한 다양한 독서를 통해서 얻은 것이야말로 당시에 무엇보다도 영혼 깊이 파고드는 체험이 되었다는 사실이다. 그 체험으로 인해 내 안에는 지식과 세계관에 관한 수수께끼가 형성되었다.

슈뢰어는 체계 따위에는 관심이 없는 인물이었다. 그는 확실한 직관력을 바탕으로 생각하고 말했다. 그래서 그는 자신이 통찰한 것을 어떻게 말로 표현할 것인지에 최고의 주의를 기울였다. 준비한 원고 없이는 결코 강의를 하지 않은 것도 아마 그런 이유 때문일 것이다. 스스로 만족을 느끼기 위해서 그는 자신의 사유를 말로 옮기는 중간에 글로 적어보는 단계가 필요했다. 그런 뒤 자신이 적어온 원고를 깊이 내면화된 목소리로 읽어 내려갔다. 그러다 한번은 그가 아나스타시우스 그륀Anastasius Grün과 레나우Lenau에 관해 원고 없는 강의를 했다. 깜빡하고 원고를 가져오지 않았던 것이다. 하지만 바로 다음 시간에 그는 원고를 읽으면서 주제 전체를 한 번 더 다루었다. 그는 원고 없이 강의하는 자신의 모습에 절대로 만족하지 못했다.

슈뢰어를 통해서 나는 아름다운 작품을 많이 알게 되었다. 그리고 침머만을 통해서는 아름다움에 관한 심오한 이론에 다가갈 수 있었다. 그러나 두 사람의 견해는 서로 달랐다. 내 생각으로는 슈뢰어는 체계성을 상당히 과소평가하고 직관적인 인물인 반면, 침머만은 미美에 관해 엄격하고 체계적인 이론을 내세우는 사람이었다.

　당시에 프란츠 브렌타노의 실천철학 강의도 들었는데, 나는 그의 사람됨에 특히 관심이 많았다. 그는 명석하면서도 사색적이었다. 그는 무언가 격식을 차려 강의를 했다. 그리고 그의 얘기를 들을 때면 그의 시선, 고갯짓, 표정이 풍부한 손짓 하나하나까지 모두 유의해야 했다. 그는 완벽한 논리학자였다. 사유는 완전히 투명해야 했고, 다른 수많은 사유에 의해 지지되어야 했다. 이 사유의 연결구조를 지탱해 주는 것은 최대한의 논리적 성실성이었다. 그러나 이런 사고는 자신이 짜놓은 고유한 그물에서 벗어나지도, 정신의 실재 속으로 밀고 들어가지도 못한다는 느낌이 들었다. 브렌타노의 전체적인 태도 또한 그러했다. 그의 손에 느슨하게 쥐어진 원고는 금방이라도 손에서 빠져나올 것 같았고, 그의 시선은 원고를 잠깐씩 스쳐갈 뿐이었다. 이런 몸짓 또한 실재함을 가볍게 건드릴 때 나오는 것일 뿐, 정신의 실재를 확고히 파악하는 동작은 아니었다. 나는 그의 말보다 그의 '철학자 손'으로부터 그가 어떤 방식으로 철학을 하는지 훨씬 잘 이해할 수 있었다.

　브렌타노에게서 받은 자극은 나에게 지속적으로 강한 영향을 미쳤다. 나는 곧 그의 저술을 샅샅이 검토하기 시작했고, 이후 수년에 걸쳐서 그의 저술 중에 세상에 나와 있는 것은 거의 다 읽었다.

당시에 나는 철학을 통해 진리를 구하는 것을 나의 의무로 여겼다. 나는 수학과 자연과학을 공부해야 했다. 수학과 자연과학의 성과물을 확실한 철학적 기초 위에 세울 수 없다면 그 학문들은 나에게 아무런 의미가 없을 것이라고 확신했다. 그런데 나는 정신적인 세계가 실재하는 현실임을 보았다. 사람들 각자의 정신적 개별성이 내 눈앞에 아주 명료하게 드러났다. 물질로 이루어진 신체, 그리고 물질세계에서 이루어지는 행위는 이런 정신적인 개별성이 밖으로 드러난 데 불과했다. 정신적인 개별성은 부모에게서 생겨난 물질적 배아와 결합되었다. 나는 정신세계를 향해 가는 망자의 여행을 따라갔다. 졸업하고 나서도 계속 친분이 있던 예전 실업학교 선생님이 있었는데, 동급생 한 사람이 죽고 나서 나의 이런 내면 생활에 대해 그 선생님에게 편지를 썼다. 그의 답장은 여느 때보다 친절했지만, 죽은 동급생에 관해서는 단 한마디도 언급하지 않았다.

당시에는 내가 들여다보게 된 정신의 세계에 관하여 이야기를 하면 늘 이런 상황이 되었다. 이런 이야기에는 아무도 귀를 기울이지 않았던 것이다. 기껏해야 이쪽저쪽에서 갖가지 심령술 이야기나 듣고 나오는 정도였다. 그 바람에 나 또한 아무것도 듣고 싶지 않게 되었다. 그런 식으로 정신적인 것에 접근하려는 태도가 어리석은 일로 보였기 때문이다.

그때 우연히 평범하고 단순한 어떤 사람을 알게 되었다. 매주 한 번씩 나하고 같은 열차를 타고 빈까지 가는 사람이었다. 그는 시골에서 약초를 채집해서 빈에 있는 약국에 판매했다. 우리는 친구가 되었다. 그는 정신적인 세계에 경험이 있는 사람처럼 정신세계에 관해 대화를 나눌 수 있었다. 그는 신앙심이 깊었고 정규 교육은 전혀 받지 않았다. 그는 수많은 신비주의 서적을 읽긴 했지만, 그가 하는 말은 그런 책에서는 아무런 영향도 받지 않은 듯했다. 그의 말은 영혼 생명에서 흘러나오는 것이어서, 아주 근본적이고 창조적인 지혜를 담고 있었다. 그의 말을 들으면, 자기 스스로 알게 된 무엇인가를 다른 사람들한테서도 확인하려고 책을 읽었을 뿐임을 금방 느낄 수 있었다. 하지만 그는 책에서 읽은 내용에 만족하지 못했다. 그는 마치 정신적인 것을 알리려고 숨겨진 세계들로부터 소리치는 사람인 듯했다. 그와 함께 있으면 누구든 자연의 비밀을 꿰뚫어볼 수 있었다. 그는 등에는 약초 꾸러미를 짊어지고 가슴속에는 약초와 함께 수확한 자연의 정신적 본질을 품고 있었다. 정신세계의 '전수자'와 함께 빈의 알레갓세Alleegasse 길을 지날 때면 우리와 관계없이 함께 길을 가는 사람들이 때때로 웃음을 짓는 것이 보였다. 놀랄 일은 아니었다. 애초에 그 사람의 말투부터가 이해할 수 없었기 때문이다. 그와 이야기를 나누려면 어느 정도까지는 그의 '정신적 사투리'부터 배워야 했다. 나 또한 처음에는 그의 말을 이해할 수 없었다. 그러나 처음 알게 된 때부터 나는 그에게 매우 호감을 느꼈다. 그리고 마치 지금의 문명과 과학과 지식이 닿지 않는 아주 먼 과거로부터 온 영혼과 함께 있는 것처럼 나는 태곳적의 본능적 앎에 점점 가까워지는 것 같았다.

흔히들 말하는 '배움'의 개념을 생각하면 이 사람한테서는 아무것도 '배울' 것이 없었다고 할 수 있다. 그러나 자신이 직접 정신의 세계를 직관해본 사람이라면, 확실히 그 안에 있는 다른 사람을 통해서 그 정신세계를 깊이 통찰할 수 있었다.

게다가 그는 광신적인 믿음과는 거리가 먼 인물이었다. 그의 집을 방문해 보면 정말 평범하기 짝이 없는 소박한 시골 가정이었다. 그의 집 현관 위에는 "모든 것은 신의 은총"이라는 말이 적혀 있었다. 그 집도 마을의 여느 집처럼 손님을 대접했다. 나는 항상 커피를 잔이 아니라 1리터는 족히 들어갈 머그잔으로 마셔야 했다. 거기다 엄청나게 크게 썬 조각 빵도 먹어야 했다. 마을 사람들도 그를 허황된 사람으로 보지 않았다. 고향에서 그의 모습을 보면 비웃음이 쏙 들어갔다. 그는 건전한 유머가 있었고, 젊은이든 노인이든 마을에서 만나는 사람들을 기분 좋게 하는 대화법을 알았다. 빈의 골목에서는 그와 내 옆을 지나던 사람들이 그에게서 뭔가 아주 낯선 것을 보고 웃음을 지었지만, 그의 고향에서는 아무도 그렇게 웃지 않았다.

삶이 다시 우리를 갈라놓은 뒤에도 그는 늘 내 영혼 가까이에 있었다. 그는 내가 쓴 신비극에서 펠릭스 발데Felix Balde라는 인물로 등장한다.

내가 다른 사람들에게 배운 철학이 그들의 사유 안에서 정신의 세계를 통찰하는 데까지 가지는 못했다는 사실로 인해 당시 나는 마음이 편치 않았다. 그런 곤란을 겪으면서 내 안에는 일종의 '인식론'이 형성되기 시작했다. 나는 점차로 생각이란 결국은 영혼이 정신세계에서 체험하는 빛의 잔영으로 물질로 이루어진 사람의 내부에 비쳐 드는 게 아닐까 싶었다. 나에게 사고의 체험은 어떤 의심도 제기할 수 없을 만큼 속속들이 체험되는 현실적인 것이었다. 하지만 감각의 세계는 그 정도로 체험할 수 있는 것 같지 않았다. 감각세계는 분명 존재하지만, 우리는 사고를 파악하듯 감각세계를 파악하지는 못한다. 감각세계의 안이나 뒤에는 아직 알려지지 않은 본질적인 것이 숨어 있을 수 있다. 그런데 사람은 감각세계 안에 놓여 있으므로, '도대체 이런 세계가 온전히 현실이란 말인가?'하는 질문이 생겨났다. 감각세계에서 사람이 그의 내면으로부터 사고들을 엮어서 감각세계를 비춘다면, 이는 사실상 사람이 감각세계에는 없는 무언가 이질적인 것을 감각세계 안에 들여오는 것은 아닐까? 하지만 이것은 감각세계에 마주선 사람이 사고를 통해 감각세계를 뚫고 들어갈 때 가지는 체험과는 전혀 맞지 않는다. 그렇게 감각세계를 뚫고 들어가보면, 사고가 감각세계를 나타내는 수단임이 입증된다. 그 무렵에는 이런 심사숙고를 계속 이어나가는 것이 나의 내면생활에서 중요한 부분을 차지했다.

그러면서도 나는 신중하려 했다. 하나의 사유 과정이 성급하게 내 고유한 철학적 관점의 형성으로 이어지는 것은 위험해 보였다. 그런 생각이 헤겔을 철저히 공부하도록 나를 몰아갔다. 철학자 헤겔이 사고의 실제를 서술하는 방식은 나와 유사했다. 하지만 헤겔은 살아 있는 사고의 세계라고는 하지만, 구체적인 정신세계를 파악하는 데까지 나아가지 못하고 그저 하나의 사고 체계에 머물러 있는 것에 거부감이 들었다. 어쨌든 나는 사고에서 사고로 성큼성큼 내딛고 확신을 가지고 하는 그의 철학이 마음에 들었다. 수많은 이들이 경험과 사유를 서로 대립하는 것으로 느끼는 듯했지만, 내게는 사유 자체가 경험이었다. 물론 그 경험은 사람이 삶에서 얻는 것이지, 외부에서 사람에게로 다가오는 것이 아니었다. 그래서 헤겔은 나에게 한참 동안 큰 도움이 되었다.

이렇듯 철학에 관심을 두다 보니 당연히 필수과목들은 등한시할 수밖에 없었다. 하지만 미리 미분과 적분, 분석 기하학까지 충분히 다루었던 것이 그 과목들을 이수하는 데 도움이 되었다. 그래서 수학 강의를 많이 빠지고도 맥락을 놓치지 않을 수 있었다. 수학은 인식을 향한 나의 모든 노력에 바탕이 되어준다는 점에서 의미가 있었다. 수학에는 모든 외적인 감각경험과 무관하게 얻어진 직관과 개념의 체세가 있있다. 그래서 당시 나는 바로 이 통찰과 개념들로 감각의 현실에 다가가고 이것들을 통해 감각의 현실에 포함된 법칙성을 발견하는 것이라고 나 자신에게 끊임없이 말했다. 우리는 수학을 통해 세계를 알아간다. 하지만 이를 위해서는 우선 수학이 사람의 영혼에서 만들어져야 한다.

그 무렵 나는 바로 수학에서 결정적인 체험을 하게 되었다. 공간에 관한 생각이 나에게 내적으로 가장 큰 어려움을 안겨주었다. 당시에 지배적이던 자연과학 이론들의 기초에서 보면 공간은 모든 방향으로 끝없이 연이어지는 텅 빈 것인데, 이를 명료하게 사고하기란 불가능했다. 나는 여러 강의와 개인적인 공부를 통해 최신의 (통합)기하학을 알게 되었고, 덕분에 한 선이 오른쪽을 향해 무한히 연장되면 그 선은 왼쪽으로부터 출발점을 향해 다시 되돌아온다고 하는 관찰이 내면에 떠올랐다. 오른쪽으로 무한히 멀리 있는 점은, 왼쪽으로 무한히 멀리 있는 점과 일치한다.

최신 기하학의 그런 표상들 덕분에 우리가 응시하는 것이 텅 빈 공간이 아니라 개념적으로 파악하는 공간이 된 듯싶었다. 직선이 원의 둘레처럼 자기 자신에게로 되돌아온다는 생각은 하나의 계시처럼 느껴졌다. 그 생각이 처음 떠오른 것은 강의 중이었다. 그 시간을 마치고 강의실을 나올 때는 아주 큰 짐을 벗은 듯 해방감마저 들었다. 아주 어린 소년 시절에 나를 기쁘게 해주었던 기하학이 다시 나에게 행복감을 안겨주었다.

내 인생의 이 시기에는 공간에 관한 수수께끼에 이어 시간에 관한 수수께끼가 있었다. 연장된 선이 원점으로 돌아온다면, '끝없이 먼' 미래로 시간이 이어지면 관념상 과거로부터 돌아오게 된다는 생각도 가능한 것일까? 공간 개념에서 느낀 행복감은 시간 개념에서는 엄청난 불안감을 안겨주었다. 그러나 처음에는 해결의 실마리가 보이지 않았다. 생각에 생각을 거듭한 끝에 나는 명료한 공간 개념으로 시간을 이해하려는 일은 각별히 경계해야 한다는 깨달음에 이르렀다. 나는 시간에 관한 수수께끼에서 인식을 향한 노력이 안겨줄 수 있는 온갖 실망감을 맛보았다.

침머만한테서 미학에 대한 자극을 받아, 나는 당대의 가장 유명한 미학자인 프리드리히 테오도르 피셔Friedrich Theodor Vischer의 저작들을 읽어보았다. 그리고 그의 저작 가운데 한 곳에서 최근의 자연과학적 사고로 인해 시간 개념의 변경이 불가피하다는 언급을 찾아냈다. 내 안에 자리 잡은 인식 욕구를 다른 사람한테서도 발견할 때면 나는 언제나 기뻐 흥분했다. 침머만의 언급은 만족스러운 시간 개념을 찾으려는 내 노력을 정당화해 주는 것 같았다.

공과대학에서 수강 신청한 과목들을 마칠 때는 늘 시험을 치러야 했다. 나는 장학금을 받고 있었고, 그 돈을 계속 받으려면 매년 정해진 연구 성과를 입증해야 했기 때문이다.

그러나 무엇보다 자연과학 분야에서는 필수과목들을 공부하는 것으로는 나의 인식 욕구를 해소하기가 어려웠다. 당시 빈 소재의 대학들 사이에는 어느 학교 학생이든 청강생 자격으로 강의는 물론 실습에도 참여할 수 있었다. 나는 이 제도를 이용해서 나의 연구를 의학 분야까지 이어가려 했는데, 가는 곳마다 기꺼이 받아들여졌다.

당시로서는 최고 수준의 사연과학을 습득하는 일에서는, 나는 정신에 대한 나의 통찰이 그런 노력을 방해하도록 하지 않았다고 말할 수 있다. 나는 배우는 내용에 전념하면서, 언젠가는 나에게 자연과학과 정신 인식의 결합이 일어날 것이라는 희망을 남몰래 품고 있을 따름이었다. 그런데 이런 희망을 위협하는 두 가지 요소가 있었다.

내가 다뤄본 자연적 유기체의 분야에는 어디든 다윈의 사상에 젖어 있었다. 당시에 나는 다윈주의의 최상위 관념들이란 학문적으로 성립할 수 없다고 생각했다. 나는 점차로 나 자신만의 사람의 내면에 대한 상像을 형성하기에 이르렀다. 그 상은 정신적 속성을 띠며, 정신세계의 한 부분으로 여겨졌다. 또한 그 내면은 정신세계로부터 자연존재 속으로 들어와, 감각세계에서 지각하고 활동하기 위해 자연적 유기체에 편입하는 것으로 이해되었다.

나는 생물진화론의 사고과정을 어느 정도 존중했지만, 그렇다고 해도 이런 내면의 상을 절충할 여지는 없었다. 고등생물체가 하등생물체에서 출현한다는 발상은 유용해 보였다. 하지만 그 발상을 내가 아는 정신세계에 결합하는 일은 엄청나게 힘들었다.

대학의 모든 물리학 공부에는 기계열역학, 빛과 색채 현상에 대한 파동 이론이 스며 있었다.

개인적으로는 기계열역학 강의가 매력이 있었다. 내가 특별히 존경하는 교수에게 그 분야의 물리학 강의를 들었기 때문이다. 그는 바로 ≪자유로운 통찰≫이라는 훌륭한 책을 쓴 에드문트 라이틀링어Edmund Reitlinger였다.

라이틀링어는 아주 매력적이고 호감이 가는 인물이었다. 내가 그의 강의를 청강할 당시에 그는 이미 폐병을 심하게 앓고 있었다. 나는 2년에 걸쳐서 그의 기계열역학, 화학자를 위한 물리학, 물리학사 강의를 들었다. 또한 그의 물리학 실험실에서 스펙트럼 분석을 비롯하여 다양한 분야를 연구했다.

라이틀링어의 물리학사 강의가 내게는 특히 중요했다. 그가 앓는 병 때문에 그의 강의는 한 마디 한 마디가 힘겹게 느껴졌다. 그럼에도 불구하고 그의 강의는 가장 좋은 의미에서 마음을 흔들어 놓았다. 그의 연구 방법은 철저히 귀납적이었다. 그래서 그는 모든 물리학적 방법론 이야기에 귀납적 학문에 관한 윌리엄 휴얼 William Whewell의 책을 즐겨 인용했다. 그는 물리학 연구의 정점에 뉴턴이 있다고 생각했다. 그는 물리학사를 두 부분으로 나누어 고대에서 뉴턴까지를 1부로, 뉴턴에서 근대까지를 2부로 다루었다. 그는 다방면에 정통한 사상가였다. 물리학적 문제들에 대한 역사

Wien, am 20. Juni 1882.

Euer Hochwolgeboren!
Hochgeehrter Herr Professor!

Euer Hochwolgeboren werden entschuldigen, wenn ein Ihnen völlig Unbekannter es wagt, dieses Schreiben an Sie zu richten und zu seiner Rechtfertigung aus dem Grunde nichts weiter beifügt, weil ihm diese Handlung nur dann als zu entschuldigend dünkt, wenn hochgeehrter Herr Professor sie als solche auffassen.

Ich erlaube mir neulich die beiliegende Abhandlung zu übersenden. Der Druck derselben wurde bisher durch äusserliche Umstände verhindert und ich liess daher eine Abschrift derselben anfertigen.

Euer Hochwolgeboren werden aus derselben ersehen, dass Ihre hochgeschätzten Schriften, die ich

vollständig gelesen, vielfache Anregung zu derselben
gegeben haben. Ich glaube, es muß einmal Ernst gemacht
werden gegen jene Auffassung der Welt, welche nur
Atom und mechanische Vorgänge anerkennen will.
Meine Abhandlung scheint mir den Punkt zu
berühren, auf den es allein ankommt. Der linkische
Stil und die vielleicht nicht überall ganz klare
Darstellung dürften wol der Sache Eintrag tun.
Ich habe einstmals mich ganz in die mechanische
- materialistische Naturauffassung hineingelebt,
hätte auf ihre Wahrheit ebenso geschworen, wie
es viele andere der Jetztzeit machen; aber ich
habe auch die Widersprüche, die sich aus derselben
ergeben, <u>selbst durchlebt</u>. Was ich vorbringe
ist daher nicht bloße Dialectik, sondern eigene
innere Erfahrung. Weil ich weiß, wie ich
damals dachte, kann ich diese Weltanschauung
auch in ihrem tiefsten Wesen erkennen, sehe ihre
Mängel vielleicht leichter als andere, die einen
anderen Bildungsgang durchgemacht. Meine Berufs-
studien sind ja Mathematik und Naturwissenschaft.

Die Ansichten, welche Euer Hochwohlgeboren über den Darwinismus haben, scheinen mir die Keime zu sein für das Urteil der späteren Zeit darüber. Von einer Correctur des Zeitbegriffes hat man wirklich das Heil der Wissenschaft in mannigfacher Hinsicht zu erwarten. Gewiss wird auf diese Weise mehr erreicht werden, als durch die vergeblichen Bemühungen Cornens und anderer, welche den Darwinismus auch mit allen seinen Unwahrheiten und Unklarheiten mit der Ethik in Vereinigung bringen wollen.

Schliesslich erlaube ich mir, wenn Euer Hochwohlgeboren diese Bitte nicht unbillig finden sollten, recht sehr zu bitten mir nur mit wenigen Zeilen Ihr Urteil über das in der Abhandlung Ausgesprochene mitteilen zu wollen. Wenn ich mit dieser Kühnheit allzusehr über den Grenzen des gewöhnlichen Anstandes heraustrete, so habe ich dafür in der Tat nichts zu meiner Entschuldigung als meinen glühenden Eifer für die Wahrheit und den Gedanken, dass Euer Hochwohlgeboren einem Ihrer Verehrer es gewiss verzeihen werden, wenn er um dieses Willen sich etwas zu tun erdreistet, *was in jedem anderen Falle Freiheit wäre.*

Mit ausgezeichneter Hochachtung

Rudolf Steiner

Waffen vor morgen an. Brunn am Gebirge – Nied. Österr.

프리드리히 테오도르 피셔에게 보낸 루돌프 슈타이너의 편지, 1882년적 고찰은 매번 보편적인 문화사에 대한 전망으로 바뀌었다. 그의 자연과학 강의에는 그야말로 완전히 보편적인 철학적 이념들이 등장했다. 그래서 그는 낙관주의와 비관주의를 다루었고, 자연과학적 가설 설정의 정당성에 대해서는 특히 격정적으로 강의했다. 그의 학술 강연 중에서도 케플러Kepler에 대한 서술과 율리우스 로베르트 마이어Julius Robert Mayer에 대한 특성 묘사는 명강의에 속했다.

나는 당시 라이틀링어에게 자극되어 율리우스 로베르트 마이어의 저작을 거의 다 읽었다. 그리고 그 내용에 대해 라이틀링어와 종종 대화를 나눌 수 있다는 것이 나에겐 실로 큰 기쁨이었다.

내가 라이틀링어의 기계열역학 과목의 마지막 시험을 치르고 몇 주 뒤에 사랑하는 스승은 중병으로 돌아가셨고, 나는 커다란 슬픔에 잠겼다. 세상을 떠나기 바로 얼마 전에 그는 마치 유언처럼 내게 과외 학생들을 소개해줄 수 있는 사람들을 추천해 주었다. 이 일은 아주 잘 풀렸다. 그 후로 몇 해 동안 나에게 들어온 생활비의 적지 않은 부분은 라이틀링어 교수 덕분이었다.

기계열역학, 빛의 현상과 전기 작용에 관한 파동 이론은 나를 인식론 연구로 몰아넣었다. 당시 사람들은 물리적 외부세계가 물질의 운동 과정으로 드러난다고 여겼다. 감각기관을 통한 감각은 오직 주관적 경험으로, 곧 인간의 감각기관에 대한 순수한 운동 과정의 작용으로 발생한다고 했다. 저 바깥 공간에서 물질의 운동 과정이 진행된다. 이 과정이 우연히 사람의 열감각기관에 와 닿으면 사람은 온감각을 경험한다. 사람의 *바깥에* 에테르의 파동 과정이 있다. 이 과정이 시신경에 접촉하면 사람 *안에* 빛과 색채의 지각이 생긴다.

　나는 도처에서 이런 견해를 만났다. 이로 인해 내 생각은 이루 말할 수 없이 복잡해졌다. 이런 견해는 객관적 외부 세계로부터 모든 정신을 몰아냈다. 만일 자연 현상의 고찰이 그와 같은 가정을 낳는다면, 정신에 대한 견해로는 *그런* 가정에 도달할 수 없으리라는 생각이 내 안에 자리 잡고 있었다. 나는 당시 자연과학적으로 훈련된 사고에는 이런 가정이 얼마나 유혹적인지를 알았다. 나는 그때도 여전히 나만을 위해서라도 그 지배적인 사고방식을 거슬러 나만의 사고방식을 주장하겠다고 마음먹을 수 없었다. 하지만 바로 이 때문에 내 마음속에는 심각한 갈등이 일어났다. 나는 이런 자연과학적 사고방식을 대할 때면 쉽사리 생각할 수 있는 비판을 매번 내적으로 억제하면서, 더 진척된 인식의 원천과 인식의 길에 의해 더 큰 확실성을 부여받을 때까지 기다려야 했다.

　나는 실러의 ≪인간의 미적 교육에 관한 편지≫도 읽었다. 나는 이 저작에서 강한 자극을 받았다. 인간의 의식이 여러 상태 사이를 이리저리 왔다 갔다 한다는 그의 지적은 사람의 영혼에 나타나는 내적인 작용과 짜임에 대하여 내가 규명해온 상像과 연결되었다. 실러는 인간이 세계와의 관계를 만들어 나갈 때의 의식 상태를 두 가지로 구분했다. 사람이 자기 안에 감각적으로 작용하는 것에 자신을 맡겨버리면, 사람은 자연의 위력에 휘둘리며 살게 된다. 감각과 충동이 자신의 삶을 결정하는 것이다. 이에 반해 이성의 논리적 법칙성에 지배되는 사람은 정신이 필요로 하는 것에 따라 살게 된다. 그러나 사람은 자기 안에 *중간적 의식상태를* 계발할 수 있다. 자연의 강요에도, 또 이성의 필연성에도 일방적으로 복종하지 않는 '미적 상태'를 발전시킬 수 있는 것이다. 이런 미적 상태 속에서 영혼은 감각들을 통해 살아간다. 그렇지만 이 미적 상태는 감각적인 파악에도, 또 감각으로부터 자극 받은 행위에도 정신적인 것을 가져다 준다. 우리는 갖가지 감각을 통해 지각을 하지만, 이때 마치 정신적인 것이 감각들 속으로 흘러 들어간 것처럼 그렇게 지각한다. 행위를 할 때는 자신의 직접적인 욕구를 충족시켜 주는 것에 자기를 맡기지만, 우리는 이러한 욕구 자체를 선한 것은 좋아지고 악한 것은 싫어지게끔 교화한다. 여기서 이성은 감각과 밀접하게 결합한다. 선善은 본능이 되며, 이 본능은 정신성의 특징을 받아들였기 때문에 스스로 방향을 제시할 수 있다. 이런 의식 상태 속에서 실러는 사람이 미적인 작품을 경험하고 창작할 수 있는 그런 영혼상태를 본다. 이런 의식상태의 발달에서 사람은 자신의 내면에서 되살아나는 참된 본성을 발견한다.

    나는 실러의 이러한 사고 과정에 마음이 끌렸다. 그에 따르면, 세계 현상과의 관계가 사람의 본성에 부합하도록 만들려면 우선 의식부터 특정한 상태가 되어야 한다. 이러한 서술을 통해서 나는 자연 관찰과 정신 체험으로부터 나에게 제기된 질문들을 훨씬 더 명확히 할 수 있었다. 실러는 세상의 *아름다움*을 경험하기 위해 요구되는 의식 상태에 대해 말했다. 그렇다면 사물의 본질 속에 있는 진리를 매개해 주는 그런 의식 상태를 생각해 볼 수는 없을까? 그럴 수 있다면, 칸트 식으로 이미 주어진 인간 의식부터 고찰하고 나서 이 의식이 사물의 참된 본질에 접근할 수 있는지 없는

지를 조사해서는 안 된다. 그 대신에, 사람으로 하여금 사물과 사실이 자신의 본질을 드러내게 하는 세계와 관계를 갖도록 하는 의식 상태부터 먼저 연구해야 할 것이다.

그리고 나는 사람이 외부의 사물과 과정을 그대로 옮기는 생각만이 아니라 *사고를 그 자체로 경험하는* 생각이 있어야 어느 정도 그런 의식 상태에 도달할 수 있다고 믿었다. 사고에 잠긴 삶을 살아가는 것과 일상생활뿐 아니라 일상적인 학문 연구에 필요한 생각들 속에 살아가는 것은 나에게는 완전히 다른 두 가지 일인 것으로 나타났다. 우리가 사고의 체험 속으로 계속해서 들어가다 보면, 이런 사고의 체험이 정신의 현실이라는 실재에 맞닥뜨리게 됨을 알게 된다. 우리는 정신으로 가는 영혼의 길에 이르는 것이다. 하지만 우리가 정신적 현실의 실재로 가는 이런 내적 영혼의 길에 도달하면 그 정신적 현실의 실재를 자연의 내부에서 다시 발견하게 된다. 이런 내적인 영혼의 길을 따라 정신의 실재에 도달하고 나면, 우리는 정신의 실재를 자연의 내부에서 다시 발견하게 된다. 생생한 생각 속에서 정신의 실재를 본다면, 자연을 마주하면서 우리는 자연에 대해 더 깊은 인식을 획득한다.

사람이 평상시의 추상적 사고를 넘어서 신중함과 명철함은 유지한 채로 정신을 바라보며 나아가면, 일상적 의식으로 인해 멀어진 하나의 실재를 훤히 꿰뚫어 보게 된다는 사실이 나에게 점점 더 분명해졌다. 일상적인 의식의 한편에는 감각적 지각의 생동과, 다른 한편에는 사고 형성의 추상이 존재한다. 감각들이 자연을 지각하듯이, 정신을 바라봄이 정신을 지각하게 한다. 하지만 일상적인 의식에서 감각적 지각이 사고와 분리되는 것처럼 정신적 바라봄은 정신적 지각이 사고와 분리되는 것은 아니다. 오히려 정신적 바라봄은 정신적인 것을 경험하는 동안 사고하고, 인간 내면에서 눈뜬 정신성을 사고하게 된다.

내 영혼에는 정신적 바라봄이 자리 잡았다. 그것은 흐릿하고 신비로운 감정에서 나온 것이 아니라, 오히려 수학적 사고에 비길 만큼 투명한 정신적 활동을 통해 일어났다. 정신세계에 대한 나의 통찰이 자연과학적 사고의 토론장에서도 옳다고 주장할 수 있는 내면 상태에 가까이 갔다.

마음속으로 이런 것들을 경험했을 때 나는 스물두 살이었다.

IV

1882~1884
빈

소리의 세계에서 실제의 본질이 드러나다 ─── 소리 형태에서 음악적인 것을 체험하다 ─── 바그너 추종자들과의 친교 ─── 자아의 실제와 정신성을 꿰뚫어보다 ─── "열람실"을 이끌게 된 루돌프 슈타이너 ─── 의회 회의를 참관하는 중에 인상적인 인물들을 만나다

당시 나는 정신 체험의 형태를 내 안에서 더 단단한 기초 위에 올려놓고 싶었는데, 음악 부분에서 위기 상황을 맞이했다. 그 무렵에 내가 속한 지적 환경에서는 '바그너 논쟁'이 격렬하게 벌어지고 있었다. 나는 아동·청소년기에 음악에 대한 이해를 키우기 위해서 가능한 모든 기회를 활용했다. 이는 생각에 집중하던 내 입장에서는 당연한 일이었다. 나에게 생각은 그 자체로 *내용*이 있었으며, 생각이란 표현하는 지각을 통해서만 내용을 얻는 것은 아니었다. 그래서 생각에 대한 나의 견해는 순수히 음악적인 음音의 형상을 체험하는 것으로 이어졌다. 음의 세계는 그 자체로 나에게 실재의 본질적인 면을 드러내는 것이었다. 당시에 바그너 추종자들이 갖가지 방법으로 주장한 것은 음악적인 것이 음의 형성 이외의 것도 '표현해야' 한다는 것이었지만, 이런 주장은 나에게는 매우 '비음악적으로' 느껴졌다.

나는 늘 사교적이었다. 그렇다 보니 비너노이슈타트와 빈에서 학창시절을 보내는 동안 수많은 많은 사람들과 친교를 맺었다. 나와 친구들 사이에 의견이 일치하는 일은 드물었지만, 의견의 차이 때문에 우리가 서로 엄청난 자극을 주고받으면서 끈끈한 우정을 이어가는 것이 방해받는 일은 한 번도 없었다. 나는 훌륭한 이상주의를 품은 한 젊은이와도 우정을 맺었다. 그는 고수머리 금발에 순박한 푸른 눈을 가진 전형적인 독일 청년이었다. 그는 당시 바그너주의에 완전히 빠져 있었다. 음악 그 자체로 존재하면서 음 속에서만 움직이고자 하는 음악은 그에게는 끔찍한 속물들의 퇴락한 세계였다. 그에 따르면, 언어에서도 그렇지만 음 안에서 나타나는 그 무언가가 음의 형상을 가치가 있게 해준다는 것이었다. 우리는 종종 함께 연주회와 오페라에 갔는데, 늘 서로 의견이 달랐다. '표현이 풍부한 음악'이 그를 황홀경으로 몰아갈 때는 내 팔다리가 쇳덩이처럼 무거워졌고, 오로지 음악이고자 하는 음악이 울릴 때면 그 친구가 엄청나게 지루해했다.

우리의 토론은 끝도 없이 펼쳐졌다. 오랫동안 함께 산책을 하거나 커피를 마시면서, 그는 바그너와 더불어 비로소 진정한 음악이 탄생하였고 앞서간 사람들은 모두 이 '음악의 발견자'에 이르는 준비에 불과했음을 '논증'하기 위해 열변을 토하였다. 그래서 나 또한 내 생각을 상당히 과감하게 밀고 나갔다. 나는 바그너주의는 진정한 음악의 이해를 말살하는 야만적인 견해라고 주장했다.

우리의 토론은 어떤 주제에서는 유독 격렬해졌다. 언제부턴가 내 친구에게 특이한 경향이 나타났다. 그는 거의 매일 하는 우리의 산책 방향을 좁은 골목길 쪽으로 잡았고, 나와 바그너에 관한 토론을 하면서 그 골목을 여러 차례 왔다 갔다 하는 일이 잦아졌다. 나는 우리 토론에 너무나 심취한 나머지, 시간이 좀 지나서야 그가 이 길에 애착을 갖는 이유를 이해하게 되었다. 우리가 산책할 무렵이면 이 골목에 있는 어느 집 창가에 우아한 젊은 아가씨가 앉아 있었다. 처음에 그와 아가씨 사이의 관계라고는 그가 거의 매일 창가에 나와 앉은 아가씨를 보거나 때로는 그 아가씨가 그를 향해 거리 쪽으로 보내는 시선을 의식하는 것 말고는 없었다.

처음에 나는 보통 때도 충분히 뜨거운 그의 바그너 지지가 이 골목길에서는 더욱 활활 타오른다고 생각할 따름이었다. 그러다가 그의 들끓는 가슴으로 매번 또 다른 무언가가 흘러들고 있다는 데 생각이 미쳤을 때, 그도 자신의 속내를 나에게 털어놓았다. 그리고 나는 둘도 없이 여리고 아름답고 열렬한 첫사랑의 동반자가 되었다. 그 둘의 관계는 앞서 묘사한 상태에서 크게 진전되지는 못했다. 친구는 부잣집 도련님이 아니어서 곧 지방 도시의 말단 신문기자로 취직해야 했다. 그로서는 아가씨에게 좀더 다가가 보는 것은 생각할 수도 없었으며, 또 이런 상황을 이겨나갈 만큼 충분히 강한 성격도 아니었다. 나는 그 후로도 오랫동안 친구와 편지를 주고받았다. 그의 편지에는 체념의 슬픈 여운이 풍겼다. 그의 가슴 속에는 떠나보내야 했던 사랑이 계속해서 남아 있었다.

그 친구와의 편지 왕래가 끊기고도 한참 뒤에, 나는 그가 기자로 취직했던 도시에서 온 사람을 만났다. 나는 내 오랜 친구를 늘 그리워하고 있었기에, 그 사람에게 친구에 관해 물어보았다. 그가 대답했다. "글쎄요, 그 친구는 정말 어렵게 지냈어요. 밥벌이하기도 힘들 정도였지요. 결국 내 밑에서 서기로 있다가 폐병으로 죽었어요." 이 소식에 나는 가슴이 찢어졌다. 이 이상주의자인 금발의 사내가 예전에 형편상 어쩔 수 없이 첫 사랑과 헤어질 때 어떤 심정이었는지를 알고 있었기 때문이다. 당시 그는 삶이 앞으로 어떻게 전개되든 아무런 상관이 없다고 생각했다. 좁은 골목길에서 우리가 산책을 하는 동안 그가 떠올린 이상처럼 될 수 없는 삶이라면, 그런 삶을 꾸려가는 것은 그에게 무가치했다.

나는 바그너 음악에 대한 당시의 반감을 이 친구와의 토론을 통해 거칠게나마 표출했다. 하지만 이런 반감은 그 즈음 내 영혼의 삶에서 중요한 역할을 하기도 했다. 나는 모든 방면에서 바그너풍과는 전혀 상관없는 음악으로 들어가는 길을 탐구했다. 나의 '순수음악'에 대한 사랑은 해가 갈수록 커지는 반면, '표현으로서의 음악'의 '야만성'에 대한 혐오는 점점 더 심해졌다. 그런데다 운명처럼 내 주변사람들은 거의 다 바그너 숭배자였다. 이런 일들 덕분에 나는 먼 훗날 바그너를 이해하려고 노력하는 과정에서 아주 애를 먹었다. 그만큼 중요한 문화현상인 바그너를 아는 것은 당연한 일이었지만, 어쨌거나 그런 노력은 내 인생의 후기에 이루어졌다. 바그너를 혐오하던 시절에는 내가 가르치던 한 학생과 동행한 ≪트리스탄과 이졸데≫ 공연에서 '지루해서 죽을' 뻔한 적도 있다.

이 청년 시기에 나는 또 한 사람과 의미 있는 우정을 나누었다. 이 친구는 모든 면에서 앞의 금발 청년과 대조를 이루었다. 나는 시인을 자처하던 이 친구와도 활기찬 대화로 많은 시간을 보냈다. 그는 모든 시문학에 열광했다. 그리고 일찍부터 여러 가지 커다란 작업에 매달려 있었다. 우리가 알게 된 시점에 그는 벌써 ≪한니발 Hannibal≫이란 비극과 수많은 서정시를 썼다.

나는 또한 슈뢰어가 공과대학에 개설한 "강연 및 작문 연습" 강의에도 두 친구와 함께 참석했다. 이 강의는 우리 셋을 비롯하여 다른 여러 학생들에게 최고의 자극제가 되었다. 우리 젊은이들은 자신이 지적으로 성취한 것을 발표할 수 있었고, 슈뢰어는 우리와 모든 것을 논하면서 그의 훌륭한 이상주의와 고상한 감흥 능력을 통해 우리 영혼을 고양시켰다.

내가 슈뢰어의 허락을 받아 그의 집을 방문할 때면 내 친구는 종종 나를 따라왔다. 그곳에만 가면 친구는 늘 생기가 돌았다. 하지만 다른 곳에서는 지친 목소리로 삶에 대한 견해를 말할 때가 잦았다. 그는 내적 갈등으로 인해 삶을 감당할 수 없었다. 또 기꺼이 뛰어들고 싶을 정도로 흥미를 느끼는 직업도 없었다. 그는 오로지 시와 관련된 관심사에만 몰두했으며, 시문학 외에는 삶과 어떤 진정한 관계도 맺지 못했다. 결국에는 자신에게 아무런 흥미를 끌지 못하는 곳에 취직할 수밖에 없었다. 나는 그와도 편지로 계속 연락을 주고받았다. 자신의 시작詩作에서도 진정한 만족을 얻을 수 없다는 사실이 그의 영혼을 피폐하게 했다. 그에게 삶은 아무런 가치가 없어 보였다. 편지에서, 그리고 대화에서 그가 점점 더 스스로 불치병에 걸렸다는 생각을 굳혀 가는 것을 지켜보는 것이 내게는 무척 안타까웠다. 아무것도 이런 근거 없는 의심을 풀어주지 못했다. 그러던 어느 날, 나는 나와 아주 친했던 이 청년이 자살로 생을 마감했다는 소식을 들어야 했다.

당시에 나는 빈 공과대학에 다니는 독일 지벤뷔르겐Sieben-bürgen 출신의 한 청년과도 상당히 밀접한 우정을 맺었다. 그를 처음 만난 것도 슈뢰어의 "연습" 시간이었다. 이 시간에 그는 염세주의에 관해 발표했다. 쇼펜하우어가 염세적 인생관을 옹호하며 내놓은 모든 주장이 그의 발표에서 되살아났다. 여기에 이 청년 자신의 염세주의적 삶의 분위기까지 더해졌다. 나는 반박 강연을 자청해서 그야말로 열변을 토하며 염세주의를 '논박'했고, 그때 이미 쇼펜하우어를 '편협 고루한 천재'라 명명했다. 나의 반박은 다음과 같은 말에서 절정을 이루었다. "만일 염세주의에 관해 발표하신 분의 설명이 옳다면, 저는 인간이 되기보다 차라리 내 발받침이 되겠습니다." 이 말은 내 지인들 사이에서 오랫동안 놀림거리로 회자되었다. 그러나 이 일을 계기로 그 젊은 염세주의자와 나는 긴밀한 친구가 되었다. 우리는 함께 많은 시간을 보냈다. 그도 역시 자신이 시인이라고 느꼈다. 그리고 나는 자주 그의 방에서 그의 자작시 낭송에 기꺼운 마음으로 귀 기울이며 한참을 앉아 있곤 하였다. 그는 당시 나의 정신적인 노력에 대해서도 따뜻한 관심을 보여주었다. 물론 그것은 내가 다루는 사안 때문이 아니라 오로지 나에 대한 개인적인 호의 때문이긴 했다. 그는 여러 사람들과 아름다운 청춘의 인연을 맺었고 사랑도 했다. 그것은 실로 고된 인생을 살아온 그에게 필요했다. 그는 헤르만슈타트에서 가난한 소년으로 학교를 마쳤고, 이미 그곳에서부터 과외지도로 생계를 유지해야 했다. 그 후에 그는 서신 왕래라는 기발한 방법으로 헤르만슈타트에서 구한 과외학생들을 계속 가르쳤다. 그는 공과대학 공부에는 거의 관심이 없었다. 한번은 그가 화학시험을 보려고 했다. 그는 강의에 들어가 본 적도 없었고, 참고 서적은 건드려보지도 않았다. 시험 치기 전날 밤에 그는 한 친구에게 시험범위 전체에서 발췌한 내용을 읽어달라고 했다. 결국 그는 중간에 잠이 들었다. 그런데도 그는 이 친구와 같이 시험을 보러 갔고, 이 둘은 실제로 '빛나는 성적'으로 낙제했다.

이 청년은 나를 무한정 신뢰했다. 한동안은 나를 거의 고해신부처럼 대했다. 그는 흥미진진하면서도 때로는 안타까움을 자아내는, 미美에 열광하는 삶을 내 영혼 앞에 펼쳐 놓았다. 그가 나에게 너무 많은 우정과 사랑을 보여주었기에, 언제라도 그에게 씁쓸한 실망을 안기지 않겠다고 조심하는 일이 나에겐 정말로 어려웠다. 그는 종종 내가 자신에게 충분한 관심을 기울이지 않는다고 생각했는데, 이런 점이 특히 어려움을 야기하였다. 하지만 그건 정말 어쩔 수가 없는 것이, 나에게도 그가 세세히 이해하지 못하는 관심분야가 많이 있었기 때문이다. 그럼에도 이 모든 일이 결국에는 우리의 우정이 더욱 친밀해지도록 했다. 그는 여름방학은 늘 헤르만슈타트에서 보냈다. 그곳에서 다시 과외학생들을 모집한 뒤, 다음 일 년 동안 빈에서 서신 왕래를 통해 학생들을 가르쳤다. 방학 때면 나는 늘 그에게 장문의 편지를 받았다. 그는 내가 자신의 편지에 거의 또는 전혀 답장하지 않는다는 사실에 괴로워했다. 그러나 가을에 다시 빈으로 돌아오면 그는 나를 향해 소년처럼 뛰어왔고, 다시금 공동생활이 시작되었다. 당시에 나는 그 친구 덕분에 많은 사람과 교제할 수 있었다. 그는 자신과 인연이 있는 모든 사람에게 나를 소개하고 싶어했다. 나 또한 사교를 갈망하고 있었다. 나는 이 친구가 내 인생에 가져다 준 것을 통해서 많은 기쁨과 온기를 얻었다.

이 우정은 몇 년 전 친구가 죽기 전까지 지속되었다. 우리의 우정은 수많은 세파를 잘 헤쳐 왔으므로, 나는 그에 관해서도 많은 얘기를 할 것이다.

지난 날을 돌이켜보면, 여태도 사랑과 감사의 느낌 속에 내 마음을 꽉 채우는 수많은 인간관계와 사회관계가 의식 속에 떠오른다. 여기서 이런 관계를 일일이 다 서술할 수는 없다. 특히 개인적인 경험 속에서 나와 가까웠고 지금까지도 가까운 많은 관계는 건드리지 말아야 한다.

내가 지금 말하는 시기에 등장하는 젊은 시절의 우정은 내 삶의 행로와 독특한 관계가 있다. 그런 우정은 내 마음 속에서 일종의 이중생활을 강요했다. 당시에는 무엇보다 인식의 수수께끼들이 내 마음을 가득 채우고 있었는데, 내가 이런 수수께끼들과 벌이는 노력에 친구들은 늘 강한 관심을 보이기는 했으나 적극적으로 참여하는 경우는 드물었다. 이런 수수께끼들을 체험하는 동안 상당히 고독했다. 반면에 나 자신은 친구들의 삶 속에 등장한 모든 일을 완전히 함께했다. 그리하여 삶의 두 흐름이 내 안에서 나란히 진행되었다. 하나는 고독한 방랑자처럼 쫓아갔고, 또 하나는 사랑하는 사람들과 활발하게 교제하며 겪어냈다. 하지만 두 번째에 해당하는 경험도 많은 경우 나의 발전을 위해서는 깊고도 지속적인 의미가 있었다.

이와 관련해서 특히 기억나는 친구가 있다. 우리는 이미 비너 노이슈타트에서 같은 학교를 다녔지만, 그 시절에는 가까운 사이가 아니었다. 빈에서 그가 나를 자주 찾아오기 시작하면서 우리는 비로소 가까워졌다. 훗날 그는 빈에서 공무원으로 정착했다. 비너 노이슈타트에서도 우리 사이에는 외적인 관계만 없었을 뿐, 그는 이미 내 삶에 의미가 있었다. 한번은 우리가 같이 체육수업을 하게 되었다. 그가 체조를 하고 나는 할 일 없이 기다리는 동안, 그가 내 옆에 책을 한 권 놓아두었다. 바로 "낭만파"와 "독일철학사"를 다룬 하이네Heine의 책이었다. 그때 한번 들춰본 것이 계기가 되어 그 책을 읽게 되었다. 나는 그로부터 많은 자극을 받았지만, 나와는 밀접한 삶의 내용을 다루는 하이네의 방식은 나와는 크게 대조적이었다. 하이네가 사고방식과 감정의 경향을 바라보는 관점은 내 안에서 형성된 것과는 완전히 반대였지만, 영혼의 성향에 따라 그렇게 정해질 수밖에 없었던 나의 내적인 삶의 방향을 성찰해 보도록 자극했다.

그 뒤에 이 책을 가지고 그 동급생 친구와 대화를 나누었다. 이 대화에서 그의 영혼의 내적인 삶이 모습을 드러냈고, 이를 토대로 우리는 지속적인 우정을 쌓아갔다. 그는 폐쇄적인 사람으로, 몇몇에게만 자신의 심중을 털어놓았다. 대부분은 그를 별난 사람으로 여겼다. 마음을 전하고 싶은 몇몇 사람에게는 주로 편지로 엄청나게 많은 말을 쏟아냈다. 그는 스스로 내적인 소질로 인해 시인이 되도록 타고났다고 생각했다. 또한 자신의 영혼 안에 엄청난 재산을 가지고 있다고 보았다. 그러면서 다른 사람들, 특히 여성들과는 실제로 현실에서 관계를 맺기보다는 속으로 그 관계를 공상하는 것을 더 좋아했다. 때때로 그는 현실에서 관계에 근접했지만, 실제 경험으로 이끌지는 못했다. 그런 일이 있으면 그는 나와의 대화를 통해서 자신의 꿈을 마치 현실이었던 것처럼 진심과 열의를 다해 체험했다. 그러다가 그 꿈이 사라지고 나면, 그때마다 쓰디 쓴 감정을 맛보지 않을 수 없었다.

그 결과, 그의 내면생활은 그의 외적인 상태와 완전히 유리되었다. 그는 이런 생활을 다시 고통스러운 자성의 대상으로 삼았고, 그 자성의 내용을 내게 보낸 수많은 편지와 대화에 담아냈다. 언젠가 나에게 보낸 편지에서 그는 어떻게 가장 큰 경험뿐 아니라 가장 작은 경험조차도 자신에게는 내적인 상징이 되는지, 또 어떻게 그는 그런 상징들과 함께 살아가는지를 길게 분석했다.

나는 이 친구를 좋아했다. 비록 그와 함께 있을 때면 공중에 붕 떠서 구름 속을 노니는 듯한 느낌이 들긴 했지만, 그래도 애정을 가지고 그의 꿈에 맞장구를 쳐주었다. 이런 일은 삶의 든든한 버팀목을 인식에서 찾아내고자 부단히 노력해온 나로서는 독특한 체험이었다. 이 친구를 대할 때마다 나는 늘 내 본성에서 쑥 빠져나와 다른 사람의 몸 안으로 들어가는 것처럼 되어야 했다. 그는 나와 함께 있는 것을 좋아했다. 그리고 때론 '우리가 가진 천성의 차이'에 관해서 엄청나게 포괄적인 이론적 고찰을 시도하기도 했다. 하지만 우리 우정에 대한 그 친구의 믿음이 모든 사고를 뛰어넘었기 때문에, 그는 서로의 생각이 얼마나 어울리기 힘든 것인지를 거의 눈치채지 못했다.

비너노이슈타트 실업학교 출신인 또 다른 동창생과도 비슷하게 지냈다. 그는 내 바로 밑의 후배로, 나보다 1년 뒤에 빈 공과대학에 진학하면서 서로 가까워졌다. 우리는 자주 많은 시간을 함께 했다. 그 후배 또한 인식이라는 영역에서 내 마음을 움직이는 것에는 거의 관심이 없었다. 그는 화학을 전공했다. 나와 교류하는 동안 그는 자연과학적 견해에 가로막혀 나를 채우고 있는 정신적 직관에 회의를 표하는 것 외에는 아무 것도 할 수 없었다. 훗날에야 나는 그 친구로부터 이미 그 당시부터 그의 내밀한 본질이 나의 영혼 상태와 얼마나 가까웠는지를 알게 되었다. 그러나 그 시절에 그는 이런 본성을 전혀 드러내지 않았다. 그 바람에 장시간에 걸친 우리의 활기찬 토론은 내게는 '물질주의에 대한 투쟁'이 되었다. 내가 이 세계에 담긴 정신적 내용에 대해 고백할 때마다 그는 늘 자연과학에서 나온 것으로 추정되는 반증이란 반증은 다 들이대며 나에게 맞섰다. 그러면 나는 정신에 일치하는 세계 인식을 반박하려고 물질주의적인 사고 경향이 내놓는 주장에 대항하기 위해 내가 통찰한 내용을 총동원해야 했다.

한번은 매우 열띤 토론이 벌어졌다. 친구는 빈에서 강의가 끝나면 매일 비너노이슈타트로 통학했다. 나는 그런 그를 알레갓세를 따라 남부역까지 바래다주곤 했다. 어느 날 물질주의에 관한 토론이 절정에 이르렀을 때 우리는 역에 도착했는데, 기차는 곧 떠날 참이었다. 그래서 나는 하려던 말을 다음과 같이 요약했다. "그러니까 네 주장은, 네가 '나는 생각한다'고 말할 때, 그것은 너의 뇌신경계에서 진행되는 과정의 필연적인 결과일 뿐이라는 거잖아. 이 과정만이 오로지 현실이라는 거지. 그리고 네가 '나는 이것 또는 저것을 본다', '나는 간다'라고 할 때도 마찬가지라는 거고. 하지만 한번 봐봐! 너는 '나의 뇌가 생각한다', '나의 뇌가 이것 또는 저것을 본다', '나의 뇌가 간다'고 하지는 않잖아. 만일 네가 실제로 너의 이론적 주장이 옳다는 통찰에 이르렀다면, 이런 표현부터 바로잡아야 할 거야. 그런데도 네가 '나'에 대해 말한다면, 넌 사실상 거짓말을 하는 거지. 하지만 너는 네 이론이 아무리 부추겨도 너의 건전한 본능에 따를 수밖에 없잖아? 네가 경험한 사실은 네 이론이 옹호하는 것과는 다른 거야. 네 의식은 너의 이론이 거짓이라고 선언하고 있어." 그 친구는 고개를 가로저었다. 하지만 그에겐 반박할 시간이 없었다. 혼자 돌아오는 길에 나는 이렇게 조잡한 모양으로 물질주의를 반박하는 것은 엄밀한 철학에 부합하지 않는다는 점을 반성할 수밖에 없었다. 그러나 당시 나에게 실제로 중요했던 것은 사람의 '나'에 해당하는 본질에 관하여 내면의 확실한 경험을 분명하게 표현하는 일이었지, 기차 출발 5분 전에 철학적으로 나무랄 데 없는 증명을 하는 일은 아니었다. 나에게 이 '나'는 그 안에 실제로 존재하는 하나의 *현실*을 내적으로 조망하는 체험이었다. 이러한 현실은 물질주의가 인정하는 그 어떤 현실 못지않게 확실해 보였다. 하지만 그 안에는 물질적인 것은 전혀 없다. 이런 '나'의 실재하는 현실성과 정신성에 대한 통찰은 이후 내가 물질주의의 온갖 유혹을 극복하는 데 도움이 되었다. 나는 이 '나'가 흔들릴 수 없다는 것을 알았다. 그리고 분명한 사실은 '나'를 하나의 현상 형식이나 또 다른 과정의 산물로 파악하는 사람은 바로 이 '나'를 알지 못한다는 것이다. 나에겐 이것이 내적 정신적 직관이었다는 *그 사실*을 나는 이 친구에게 말해 주고 싶었다. 우리는 이 문제를 두고 계속해서 많이 싸웠다. 하지만 삶에 대한 일반적인 견해에서는 우리의 느낌이 대체로 유사해서, 격렬한 이론적 투쟁에도 불구하고 개인 관계에서는 조금도 오해가 없었다.

이 무렵 나는 빈에서 대학 생활에 좀더 깊이 관여했다. 나는 '공과대학 독일어 열람실' 회원이 되었다. 그곳에서는 크고 작은 모임을 열어 당대의 정치와 문화 현상들을 자세하게 토론했다. 이런 토론에서는 청년들이 가질 수 있는 가능한—그리고 불가능한—관점이 모조리 드러났다. 특히 임원을 선출해야 했을 때는 각기 다른 의견이 격렬하게 충돌했다. 오스트리아의 공적 분야에서 발생한 사건들을 두고 젊은이들 사이에서 벌어진 많은 일들은 자극적이고 선동적이었다. 그때는 민족주의 정당들이 점점 더 뚜렷한 성격을 띠며 형성되던 시절이었다. 훗날 세계대전의 결과로 발생해서 오스트리아 제국을 점진적으로 붕괴시킨 모든 것의 맹아가 그때 등장했다.

처음에 나는 독일어 열람실 사서로 선출되었다. 사서로서 나는 학생도서관에 둘 가치가 있을 것으로 생각되는 책들의 저자를 가능한 한 모두 찾아냈다. 그리고 이 저자들에게 '구걸편지'를 썼다. 나는 종종 그런 편지를 일주일에 100통쯤 작성했다. 이런 나의 '작업' 덕분에 도서관 장서는 빠르게 늘어났다. 이 일은 나에게 부수적인 효과를 가져왔다. 이를 계기로 당대의 학문, 예술, 문화사,

정치 분야 문헌을 광범하게 섭렵할 수 있었다. 나는 기증받은 책들의 열렬한 독자였다.

그 뒤 나는 열람실 실장으로 선출되었다. 하지만 그것은 내가 감당하기에는 어려운 자리였다. 왜냐하면 나는 수많은 정파들의 서로 다른 견해를 마주하면서 그 모든 견해에 상대적인 정당성이 있음을 보았기 때문이다. 그럼에도 다양한 정파의 성원들이 나를 찾아왔다. 그들은 저마다 오직 *자기네* 정파만이 옳다고 나를 설득하려 했다. 내가 선출될 때는 모든 정파가 나에게 *찬성표*를 던졌다. 그때까지 나는 회의에서 그들의 정당성을 옹호해 주는 말만 했기 때문이다. 하지만 내가 6개월 동안 실장직을 맡고 난 뒤에는 모두가 나에게 *반대표*를 던졌다. 그때까지 나를 겪으면서 내가 각 정파가 원하는 만큼 강하게 지지하지 않는다는 사실을 발견했기 때문이다.

나는 열람실에서 나의 사교 본능을 제대로 충족시킬 수 있었다. 또 대학의 동아리 생활에서 더 넓은 범위의 공공생활 과정을 살펴보게 되면서 이러한 공공생활에도 관심이 일었다. 그래서 나는 당시에 오스트리아 하원과 상원의 방청석에서 갖가지 중요한 의회 토론을 지켜보았다.

국민의 생활에 깊은 영향을 주는 의회의 조처 외에도 나는 특히 의원들의 인성에 흥미를 느꼈다. 세련된 철학자인 바르톨로메우스 카르네리는 매년 예산안 발제자로 자신의 좌석 귀퉁이에 섰다. 그는 타아페 내각에 대해 신랄한 비난의 말을 쏟아내면서 오스트리아에 거주하는 독일인들을 옹호했다. 에른스트 폰 플레너는 연설은 지루했지만 재정 문제에는 확실한 권위자였다. 그가 계산된 냉정함으로 재무장관 두나옙스키를 세출 문제로 비판할 때는 한기마저 느껴졌다. 루테니아인인 토마추크는 소수민족 정책에 대하여 호통을 쳤다. 그 순간에 그의 주된 관심사는 장관들에 대한 반감을 불러일으키기에 가장 적합한 말을 찾아내는 것인 듯 보였다. 교활한 농사꾼 같은 성직자 린바허의 연설은 늘 재치가 있었다. 약간 숙인 머리는 그가 하는 말이 정제된 생각으로부터 나오는 것처럼 보이도록 해주었다. 청년체코당의 그레그르는 나름의 방식으로 신랄하게 말했다. 사람들은 그에게서 선동가를 보는 느낌을 받았다. 노인체코당의 리거는 매우 개성적인 의미에서 그야말로 체코혼魂의 화신으로 서있었다. 이런 체코혼은 오래 전부터 차근차근 쌓아져 19세기 후반기에 제대로 의식화된 것 같았다. 그는 드물게 자주적이고 마음에 힘이 넘치고 의지가 확실한 사람이었다. 오토 하우스너는 오른쪽의 폴란드 의원석 한가운데에서 발언했다. 그는 자신이 읽었던 내용만으로 재치 있게 발표할 때도 많았으나, 또 객관적으로 타당하면서도 사방으로 예리하게 파고드는 화살을 날려 쾌감을 줄 때도 많았다. 외알 안경 너머로 오만하면서도 영리한 한 쪽 눈을 깜박이는 동안, 다른 쪽 눈은 이런 깜박임에 계속해서 '예'라고 만족스레 답을 하는 듯했다. 하지만 이미 당시에 그는 강연에서 오스트리아의 장래에 대해 예언적인 말들을 하곤 했다. 그가 당시에 했던 말들을 오늘날 다시 읽는다면 그의 예리한 시각에 놀랄 것이다. 몇 십 년 후면 혹독한 현실이 될 많은 이야기를 비웃는 사람들도 있었다.

V

1882~1884

오스트리아 내의 민족 문제 —— 슬라브, 헝가리 지역들에 산재한 독일어 문화 중심들 —— 독일어 문화권에 대한 슈뢰어의 영향 —— 옛 크리스마스 연극 —— 슈뢰어의 이상주의, 그리고 그의 괴테 숭배 —— 루돌프 슈타이너의 객관적 이상주의 —— 소리와 빛에 관한 주류 이론 —— 물리학적 광학 실험 —— 최신 해부학과 생리학을 더 공부하다 —— 괴테의 정신에 부합하는 자연 통찰에서 깨달음을 얻다 —— 체험을 통한 감각적·초감각적 형태의 통찰 —— 인간 본질의 3구성 —— 다양한 교육 활동

◈

　당시에 나는 어떤 식으로든 나의 영혼에 영향을 미쳤을 오스트리아의 사회문제에 대해서는 생각해 보지 못했다. 그저 대단히 복잡하게 얽힌 상황을 관찰하는 정도에 머물렀다. 카를 율리우스 슈뢰어와 토론할 때만 깊은 관심이 생길 뿐이었다. 그로부터 그를 종종 방문해도 좋다는 허락을 받은 것도 바로 그 즈음이었다. 슈뢰어의 운명은 오스트리아-헝가리제국의 독일어권의 운명과 밀접하게 얽혀 있었다. 그의 부친인 토비아스 고트프리드 슈뢰어는 브라티슬라바(독일어 지명은 프레스부르크Preßburg)에 있는 독일계 여자고등학교 교장이었고, 희곡뿐 아니라 역사와 미학 책을 집필했다. 역사와 미학 책은 외저Chr. Oeser란 필명으로 출간했는데, 인기 있는 수업교재였다. 토비아스 고트프리드 슈뢰어가 쓴 시는 분명 중요한 작품이고 일각에서는 크게 호평을 받았지만 널리 알려지지는 못했다. 그의 작품 성향은 당시 헝가리의 정치적 주류 성향과는 반대였다. 그래서 작품 가운데 일부는 헝가리 국외의 독일어 지역에서 작가명 없이 출판해야 했다. 만약 헝가리에서 저자의 지적 성향이 알려졌더라면, 그는 해고뿐 아니라 가혹한 처벌까지도 각오해야 했을 것이다.

이런 연유로 카를 율리우스 슈뢰어는 이미 어린 시절에 가정에서부터 헝가리 독일인들이 직면한 압박을 체험했다. 이런 압박 속에서 그는 독일인의 본성과 독일 문학에 대한 깊은 헌신은 물론, 괴테와 괴테를 둘러싼 모든 것에 대한 깊은 애정을 키워갔다. 그는 또한 게르비누스Gervinus의 ≪독일문학사≫에서 심대한 영향을 받았다.

그는 1840년대에 독일로 가서 라이프치히, 할레, 베를린 대학에서 독일 어문학을 공부했다. 유학에서 돌아온 뒤에는 맨 먼저 부친이 일하는 여자고등학교에서 독일 문학 교사이자 연구소 소장으로 일했다. 이즈음 브라티슬라바 주변의 독일 이주민들이 해마다 공연하는 성탄 민속극들을 알게 되었다. 이런 민속극은 슈뢰어에게 독일 민족성을 매우 호소력 있게 보여주었다. 수백 년 전에 서쪽에서 헝가리로 이주해온 독일인들은 라인강 인근이었을 것으로 추정되는 옛 고향에서 이 연극들을 가져와서 옛날 성탄 축제 때 했던 방식 그대로 계속해서 상연했다. 그것들은 에덴 동산 이야기, 그리스도의 탄생, 삼왕(동방박사)의 출현 등을 민중에게 쉽게 와 닿는 방식으로 전하고 있었다. 그후 슈뢰어는 이 극들을 청취하거나 농부들한테서 구한 옛 필사본을 조사한 뒤에 ≪헝가리의 독일 성탄극≫이라는 제목으로 출판했다.

슈뢰어는 독일 정신에 깊이 몰입하는 일에 점점 더 마음이 끌렸다. 그는 독일어 방언을 연구하기 위해 오스트리아 각지를 여행했다. 다뉴브왕국의 슬라브 지역, 마자르 지역, 이탈리아 지역 할 것 없이 독일 민족성이 뿌려진 지역이라면 어디라도 찾아가서 그 고유한 특징을 익히고자 했다. 이렇게 해서 그는 카르파티아산맥 남쪽 지방의 칩스Zips(오늘날 슬로바키아의 스피슈 Spiš 지방) 방언, 크란스카 내 소수 독일 민족 지역의 고트셰Gottschee(오늘날 슬로베니아의 코체비에 Kočevje 지방) 사투리, 서부 헝가리에서 사용되는 헤안체 Heanze(11세기에 바이에른 등지에서 헝가리 서부로 이주한 독일계 농부) 방언의 사전과 문법책을 펴냈다.

슈뢰어에게 이 연구는 순수한 학문적 과제만은 아니었다. 그는 온 마음으로 민족성을 밝히는데 주력했고, 민족성으로부터 말과 글을 통해 단절된 채 살아가는 사람들의 의식에 민족성의 본질을 전해주려고 했다. 이후에 그는 부다페스트에서 교수가 되었다. 그곳에서 슈뢰어는 당시의 지배적 경향을 좋게 느낄 수가 없었다. 그래서 빈으로 옮겨와 처음에는 개신교 학교들의 교장을 맡았고, 나중에는 독일 어문학 분야의 교수가 되었다. 그가 이 교수직에 있을 때 나는 그를 알게 되었고 그와 가까워졌다. 이 즈음에 그의 생각과 삶은 온통 괴테를 향하고 있었다. 그는 ≪파우스트≫ 제2부의 편집과 서문 작업을 하는 중이었고, 제1부는 이미 출간한 상태였다.

슈뢰어의 연구실이자 작은 서재를 방문할 때면, 나는 그곳에서 내 영혼생명에 굉장히 유익한 지적 분위기를 느꼈다. 나는 이미 그때 슈뢰어가 자신의 저술들, 그중에서도 ≪19세기 독일 시문학사≫로 인해 당시의 주류 문학사 방법론의 신봉자들에게 얼마나 적대시되고 있는지 알고 있었다. 슈뢰어는 문학적 현상을 마치 자연과학자처럼 다루는 셰러학파(독일의 문헌학자 빌헬름 셰러의 문학 연구 방식을 따르는 사람들)의 구성원들과는 다른 식으로 글을 썼다. 글을 쓰는 시점에서 그는 비평의 대상인 작품의 '원천'에는 별로 개의치 않고 자신이 가진 문학 현상 자체에 대한 느낌과 생각을 순수하게 인간적으로 표현했다. 그래서 사람들은 슈뢰어가 비평을 '즉흥적으로 써 내려갔다'고 얘기할 정도였다.

  나는 그런 것들에는 별 관심이 없었다. 그와 함께 있으면 나는 정신적으로 훈훈해졌다. 나는 그의 곁에 몇 시간씩 머물 수 있었다. 그의 열렬한 가슴에서 입으로 흘러나오는 설명에는 성탄극들, 독일 사투리의 정신, 그리고 문학적인 삶의 길이 생생히 살아 있었다. 교양어와 방언의 관계가 나에게 구체적으로 명확해졌다. 그가 이미 강의했던 내용이지만, 〈촌뜨기 나츠, 니더외스터라이히에서 객지로 나가다〉라는 빼어난 시를 쓴 니더외스터라이히 방언 시인 요제프 미손Joseph Misson 이야기를 들려주었을 때, 나는 정말 기뻤다. 슈뢰어는 늘 나에게 서재의 책을 빌려주었기 때문에, 나는 우리가 대화한 내용을 추적해볼 수 있었다. 이렇게 슈뢰어와 단 둘이 있을 때면 나는 늘 세 번째 인물, 즉 괴테의 정신이 실제로 우리와 함께 있다는 느낌을 받았다. 슈뢰어가 괴테라는 인물과 그의 작품에 너무나 열중한 나머지 마음에 어떤 감성이나 새로운 생각이 떠오를 때마다 '괴테라면 이렇게 느꼈을까?' 혹은 '괴테라면 이렇게 생각했을까?' 하고 자신에게 느낌상의 질문을 던졌기 때문이다.

나는 슈뢰어가 하는 모든 말을 최대한 호감을 가지면서 정신적으로 귀담아 들었다. 하지만 그를 앞에 두고도 내가 정신적으로 내밀하게 추구하는 바는 나의 마음 안에서 완전히 독자적으로 구축할 수밖에 없었다. 슈뢰어는 이상주의자여서, 그에게 관념의 세계는 그 자체가 자연과 인간의 창조에서 동력으로 작용하는 것이었다. 하지만 나에게 관념이란 힘차게 생동하는 정신세계의 그림자였다. 당시에 나는 심지어 나 자신에게조차 슈뢰어와 나 사이에 있는 사고방식의 차이를 말로 표현하기가 어렵다는 것을 알았다. 슈뢰어는 역사를 움직이는 힘으로서의 관념들에 대해 이야기했다. 그는 현존하는 관념 안에서 생명을 느꼈다. 내가 보기에는 관념들 *뒤에* 정신의 생명이 있었고, 관념들은 사람의 영혼 안에서 일어나는 정신의 현상에 불과했다. 나는 당시 내 사고방식을 *'객관적 관념론'* 이외의 다른 말로 표현할 수 없었다. 이런 표현을 통해서 내가 관념에 대해 말하고자 했던 것은 요컨대 관념의 본질적인 것은 사람의 주체 속에 나타나는 것이 아니라 감각적인 존재에 색깔이 나타나듯이 *정신적 객체*에 나타나는 것이며, 눈이 어떤 생물에서 색깔을 지각하듯 사람의 영혼 즉 주체가 정신적 객체에서 그 관념을 지각한다는 것이었다.

그러나 우리가 '민족혼'(Volksseele)에 관해 대화할 때 슈뢰어의 표현 방식은 내 의견에 상당히 가까웠다. 슈뢰어는 민족혼이 같은 민족에 속하는 개별체로 존재하는 사람들의 총합 속에 나타나는 실제의 정신적 본질이라고 했다. 이때 그의 말에는 그저 추상적 사상의 딱지를 붙이려고만 들지는 않는다는 특징이 있었다.

그래서 우리 둘은 옛 오스트리아의 구조와 그 안에서 움직이는 민족혼을 가진 개개인을 고찰하였다. 이런 측면에서 나는 내 영혼 생활에 깊숙이 관여하는 사회 상황에 관해서 내 생각을 표현할 수 있었다.

그래서 그 즈음 나의 체험은 카를 율리우스 슈뢰어와의 관계에 매우 밀접하게 연결되어 있었다. 하지만 다른 무엇보다도 슈뢰어와는 거리가 멀지만 나로서는 내면적인 분석의 도구로 삼은 것은 자연과학이었다. 또한 나의 '객관적 관념론'이 자연에 관한 인식과 조화를 이루는지도 알고 싶었다.

내가 슈뢰어와 가장 활발히 교류하던 시기에 내 마음에는 새로이 정신세계와 자연세계의 관계에 대한 질문이 등장했다. 처음엔 괴테의 자연과학적 사고방식과는 완전히 무관하게 이런 질문이 생겨났다. 왜냐하면 슈뢰어조차도 이 분야에 해당하는 괴테의 작품에 대해서는 한 마디도 결정적인 말을 해줄 수 없었기 때문이다. 슈뢰어는 동식물에 관한 괴테의 관찰이 이런저런 자연과학자들로부터 호의적인 평가를 받게 되면 무척이나 기뻐했다. 그러나 괴테의 색채론만큼은 매번 자연과학 쪽 지식인들의 단호한 거부에 직면했다. 그래서 그는 색채론에 관해서는 어떤 특별한 의견도 내지 못했다.

슈뢰어와의 교류를 통해서 괴테의 정신생활에 가까이 다가가긴 했지만, 내 생애의 이 시기에 내가 자연과학과 관계를 맺는 데는 괴테의 영향은 없었다. 그보다는 오히려 광학적 사실들을 물리학자의 견지에서 고찰해야 하는 데서 오는 어려움에 영향을 받았다.

　나는 자연과학적 관찰에서 빛과 소리를 유추^{類推}해서 생각하는 것은 허용될 수 없다고 보았다. 사람들은 '일반적인 소리'와 '일반적인 빛'이라는 표현을 사용했다. 유추는 다음과 같이 이어졌다. 우리는 개별적인 소리와 울림을 특별하게 변형된 공기 진동으로, 소리의 객체는 사람의 청각 경험 밖에 있는 공기의 진동 상태로 간주한다. 빛에 대해서도 이와 비슷하게 생각했다. 빛이 유발하는 현상을 지각할 때 사람의 바깥에서 일어나는 일은 에테르 속의 진동이라고 정의했다. 그럴 경우 색깔은 특별하게 형성된 에테르의 진동이다. 당시 내 마음에 정말로 고통을 안겨준 것은 바로 이런 식의 유추였다. 왜냐하면 나는 '소리'라는 개념은 소리를 내는 세계의 개별 사건들을 *추상적*으로 통합한 데 지나지 않지만, 빛 자체는 빛을 비춘 세계에 있는 현상들에 대하여 구체적인 것을 나타낸다는 사실을 절대 확신하고 있었기 때문이다. 나에게 '소리'는 통합된 추상적 개념이었고 '빛'은 구체적 현실이었다. 나는 나 자신에게 이렇게 말했다. 빛은 감각으로 지각되지 않는다. '색채'가 빛을 통해 지각되는 것이다. 빛은 색채 지각을 통해 도처에서 나타나지만, 빛 자체는 감각적으로 지각되지 않는다. '흰' 빛은 빛이 아니라 이미 색깔인 것이다.

　그래서 나에게 빛은 *감각세계* 안에 있는 실제의 본질로 다가왔지만, 그 본질 자체는 감각 밖에 존재하는 것이다. 이제 내 마음에도 스콜라 철학 내부에서 생겼던 유명론^{唯名論}과 실재론^{實在論}의 대립이 나타났다. 실재론자들은 개념은 실재하는 것으로서 사물

안에 살고 있으며, 오직 인간의 인식만이 사물로부터 개념을 끄집어낼 수 있다고 주장했다. 반면에 유명론자들은 개념은 인간이 만들어낸 이름일 뿐으로, 다양한 사물을 통합해서 표현하지만 그 자체는 실재하지 않는다고 해석했다. 그래서 나는 소리 체험은 유명론적으로, 빛의 체험은 실재론적으로 바라보아야 한다고 느꼈다.

    나는 이런 생각을 바탕으로 물리학자들이 제시하는 광학에 접근했다. 그리고 물리학자들의 광학에서 많은 내용을 거부해야 했다. 하지만 내가 얻은 통찰은 괴테의 색채론에 이르는 길을 열어 주었다. 그리고 이로부터 내 앞에 괴테의 자연과학적 저작으로 들어가는 문이 열렸다. 먼저 나는 나의 자연과학적 관점을 바탕으로 작성한 소논문들을 슈뢰어에게 가져갔다. 그가 이 논문으로 할 수 있는 일은 많지 않았다. 논문들은 아직 괴테의 관찰법에 근거하여 작성된 것도 아니었고, 다만 결론에 다음과 같은 짧은 논평을 덧붙였을 뿐이다. "내가 제시한 방식으로 자연을 생각할 수 있어야 비로소 괴테의 자연 연구가 학문 내에서 공정한 취급을 받게 될 것이다." 슈뢰어는 내가 이런 견해를 밝혔을 때 진심으로 기뻐했지만, 우선은 기뻐하는 것에서 더 이상 나아가지 못했다. 어느 날 슈뢰어가 나에게 물리학자인 동료 교수와 나눈 대화를 들려주었는데, 바로 이 대화가 내가 어떤 상황에 처해 있었는지를 잘 보여 준다. 물리학자가 말했다. "그래요, 괴테가 뉴턴에 반대했어도 뉴턴은 '엄청난 천재'였습니다." 이 말에 슈뢰어가 응수하기를, "하지만 괴테도 '천재'였지요." 그래서 나는 또다시 완전히 혼자서 이 수수께끼 같은 문제들과 씨름해야 한다는 느낌을 받았다.

내가 물리학 분야 가운데 광학에 대해서 얻은 이해가 정신세계의 통찰과 자연과학적 연구 결과 사이에 다리를 놓아주는 것처럼 보였다. 당시에 나는 빛과 색채의 본질에 관해 내가 구축해 온 *사고*를 스스로 고안한 일종의 광학 실험을 통해서 *감각적 경험*으로 검증해야 할 필요를 느꼈다. 하지만 그런 실험을 하기 위해 필요한 것들을 구입하는 일은 쉽지 않았다. 과외지도로 버는 돈이 넉넉지 않았기 때문이다. 나는 빛의 이론의 분야에서 자연적 사실들에 대한 편견 없는 통찰을 가능하게 할 실험 설계를 완수하기 위해 할 수 있는 모든 일을 했다.

나는 라이틀링어 교수의 물리학 실험실에서 경험한 연구 덕분에 물리학자들이 보통 어떤 식으로 실험을 설계하는지 잘 알고 있었다. 또 마침 이 분야를 철저히 공부했기 때문에 광학을 수학적으로 다루는 데에도 익숙했다. 물리학자들 편에서 괴테의 색채론에 대해 제기하는 모든 반대에도 불구하고, 실험을 통해 나는 물리학자들의 견해를 벗어나 점점 괴테 쪽으로 기울었다. 나는 이런 종류의 실험이 모두—괴테의 표현을 빌리자면—'빛에서' 일어나는 사실들을 복원하는 것일 뿐, '빛 자체를' 실험하는 것은 아니라는 걸 알게 되었다. 나는 나 자신에게 말했다. '뉴턴이 생각하는 것처럼 색채는 빛으로부터 나오는 것이 아니다. 빛이 자유로이 진행하다 장애물에 부딪혔을 때 빛은 색채로 나타나는 것이다.' 이는 실험에서 직접적으로 추론할 수 있는 사실로 보였다.

이로써 나에게 빛이란 원래의 물리학적 실체의 계열에 속하지 않는 것이 되었다. 빛은 감각기관으로 파악할 수 있는 실체와 정신을 통해 통찰할 수 있는 실체 사이의 중간 단계에 있음이 드러났다.

이 문제에 관해 내가 철학적인 사유 과정 속에서만 움직이는 것이 마음에 걸렸다. 하지만 나는 자연의 사실들을 *정확히 읽어내*는 일을 매우 중요하게 여겼다. 그리고 그 과정에서 점점 더 분명하게 드러난 사실은 빛 자체는 감각적으로 볼 수 있는 범위 내에 들지 *못하고* 그 너머에 머무는 데 비해서, 색채는 감각으로 고찰할 수 있는 것이 빛이 비치는 범위 안에 놓일 때 나타난다는 것이었다.

이제 나는 다시금 최대한 다양한 측면에서 자연과학적 인식 안으로 뚫고 들어가지 않으면 안 된다고 생각했다. 그래서 또다시 해부학과 생리학 연구를 시작했다. 나는 사람과 동물과 식물의 유기체를 이루는 부분들이 지닌 형태를 관찰함으로써 내 나름으로 괴테의 변형생성론(Metamorphosenlehre)에 도달했다. 나는 감각들로 파악할 수 있는 자연의 상이 어떻게 정신적으로 주시한 것에 접근하는지 점점 깨닫게 되었다.

이런 정신적인 방식으로 내가 사람의 영혼 활동인 사고·감정·의지(Denken, Fühlen, Wollen)를 바라보았을 때, 내게는 '정신의 사람'이 명료하게 구체화된 형상으로 모습을 드러났다. 사람들이 사고·감정·의지에 관해 얘기할 때, 나는 일반적으로 떠올리는 추상적 개념에 멈춰 있을 수 없었다. 나는 이런 내적 생명의 현현에서 창조하는 힘들을 보았으며, 그 힘은 '정신으로서의 그 사람'을 내 정신 속에 드러내 보였다. 그러고 나서 내가 그 사람의 감각적 외양을 바라보자, 이 감각적 외양은 감각적으로 관찰할 수 있는 것을 주재하는 정신적 형상에 의해 보완되었다.

나는 괴테가 말한 *감각적·초감각적 형태*를 이해하기에 이르렀는데, 이 형태는 진정으로 자연적인 관찰뿐 아니라 정신적인 주시를 위해 감각적인 파악 대상과 정신적인 통찰 대상 사이에 놓여 있다.

해부학과 생리학을 공부하면서 나는 이런 감각적·초감각적 형태로 차근차근 다가갔다. 그리고 이 과정에서 매우 불완전하게나마 처음으로 '인간 본질의 3구성'에 대한 생각이 떠올랐다. 그리고 이에 관해 홀로 30년을 더 연구한 뒤에야 ≪영혼의 수수께끼≫라는 책에서 이를 공개적으로 언급하기 시작했다. 먼저 나는 사람의 신체조직에서 신경과 감각 쪽으로 가장 많이 발달한 부분에서 감각적·초감각적 형태가 감각적으로 파악할 수 있는 것 속에 가장 뚜렷하게 새겨진다는 사실을 명확히 알게 되었다. 두뇌는 감각적·초감각적인 것이 가장 강하게 신체적 형태로 나타나는 조직으로 보였다. 이에 반해서 팔다리는 감각적·초감각적인 것이 가장 많이 숨어 있어서 외부 자연에 작용하는 힘들이 사람의 형성에 계속 관여한다고 봐야 했다. 사람의 신체 조직 안에 들어 있는 이 양극 사이에는 호흡기관과 순환계처럼 리드미컬한 방식으로 유지되는 모든 것이 자리하는 것처럼 보였다.

당시에 나는 이런 관찰들을 얘기할 상대를 한 사람도 찾지 못했다. 여기저기에서 이 이야기를 조금이라도 내비치면, 사람들은 그것을 철학적 관념의 산물로 간주했다. 내게는 그것이 해부학과 생리학의 체험에서 얻은 편견 없는 인식으로부터 나온 것임이 분명했는데도 말이다.

이런 통찰로 인한 고립감이 마음을 짓누리는 분위기에서 내게 내적인 위안을 준 것은 괴테와 실러가 예나Jena에서 열린 자연연구협회 회의 후에 함께 떠나며 나눈 대화를 읽고 또 읽는 것이었다. 두 사람은 식물학자 바치Batsch가 강연에서 보인 것처럼 그렇게 단편적으로 자연을 고찰해서는 안 된다는 데 의견이 일치했다. 그리고 괴테는 실러의 눈앞에서 자신의 '원형식물'(Urpflanze)을 몇 줄의 선으로 그려 보였다. 이 원형식물은 감각적·초감각적 형태로 식물 전체를 보여주는 것으로, 잎과 꽃잎 등 식물의 각 개별 부분이 그 식물의 전체 모양을 본 떠 만들어진다는 사실을 알게 했다. 당시에 실러는 칸트의 관점을 넘어서기 전이었기 때문에 그런 '전체'를 인간의 이성이 개개의 것들을 관찰함으로써 형성한 '관념'이라고 볼 수밖에 없었다. 괴테는 실러의 견해를 인정하려 들지 않았다. 괴테는 감각으로 개별체를 보는 것처럼 정신으로 전체를 '보았다'. 괴테는 또한 정신적 통찰과 감각적 통찰 사이에 그 어떤 근본적인 차이도 없으며, 오로지 그 두 통찰 가운데 어느 한쪽에서 다른 쪽으로 넘어가는 일이 있을 뿐이라고 생각했다. 그는 정신적 통찰과 감각적 통찰이 둘 다 경험적 현실을 바탕으로 해야 한다고 확신했다. 그러나 실러는 원형식물은 경험이 아니라 관념이라는 주장에서 벗어나지 못했다. 그러자 괴테는 자신의 사고방식에 따라, "나는 내 눈으로 직접 내 관념을 본다"고 응수했다.

나는 이런 괴테의 말을 이해하기에 이르렀다고 믿었고, 이 이해를 통해 나에게 다가온 것은 내 마음속의 오랜 싸움을 진정시켜 주었다. 괴테의 자연관은 정신에 부합하는 것으로 내 영혼 속에 등장했다.

그때부터 나는 내적으로 불가피하게 괴테의 자연과학적 저술들을 세세한 사항까지 철저히 연구할 수밖에 없었다. 곧이어 나는 퀴르슈너의 ≪독일 국민 문학≫에서 괴테의 자연과학 저술들의 서문에 해설을 실어 출판했는데, 애초에는 이런 식으로 괴테의 저술을 해설해 보려는 생각은 아니었다. 오히려 자연과학이 정신에 부합하는 것으로 내 앞에 나타난 것처럼 자연과학의 어떤 영역을 독자적으로 서술해 볼 생각이었다.

그 무렵 나는 이런 의도를 실현에 옮길 형편이 아니었다. 나는 온갖 과목의 개인교습을 해야 했으며 상당히 다양한 '교육적' 상황에 적응해야 했다. 한번은 프러시아 장교가 빈에 나타났는데 어떤 이유로 독일 군대를 떠난 사람이었다. 그는 공병장교로 오스트리아 육군 입대를 준비하고자 했다. 특별한 운명의 섭리로 나는 수학과 자연과학 분야에서 그의 교사가 되었다. 나는 이런 '가르침'에 지극히 만족했다. 나의 '제자'가 아주 각별히 정이 가는 사람이었기 때문이다. 그는 입대 준비에 필요한 수학과 기계학 수업을 마치고 나면 나에게 인간적인 담소를 하자고 졸랐다. 박사학위 시험을 준비하는 졸업반 학생들을 가르치는 등의 경우에서도 나는 주로 수학 및 자연과학의 지식들을 전달해야 했다.

나는 이렇듯 억지로라도 당시의 자연과학을 매번 철저하게 연구할 수밖에 없었으므로, 이들 분야에서 현대적 관점에 익숙해질 기회가 충분했다. 수업에서는 정말 이런 현대적 관점들만을 전달할 수 있었으며, 자연에 관한 인식과 관련하여 내가 가장 중요하게 여기는 부분은 내 안에 조용히 감추고 가야 했다.

당시 가정교사 일은 유일한 생계 수단이었는데, 이 일은 내가 한 분야에 치우치는 우를 범하지 않도록 해주기도 했다. 무언가를 가르칠 수 있으려면 나부터 그 기초를 비롯해서 많은 것을 배워야 했다. 그래서 회계의 '비결'도 환히 꿰게 되었는데, 부기를 가르칠 기회가 있었기 때문이다.

교육 사상 분야에서도 나는 슈뢰어에게 매우 유익한 자극을 받았다. 슈뢰어는 빈에서 수년 동안 개신교 계통인 여러 학교에서 교장으로 활동했고, 자신의 경험을 ≪수업에 관한 질문≫이라는 정말 맘에 드는 소책자에 담아냈다. 나는 그 책에서 읽은 내용으로 그와 토론할 수 있었다. 교육과 수업에 관해 그는 자주 단순한 지식의 전달에 반대하면서 사람의 본성이 온전하고 충분하게 발달하도록 가르쳐야 한다고 주장했다.

VI

1882~1886
빈, 아터제

가정교사 일을 시작하여 헌신적으로 교육하다 ──── 에두아르트 폰 하르트만의 철학에 관심을 갖기 시작하다 ──── 퀴르슈너로부터 괴테의 자연과학 저술들을 서문과 해설을 붙여 발간하자는 제안을 받다 ──── 이에 1883년부터 발간 시작 ──── 유기화학 분야의 갈릴레이가 된 괴테, 괴테의 변형생성이론 ──── 괴테의 자연 관찰이 정신과학으로 이어지다 ──── 이를 입증하기 위한 새로운 인식론의 필요성 ──── 1886년에 ≪괴테 세계관의 인식론≫ 저술

운명은 나에게 교육 분야에서 특별한 과제를 부여했다. 나는 아들이 넷인 집의 가정교사로 추천을 받았다. 세 아이에게는 일단 초등학교 수업을 준비시키고 나서 중학교를 위한 보충수업만 해 주면 끝이었다. 하지만 열 살쯤 되는 넷째의 교육만큼은 당분간 내가 전적으로 떠맡아야 했다. 이 소년은 부모의, 특히 엄마의 걱정거리였다. 내가 이 집에 왔을 때 소년은 읽기·쓰기·셈하기의 가장 초보적인 원리도 습득하지 못한 상태였다. 가족들이 그의 학습 능력을 의심할 정도로 소년은 신체적, 영혼적 발달에 심각한 장애가 있는 것으로 보였다. 소년의 생각은 느리고 무기력했다. 정신적으로 조금만 긴장해도 핏기가 가시면서 두통이 생기고 일상적인 활동이 둔해지고 정서적으로 걱정스러운 행동을 했다.

이 소년을 알게 되자 나는 그 신체와 영혼의 유기체에 적절한 교육으로 아이의 잠자는 능력을 깨워야 한다고 판단했다. 그리고 부모에게 이 소년의 교육을 맡겠다고 제안했다. 아이의 어머니가 내 제안을 신뢰해 주어 나는 이 특별한 교육 과제를 맡게 되었다.

나는 우선 잠자는 상태로 있는 소년의 영혼에 이르는 길을 찾아내야 했다. 그런 다음에 영혼이 점차 몸의 표현들을 다스릴 수 있도록 인도해야 했다. 먼저 영혼이 어느 정도 몸속으로 들어가야 했다. 나는 비록 겉으로 드러나진 않지만 이 소년이 대단한 정신적 능력의 소유자라고 확신했다. 이런 믿음으로 나는 내 과제에 깊이 만족하게 되었다. 나는 곧 이 아이가 나를 아주 좋아하고 따르도록 할 수 있었다. 이로써 이 아이와 어울리는 것만으로도 잠재해 있던 영혼의 능력을 깨울 수 있었다. 수업을 위해서는 갖가지 특별한 방법을 고안해야 했다. 수업에 할당된 시간을 15분만 초과해도 아이의 건강에 해를 끼쳤다. 소년은 많은 과목에서 겨우겨우 수업을 따라왔다.

이 교육 과제는 나에게 풍부한 배움의 원천이 되었다. 활용할 수 있는 갖가지 방법을 실제로 적용해 봄으로써 사람 안에 담긴 정신과 영혼이 신체와 어떻게 연결되는지 통찰했다. 덕분에 생리학과 심리학에서 배운 것을 실제로 적용할 수 있었다. 그리고 교육과 수업이 실질적인 인간 인식에 바탕을 둔 예술이 되어야 한다는 사실을 깨닫게 되었다. 한 가지 경제 원칙도 신중히 실천에 옮겼다. 최소한의 시간을 사용하고 정신과 신체의 힘을 가능한 한 덜 사용하면서 소년의 학업 능력을 최고도로 끌어올리기 위해서, 30분의 수업을 위한 자료를 두 시간에 걸쳐 준비하는 일도 흔했다. 수업 과목의 순서도 신중하게 고려해야 했고, 전체적인 일과도 적절하게 결정해야만 했다. 소년이 2년 만에 초등학교 과정을 따라잡고 김나지움 입학시험에 합격했다는 사실에 나는 만족했다. 소년의 건강 상태도 아주 좋아졌다. 지병인 뇌수종은 크게 줄어드는 중이었다. 나는 부모에게 아들을 공립학교에 보내라고 제안할 수 있었다. 소년이 다른 또래들과 함께 지내면서 발달해갈 필요가 있다고 봤기 때문이다. 가정교사로 이 집에 여러 해를 머물면서 나는 무엇보다 이 소년에게 전념했다. 소년은 학교를 다니는 동안에도 집안에서의 활동이 처음과 마찬가지로 정신 속에서 이어지도록 해야만 했다. 나는 가정교사 일을 기회로 삼아 앞에서 언급한 대로 희랍어와 라틴어 지식을 쌓아 나갔다. 소년과 이 집의 다른 아들의 김나지움 수업을 보충해 주어야 했기 때문이다.

나는 살면서 이런 인연을 맺을 수 있도록 나를 이끌어준 운명에 감사할 수밖에 없다. 나는 생생한 방식으로 인간의 본질에 관한 인식을 얻었으며, 다른 길을 갔더라면 그렇게 생생한 인식을 얻을 수 없었으리라 믿기 때문이다. 게다가 그 가족은 나를 아주 극진히 대했고, 우리는 아름다운 생활공동체를 이루었다. 이 집 아버지는 인도와 미국의 목화 중개인으로 일했다. 그 덕분에 무역 업무와 그에 관련된 많은 일을 들여다볼 수 있었고, 그 과정에서도 많은 것을 배웠다. 나는 대단히 흥미로운 수입업체 운영을 알게 되었고, 업계 종사자들이 서로 어떻게 교류하고 다양한 상업 및 산업 활동이 서로 어떻게 얽혀 있는지 관찰할 수 있었다.

내가 돌봐준 소년은 9년제 김나지움을 졸업할 수 있었다. 나는 소년이 8학년을 마칠 때까지 그의 곁을 지켰다. 그때 소년은 이미 내 도움이 필요 없을 정도가 되었다. 소년은 김나지움을 졸업하고

의과대학에 진학하여 의사가 되었다. 그리고 세계대전(제1차 세계대전) 동안 의사로 복무하다 희생되었다. 그를 위해 일한 인연으로 나와는 신실한 친구가 된 그의 어머니는 깊은 사랑으로 이 아들에 대한 걱정을 놓지 못했는데, 아들이 죽자 이 어머니도 곧 세상을 떠났다. 그의 아버지는 그보다 일찍 세상을 하직했다.

내 젊은 시절의 많은 부분은 나를 성장시킨 과제와 연결되어 있다. 나는 여러 해 동안 여름만 되면 내가 가르치는 아이들과 그 가족까지 함께 잘츠캄머구트Salzkammergut 지방의 아터제Attersee로 갔고, 거기에서 오버외스터라이히 지방 알프스의 빼어나게 아름다운 경관을 경험했다. 이 가정에서 가르치기 시작하고도 여전히 다른 개인교습을 병행했지만, 시간이 지나면서 다른 개인교습 자리는 다른 사람에게 자리를 넘겨줄 수 있었고, 덕분에 내 공부를 할 수 있는 시간이 생겼다.

이 가정에 들어가기 전까지 나는 아이들의 놀이에 참여할 기회가 거의 없었다. 그리하여 이십대에 비로소 '유희기'를 맞게 되었다. 놀이를 이끌어야 했으므로 노는 방법까지도 배워야 했다. 그리고 이 일은 대단히 만족스러웠다. 내 평생 다른 사람들만큼은 놀이를 했다는 생각까지 들었다. 다만 다른 사람들이 10세 이전에 끝낸 일을 나는 23세부터 28세 사이에 따라잡았을 뿐이다.

이 시기에 나는 에두아르트 폰 하르트만Eduard von Hartmann의 철학에 몰두했다. 그의 《인식론》을 공부하는 동안 내 안에서는 끊임없이 저항감이 일었다. 참현실은 무의식적인 것으로 의식의 경험 범위 너머에 있으며, 의식의 경험은 실재의 비현실적인 잔영

이외에 아무것도 아니라는 그의 견해가 몹시 거슬렸다. 이에 반대하여, 나는 의식의 경험은 영혼 생명을 내적으로 강화시켜서 참현실에 다다를 수 있다고 주장했다. 사람은 자신의 내면 생활로 합당한 조건을 마련해주면, 신神적이고 정신적인 것이 스스로를 드러낼 수 있다는 사실을 나는 분명하게 알고 있었다.

하르트만의 염세주의는 인간의 삶에 대한 아주 그릇된 문제 제기의 산물로 보였다. 나는 인간이란 삶을 만족스럽게 만들어주는 것을 내면의 샘에서 길어 올리려 노력하는 존재라고 해석할 수밖에 없었다. 그래서 이렇게 자문해 보았다. 만일 애초부터 세상의 설계에 따라 인간에게 '최선의 삶'이 주어져 있다면, 어떻게 해야 인간이 자기 안에서 이러한 샘이 솟아 나오도록 할 수 있겠는가? 외적인 세계 질서의 발달은 각 사물과 사실에 선과 악을 넘겨주는 단계에 도달했다. 이때에야 비로소 인간은 자기 의식을 얻어, 사물과 사실로부터가 아니라 오로지 존재의 근원으로부터 자유를 향해 지속적으로 발전해 간다. 나에게는 염세주의 또는 낙천주의 문제를 제기한다는 것 자체가 이미 사람의 자유로운 본성을 범하는 것으로 보였다. 나는 종종 이렇게 자문해 보았다. 만일에 외부의 세계 질서에 의해 행복의 크기가 할당된다면 어떻게 인간이 자신의 최대 행복을 자유롭게 창조하는 주체일 수 있겠는가?

반면에, 하르트만의 《도덕 의식의 현상학》이란 저작에는 마음이 끌렸다. 이 책은 인류의 도덕적 발달을 경험적으로 관찰할 수 있는 것을 길잡이 삼아 추적하고 있었다. 하르트만은 이 책에서 인식론과 형이상학에서 그랬던 것처럼 의식 너머에 있는 미지의 존재에 대해 사변하려 들지 않고, 도덕으로서 체험할 수 있는 것을 그 현상을 통해 파악한다. 나에게 분명한 사실은, 철학적 사변이 참 현실에 다가가고자 한다면 현상 *너머*를 생각하면 안 된다는 것이었다. 세계의 현상들은 의식 있는 영혼이 참 현실을 파악할 준비를 갖춘 뒤에야 비로소 이 참 현실을 스스로 드러내 보인다. 감각적으로 파악할 수 있는 것만을 의식 속에 받아들이는 사람이라면 의식 너머에 있는 것 안에서 진정한 존재자를 구할 수 있겠지만, 정신적인 것을 직관하여 파악하는 사람은 그 정신적인 것을 인식론적 의미에서 저 세상에 속하는 것으로서가 아니라 이 세상에 속하는 것으로 말한다. 나는 하르트만의 윤리적 세계 고찰에 마음이 끌렸다. 그가 저 세상에 대한 자신의 견해를 완전히 뒤로 물리고 관찰할 수 있는 것에 의지했기 때문이다. 나는 현상들의 '배후에' 존재하는 것을 숙고함으로써가 아니라, 현상들이 정신적 본성을 드러낼 만큼 그 현상들 속으로 파고듦으로써 존재자의 인식을 완성하고 싶었다.

나는 항상 사람의 업적을 그 긍정적 측면을 중심으로 느끼고자 했으므로, 에두아르트 폰 하르트만의 철학은 나에게 가치 있는 것이었다. 비록 그의 철학에 담긴 기조와 삶에 대한 관점은 거슬렸지만, 그의 철학이 수많은 현상을 집요하게 조명했기 때문이다. 그리고 나는 이 '무의식의 철학자'가 쓴 저작 가운데 내가 본래 동의하지 않는 것에서도 나에게 큰 자극이 되는 것을 많이 발견했다. 이는 문화사적, 교육학적, 정치적 문제들을 다룬 에두아르트 폰 하르트만의 대중적인 저작들에서도 마찬가지였다. 나는 수많은 낙천주의자한테서는 찾아볼 수 없었던 '건전한' 삶의 이해를 이 염세주의자에게서 발견했다. 특히 에두아르트 폰 하르트만을 대하면서 나는 내게 필요한 것―비록 반기를 들어야만 했더라도 인정하는 자세―를 경험했다.

저녁에 내가 맡은 사내아이들에게서 놓여나면, 나는 아터 호반의 발코니에서 보이는 뭇별에 경탄하며 숱한 밤을 늦게까지 ≪도덕 의식의 현상학≫과 ≪발전 단계에 있는 인류의 종교 의식≫을 연구하며 보냈다. 그리고 나는 이 책들을 읽는 동안 내 자신의 인식론적 관점에 대하여 점점 더 큰 확신을 얻었다.

1882년에는 요제프 퀴르슈너Joseph Kürschner가 슈뢰어의 추천을 받아, 자신이 편찬하는 ≪독일 국민 문학≫에서 괴테의 자연과학 저작들에 서문과 일련의 주석을 달아 편집할 사람으로 나를 초빙했다. 슈뢰어 자신은 이 방대한 선집에서 괴테의 희곡을 맡았으며, 내가 담당한 첫째 권에 입문자들을 위한 머리글을 써주기로 했다. 이 글에서 슈뢰어는 시인이자 사상가인 괴테가 당대의 지성계에서 어떤 위치를 차지하는지 밝혔다. 슈뢰어는 괴테 시대에 뒤이어 등장한 자연과학 시대의 세계관 속에서 괴테의 정신적 위상이 추락하는 것을 목격했다. 그는 머리말에서 내가 괴테의 자연과학적 저술의 편집과 함께 부여받은 사명을 포괄적으로 특징지었다.

이 사명에는 한편으로는 자연과학, 다른 한편으로는 괴테의 세계관 전체에 대한 분석과 정리가 포함되었다. 이렇게 분석 정리한 내용으로 대중 앞에 나서야 했기 때문에, 나는 그때까지 획득한 세계관의 모든 내용을 확실히 종결지어야 했다.

그때까지 나는 몇몇 신문 사설을 통해서만 글을 발표했다. 내 영혼 안에 있는 것을 일반에 공개할 가치가 있도록 써내는 것은 쉬운 일이 아니었다. 내가 내면의 노력을 통해 획득한 내용을 완성된 서술에 담고 나면, 나는 늘 그것이 시시하게 변해버린 것 같은 느낌이 들었다. 그래서 글을 지어 발표하려 할 때마다 속으로는 늘 불만이었다.

19세기 문명에 큰 영향력을 발휘하기 시작한 자연과학이 지배하던 사고방식은 괴테가 애써 높은 수준까지 도달한 자연 인식을 이해하기에는 적합해 보이지 않았다.

나는 괴테 안에서 한 인물을 보았다. 괴테는 사람과 세계 간에 정신에 부합하는 특별한 관계를 지어줌으로써 인간의 전분야에 걸친 업적 가운데로 자연 인식이 차지하는 위치 또한 정확하게 바로잡을 수 있었다. 내가 살아온 시대의 사고방식은 무생물계에 관한 관념을 구축하는 데나 적합해 보였다. 나는 이런 사고방식의 인식 능력으로는 생물계에 접근하기에 역부족이라고 생각했다. 나는 자문했다. 유기적인 것들을 인식하게 해주는 관념을 얻기 위해서는 우선 무기적인 자연에 적용되는 지성적 개념들 자체에 생명을 불어넣는 일이 필요하다고 말이다. 왜냐하면 그런 개념들은 내게는 죽은 것으로 보였고, 그렇기 때문에 또한 죽은 것을 파악하는 데만 적합해 보였기 때문이다.

나는 괴테의 자연관을 설명하기 위해서, *어떻게* 괴테의 정신 속에서 원상들이 소생하고, 그 원상들이 이상화된 형상이 되었는지를 보여주려고 했다.

괴테가 자연 인식의 이런저런 분야에 관해 하나하나 생각하고 노력해서 얻은 결과물은 내가 그의 공으로 돌릴 수밖에 없는 중심적인 발견에 비하면 덜 중요해 보였다. 나는 괴테의 *중심적인* 발견이 유기적인 것을 이해하려 할 때 그것을 사고하는 방식을 알아낸 것이라고 보았다.

나는 역학이 인식 욕구를 근본적으로 충족시켜 준다는 것을 알았다. 왜냐하면 역학은 인간의 정신 안에서 합리적으로 개념을 형성한 다음, 그 개념이 무생물계에 대한 감각 경험 속에 실현된 것이기 때문이다. 괴테는 이와 유사한 방식으로 생물계와 연결되는 *유기학*(Organik)의 창시자였다. 근대 정신사 안에서 갈릴레이를 보면서, 나는 그가 무기체에 관한 개념을 형성함으로써 근대 과학의 형태를 만들었음을 깨달았다. 갈릴레이가 무기체에 대해 업적을 남긴 것을 괴테는 유기체를 상대로 해내고자 했다. 나에게 괴테는 유기학의 갈릴레이였다.

나는 괴테의 자연과학 분야 저작의 첫 권을 편집하기 위해 그의 변형론에 대한 착상을 살펴봐야 했다. 곤란했던 점은 유기체를 인식할 수 있는 통로가 되는 살아있는 관념의 *원상의 형상화*와 무기체를 파악하는 데 적합한 *형상화되지 않은 원상* 사이에 어떤 관계가 있는지를 말로 나타내는 일이었다. 어쨌든 이 점을 정말로 분명히 밝힐 수 있느냐에 나의 과제 전체가 달려 있는 것으로 보였다.

무기체를 인식하는 과정에서는 자연에서 작용하는 힘들의 관계를 일목요연하게 파악하기 위해 개념 하나하나를 나란히 배열한다. 유기체의 경우에는 한 개념이 다른 개념으로부터 자라나도록 해야 한다. 그러면 자연 안에서 형상화된 존재로 나타나는 것의 상들이 생생하고 발전적인 개념 변화를 통해서 생겨날 수 있다. 괴테는 이런 상을 얻기 위한 노력의 일환으로 식물 잎새의 어떤 원형상을 정신 안에 붙들어 두려 했다. 괴테가 추구한 원형상은 경직되고 생기 없는 개념이 아니라 극히 다양한 형태로 나타날 수 있는 그런 개념이었다. 정신 안에서 한 형태가 다른 형태로부터 생기도록 두면, 우리는 식물 전체를 구성하게 된다. 자연이 실제로 식물을 형태화해 가는 과정을 사람들은 마음속에서 관념적으로 따라만들어 보는 것이다.

우리가 이런 식으로 식물의 본질을 이해하려고 노력하면, 무형의 개념으로 무기체를 파악하는 경우보다 정신을 담은 자연적인 것에 훨씬 더 가까이 다가가게 된다. 사람들이 무기체에서 파악하는 것은 오로지 자연 속에 정신이 없이 존재하는 것의 정신적 허상일 뿐이다. 그러나 식물의 생장 속에는 인간의 정신 안에 식물의 상으로서 생겨난 것과 조금은 닮은 무언가가 살아 있다. 사람들은 자연이 유기체를 생성함으로써 정신과 유사한 본질성이 스스로 작용한다는 사실을 깨닫게 된다.

나는 괴테의 식물학 저작들에 부치는 서문을 통해, 괴테의 변형론이 유기적인 자연의 작용은 정신과 같은 방식으로 생각해야 한다는 입장을 취했음을 보여주고 싶었다.

괴테의 사고방식에서는 동물의 성질과 사람 본질의 자연적인 바탕 안에서는 그런 작용들이 정신과 한층 더 유사하게 나타난다.

동물과 관련하여 사람의 특성에 대하여 괴테는 자신이 동시대 인들이 보여준 오류를 살펴보는 데서 출발했다. 이들은 사람과 동물을 구분하는 특징을 일일이 찾아냄으로써 인간의 유기체적인 토대를 자연 안의 특별한 위치에 두려 했다. 이들은 동물들의 윗쪽 앞니가 박혀 있는 악간골에서 그런 특징을 찾아냈다. 사람의 위턱은 그런 특별한 사이뼈 없이 하나의 뼈로 구성되어 있다는 것이다.

괴테는 이런 견해를 오류라고 보았다. 그에게 사람의 형태는 동물의 형태에서 더 높은 단계로 변형된 것이었다. 동물의 구조 속에 나타나는 모든 것은 사람의 구조 속에도 있는데, 다만 인간 유기체가 자의식을 지닌 정신의 운반자가 될 수 있도록 더 발달된 형태일 따름인 것이다.

괴테는 인간과 동물의 차이를 하나하나 살피는 대신에 사람의 전체 형태는 높이 발전되어 있다는 점에서 그 차이를 확인한다.

식물의 본질에서 시작하여 동물의 다양한 형태까지 고찰해 가다 보면, 단계가 올라갈수록 유기체적인 창조의 힘들이 정신에 비슷해진다는 사실을 알 수 있다. 인간의 유기체적인 형태 안에서는 정신적인 창조의 힘들이 활동하여 동물적 구조를 최상위로 변형시킨 것이다. 이 창조력은 사람의 유기체가 생성 변화하는데 존재한다. 그리고 이 창조력은 자연을 바탕으로 빚어진 그 그릇이 자연의 구속을 받지 않은 존재의 형태 안에 그 힘들을 받아들일 수 있게 만들어졌기 때문에 이런 창조력은 마침내 사람의 정신으로 살아있다.

괴테는 인간 유기체를 이런 관점에서 바라봄으로써 훗날 다윈주의를 기반으로 동물과 인간의 연계에 대해 제기되는 주장 가운데 타당성 있는 모든 주장을 예견하면서 동시에 타당성 없는 주장은 모두 배격한 것처럼 보였다. 다윈의 발견에 대한 물질주의자들의 해석에 따르면, 지상에 존재하는 최고 형태인 인간에게 나타나는 정신을 부정하는 견해가 나온 원인은 바로 동물과 인간의 진화론적 연계다. 괴테의 해석은 우리로 하여금 동물의 형상에서 정신의 창조를 보도록 하는데, 다만 이 정신의 창조물은 아직은 그 안에서 정신이 그 자체로 *살아갈* 수 있는 단계까지는 도달하지 못한 것이다. 인간 내면에서는 정신으로서 *살아있는* 것이 동물의 형태 안에서는 정신의 전 단계에 해당하는 것으로 만들어진 것이다. 그리고 정신은 인간에서 이 동물적 형태를 변화시켜 창조자로서뿐 아니라 자기 자신의 경험자로서도 나타날 수 있게 된다.

이렇게 보면, 괴테의 자연 관찰은 자연의 생성 변화를 무기체에서 유기체까지 단계별로 추적함으로써 자연과학을 정신과학으로 서서히 바꾸었다. 괴테의 자연과학 분야 저작 가운데 첫 권을 마무리하면서 이 점을 제시하는 것이 나에게는 다른 무엇보다 중요했다. 이런 이유로 나는 물질주의에 물든 다윈주의가 편견을 만들어냈으며, 이런 편견을 바로잡으려면 괴테의 사고방식이 필요하다고 선언하는 것으로 나의 서문을 끝맺었다.

나는 생명 현상들로 깊이 파고들기 위한 *인식 방법*을 괴테의 유기학 고찰에서 보여주고 싶었다. 그리고 곧 이런 고찰에는 이를 밑받침할 기초가 필요함을 느꼈다. 당시 나의 동시대인이 설명하는 인식의 본질은 괴테의 직관에 접근할 수 없는 방식이었다. 이런 인식론자들은 당대의 자연과학을 염두에 두고 있었다. 이들이 인식의 본질에 관해 주장한 내용은 무생물계를 파악하는 데만 유효했다. 내가 괴테의 인식 방법에 관해 해야 했던 말과 당대의 보편적 인식론 사이에는 조화가 이루어질 수 없었다.

이 때문에 내가 괴테의 유기학을 근거로 제시한 내용은 나를 다시금 이런 인식론 쪽으로 몰고 갔다. 나는 오토 리프만Otto Liebmann이 주장하는 것과 같은 견해에 직면했다. 리프만은 사람의 인식이란 결코 그 의식 자체를 넘어설 수 없다는 원칙을 매우 다양한 형식으로 표명했다. 곧, 인간 의식은 현실이 인간의 영혼 속에 보내주는 것과 정신적인 형태로 영혼에 나타나는 것 안에서 살아가는 데 만족해야 한다는 것이다. 만일 사람들이 문제를 이런 식으로 바라본다면, 괴테 식으로 생물계에서 정신과 연관된 것을 찾아낸다고 말하기란 불가능하다. 그렇다면 우리는 인간 의식의 내부에서 정신을 찾아야 하고, 정신에 부합하는 자연 관찰은 허용되지 않는 것으로 간주해야 한다.

나는 괴테의 인식 방법에는 인식론이 없다는 사실을 발견했다. 그래서 그런 인식론을 대략적으로나마 완성해보려 시도했다. 나는 괴테의 자연과학 분야 저작의 다음 권 편집을 시작하기에 앞서 내면의 요구에 따라 ≪괴테 세계관의 인식론≫부터 집필했는데, 이 소책자는 1886년에 완성되었다.

VII

1886~1889
빈

친구들과의 체험 ── 모르지만 아는 사람 ── 마리 오이게니 델레 그라치에와 라우렌츠 뮐너, 그리고 그들 무리와의 교류 ── 빈의 지식인층과 예술가 그룹의 다른 인상적인 인물들 ── 별다른 인상을 남기지 못한 시네트의 《비의秘儀불교》

≪괴테 세계관의 인식론≫을 구상하던 시기에 나는 운명에 이끌려 한 가족을 소개받았고, 덕분에 그들과 많은 시간을 유쾌하게 어울리며 인생의 한 시기를 행복하게 보냈다. 내게는 오랫동안 사귀어 온 친구가 하나 있었는데, 그의 선선하고 밝은 성품, 삶과 인간에 관한 정확한 이해, 탁 트인 솔직담백함 때문에 나는 그를 몹시 좋아했다. 그는 나를 포함해서 친한 친구들을 자기 집에 소개했다. 그 집에서 우리는 이 친구 말고도 두 누이와 한 남성을 만났는데, 이 남성은 얼마 지나지 않아 그 집의 맏딸과 약혼할 사이였다.

이 가족의 배후에는 한 번도 우리 눈에 띄지 않은 어떤 미지의 존재가 떠돌고 있었다. 그 존재는 바로 이 집 형제자매들의 아버지였다. 그가 거기에 있다고 하기도, 없다고 하기도 애매했다. 이 미지의 존재에 관한 얘기는 여러 경로로 들려왔다. 그 말을 들어보면 그는 약간 특이한 사람임이 분명했다. 그 집 형제들은 아버지가 분명 옆방에 있었을 텐데도 처음에는 아버지에 관해 한마디도 하지 않았다. 그러다가 시간이 지나면서 아주 조금씩 아버지에 관해 이런저런 얘기를 꺼내기 시작했다. 그런데 그 한 마디 한 마디가 정말로 경외심에서 우러나온 말이었다. 우리는 그 집 자녀들이 아버지를 특별한 분으로 존경하고 있음을 느꼈다. 하지만 우리가 우연히라도 아버지를 보게 될까 몹시 경계하는 것도 느낄 수 있었다.

우리가 이 가정에서 나눈 대화의 내용은 대부분 문학에 관한 것이었다. 대화의 이런저런 내용에 따라 형제자매들은 아버지 서재에서 많은 책을 가져왔다. 이런 사정으로 인해 나는 그분을 직접 본 적은 없지만 그분이 옆방에서 읽는 책들은 점점 더 많이 알게 되었다.

결국 나는 이 미지의 존재와 관련된 여러 일에 대해서 묻지 않을 수 없었다. 내 질문에 자녀들은 조심스러워하면서도 여러 속사정을 털어놓았고, 이로써 내 마음에는 점차 이 특이한 인물의 모습이 생겨났다. 나는 이분이 좋아졌으며, 나에게도 의미있는 인물이라고 여겨졌다. 마침내 나는 사는 동안 힘든 일을 겪은 탓에 다른 사람들과 교류하기를 철저히 피하면서 오로지 자신의 내면의 세계에 더 몰두한 인물로서 이분을 존경하게 되었다.

어느 날 우리 방문자들은 이분이 아프다는 얘기를 들었고, 얼마 안 있어 사망 소식이 전해졌다. 자녀들은 내게 조사弔詞를 맡겼다. 나는 앞서 말한 방식으로만 알고 지낸 이 인물에 대해서 마음이 시키는 대로 말했다. 장례식에는 가족과 맏딸의 약혼자, 그리고 내 친구들만 참석했다. 자녀들은 내가 조사에서 자신들의 아버지를 진실하게 그려냈다고 했다. 그들의 어조와 눈물로 보아 나는 그들이 실제로 그렇게 확신하고 있다고 느꼈다. 그리고 고인과 내가 마치 오랫동안 교제를 해온 것처럼 정신적으로 매우 가깝다는 사실도 알게 되었다.

작은 딸과 나 사이에는 점차로 아름다운 감정이 싹텄다. 그녀는 정말 전형적인 독일 처녀들에게서 보이는 특별한 면모를 지니고 있었다. 마음속에 배워 익힌 교양은 없었지만, 고귀한 겸손과 함께 본연의 우아한 자연스러움이 있었다. 그리고 그녀의 겸손으로 인해 내 안에도 겸손한 마음이 일었다. 우리는 서로 사랑했고 둘 다 그 사실을 분명하게 알고 있었을 테지만, 둘 중에 누구도 부끄러움을 극복하지 못해서 서로 사랑한다는 말을 하지 못했다. 그리하여 사랑은 우리 사이에 오간 말들 속에 살아 있지 못하고 말들 '사이를' 떠다녔다. 내가 느끼기에 그 관계는 영혼 안에서는 가장 밀접한 관계였지만, 영혼을 벗어나 단 한 발짝이라도 나올 가능성은 전무했다.

나는 이런 친교 안에서 행복했고, 이 친구가 삶을 비추는 태양이라고 느꼈다. 하지만 바로 이 삶이 훗날 우리를 서로 다른 길로 이끌었다. 함께했던 행복한 시간이 지나고 서신 왕래가 짧은 기간 이어진 후, 아름다웠던 시절의 슬픈 기억만 남았다. 하지만 이때의 기억은 그뒤에도 줄곧 내 마음 깊은 곳에서 자꾸만 다시 떠올랐다.

그 시기에 슈뢰어 교수를 방문한 적이 있는데, 그는 바로 그 전에 받은 인상으로 마음이 충만한 상태였다. 바로 마리 오이게니 델레 그라치에Marie Eugenie delle Grazie(1864~1931, 오스트리아 여류작가. 시와 희곡으로 인기를 얻었다)의 작품들을 접한 것이다. 당시 그녀의 작품으로는 작은 시집 한 권, 서사시 ≪헤르만≫, 희곡 ≪사울≫과 단편소설 ≪집시 여인≫이 있었다. 슈뢰어는 감격에 젖어 이 작품들에 대해 이야기했다. 그는 "이 모든 게 채 열여섯도 안 된 젊은 사람이 쓴 거라네." 그러고는 로베르트 침머만 교수가 이 여성이야말로 그가 살면서 알게 된 유일한 진짜 천재라고 했다는 말을 덧붙였다.

슈뢰어의 감격에 이끌려 나는 이 작품들을 단숨에 읽었고, 이 작품들을 쓴 시인에 관해 어느 신문의 문예란에 기고했다. 이 일이 계기가 되어 나는 기쁘게도 시인을 방문해서 함께 대화를 나눌 수 있었다. 그때의 대화는 일생동안 종종 내 마음에 떠올랐다. 당시 그녀는 벌써 그녀의 일대 과업인 서사시 ≪로베스피에르≫를 쓰는 일에 착수한 상태였다. 그녀는 이 시의 근본 이념에 대해 이야기했다. 당시에 이미 그녀의 얘기 전반에서는 기본적으로 염세주의적인 정조가 느껴졌다. 마치 그녀의 감정이 로베스피에르라는 한 인물을 통해 모든 이상주의의 비극을 묘사하고 싶어하는 것처럼 보였다. 이상은 사람의 가슴속에서 생겨난다. 그러나 이상은 생각 없고 잔인하고 파괴적인 자연의 작용에 대해서는 무력하기 짝이 없다. 자연은 모든 이상을 향해 무자비하게 소리친다. "그대는 한낱 환상이며, 내가 지어낸 창작품일 뿐이다. 나는 그대를 언제나 무無로 되던질 것이다."

이것이 델레 그라치에의 신념이었다. 시인은 그 뒤에 ≪사탄족≫(Satanide)이라는 또 다른 작품의 구상에 관해 나에게 말해주었다. 그녀는 신의 대립물을 원초존재로 표현하고자 했다. 이 원초존재는 무자비하고 무의미하여 모든 것을 바숴버리는 성질로 인간을 위해 자신을 드러내는 권능이다. 이렇듯 존재의 심연으로부터 나와 존재를 지배하는 힘에 관해 그녀는 정말 천재다운 말을 했다. 나는 깊은 충격에 휩싸여 자리를 떴다. 그녀의 말에 깃들인 위대함이 내 앞에 어른거렸다. 그녀의 관념에 담긴 내용은 내 정신이 알고 있는 모든 세계관과 반대되는 것이었다. 그러나 나는 위대해 보이는 것이라면. 비록 내용적으로는 그것이 철저히 내 생각에 반하는 것일지라도, 나의 찬탄과 관심을 거두어들이려 한 적이 없었다. 오히려 그처럼 세상에서 대립하는 것들은 어딘가에서 반드시 조화를 이루어야 한다고 나 자신에게 말했다. 이런 까닭에 나를 거슬러 가는 것이라도 내 영혼 상태가 나아가는 방향에 있는 것처럼 이해하며 받아들일 수 있었다.

    그러고나서 얼마 뒤에 나는 델레 그라치에의 초대를 받았다. 그녀는 슈뢰어 부부와 슈뢰어 집안 여자 친구를 포함해서 여러 사람 앞에서 ≪로베스피에르≫의 일부를 낭송하기로 했다. 우리는 시적으로 한껏 고양되긴 했으나 염세주의를 기조로 자연주의의 풍부한 색조를 띤 장면의 낭송에 귀 기울였다. 삶의 가장 충격적인 면모들이 그려졌다. 운명에 의해 내적으로 기만당한 위대한 인간들이 수면 위로 떠올랐다가 충격적인 비극 속으로 침몰해 버렸다. 이것은 나의 인상이었다. 슈뢰어는 분노를 느꼈다. 그에게는 예술이 그런 '끔찍한' 심연 속으로 내려가는 일은 허용되지 않았다. 부인들은 자리를 떴다. 그 여자들은 일종의 경련을 일으켰다.

나는 슈뢰어에 동의할 수 없었다. 왜냐하면 이런 끔찍함이 진솔한 체험이라 하더라도, 사람이 마음속에서 경험할 수 있는 끔찍함이 시에서만큼은 결코 허용되어서는 안된다고 하는 감정에 그가 완전히 젖어 있는 것처럼 보였기 때문이다. 그 뒤 얼마 지나지 않아 델레 그라치에는 시 한 편을 발표했는데, 이 시에서는 자연을 최고의 권능이라고 칭송하면서도 결국 자연이 모든 이상에 조롱을 퍼붓는다는 내용이었다. 이상이란 자연이 인간을 우롱하기 위해 현존재 안으로 불러들인 것일 뿐이어서, 인간을 우롱할 만큼 우롱한 뒤에는 이상을 무無로 되던져버린다는 것이었다.

이 시와 연관하여 나는 〈자연과 우리의 이상理想〉이라는 소논문을 썼다. 이 논문은 출판하지 않고 몇 부만 인쇄했다. 이 글에서는 델레 그라치에의 견해가 지닌 정당성의 외양을 논했다. 자연 안에서 사람의 이상을 적대시하는 것에 대해서도 폐쇄적인 태도를 취하지 않는 견해라면 그것은 존재의 심연에 관한 통찰이 빠진 '피상적 낙관주의'보다는 우월한 것으로 본다는 것이 나의 주장이었다. 하지만 사람의 *자유로운 내적 본성*은 삶에 의미와 내용을 부여하는 무엇인가를 자체적으로 창조하며, 만일에 내면에서 싹터야 할 것을 외부 자연을 통해 요행으로 얻는다면 이 본성은 충분히 피어날 수 없다는 점도 언급했다.

이 소논문으로 인해서 나는 엄청난 고통을 겪었다. 슈뢰어는 이 글을 받아보고 쓴 답장에서, 내가 염세주의에 관해 그렇게 생각한다면 우리는 결코 서로를 이해한 적이 없는 셈이라고 했다. 그리고 내가 논문에 쓴 것처럼 자연을 그렇게 이야기하는 사람이라면, "너 자신을 알고 세상과 평화로이 지내라"는 괴테의 말을 충분히 깊이 받아들이지 못했음이 틀림없다고 했다.

내가 충심으로 따르던 인물한테서 이런 글을 받게 되자 나는 마음 속 깊이 당혹스러웠다. 예술에서 아름다움으로서 작용하는 조화를 거스르는 죄를 나의 글에서 감지한 바람에 슈뢰어가 그렇게 격렬하게 흥분한 것일 수도 있다. 자신의 관점에서는 이것이 죄라고 볼 수밖에 없었기 때문에, 그는 델레 그라치에에게 등을 돌렸다. 그리고 내가 이 시인에게 경탄했다는 사실을 그와 괴테를 동시에 배반한 것으로 여겼다. 그는 내 글에서 자연의 장애물을 자기 내면으로부터 극복하는 *사람의 정신*에 대해 얘기한 것을 주목하지 못했다. 게다가 *자연의 외부 세계*는 사람의 참된 내적 만족의 창조자일 수 없다는 내 주장 때문에 그는 마음에 상처를 입었다. 나는 염세주의가 어느 정도 정당성이 있음에도 불구하고 전혀 의미가 없다는 것을 보여주고자 했다. 하지만 슈뢰어는 모든 염세주의적 경향에서 그의 표현대로 "정신이 다 타버리고 남은 잿더미"만을 보았다.

마리 오이게니 델레 그라치에의 집에서 나는 인생의 아름다운 시간을 보냈다. 그녀는 매주 토요일 저녁에 손님을 맞았다. 갖가지 사상적 성향을 지닌 인물들이 그곳에 얼굴을 비쳤다. 그리고 그 중심에 시인 델레 그라치에가 있었다. 그녀는 자기 세계관의 정신에 따라 확신에 찬 어투로 자작시를 낭송했으며, 그 세계관의 관념으로 인간의 삶을 조명했다. 그것은 태양빛이 아니라 늘 음울한 달빛이고, 으르대는 구름 덮인 하늘이었다. 그러나 인간의 거처로부터 솟아 암흑을 향하는 불길은 인간을 소모시키는 정열과 환상을 싣고 있는 듯했다. 하지만 또한 모든 것이 인간적으로 감동을 주고 끊임없이 마음을 사로잡았으며, 비통함조차 지극히 정신이 스며든 인물의 고귀한 마법에 에워싸였다.

델레 그라치에 옆에는 가톨릭 성직자이면서 이 시인의 스승이자 나중에는 배려심 깊은 고귀한 친구가 된 라우렌츠 뮐너Laurenz Müllner가 보였다. 당시에 그는 대학 신학부의 그리스도교 철학 교수였다. 그의 얼굴뿐 아니라 모습 전체가 영혼적 금욕으로 이루어 낸 정신적 발전을 증명하고 있었다. 철학적 회의주의자인 그는 철학, 예술, 문학의 모든 방면에서 완벽하게 교양을 쌓은 사람이었다. 그는 가톨릭교회 일간지인 〈파터란트Vaterland〉(조국)에 예술과 문학에 관한 흥미로운 글을 썼다. 시인 델레 그라치에의 염세주의적 세계관과 인생관은 그의 입에서도 끊임없이 흘러 나왔다.

두 사람은 모두 괴테를 극렬하게 혐오했다. 반면에 셰익스피어와, 고통스러운 삶의 무게나 인간성의 자연주의적 일탈로부터 탄생한 최근의 작가들에 대해서는 관심을 기울였다. 그들은 특히 도스토예프스키를 좋아했다. 또한 레오폴트 폰 자허 마조흐Leopold von Sacher-Masoch에 대해서는 현대의 늪과 같은 삶에서 싹 튼 파괴되어 마땅한 극도의 인간적인 나약함을 조금의 주저함도 없이 적나라하게 묘사한 뛰어난 작가라고 생각했다. 라우렌츠 뮐너의 괴테 혐오에는 뭔가 가톨릭 신학의 분위기랄 것이 섞여 있었다. 그는 바움가르트너Baumgartner가 쓴 괴테에 대한 책을 칭찬했다. 이 책에서는 괴테를 인간적으로 노력할 만한 가치가 있는 것에 적대하는 자로 규정한다. 델레 그라치에는 괴테에 대해 개인적으로 심한 반감 같은 것이 있었다.

이 두 사람 주위에는 신학부 교수들이 모여들었고, 이들은 다 최고 수준의 학식을 지닌 가톨릭 성직자들이었다. 그 중에서도 성십자가 시토수도회의 수사신부 빌헬름 노이만Wilhelm Neumann은 이 자리에 늘 대단한 활력을 불어넣었다. 당연한 일이지만, 뮐너는 노이만의 박학다식함으로 인해 그를 존경했다. 언젠가 노이만이 없는 자리에서 내가 그의 방대한 지식에 대해 감탄하는 말을 하자, 뮐너는 이렇게 응수했다. "그럼요, 노이만 교수는 온 세상을 알 뿐 아니라 세 개의 마을을 더 알고 있답니다." 델레 그라치에를 방문했다 돌아갈 때면 나는 기꺼이 이 박식한 남자와 동행했다. 이렇게 하여 나는 학자의 '이상형'인 동시에 '교회의 충실한 아들'이기도 한 이 사람과 많은 대화를 나누었다. 여기서는 두 가지 일 정도만 언급하고 싶다. 한 가지는 그리스도의 본성에 관한 대화였다. 나는 어떻게 나사렛 예수가 지구 바깥으로부터 오는 그리스도를 자기 안에 받아들였는지, 그리고 골고타의 신비 이래로 어떻게 그리스도가 정신의 존재로서 인류의 발달과 함께하고 있는지에 관해 내 의견을 얘기했다. 이 대화는 내 영혼에 깊이 새겨져서 자꾸만 떠올랐다. 내게는 대단히 의미심장한 대화였기 때문이다. 그것은 실제로는 노이만 교수와 나, 그리고 보이지 않는 제3의 존재, 이 셋이서 나누는 대화였다. 정신의 눈에는 보이는 이 제3자는 가톨릭 교리의 화신化身으로 노이만 교수의 뒤를 위협하듯 따라다니면서, 이 학자의 세련된 논리가 나에게 지나친 동조를 나타낼 때마다 그를 나무라며 어깨를 톡톡 쳤다. 그 바람에 그가 앞에서 전제했던 말이 뒤의 결말에서 정반대로 뒤집히는 이상한 일이 일어나곤 했다. 그때 내가 마주하고 있던 인물은 가톨릭교회의 생활 방식을 가장 훌륭히 보여주는 사람이었고, 바로 그를 통해서 나는 그 생활 방식을 존중하면서도 정말 속속들이 알게 되었다.

또 어느 땐가는 되풀이되는 지상의 삶을 두고 대화를 나누었다. 그때 노이만 교수는 내 얘기에 귀를 기울이면서 이 주제에 관해 참고할 만한 각종 문헌을 소개해 주었다. 몇 번 가볍게 고개를 가로젓긴 했으나, 그에게는 이상하게 들릴 이 주제에 관해 제대로 다뤄볼 생각은 전혀 없는 듯했다. 그럼에도 이 대화 또한 나에게는 중요해졌다. 내 이야기에 대해 의견을 표명하지 않았다고 느꼈지만, 그가 내비친 편치 않은 심정은 나의 기억에 깊이 새겨졌다.

토요일 방문객 중에는 교회 역사학자들과 다른 신학자들도 있었다. 이 밖에도 때때로 철학자 아돌프 슈퇴르Adolf Stöhr, 고스비나 폰 베를렙슈Maria Goswina von Berlepsch(1845~1916, 스위스 출생의 오스트리아 여류작가), 예민한 감성의 여류소설가 에밀리에 마타야Emilie Mataja(1855~1938)—필명은 에밀 마리오트Emil Marriot—, 시인 겸 극작가인 프리츠 렘머마이어Fritz Lemmermayer(1857~1932), 그리고 작곡가 알프레트 슈트로스Alfred Stroß가 모습을 나타냈다. 나와 나중에 친구가 되는 프리츠 렘머마이어도 델레 그라치에의 오후 모임에서 처음 알게 되었다. 렘머마이어는 실로 범상치 않은 인물이었다. 그는 자신이 관심 있는 모든 것을 내적으로 정확하고 기품있게 이야기했다. 그의 외모는 음악가 루빈스타인Rubinstein, 연극배우 레빈스키Lewinsky(1835~1907, 오스트리아 출신의 연극배우)와 흡사했다. 그는 헵벨Hebbel(독일 극작가이자 시인)을 거의 신처럼 숭배했다. 예술과 인생에 대한 그의 견해는 지혜로운 마음의 지식에서 나온 것으로, 그의 내면에 단단히 뿌리내리고 있었다. 그는 재미있으면서도 깊이가 있는 장편소설 ≪연금술사≫ 외에도 아름다움과 사상적 깊이를 갖춘 작품을 많이 썼다. 그는 생활 속의 극히 사소한 일도 소중하게 바라볼 줄 아는 사람이었다. 언젠가 다른 친구들과 함께 빈의 한 뒷골목에 자리한 그의 호젓한 작은 방에 갔던 기억이 난다. 그는 마침 빵과 냄비에 담긴 반숙 달걀 두 개로 손수 자신의 식사를 준비하고 있었다. 우리에게도 달걀을 삶아주려고 물을 끓이는 동안, 그는 힘주어 말했다. "이거 아주 별미일걸요!" 이 사람은 내 인생의 뒷부분에서도 등장한다.

작곡가인 알프레트 슈트로스는 천재적이면서도 염세적 경향이 심한 사람이었다. 그가 델레 그라치에의 집에서 피아노 앞에 앉아 자신이 작곡한 연습곡을 칠 때면, 사람들은 안톤 브루크너Anton Bruckner의 음악이 세속의 삶을 벗어나려 하는 소리가 되어 증발하는 느낌을 받았다. 사람들은 슈트로스를 잘 이해하지 못했지만, 프리츠 렘머마이어 만큼은 그를 이루 말할 수 없이 좋아했다.

렘머마이어와 슈트로스는 둘 다 로베르트 하멀링Robert Hamerling과 아주 친했다. 그래서 나는 훗날 이들을 통해 하멀링과 짧은 기간이나마 편지를 주고받을 수 있었다. 이에 대해서는 나중에 좀 더 얘기할 것이다. 슈트로스는 심한 정신착란증에 시달리다 생을 마감했다.

조각가인 한스 브란트슈테터Hans Brandstetter(1830~1889, 오스트리아 시인이며 조소가)도 델레 그라치에의 집에 얼굴을 내밀었다.

신학사가 베르너Werner는 모임에 모습을 나타내지는 않았지만, 자주 아름다운 묘사와 함께 찬양하듯 이름이 불리면서 모임의 모든 참석자들 위로 떠다니는 존재였다. 델레 그라치에는 그를 가장 좋아했다. 토요일에 델레 그라치에의 집을 방문하는 동안 나는 그를 직접 본 적이 한 번도 없었다. 그러나 그의 숭배자인 델레 그라치에는 이 토마스 아퀴나스 전기 작가의 면모를 매번 새로운 각도에서 보여주었다. 그녀는 그를 선량하고 자애로우며 고령에도 불구하고 여전히 천진난만한 학자로 그려냈다. 그리하여 우리 입에서 "아아, 그런 역사가가 정말로 많았으면!" 하는 말이 흘러나올 정도로 사욕이 없고, 치밀하며, 자신이 역사가로서 발표한 주제에 몰두하는 한 인간이 우리 앞에 있었다.

이 토요 모임은 말 그대로 마법이 지배했다. 어둠이 내리면 빨간 천으로 감싼 천장등에 불을 밝히고, 우리 모두 축제 분위기로 조성된 빛의 공간에 모여 앉았다. 그리고 특히 좀 덜 친한 사람들이 떠나고 나면, 델레 그라치에는 평소와 달리 말이 많아지곤 했다. 그러면 우리는 혹독한 운명의 날이 지난 뒤에도 남아 있는 감정에서 나와 탄식처럼 울리는 수많은 얘기를 들을 수 있었다. 그렇지만 삶의 부조리에 관한 진짜 유머와 언론을 비롯한 기관들의 부패에 분노하는 목소리도 들을 수 있었다. 그 사이사이에는 갖가지 철학적이고 예술적인 주제나 기타 주제에 관한 밀너의 신랄하면서 때로는 무례한 논평이 끼어들었다.

델레 그라치에의 집은 염세주의가 직접적인 삶의 힘으로 드러나는 장소이자 반反괴테주의의 온상이었다. 사람들은 괴테에 관한 내 얘기에 늘 귀를 기울였지만, 라우렌츠 뮐너 만큼은 내가 실제로 카를 아우구스트 대공의 대신이었던 괴테와는 별 상관도 없는 일을 괴테의 공으로 돌리고 있다고 생각했다. 그럼에도 이 집에서의 모든 모임―그곳 사람들도 나를 환영한 것으로 안다―은 내게는 말로 표현할 수 없을 만큼 감사한 일이었으며, 나는 정말로 유익한 정신적 분위기 속에 있는 느낌이었다. 나에게 필요했던 것은 사상의 일치가 아니라 노력하는 가운데 정신적인 것을 받아들이는 인간성이었기 때문이다.

그러는 동안 나는 그토록 기꺼이 드나드는 델레 그라치에의 집과 첫 방문 후에 다시는 나타나지 않는, 나의 스승이자 아버지 같은 친구인 카를 율리우스 슈뢰어 사이에 끼여 있게 되었다. 나는 양쪽 모두에 진정한 사랑과 존경으로 마음을 기울였기 때문에, 사실 내 감정에는 균열이 생겼다.

그러나 바로 이 시기에, 나중에 ≪자유의 철학≫이란 제목으로 출간되는 내 책의 첫 번째 구상이 무르익어 갔다. 델레 그라치에에게 보낸 ≪자연과 우리의 이상≫이라는 앞서 언급한 글에는 이 책의 원세포에 해당하는 내용이 다음과 같이 담겨 있다.

이제 우리의 이상은 그토록 자주 알맹이 없고 텅 비어 있는 현실에서 만족을 얻을 수 있을 만큼 얄팍하지 않다. 그럼에도 이런 인식에서 생겨난 깊은 염세주의를 벗어나지 못하고 있다는 사실을 나는 믿을 수가 없다. 우리 내면세계를 바라볼 때, 즉 이상세계의 본질에 더 가까이 다가갈 때, 나는 염세주의를 벗어난다. 이상세계는 무상한 외부 사물을 통해서는 얻거나 잃을 수 없는, 그 자체로 완결된 세계이며 완전한 세계다. 이 이상이 실제로 살아 있는 개체라면, 우리의 이상은 자연이 호의를 베풀든 적의를 보이든 상관없이 그 자체로 본질이 아닌가! 비록 사랑스러운 장미꽃이 휙 불어온 매정한 바람에 산산이 흩어질지라도, 수많은 사람들의 눈에 기쁨을 준 이상 장미꽃은 자신의 사명을 완수한 것이다. 또 비록 흉악무도한 자연이 당장 내일 별이 총총한 하늘을 무너뜨리고 싶어하더라도, 수천 년 동안 인간이 경건한 마음으로 하늘을 올려다보았으니 그것으로 족하다. 시간에 매인 현존재가 아니라 바로 사물의 내적 본질이 사물을 완전하게 만든다. 우리 정신의 이상들은 그 자체가 하나의 세계이므로 자체적인 삶을 영위해야 하며, 호의적인 자연의 협력을 통해서는 *아무것도* 얻을 수 없다. 만일 인간이 자기의 고유한 이상세계 안에서 만족을 얻을 수 없어서 먼저 자연의 도움을 필요로 한다면, 인간은 얼마나 가련한 피조물인가? 만일 자연이 우리를 걸음마 배우는 아이처럼 뒤에서 끈으로 조종하며 보살피고 돌봐준다면, 대체 신이 부여했다는 *자유*는 어디에 있단 말인가? 아니다, 자연은 우리에게 모든 것을 불허해야 한다. 그래야 우리가 이루는 행복이 전적으로 우리의 자유로운 자아의 산물이 된다. 날마다 자연을 파괴하라, 우리가 만든 것을 파괴하라, 날마다 새로이 창조하는 기쁨을 누릴 수 있도록! 우리는 자연에 *아무것도 신세지고 싶지 않고*, 오로지 우리 자신의 힘으로 모든 것을 해내고 싶다!

누군가는 이러한 자유가 한낱 꿈일 뿐이라고 말할 수도 있다. '우리는 자유롭다고 생각하면서도 자연의 무쇠 같은 필연성에 복종하니 말이다. 우리가 품은 최고의 생각들은 우리 내면을 맹목적으로 지배하는 자연의 산물일 뿐이다.' 아아, 자기 자신을 인식하는 존재가 자유롭지 않을 리 없다는 사실을 우리는 결국 받아들여야 하나! … 우리는 그물처럼 짜인 법칙들이 사물을 지배하는 것을, 그리고 그 지배로부터 필연성이 나오는 것을 본다. 인식을 통해 우리는 자연 사물의 법칙성을 자연 사물에게서 떼어낼 힘이 있음에도, 줏대 없이 이러한 법칙의 노예가 되어야 한단 말인가?

나는 무엇인가에 반대하기 위해 이런 생각을 펼친 것이 아니었다. 그보다는 내 인생관과는 완전히 다르다고 봐야 할 관점에 맞서 정신의 세계를 보는 눈이 나에게 말해준 것을 제시하고 싶은 충동이 컸다. 그렇지만 나와 반대되는 관점도 진실로 마음 깊은 곳에서 만들어져 내 앞에 나타났기 때문에, 나는 그것을 이루 말할 수 없이 존중했다.

델레 그라치에의 집에서 많은 자극을 경험한 것과 같은 시기에, 나는 오스트리아의 젊은 작가 모임에도 참여할 수 있었다. 우리는 매주 모여서 자유로이 의견을 나누고 이런저런 작품을 공유했다. 이곳에는 극히 다양한 성격의 인물들이 모여들었다. 낙관적으로 소박하게 삶을 그려내는 작가부터 정서가 납덩이처럼 무거운 비관주의자까지 온갖 인생관과 영혼의 분위기가 존재했다.

이 모임에서 핵심적인 인물은 프리츠 렘머마이어였다. 이 모임에는 당대 지성계 내의 '구습'에 대한 저항 같은 것이 있었는데, 이는 '멀리' 독일제국에서 하르트Hart 형제와 카를 헨켈Karl Henckel 등이 촉발한 것이었다. 하지만 모든 것은 오스트리아적인 '상냥함'에 적셔졌다. 우리는 삶의 모든 영역에서 새로운 곡조가 울려 퍼져야 하는 시대가 도래했다는 얘기를 많이 했지만, 그것도 오스트리아인 특유의 급진주의에 대한 혐오를 실어 표현했다.

요제프 키티르Joseph Kitir는 이 모임에서 가장 젊은 축에 들었다. 그는 마르틴 그라이프Martin Greif에게서 자극을 받아 일종의 서정시에 몰두했다. 그는 주관적인 감정을 표현하는 대신에, 사건이나 상황을 '객관적으로', 그렇지만 감각이 아니라 감정으로 관찰한 것처럼 보여주려 했다. 예컨대 '그는 황홀했다'는 식의 표현을 삼가고, 대신에 황홀한 사건을 생생하게 그려냄으로써 시인이 '황홀'이라는 표현을 입 밖에 내지 않아도 그 황홀함이 청자나 독자에게 찾아 들어야 했다. 키티르는 이 방법으로 정말 좋은 작품을 창작했다. 그는 천성이 소박했다. 만난 지 얼마 지나지 않아 우리 사이는 친밀해졌다.

이 모임에서 나는 독일과 오스트리아 출신인 어느 시인에 관해서 아주 열렬한 대화가 오가는 것을 듣고 처음으로 그의 몇몇 작품을 알게 되었다. 그의 작품에 큰 감명을 받은 나는 그를 직접 만나보고자 노력했다. 그래서 시인을 잘 알고 있는 프리츠 렘머마이어를 비롯하여 몇 사람에게 그 시인을 우리 모임에 초대하면 어떻겠느냐고 물었다. 그러나 그들은 한결같이 호화로운 마차로도 그를 모셔오는 일은 불가능하다고 대답했다. 그는 기인奇人으로, 사람들 앞에 나서려 하지 않는다는 것이었다. 그러나 나는 기필코 그와 알고 지내고 싶었다. 그래서 어느 날 저녁에 모임에 참석한 사람들이 모두 나서, '잘 아는 사람'이면 그를 찾을 수 있는 장소로 이동했다. 그곳은 케른트너 거리와 나란한 골목 안의 작은 와인주점이었다. 그곳 한 구석에서 그는 제법 큰 레드와인 잔을 앞에 놓고 앉아 있었다. 이미 한없이 오랜 시간을 앉아 있었지만 또 한없는 시간을 더 앉아 있으려는 듯한 모습이었다. 이미 노신사였지만, 젊은이처럼 빛나는 눈과 극히 섬세한 윤곽에 표정이 풍부한 얼굴은 그가 시인이자 이상주의자임을 보여주었다. 처음에 그는 우리가 들어온 것을 보지 못했다. 한 눈에도 그의 고상하게 생긴 머리에 시상詩想이 떠올랐기 때문임을 알 수 있었다. 프리츠 렘머마이어가 그의 팔을 잡아끌고 나서야 그는 비로소 얼굴을 돌려 우리 쪽을 쳐다보았다. 우리가 그를 방해한 것이다. 당황하는 기색을 숨길 수 없었지만, 그런 기색을 드러내는 태도는 더할 나위 없이 상냥했다. 주점이 좁아 그 정도 일행이 앉을 만한 좌석이 없어서, 우리는 그의 주위에 둘러섰다. 곧이어 이 '기인'으로 그려지던 사람이 재치 만점의 수다스러운 인물임을 알게 되어 깜짝 놀랄 수밖에 없었다. 그와 대화하는 동안 영혼들 사이에서 벌어지는 일로 인해 우리 모두는 이런 답답하고 비좁은 술집에 오래 머물 수 없다고 느꼈다. 그래서 자연스럽게 이 '기인'을 모시고 다른 음식점으로 갔다. 이 시인, 그리고 오래 전부터 우리 모임에 나오는 그의 지인을 제외하고 우리는 모두 젊은이였다. 하지만 우리가 이날 저

녘에 우리와 함께한 이 노신사보다 결코 젊지 않다는 사실이 곧바로 밝혀졌다. 진정으로 가장 젊은 사람은 바로 그였기 때문이다.

나는 영혼 깊이 이 인물의 마법에 사로잡혔다. 그가 이미 발표한 것들보다 훨씬 더 중요한 작품을 창작했을 거라고 확신하고서 대담하게 그 점에 대해 그에게 질문했다. 그러자 그는 수줍은 듯이, "그래요, 집에 우주적인 게 몇 편 있지요."라고 대답했다. 나는 다음 번에 우리가 만날 때 그 작품들을 가져온다는 약속을 받아낼 수 있었다.

이리하여 나는 페르허 폰 슈타인반트Fercher von Steinwand를 알게 되었다. 그는 케른트너 지방 출신으로, 상상이 충만하고 이상주의자의 감각을 지닌 단단한 시인이었다. 그는 가난한 집안에서 태어나 어린 시절을 몹시 궁핍하게 보냈다. 유명한 해부학자인 히르틀Hyrtl이 그를 높이 평가하여 그가 창작과 사색에 전념할 수 있도록 생계를 보살펴 주었다. 그는 상당히 오랫동안 세상에 별로 알려지지 않았다. 첫 작품인 ≪젤렌브란트 백작부인≫(Gräfin Seelenbrand)을 발표했을 때부터 로베르트 하멀링은 그를 완전히 인정했다.

그날 이후로는 이 '기인'을 모시러 갈 필요가 없었다. 그는 우리 저녁모임에 거의 규칙적으로 나왔다. 하루는 자신의 '우주적인 것들'을 가져와서 나를 기쁘게 했다. 〈근원적 충동의 합창〉(Chor der Urtriebe)과 〈근원적 꿈의 합창〉(Chor der Urträume)이라는 시로, 생기 넘치는 리듬 속에서 세상의 창조력에 다가가는 듯한 느낌이 났다. 또 이 시들의 장엄한 조화 속에는 우주의 발아력을 보여주는 모습들이 본질의 원형처럼 짜 넣어져 있었다. 나는 페르허 폰 슈타인반트를 알고 지낼 수 있던 것이 젊은 시절 내게 다가온 가장 중요한 일 가운데 하나라고 생각한다. 그의 인품이 자신의 지혜를 참된 시에 담아 보여주는 현인의 인품처럼 작용했기 때문이다.

    나는 되풀이되는 지상의 삶이라는 수수께끼와 씨름하고 있었다. 생활 습관과 개인적 특질을 통해 쉽사리 어떤 본질을 담은 내용의 흔적을 드러내는 사람들과 가까이 지내면서, 이 되풀이되는 지상의 삶에 관해 많은 이해를 얻었다. 사람이 가진 본질의 자취는 유전이나 출생 이후의 경험에서는 찾을 수 없는 것이었다. 페르허의 표정과 온갖 몸짓에서는 고대 그리스 종교 사상의 여파가 여전히 남아 있던 그리스도교 발달의 초기에만 형성될 수 있는 영혼의 실체가 내 앞에 드러났다. 이런 통찰은 먼저 어떤 인물에서 나타난 특질을 자세히 들여다본다고 얻어지는 것이 아니다. 대신에, 그런 특질을 수반하는 것처럼 보이지만 실제로는 그것을 끝없이 파 들어감으로써 직관 속에 나타나는 개인의 특질을 통해서만 그런 통찰이 느껴질 수 있다. 그 인물과 함께하는 동안에 그런 직관을 얻고자 해도 얻을 수 없기는 마찬가지이다. 대신에 인상이 강하게 남아 생생한 기억 같은 것이 되어 외적인 생활에서 본질적인 것은 지워지고 그 밖의 '비본질적인 것'이 분명한 언어로 말을 하기 시작할 때, 비로소 그러한 직관을 얻을 수 있게 된다. 사람들을 '관찰'하는 것으로 그들이 겪은 이전의 삶에 관한 수수께끼를 풀려 한다면 절대로 목표에 다다르지 못할 것이다. 그러한 관찰이 관찰을 당하는 사람에게는 모욕과 같다는 것을 알아야 한다. 위와 같은 과정을 거쳐야 비로소 외부 정신세계로부터 온 운명의 섭리인 양, 사람의 오랜 과거가 현재에 드러나기를 기대해볼 수 있다.

지금 얘기하는 바로 이 시기에 나는 되풀이되는 사람의 지상적 삶에 대한 분명한 이해를 얻었다. 이전에도 그런 생각을 해보지 않은 건 아니었으나, 그때까지는 직관이 분명한 인상으로 완성되지 못하고 모호한 채로 남아 있었다. 나는 되풀이되는 지상의 삶과 같은 것에 대한 이론을 내 사상 속에 구축하지는 않았다. 물론 문헌 등의 경로로 그런 내용을 접하면서 그것을 자명한 것으로 받아들였지만, 나 스스로 이론화하지는 않았다. 그래도 이 문제에서 진정한 통찰을 의식하고 있었기 때문에, 앞서 말한 노이만 교수와의 대화를 이끌어갈 수 있었다. 초감각적인 길에서 얻은 인식만으로 이 되풀이되는 지상의 삶이나 그 비슷한 것들을 확신한다고 해서 절대 비난할 일은 아니다. 편견 없는 건전한 상식으로도 이 문제에 대해 완벽한 근거를 가지고 확신할 수 있으며, 설령 그 상식이 통찰에 이르지 못했다 하더라도 마찬가지다. 다만 이 분야를 이론화하는 것이 나의 길이 아니었을 뿐이다.

되풀이되는 지상의 삶에 대한 구체적인 직관이 내 안에서 차츰 성숙해 가던 이 시기에, 블라바츠키H. P. Blavatsky(1831~1891, 러시아 출신의 심령론자)가 창시한 신지학 운동을 알게 되었다. 이 일에 관해 함께 대화를 나누던 한 친구가 시네트Alfred Percy Sinnett(1840~1921, 영국의 저술가, 신지학자)의 ≪비의秘儀불교≫를 나에게 건넸다. 이 책은 내가 신지학 운동에서 알게 된 첫 번째 책으로, 내게 이렇다 할 인상을 남기지 않았다. 나는 내 자신의 영혼생명에서 출발한 통찰을 얻기 전에 이 책을 읽지 않은 것을 다행으로 여겼다. 책의 내용이 나에게 거부감을 일으켰고, 초감각적인 것을 이런 식으로 서술하는 데 대한 반감이 우선은 나에게 주어진 길을 계속 가는 데 방해가 되었을 것이기 때문이다.

VIII

1888~1890
빈

내면적 영혼생활에 정신적으로 첨예하게 집중하는 동시에 인적 교류가 넓어짐 ——— 로베르트 하멀링과 그의 풍자적 서사시 호문쿨루스 ——— 관념에 편향된 철학이 미학에서 범하는 오류를 숙고하다 ——— 이념의 본질이 결여된 사실주의 미학 ——— 예술에서 관념이 감각적으로 드러나는 것에 반해 루돌프 슈타이너는 감각적인 것을 정신의 형태로 제시 ——— 감각에서 시작해서 참된 인식, 예술의 정신적인 것과 인간의 도덕적 의지의 현현을 거쳐 루돌프 슈타이너는 도덕적 직관의 통찰에 이르게 되었는데, 이 통찰은 인간을 도덕적 자유 행위로 이끌고 정신을 체험하도록 한다 ——— ≪자유의 철학≫을 위한 첫 번째 구상 ——— 예술가, 작가들과의 교류 ——— 잡지 <도이체 보헨슈리프트Deutsche Wochenschrift>(독일주간)의 첫 편집진 활동. 공적인 인물들과의 조우 ——— 빅토르 아들러, 사회·경제 분야 저술들을 만나다 ——— 사회 문제의 비극

나는 이 시기―1888년 무렵―에 한편으로는 내적인 영혼 활동에서 예리하게 정신을 집중하도록 압박을 받았고, 다른 한편으로는 생활에 이끌려 폭넓은 사교로 들어섰다. 나는 괴테의 자연과학 분야 저작집 제 2권을 편집하면서 책에 들어갈 상세한 서문을 써야 했다. 이로 인해 나의 내면에는 정신의 세계에 대한 나의 직관을 사상적으로 명확한 서술 형식으로 전달해야 한다는 압박이 생겨났다. 그러려면 외적인 생활에서 관계를 맺고 있는 모든 일에서 벗어나 내적으로 물러나야 했다. 나는 상황이 잘 받쳐 준 덕분에 내적으로 물러날 수 있었다. 그래서 주변이 온통 활기 넘치는 카페에 앉아 있었지만, 내적으로는 완전히 고요한 상태가 되어 언급한 그 서문의 초고를 작성하는 일에 집중할 수 있었다. 그렇게 나는 외부 세계와는 아무런 관계가 없으면서도 그것에 집중적으로 관심을 기울이는 가운데 내적 생활을 이어나갔다.

당시는 오스트리아의 공적인 문제에서 드러나는 위기 현상에 관심이 쏠릴 수밖에 없는 시기였다. 내가 주로 교류하는 인물들은 오스트리아 내 여러 민족 사이의 갈등에 힘과 노력을 쏟아 부었다. 어떤 이들은 사회 문제에 골몰했다. 또 다른 이들은 예술 활동에 다시 활기를 불어넣기 위해 애쓰고 있었다.

내가 내면으로 정신의 세계에서 살았을 때는 그들이 목표를 달성하지 못하리라는 느낌을 자주 받았다. 그들이 하나같이 존재의 정신적 힘에 다가가려는 노력을 회피하고 있었기 때문이다. 나는 정신세계의 이런 힘들을 숙고하는 것이야말로 가장 먼저 해야 할 일이라고 판단했다. 그러나 나를 둘러싼 그 지성세계에서는 이에 관한 분명한 의식을 찾아볼 수 없었다.

그 무렵 로베르트 하멀링의 풍자 서사시 ≪호문쿨루스Homunculus≫('소인小人'을 뜻하는 라틴어. 중세 연금술에서 사람의 정액을 플라스크에 넣고 여러 날 부패시키면 작은 인조인간을 얻을 수 있다고 한 이야기에서 유래했다)가 세상에 나왔다. 이 시는 당대의 물질주의, 그리고 생명의 외형에 쏠린 관심을 의도적으로 희화화하여 보여주었다. 기계적·물질주의적 상상과 활동에서만 살아갈 수 있는 남자가 현실세계가 아닌 환상세계에서만 살고 있는 아내와 결합한다는 이야기였다. 하멀링은 기형적으로 형성된 문명의 두 측면을 비판했다. 한편에는 정신을 배제한 채 세계를 하나의 기계 장치로 생각하고 생명을 기계와 같이 구성하려는 노력이 있고, 그 반대편에는 정신의 현상이 실재와 진정한 관계를 맺든 말든 아무 관심이 없는 영혼이 빠진 환상이 있다는 것이었다.

하멀링이 그려낸 터무니없는 장면들은 그의 옛 작품을 읽고 그를 신봉하던 많은 독자에게 거부감을 주었다. 델레 그라치에의 집에서도 이 서사시는 하멀링에 대해 아낌없는 찬사를 보내던 사람들을 곤혹스럽게 했다.

그러나 나는 ≪호문쿨루스≫에서 아주 깊은 인상을 받았다. 이 시가 보여주는 것은 정신을 암흑에 빠뜨리면서 현대 문명을 지배하는 힘이라는 생각이 들었다. 나는 이 시에서 오늘날의 시대에 보내는 진지한 경고를 보았다. 하지만 나 또한 하멀링을 평가하기가 어려웠다. ≪호문쿨루스≫가 출간되자, 우선은 내 마음속에 이런 어려움이 증폭되었다. 나는 하멀링에게서 특별한 방식으로 한 시대를 몸소 대변하는 인물임을 보았다. 나는 괴테와 그의 동료들이 이상주의를 인간에게 어울리는 높이에 올려놓았던 시대를 회고해 보았다. 그리고 이 이상주의의 문을 통해 실재하는 정신세계를 탐구하는 일이 꼭 필요함을 깨달았다. 나에게 이런 이상주의는 감각세계가 인간의 마음속에 던져주는 그림자가 아니라 정신세계에서 나와서 인간의 내면에 도달하는 숭고한 그림자처럼 보였고, 그 그림자에서 출발해서 그림자의 원천인 세계에 도달하라고 요구하는 것 같았다.

그토록 강렬한 묘사를 통해 이상주의의 그림자를 그려낸 하멀링을 나는 좋아했다. 그러나 그가 거기서 멈추었다는 사실이 못내 아쉬웠다. 하멀링의 시선은 전향적으로 새로운 형태의 실재하는 정신계로 뚫고 나아가기보다는, 물질주의에 의해 파괴된 정신계의 그림자 쪽으로 기울어 있었던 것이다. 그럼에도 나는 ≪호문쿨루스≫에 마음이 끌렸다. 우리가 어떻게 정신세계로 파고들어가는지를 이 작품은 보여주지 못했지만, 정신이 배제된 세계에서만 살아가려 할 때 어디에 도달하는지 보여주었다.

≪호문쿨루스≫에 몰두해 있던 그 무렵에 나는 예술 창작의 본질, 그리고 아름다움의 본질에 대해 곰곰 생각해 보았다. 내가 빈의 괴테협회에서 한 강연을 옮긴 〈새로운 미학의 아버지 괴테〉라는 짧은 글을 보면 당시에 무엇이 내 마음을 사로잡고 있었는지가 나온다. 나는 피히테와 헤겔의 과감한 철학에서 그토록 강렬하게 주창된 관념론은 어째서 생동하는 정신에 도달할 때까지 밀고 나갈 수 없었는지 그 이유를 찾고 싶었다. 그 이유를 찾으려고 시도해 본 방법 가운데 하나는 순수 관념주의 철학이 미학 분야에서 저지른 오류를 심사숙고해 보는 일이었다. 헤겔, 그리고 그와 비슷하게 생각하는 사람들은 형이상학적 '관념'의 감각적 현상 안에서 예술의 내용을 찾았다. 감각의 대상이 되는 소재 속에 출현할 때 이 '이데아'는 아름다움으로 나타난다. 이것이 그들의 견해였다. 하지만 이런 이상주의 이후의 시대에는 '이데아'의 본질성을 더는 인정하려 들지 않았다. 그 후계자들이 관념을 실제가치로 주장할 수 없었던 이유는, 후계자들에게는 이상주의 세계관의 관념이 이 관념론자들의 의식 속에 살고 있는 정신세계만큼 확실하지 않았기 때문이다. 그래서 탄생한 것이 '사실주의' 미학으로, 이 미학은 예술작품에서 감각의 상으로 형상화된 이데아의 비춤을 보지 못했고, 그 대신 인간 본연의 욕구에 의해 예술 작품 안에 비현실적인 형태로 구현된 감각의 상에만 주목했다.

나는 예술 작품에서 감각에 나타나는 그것을 바로 그 작품의 본질이라고 보려 했다. 그럼에도 참된 예술가가 작품 속에서 가는 그 길이 진정한 정신에 이르는 하나의 길임을 나는 확인했다. 예술가는 감관을 통해 지각할 수 있는 것에서 시작하지만, 동시에 그것을 변형한다. 그가 지각한 것을 변형하는 것은 주관적 충동에 이끌리기 때문만은 아니다. 오히려 감관을 통해 드러나는 모습에 정신적인 것 자체가 거기 있는 것처럼 보이도록 하는 형식을 부여하려 노력한다. 아름다움은 이데아가 물질적 형태를 띠고 나타난 것이 아니라 감각적으로 지각한 것을 정신적 형태로 보여준 것이라고 나는 나 자신에게 말했다. 이로써 예술의 현존에서 나는 감각세계 안으로 옮겨진 정신세계(Geist-Welt)를 보았다. 참된 예술가는 다소 무의식적으로 그 정신에 대하여 인정한다. 그래서 당시 나는 필요한 일은 오로지 한 가지라고 나 자신에게 거듭거듭 말했다. 즉, 감각적 소재에 작용하는 예술가의 영혼의 힘이 정신세계를 인식하는 데까지 도달할 수 있도록 감각에서 해방된 순수한 정신적 관조로 그 영혼의 힘을 변화시키는 일이라고 말이다.

  그 무렵 나는 참된 인식, 예술을 통한 정신의 현현, 사람이 품은 도덕적 의지, 이 셋이 하나로 이어져 완전한 모습을 갖춘다는 생각이 들었다. 나는 사람의 개별성이 우주의 가장 근원적인 본질과 직접적으로 연결되는 중심이라는 사실을 깨달았다. 이 중심에서 의지가 솟아난다. 그리고 이 중심에서 정신의 밝은 빛이 작용하면 의지는 자유로워진다. 그렇게 되면 사람은 우주의 정신적 본질과 조화를 이루어 행위하며, 필연성에 따라서가 아니라 오직 자신의 본성을 실현하는 가운데 창의적이 된다. 사람의 이러한 중심

속에서는 어두컴컴한 원동력으로부터가 아니라, 가장 투명한 사유만큼이나 투명한 '도덕적 직관력'으로부터 행위의 목표들이 탄생한다. 따라서 나는 자유로운 의지를 관조함으로써 정신을 발견하고자 했다. 이때 정신을 통해서 사람은 이 세계에 개별자로 *존재한다*. 나는 참된 아름다움을 느낌으로써 정신을 확인하고자 했다. 이 정신은 사람이 자신의 본성을 자유로운 행위로서 정신적으로 표현함으로써만이 아니라, 정신에서 유래하긴 하지만 이 정신을 직접적으로 드러내지는 않는 세계 속에 이 정신적 본질이 흘러듦으로써, 사람이 감각적인 것 안에서 활동할 때 사람을 통해서 작용한다. 나는 참된 이치를 관조함으로써 이런 정신을 체험하고 싶었다. 이 정신은 자체의 고유한 본성을 통해 스스로를 드러낸다. 도덕적 행위는 이 정신의 고유한 본성의 잔영이며, 예술 창작은 감각으로 지각할 수 있는 형상화를 통해 정신의 고유한 본성을 지향한다.

내 마음속에는 ≪자유의 철학≫이 떠다니고 있었다. 그것은 정신을 갈망하고 아름다움을 추구하는 감각세계의 인생관, 생동하는 진리의 세계에 대한 정신적 관조였다.

나는 1888년에 빈의 개신교 목사인 알프레트 포르마이Alfred Formey 가정을 알게 되었다. 그 댁에서는 일주일에 한 번씩 예술가와 작가들이 모였다. 알프레트 포르마이는 시인을 자처하는 사람이었다. 프리츠 렘머마이어는 우정 어린 마음에서 그를 이렇게 묘사했다. "따뜻한 마음으로, 마음 깊이 자연을 받아들이면서, 열광적으로, 신과 지복에 대한 믿음에 취한 듯, 알프레트 포르마이는 부드럽게 울려 퍼지는 화음에 시를 얹는다. 그는 단단한 땅을 딛기보다 구름 위에 올라 꾸벅꾸벅 졸며 꿈꾸는 듯하다." 이는 인간 포르마이의 모습이기도 했다. 누군가 이 목사관에 와서 처음에 주인 내외하고만 있게 되면 정말로 지상에서 멀어지는 느낌을 받았다. 목사는 아이처럼 경건했고, 그의 따뜻한 마음씨 속에서 이 경건함은 아주 자연스럽게 서정적인 기분으로 바뀌었다. 포르마이가 몇 마디 말만 해도 즉시 친근한 분위기가 감돌았다. 그의 부인은 배우라는 직업을 목사관 안주인 노릇과 맞바꿨다. 마음을 사로잡는 우아함으로 손님들을 접대하는 상냥한 목사 부인한테서 왕년의 여배우 모습은 찾아볼 수 없었다. 부인은 목사 남편을 거의 모성적으로 보살폈으며, 남편에게 건네는 한 마디 한 마디에도 모성의 보살핌이 묻어났다. 이 두 사람에게서는 내면의 우아함과 당당한 외모가 매혹적인 대비를 이루었다. 손님들은 다양한 정신적 방면으로부터 이 목사관의 세상과 동떨어진 분위기 안으로 '세상'을 들여왔다. 그곳에는 때때로 프리드리히 헵벨의 미망인이 모습을 드러냈다. 그녀가 나타나면 으레 축제가 벌어졌다. 고령인 그녀의 예술적인 낭독은 사람들의 마음을 황홀케 하면서 완벽한 예술감을 전달했다. 또한 크리스티네 헵벨이 이야기할 때면 공간 전체가 마음의 온기로 가득했다. 이 포르마이 댁의 저녁 모임에서 빌보른 Wilborn이라는 여배우를 알게 되었다. 뛰어난 목소리를 지닌 낭송가인 그녀는 흥미로운 인물이었다. 그녀가 낭독하는 레나우의 ≪세 집시≫는 몇 번을 들어도 즐거웠다. 얼마 지나지 않아 포르마이 댁에 모였던 사람들이 때때로 빌보른 부인 댁에도 모였다.

빌보른 부인 댁은 분위기가 완전히 달랐다. 심지어 목사관에서 '빈의 통속시인' 프리드리히 슐뢰글Friedrich Schlögl이 익살스러운 재담을 읽어주었을 때에도 진지하기만 했던 바로 그 사람들이 거기선 세상을 즐거워하고 삶을 기뻐하며 유머에 목말라했다. 예컨대, 빈에 화장火葬이 제한적으로 허용되었을 때, 슐뢰글은 신문 문예란에 자기 아내를 상당히 '거칠게' 사랑한 어느 남편의 얘기를 썼다고 했다. 남편은 심기가 상하는 일이 있을 때마다 아내에게 "할망구야, 불에나 타버려라!"하고 소리쳤다는 것이다. 포르마이 댁에서라면 사람들은 그 얘기에 빈 문화사의 한 장을 펼칠 논평을 했겠지만, 빌보른 댁에서는 의사가 딜거딕거릴 정도로 웃어짖혔다. 빌보른 댁에서 포르마이 목사는 온 세상을 다 경험한 사람처럼 행동했다. 반면 포르마이 댁에서 빌보른 부인은 수녀원장처럼 조신했다. 우리는 사람이 어떻게 변할 수 있는지를 그 표정의 변화까지 아주 철저하게 연구할 수 있었다.

포르마이 댁을 찾는 사람 중에는 에밀리에 마타야도 있었다. 그녀는 에밀 마리오트라는 필명으로 삶에 대한 집요한 관찰을 담은 장편소설을 썼다. 매혹적인 인물인 그녀는 자신의 생활 방식을 통해 인간 현존재의 시련을 분명하고 독창적으로, 때론 도발적으로 보여주었다. 그리고 일상에 수수께끼를 던지면서 인간에게 파괴적 운명의 비극을 안겨주는 삶을 묘사할 줄 아는 예술가였다.

포르마이 댁에서는 오스트리아 쳄파스 여성 사중주단의 연주도 종종 들을 수 있었다. 거기서 프리츠 렘머마이어는 알프레트 슈트로스의 열띤 피아노 반주에 맞춰 헵벨의 〈들판의 소년〉을 신파조로 거듭 낭송했다.

　나는 누구에게나 충분한 온기를 제공하는 이 목사관을 사랑했다. 그곳은 매우 고결한 인간성이 살아 움직이는 장소였다.

　같은 시기에 나는 오스트리아의 정치 문제를 깊이 있게 다루게 되었다. 1888년에 잠시 〈도이체 보헨슈리프트〉 편집을 맡았기 때문이다. 이 잡지는 역사가인 하인리히 프리트융Heinrich Friedjung(1851~1920, 오스트리아 역사학자, 언론인)이 창간했다. 내가 잠깐 편집을 맡았을 때는 오스트리아를 구성하는 민족들 사이의 분쟁이 어느 때보다 격렬한 양상을 띠던 시기였다. 매주 정치 사건들에 관해 논설을 쓰는 일은 쉽지 않았다. 원래 온갖 당파적인 인생관에서 되도록 멀찍이 있었기 때문이다. 나의 관심사는 인류의 진보 속에 나타난 문화의 발전 과정이었다. 그리고 내가 쓰는 사설이 그로부터 도출된 관점을 수용해서 그것을 철저히 고수하면서도 '세상 물정 모르는 이상주의자'의 논설로 보이지 않도록 해야만 했다. 게다가 당시 오스트리아에서 가우치Paul Gautsch von Frankenthurn(1851~1918. 오스트리아-헝가리제국의 교육부 장관이자 나중에 오스트리아헝가리제국의 오스트리아 영토를 가리키는 치슬라이타니엔에서 세 번이나 총리를 역임한 인물) 장관이 도입한 '교육 개혁' 정책이 특히나 문화 분야의 이해관계를 해친다는 생각이 들었다. 상당한 정도로 당파적 관념에 기울어 있던 슈뢰어조차 한번은 이 문제에서 내가 내놓은 논평을 두고 의문을 제기했다. 나는 가우치의 비교육적 조치들에 반대하면서, 가톨릭교회를 대변하는 레오 폰 툰Leo von Thun und Hohenstein(1811~1888. 정치적으로 가톨릭 노선을 견지한 오스트리아 정치가, 저술가) 장관이 이미 1850년대에 오스트리아의 김나지움을 위해 실시한 제도가 더 적절했다고 칭찬했다. 슈뢰어는 내 논설을 읽은 뒤에 말했다. "그렇다면 자네는 오스트리아가 가톨릭교회의 교육 정책으로 다시 돌아가야 한단 말인가?"

그럼에도 이 짧은 편집자 활동은 나에게 대단히 중요했다. 이 활동을 계기로 당시 오스트리아에서 정치 문제를 다루는 방식을 알게 되었기 때문이다. 나는 그 방식이 몹시 거슬렸다. 그리고 대단히 정신적이고 인류적인 목표에 연결된 무언가를 이런 문제에 관한 논의 속에 끌어들이고 싶었다. 당시의 언론에서는 그런 것이 없었기 때문이다. 당시에 나는 어떻게 해야 그와 같은 목표를 끌어들일 수 있을지 날마다 고민했다. 그런 고민이 생길 수밖에 없었던 것이, 교육 분야를 충분히 경험해야 얻게 되는 능력이 나에겐 없었기 때문이다. 사실 나는 아무런 준비도 없이 잡지 일에 뛰어든 셈이었다. 나는 다양한 분야에서 어느 쪽으로 방향을 잡고 가야 할지 알고 있다고 생각했다. 하지만 그것을 주간지 독자들이 명확히 알 수 있도록 문장 속에 표현하지는 못했다. 하여 매주 새 잡지를 펴내는 일이 내게는 힘겨운 싸움이었다.

그래서 이 잡지의 당시 소유자와 창간자가 잡지의 인수가를 놓고 분쟁에 휩싸이면서 잡지 일을 그만두게 되자 나는 큰 짐을 벗어버린 느낌이었다.

그렇지만 이 활동 덕분에 사회의 다양한 분야에서 활동하는 인물들과 상당히 밀접한 관계를 맺을 수 있었다. 당시 오스트리아 사회주의자들 사이에서 부동의 지도자였던 빅토르 아들러Victor

Adler(1852~1918. 오스트리아 정치인, 사회민주노동자당의 창설자)와도 알게 되었다. 그는 약골에다 겸손했지만 내면에는 열정적인 의지가 숨어 있었다. 커피를 마시는 자리에서 그가 말을 할 때면 나는 늘 이런 생각이 들었다. '그가 말하는 내용은 시시하고 평범하다. 하지만 그의 말에는 그 무엇으로도 꺾을 수 없는 의지가 담겨 있다.' 나는 독일민족당에서 사회당으로 옮겨가는 중이었던 페르너스토르퍼Engelbert Pernerstorfer(1850~1918. 오스트리아의 정치인, 언론인)도 알게 되었다. 그는 성격이 강하고 지식이 폭넓은 사람이었다. 또한 공적인 생활의 해악을 신랄하게 비평했다. 그는 당시에 〈독일의 말〉이라는 월간지를 발행했는데, 나에게는 흥미로운 읽을거리였다. 이런 인물들과 교류하면서 학문에서나 정치에서 사회주의를 관철하려 하는 다른 인물들도 만났다. 이들의 권고로 나는 카를 마르크스Karl Marx와 프리드리히 엥겔스Friedrich Engels, 또 로트베르투스Karl Rodbertus(1805~1875. 독일 경제학자. 국가사회주의의 창시자)를 비롯한 사회 경제학 저술가들도 연구해 보았다. 하지만 어느 누구에게서도 내적인 연관성을 찾을 수 없었다. 인류 역사에서 실제로 발전을 지탱하는 것은 바로 물질적·경제적인 힘이며 정신적인 것은 이런 '진정 실재하는' 하부구조의 관념적인 상부구조일 뿐이라는 말을 들을 때마다, 나는 개인적으로 고통스러웠다. 나는 정신적인 것이 실재한다는 사실을 알고 있었기 때문이다. 내가 보기에 사회주의 이론가들의 이런 주장은 참된 현실에 대한 외면에 불과했다.

그럼에도 나에게 분명해진 한 가지 사실은 '사회 문제' 자체는 한없이 중요하다는 것이었다. 그러나 당대의 물질주의 문명에 완전히 사로잡혀 있는 인물들이 이런 사회 문제를 다룬다는 사실이 나에게는 시대의 비극처럼 보였다. 나는 오직 정신의 실재에 합당한 세계관만이 이런 문제를 올바로 규정할 수 있다고 보았다.

이와 같이 스물일곱 살의 나는 인류의 외적 삶과 관련한 '질문'과 '수수께끼'에 골몰해 있었다. 동시에 영혼의 본질, 그리고 이 영혼과 정신세계의 관계가 독자적인 통찰 속에서 점점 더 확실한 형태를 띠고 나의 내면에 나타났다. 나는 처음엔 이런 통찰을 통해서만 정신적 작업이 가능했다. 그리고 이런 작업이 점점 일정한 방향을 취함으로써 몇 해 뒤에는 ≪자유의 철학≫을 집필할 수 있었다.

IX

1889~1890
바이마르, 베를린, 뮌헨, 빈

괴테 저작의 발간이 인연이 되어 바이마르판 괴테 저작 발간사업에 초빙되다 ─── 첫 독일 여행 ─── 문서실에서 괴테 자료를 연구하다 ─── 괴테가 제시한 인식 근거의 확충 작업을 통해, 괴테의 통찰 방식을 바탕으로 정신적 경험을 수용할 수 있는 통찰 방식을 얻으려 하다 ─── 생산적 의식 ─── 문서실의 인물들 ─── 베른하르트 주판, 율리우스 발레 ─── 짧은 베를린 체류 ─── 베를린에서 에두아르트 폰 하르트만을 만나다 ─── 뮌헨에서 귀한 예술품들을 보다 ─── 빈에서 계속된 교육 활동 ─── 마리 랑, 로자 마이레더가 주도하는 문학적·정신적 사교모임들 ─── 생의 첫 삼십 년 동안 이루어진 영혼적 노력의 결과가 ≪자유의 철학≫에 담기다

이 시기(1889년)에 나는 '바이마르판 괴테 전집'의 공동작업자로 초빙되어 처음으로 독일 여행을 떠났다. 전집 발간 작업은 작센의 대공비인 소피Sophie의 위탁을 받아 괴테문서실이 맡고 있었다. 몇 해 전에 괴테의 손자인 발터 폰 괴테Walther von Goethe가 사망하면서 괴테가 손수 쓴 유고遺稿들을 대공비에게 물려주었다. 대공비는 이 자료를 바탕으로 괴테문서실을 설립했고, 헤르만 그림Herman Grimm, 구스타프 폰 뢰퍼Gustav von Loeper, 빌헬름 셰러Wilhelm Scherer를 필두로 일단의 괴테 전문가들과 함께 괴테의 유명한 작품들과 미발표 유고까지도 전부 모아 괴테 전집을 출간하기로 결정했다.

나는 괴테의 책을 펴낸 인연으로 바이마르판 괴테 전집에 들어갈 자연과학 저술 부문의 교정작업을 요청받게 되었다. 그래서 괴테의 자연과학 유고들을 어떻게 정리할 것인지 확인하고 작업에 착수하기 위해 바이마르로 갔다.

괴테의 도시에 체류한 몇 주간은 내 인생의 축제 기간이었다. 그때까지 이미 여러 해를 괴테의 사상 속에서 살아 온 내가 이 사상이 생겨난 바로 그 장소들에 있으니 그랬다. 이런 감정을 고조시키는 환경에서 나는 그 몇 주간을 보냈다.

예전에 했던 퀴르슈너의 ≪독일 국민 문학≫ 괴테 편을 위한 작업 내용을 보충하는 문서들을 날마다 눈앞에서 볼 수 있었다.

이 퀴르슈너판 작업을 통해서 내 마음속에는 괴테의 세계관이 하나의 상像으로 등장했었다. 이제 문제는 자연과학에 대한 새로운 언급이 유고 속에서 발견되는 경우에 이 상이 어떻게 유지될지 알아내는 것이었다. 나는 몹시 긴장한 상태로 이와 관련된 괴테 유고를 꼼꼼히 살피려고 노력했다.

얼마 지나지 않아서 나는 아직 출판되지 않은 원고들이 특히 괴테의 인식 방법을 더 정확하게 관통하는 데에 중요한 도움이 되리라고 확신했다.

그때까지 내가 발표한 저술들에서는 괴테의 인식 방법을 이렇게 파악했다. 즉, 사람의 일상적인 의식은 처음엔 자신을 둘러싸고 있는 세계의 참된 본질과 동떨어져 있다. 그리고 이 동떨어져 있는 상태로부터 싹트는 충동이 있으니, 그것은 바로 세계를 인식하기에 앞서 일상적인 의식에는 존재하지 않는 인식의 힘들을 영혼 안에서 개발하려는 충동이다.

이런 관점에서 보면, 다음과 같은 설명이 있는 문서를 발견한 것은 나에게 큰 의미가 있었다.

이런 다양한 종류로(괴테는 인간이 지식을 얻는 여러 방법, 그리고 외부 세계와 관계하는 다양한 방법을 의미한다) 우리가 어느 정도 방향을 나누어, 활용하는 부류, 지식을 지향하는 부류, 직관적인 부류, 포괄적으로 보는 부류로 정리해 보자.

1. 활용적, 이익추구적, 요구적인 사람들은 학문의 영역을 요약, 기술하고 실용적인 면을 파악하는 일을 우선시한다. 경험을 통해 얻는 의식이 이들에게 확신을 주고, 욕구가 이들의 폭을 어느 정도 확장한다.

2. 지적 욕구가 강한 부류는 사욕이 없는 고요한 시선, 가만히 있지 못하는 호기심, 명석한 지성 등을 필요로 하며, 항상 이런 특질에 관심을 가진다. 이들은 주어지는 것을 언제나 학문적인 방법으로만 다룬다.

3. 관조적인 부류는 애초부터 생산적으로 행동한다. 그리고 지식이란 그 자체가 증가하는 동안 부지불식간에 관조를 필요로 하고 관조로 나아간다. 그래서 지적인 부류가 아무리 이미지를 얻으려고 성호를 긋고 기도를 해도 불시에 생산적인 상상력의 도움을 청할 수밖에 없다.

4. 포괄적으로 보는 부류는 칭찬하는 뜻에서 창조적이라고 불릴 만하며 최상의 의미에서 생산적으로 행동한다. 왜냐하면 이들은 이데아에서 출발하여 처음부터 전체의 통합을 이야기하며, 얼마간 시간이 지나면 나중에는 그 일이 당연하게도 이런 원상들 안으로 결합되기 때문이다.

이런 언급에서 확실히 알게 된 것은, 괴테가 일상적인 의식 구조를 지닌 인간을 외부 세계의 본질 *밖에* 있는 것으로 보았다는 사실이다. 만약에 이 사람이 자신을 인식하면서 이 외부 세계의 본질과 하나가 되려 한다면, 그는 일상적인 의식 구조와는 다른 의식 구조로 이행해야 한다는 것이다. 바이마르에 체류하는 동안 다음과 같은 의문이 점점 더 분명하게 떠올랐다. '괴테의 통찰 방법에서 출발하여 나에게 일어난 것 같은 정신의 *체험*을 수용할 수 있는 *그의* 통찰 방법으로 옮겨 가려면, 괴테가 마련한 인식의 토대 위에 무엇을 구축해야 할 것인가?'

괴테는 인식의 낮은 단계, 곧 '활용적 부류'와 '지식욕이 강한 부류'의 단계에서 성취한 것으로부터 출발했다. 괴테는 '관조적 부류'와 '포괄적 부류'에서 생산적인 영혼의 힘을 통해 지상의 낮은 인식 단계의 내용을 조명해줄 수 있는 것들을 자기 영혼 안에서 비추어 보도록 했다. 이렇듯 영혼 안에서 괴테는 지상의 지식으로 높은 관조와 통찰의 빛 속에 섰을 때 자신이 사물들의 본질과 하나가 되는 것을 느꼈다.

이는 아직 정신을 인식하는 경험은 아니었지만, 인간과 외부 세계의 관계라는 *하나의* 측면으로부터 그 정신의 인식에 이르는 길을 그려 보인 것이었다. 나는 인간이 자기 자신과 맺는 관계라는 또 다른 측면을 파악해야 비로소 정신의 인식이라는 문제에서 만족할 수 있다는 생각이 들었다.

의식이 *생산적*이 된다면, 예컨대 의식 스스로 현실에 가장 가까운 상에 무언가를 추가하게 된다면, 그 의식은 여전히 현실에 머물 수 있을까, 아니면 현실에서 벗어나 비현실 속으로 사라져 버릴까? 이에 대한 답을 얻으려면 의식에 의해 '생산된 것' 중에서 이 의식과 대립해 있는 것을 통찰해야 했다. 먼저 인간의 의식이 그 의식 자체를 이해해야 순수히 정신적인 체험의 정당성을 인정하게 된다는 것이다. 바이마르에서 괴테의 문서들과 씨름하는 동안, 나의 이런 사고 방법은 예전보다 더 명확해진 모습으로 나에게 다가왔다.

때는 여름이었다. 당시 바이마르의 예술 생활에 관해서는 거의 눈을 돌리지 못하고 지냈다. 우리는 괴테를 위한 기념비인 양 우리 앞에 놓인 괴테의 예술적인 성취에 온전히 몰두할 수 있었다. 우리는 현재가 아니라 괴테 시대로 돌아가 있었다. 그 무렵 바이마르는 리스트Liszt 시대라 할 만한 시기였다. 그러나 우리 가운데는 리스트 시대를 대표하는 인물은 없었다.

일이 끝난 뒤에는 괴테문서실에서 일하는 사람들과 시간을 보냈다. 외부에서 단기 또는 장기로 문서실을 방문하러 온 연구자들도 있었다. 괴테문서실 실장인 베른하르트 주판Bernhard Suphan은 나를 특별히 친절하게 대했다. 또한 문서실 상임연구자 가운데 한 사람인 율리우스 발레Julius Wahle는 나의 소중한 친구가 되었다. 그렇지만 이 모든 관계는 내가 일 년 뒤에 다시 문서실로 돌아가 더 오랜 기간을 일하게 되면서 비로소 구체화되었다. 이에 대해서는 그 시기를 서술할 때 다시 언급할 것이다.

이제 나는 수년 전부터 철학적 문제들에 관해 나와 서신 왕래를 해온 에두아르트 폰 하르트만을 개인적으로 알고 지내기를 그 무엇보다도 간절히 원했다. 그래서 바이마르를 떠나 베를린에 잠깐 머무는 동안 그를 만나기로 했다.

나는 이 철학자와 장시간 대화를 나눌 수 있었다. 그는 상체를 똑바로 세우고 두 다리는 쭉 뻗은 채 소파에 앉아 있었다. 무릎 질환이 생긴 이래로 그는 생의 대부분을 이런 자세로 보냈다. 이마는 냉철하고 날카로운 지성을 분명하게 보여주었고, 두 눈의 움직임은 자신이 인식한 것에 대한 확신이 마음 깊이 있음을 나타냈다. 그의 얼굴은 어마어마한 수염에 둘러싸여 있었다. 그는 확신에 찬 말투로 자신이 총체적 세계상에 관해 던진 몇 가지 근본적인 생각을 간단히 설명하고 이 세계상을 자신의 방식으로 조명했다. 그는 이 몇 가지 생각을 토대로 다른 모든 견해를 주저 없이 비판했다. 그래서 나를 단호히 비판하면서 나와 마주앉아 있긴 했지만, 그는 내 말에는 *내적*으로 귀를 기울이지 않았다. 사물의 본질은 의식되지 않은 채 사람의 의식으로부터 숨겨진 채로 있다는 것이 그의 주장이었다. 하지만 나에게 의식되지 않은 것이란 영혼 생명의 노력을 통해 점점 더 의식 안으로 끌어올려질 수 있는 것이었다. 대화가 진행되는 동안 나는 다음과 같은 말을 하기에 이르렀다. "그렇더라도 우리의 생각 안에서는 처음부터 현실에서 분리되어 의식 안에 나타나는 비현실적인 것만을 보아서는 안 되는 것 아닐까요? 그런 견해가 인식론의 출발점이 될 수는 없을 것입니다. 그런 인식론을 따른다면, 우리는 오로지 표상만으로 살고 표상만을 전제로 하는 비현실적인 방식으로 현실에 다가갈 수 있다고 믿을 수밖에 없게 될 것이고, 그렇게 되면 현실로 통하는 모든 길이 막혀버리기 때문입니다. 그러니 오히려 표상에 관한 견해가 비현실적인 것은 아닌지, 혹은 그런 견해가 그저 편견에서 기인한 것은 아닌지를 먼저 따져봐야 할 것입니다." 그러자 에두아르트 폰 하르트만은 이렇게 대답했다. "그 점에 관해서라면 논쟁의 여지가 없지요. '표상'이라는 단어의 뜻 자체가 이미 그 안에 어떤 현실적인 것도 없음을 보여주니 말이오." 이 대답에 나는 영혼을 뚫고 지나는 오싹함을 느꼈다. '단어의 뜻'이 인생관의 진지한 출발점이라니! 내가 당대의 철학과 얼마나 동떨어져 있는지를 느꼈다. 그와의 만남에 뒤이은 여행 중에 열차에 앉아 어쨌거나 나에게는 너무나 소중했던 방문을 회상할 때도 내 영혼의 오한은 되풀이되었다. 이 일의 내면적인 여파는 그 후로도 오래 지속되었다.

 바이마르 체류에 이어 독일 전역을 여행하면서 베를린과 뮌헨에도 잠깐씩 머물 수 있었다. 에두아르트 폰 하르트만을 방문한 일을 제외하면 베를린과 뮌헨에 머무는 동안에는 전적으로 그 장소들이 제공하는 예술적인 삶에만 마음을 썼다. 그 시기에 나의 관찰이 예술 분야로 확장되면서 영혼이 특별히 풍요로워짐을 느꼈다. 이로써 첫 장기 여행은 나의 예술관 전반에도 중요한 의미가 있었다. 독일 여행을 다녀온 직후, 내가 벌써 여러 해를 가르쳐 온 아이들의 가족과 잘츠캄머구트에서 다시 몇 주간을 지냈을 때, 내 안에는 다양한 인상이 살아 숨쉬었다. 나는 외적으로 다시 개인지도 수업에 매달렸다. 이 일은 내적으로도 나를 사로잡고 있었는데, 여러 해 동안 내가 교육을 맡아 완전한 수면 상태에 있던 영혼을 각성으로 이끄는 데 성공한 그 소년이 삶의 일정한 지점까지 발달을 계속해 갈 수 있도록 돕고 싶었기 때문이다.

그 뒤 빈으로 돌아오고 나서 나는 어느 부인이 주최하는 모임에 자주 드나들게 되었다. 이 부인의 심리 상태는 신비주의와 신지학에 기울어 있었는데, 이 점이 모임 참가자 모두에게 깊은 인상을 주었다. 마리 랑Marie Lang 부인 댁에서 보낼 수 있었던 이 시간들은 나에겐 대단히 소중했다. 마리 랑에게서는 진지한 인생관과 생활 감각이 고상하고 아름답게 생동하고 있었다. 그녀는 여운이 감도는 감동적인 말로 영혼의 깊은 체험들을 표현했다. 내적으로 자신, 그리고 세상과 힘겹게 싸우는 그녀의 삶은 신비주의적 탐색을 통해서만 비록 완전하지는 않을지라도 만족을 찾을 수 있었다. 이렇듯 그녀는 이 구도자 모임의 영혼이 되기에 적격인 사람이었다. 이 모임에는 지난 세기 말에 블라바츠키가 문을 연 신지학(Theosophie)이 들어와 있었다. 프란츠 하르트만Franz Hartmann은 다수의 신지학 저서와 블라바츠키와의 친분으로 널리 알려진 사람인데, 그가 이 모임에도 신지학을 들여왔다. 마리 랑은 이 신지학에서 많은 것을 받아들였다. 그녀가 찾아낼 수 있었던 신지학 사상의 내용들은 여러 모로 그녀의 영적 특성에 부합하는 것처럼 보였다. 하지만 그녀는 오로지 외형적으로만 신지학을 받아들였다. 물론 그녀의 내면에는 신비주의적인 자질이 있었고, 신지학을 통해 그 신비주의적 자질이 완전히 원초적인 방식으로 인생의 시련을 겪은 가슴 안에서 의식 안으로 끌어올려졌다.

만일 마리 랑이 관심을 보이지 않았다면, 내가 마리 랑의 집에서 만난 건축가, 문필가를 비롯한 인물들은 프란츠 하르트만이 전해준 신지학에 대하여 아마도 거의 흥미를 느끼지 못했을 것이다. 그리고 나 자신도 신지학에 전혀 관심을 갖지 않았을 것이다. 프란츠 하르트만이 자신의 저술에서 정신세계를 대하는 방식이 나의 정신적 방향과는 정반대였기 때문이다. 나는 신지학이 현실의 내적인 진리를 토대로 하고 있다고 인정할 수 없었다. 그래서 신지학의 내용보다는 그것이 진정으로 길을 찾는 사람들에게 어떻게 영향을 미치는지에 더 관심이 쏠렸다.

마리 랑을 통해서 그녀의 친구인 로자 마이레더Rosa May-reder(1858-1938. 화가, 작가, 여권운동가. 1893년 오스트리아 여성연합을 설립. 평화와 자유를 위한 여성연맹 초대 회장) 부인을 알게 되었다. 로자 마이레더는 내 평생 가장 존경하는 인물, 그 변화 과정에 내가 가장 큰 영향을 미친 인물 가운데 한 사람이었다. 이런 얘기가 그녀에게는 별로 만족스럽지 않으리라는 것을 쉽게 예상할 수는 있지만, 어쨌든 그녀를 통해 내 삶에 들어온 것으로 인해 느끼는 바가 그렇다는 것이다. 훗날 그녀의 저작들이 많은 이들에게 깊은 인상을 남겼을 뿐 아니라 주지하다시피 그녀를 문학에서 매우 걸출한 위치에 올려놓았지만, 당시만 해도 로자 마이레더의 책은 아직 출판되기 전이었다. 하지만 나중에 저작에서 드러날 것이 그때 이미 로자 마이레더 안에 정신적 형상으로 살아 있었고, 나는 마음 속으로 그것에 격하게 공감하고 의지했다. 나는 마이레더 부인을 보면서, 사람이 가질 수 있는 심적 자질을 고루 갖추고 있는 데다 이런 자질이 한데 어우러져서 진정한 인간다움으로 드러나는 사람이라는 인상을 받았다. 그녀의 다양한 예술적 재능은 자유로우면서 집요한 관찰 감각과 결합되어 있었다. 그녀의 그림은 객관적 세계 속에 온전히 파고드는 열정, 그리고 동시에 개인적인 삶의 전개를 통해 탄생했다. 그녀가 문필가 경력을 시작하면서 쓴 이야기들은 개인적인 분투와 완전히 객관적인 관찰 결과가 어울려 완벽한 조화를 이루었다. 후속작들에는 이런 특성이 점점 더 많이 드러나는데, 그 중에서도 그런 특성이 가장 명확하게 드러난 작품은 훗날 두 권으로 발간된 ≪여성성 비판≫이다. 여기서 서술하는 시기에 로자 마이레더가 탐색하며 심적으로 고투를 벌이던 여러 해 동안 그녀와 함께 많은 시간을 보낼 수 있었던 일이 내 삶에 매우 유익했다고 생각한다.

나는 사고의 내용을 초월해서, 아니 어떤 의미에서는 사고의 내용과는 아무런 관계도 없이 생겨나 강렬한 생명을 얻게 되는 인간관계에 대해 다시금 생각하지 않을 수 없다. 왜냐하면 나와 로자 마이레더는 세계관만이 아니라 감정의 성향까지도 서로 달랐기 때문이다. 오늘날 받아들여지는 과학적 토대로부터 정신 체험으로 올라가는 나의 방식은 그녀가 공감하기에 불가능할 수 있다. 그녀도 인격의 완전한 발달을 지향하는 관념을 추구했지만, 순수하게 정신적인 세계에 관한 인식이 인격에 작용하는 것을 허락하지 않았다. 이 문제에서 나에게는 꼭 필요한 것이 그녀에게는 거의 무의미할 수밖에 없었던 것이다. 그녀는 인간의 직접적인 개별성을 추구하기에 골몰해 있었으며, 이런 개별성에 작용하는 정신적인 힘에는 주의를 기울이지 않았다. 이런 식으로 그녀는 여성성의 본질과 여성이 지닌 삶의 요구를 지금까지 가장 의미심장한 글로 제시했다.

로자 마이레더는 내가 예술을 대하는 방식을 보는 자신의 생각 때문에도 나에 대해 결코 만족할 수 없었다. 내가 예술이 지닌 본질적인 면을 오해하고 있으면서도, 마음속에서 이루어지는 정신 체험에서 생겨난 견해로 바로 예술의 그 고유한 본질을 이해하겠다고 애쓰고 있다는 것이 그녀의 판단이었다. 내가 감각세계가 보여주는 것에 충분히 파고들지 못한 탓에 진정으로 예술적인 것에 접근할 수 없었음에도, 바로 감각이 받아들이는 형태의 온전한 실상을 알아내려 한다는 것이었다. 이 모든 견해차는 그녀가 내 삶에서 가장 소중한 시간을 베풀어준 그 시기에 내 마음에서 우러난 이 인물에 대한 우정 어린 관심을 조금도 앗아가지 못했다. 그리고 그 관심은 실로 오늘날까지도 사그라들지 않았다.

로자 마이레더의 집은 정신으로 충만한 사람들의 회합 장소였고, 나는 자주 이들의 담소에 낄 수 있었다. 로자 마이레더와 절친한 사이인 후고 볼프Hugo Wolf(1860~1903. 오스트리아 작곡가. 독특하고 뛰어난 다수의 가곡으로 유명해졌다)는 주변 사람들의 말을 귀담아듣기보다 자신의 내면을 성찰하는 듯한 태도로 그곳에 고요히 앉아 있었다. 그는 말수는 적었지만, 사람들은 마음속으로 그의 말을 들었다. 그의 삶 자체가 그와 함께 있는 이들에게 신비로운 방식으로 전해졌기 때문이다. 나는 로자 부인의 남편이자 인간적으로, 또 예술적으로 무척 섬세한 카를 마이레더와 그의 형제이자 정열적인 예술애호가인 율리우스 마이레더를 진심으로 좋아했다. 마리 랑과 그녀의 지인들, 그리고 당시 전적으로 신지학적 사조와 세계관에 빠져 있던 프리드리히 에크슈타인Friedrich Eckstein(1861~1939, 오스트리아의 저술가, 신지학자)이 자주 자리를 함께했다.

내 마음속에서 ≪자유의 철학≫이 점점 더 확고한 형태를 갖춘것도 이 시기였다. 내 책이 모양을 잡아가는 동안 그 형태에 관해 주로 로자 마이레더와 대화를 나눴다. 그녀는 내가 겪어온 내면의 고독을 일부 거두어주었다. 그녀는 직접적으로 사람의 품성을 파악하기 위해 노력했고, 반면에 나는 스스로를 드러내는 세상을 영혼을 바탕으로, 그리고 정신적 개안을 통해 보려고 노력했다. 이 두 방법 사이에는 많은 다리가 놓여 있었다. 그리고 그 후로도 로자 마이레더와 내가 인간 자유의 진정한 의미에 관해 대화를 나누며 장엄한 알프스 숲을 거닐던 일을 비롯한 이런 저런 모습의 경험은 매우 고마운 기억으로 종종 내 정신 안에 떠올랐다.

X

1890년 무렵

괴테·실러문서실 업무를 위해 바이마르로 이주하기 전 ——— 저서와 논문에서 감각에 종속되지 않은 사고는 정신의 세계에 있는 영혼을 동반한다고 주장 ——— 인식에는 한계가 있다고 생각하는 견해에 대한 반박 ——— "현실 속에서 원형을 알아차리는 일은 인간의 참된 성체를 받아 그것과 하나되는 것과 같다" ——— 당대 인식론자들과의 대립, 괴테의 정신에 부합하는 자연관을 근거로 정신의 직관을 도출하다 ——— ≪자유의 철학≫의 구성을 그려봄

내 삶의 발자취를 돌아보면 첫 삼십 년 간은 그 자체로 완결된 장으로 보인다. 그 첫 장이 끝날 무렵에 바이마르로 이사했고, 그곳에서 거의 7년간 괴테·실러문서실에서 일했다. 앞서 말한 바이마르 여행에서 돌아와 괴테의 도시로 이사를 가기까지 빈에서 보낸 시간을 돌아보면, 내 안에서 그 시간은 영혼이 그때까지 추구해 온 것에 대해 어느 정도 결론을 내린 시기였다. 그 결론은 ≪자유의 철학≫ 속에 살아 있다.

당시에 나의 견해를 표현하기 위해 이용한 관념들 중에서 본질적인 한 부분은 감각세계가 참된 현실이 될 수 없다는 것이었다. 나는 그때 출판된 저술과 논문들을 통해, 사람의 영혼은 감각세계에서 길어 올린 생각이 아니라 감각적인 지각을 넘어서는 자유로운 활동 가운데서 펼쳐낸 생각 안에서만 진정한 현실로 나타난다고 일관되게 주장했다. 나는 바로 이 '감각에 매이지 않는' 사유를 영혼이 세상의 정신적 본질 속에 자리할 수 있도록 해주는 수단으로 제시했다.

그러나 나는 또한 사람이 이렇듯 감각에 구애받지 않는 생각 속에 살아감으로써 현존재의 근원이 정신임을 진정으로 의식하게 된다고 강력하게 주장했다. 인식의 한계를 이야기하는 것은 나에게 아무 의미도 없었다. 나에게 인식이란 영혼을 통해서 체험한 정신의 내용을 이 지각된 세계 안에서 재발견하는 일이었다. 누군가가 인식의 한계를 말하면, 나는 그 말이 그가 자기 안에서 참된 현실을 정신적으로 체험할 수 없고, 그래서 지각된 세계에서도 그 실재를 다시 발견할 수 없다는 자백이 섞여 있는 듯 들렸다.

내가 얻은 견해를 주장할 때 가장 우선시한 과세는 인식에 한계가 있다고 보는 관점을 반박하는 일이었다. 먼저 감각세계를 주시한 뒤에 그 감각세계를 통해 참된 현실을 향해 바깥으로 나가려 하는 그런 인식의 길을 나는 거부하고 싶었다. *바깥*으로 뚫고 나아감으로써가 *아니라* 사람의 내면으로 가라앉음으로써 참된 실재를 찾을 수 있다는 점을 지적하려 했던 것이다. 바깥으로 뚫고 나가려다 그 일이 불가능함을 알게 되면 사람들은 인식의 한계를 이야기한다. 그러나 그것이 불가능한 이유는 사람의 인식 능력에 한계가 있기 때문이 아니라 적절한 자아 성찰로는 확인할 수 없는 것을 얻고자 애쓰기 때문이다. 말하자면 사람들은 감각세계 속으로 계속 밀고 들어가고자 함으로써 지각된 것 뒤에 있을 감각적인 것을 찾으려 하는 것이다. 이는 환영 속에 사는 사람이 이어지는 환영 속에서 그 환영의 원인을 찾으려 하는 것과 마찬가지다.

그때 내 설명은 다음과 같은 의미였다. 이 땅에 태어나 지구적 존재로서 계속 발전해가면서, 사람은 인식하는 가운데 세상을 마주한다. 그는 먼저 감각적 이해에 도달한다. 그러나 이 이해는 인식의 전초前哨일 뿐이다. 세상에 존재하는 모든 것이 이 감각적 이해를 통해 드러나지는 않는다. 세계는 본질적인 것을 포함하고 있다. 하지만 사람은 처음엔 그 본질적인 면에 이르지 못할 뿐 아니라, 그것을 알려 하지도 않는다. 그는 아직 자신의 본질을 세상에 마주 세우지 못하기 때문에, 본질이 결여된 세계상像을 형성한다. 이런 세계상은 사실상 환영이다. 그런 사람은 감각을 통해 지각하면서 환영에 지나지 않는 세계를 마주하고 있다. 하지만 감각에 매이지 않는 생각이 사람의 내면으로부터 감각적인 지각에 다가가면, 환영에 현실이 스며들면서 환영은 더 이상 환영이 아닌 것이 된다. 그러면 사람의 내면에서 체험되는 사람의 정신이 우주의 정신과 만나는데, 이제 그 사람에게는 이 우주 정신이 감각세계 *뒤에 숨어 있지 않고 감각세계 안에 짜여서 활동한다.*

당시에 나는 이 세상에서 정신을 발견하는 일이 논리적으로 추론하거나 감각적 지각을 연장해서 가능해지는 것이라고 보지 않았다. 대신에 인간이 지각 활동으로부터 감각에 매이지 않는 생각을 체험하는 단계로 꾸준히 발전해 갈 때 생기는 일로 여겼다.

1888년에 괴테의 자연과학저술 제2권을 편집하며 쓴 나의 글을 보면, 글 전체에 그런 견해가 스며 있다.

> 사유에 감각적 파악을 넘어서는 지각 능력이 있음을 인정하는 사람은 사유의 대상 또한 감각적 현실을 초월해 있음을 인정해야

마땅하다. 그런데 이런 사유의 대상이 바로 *원상*이다. 사유가 그 원상을 장악함으로써 우주 존재의 근원과 합쳐지며, 외부에 작용하는 것이 인간의 정신 안으로 들어온다. 인간이 최상의 힘으로 객관적 현실과 *하나*가 된다. 현실 속에서 *원형을 알아차리는 일은 인간이 참된 성체*(가톨릭 미사 중에 예수의 최후 만찬을 기념하여 빵의 형태로 받아 먹는 '그리스도의 몸'을 가리킴)를 *받아 그것과 하나가 되는 것과 같다*. 사유와 원상의 관계는 눈과 빛의 관계나 귀와 소리의 관계와 같다. 사유는 *대상을 파악하는 도구다*. (퀴르슈너 판 《독일 국민 문학》 제2권 4장에 실린 괴테의 자연과학 저술에 관한 서문 참조.)

감각에 매이지 않은 사유가 자기 자신의 체험을 넘어서 정신적 통찰로 나아갈 때 나타나는 것처럼 정신적인 세계를 그렇게 서술하는 일보다 나에게 훨씬 중요했던 일은, 감각적 관찰의 대상인 자연의 본질이 바로 정신적인 것임을 보여주는 일이었다. 자연은 실제로는 정신적이라고 말하고 싶었다.

이는 나의 운명이 나를 그 시대의 인식론자들과 맞서도록 이끌었기 때문이다. 이들은 정신이 배제된 자연을 자신들의 전제로 내세웠고, 따라서 인간이 어느 정도까지 자신의 정신 안에서 정신적인 실체로서의 자연의 *상像*을 형성할 수 있는지를 입증해야 할 과제를 안고 있었다. 나는 여기에 맞서 완전히 다른 인식론을 내놓고 싶었다. 나는 인간이 *생각하는 가운데* 마치 자연이 외부에 있는 것처럼 자연에 *대한* 상을 형성하는 것이 아니라, 인식이 바로 경험이므로 인간은 인식하는 가운데 사물의 본질 안에 있다는 사실을 알려주고 싶었다.

더 나아가 내 자신의 관조를 괴테와 연계하는 일도 나의 운명이었다. 괴테 자신이 정신에 부합하는 자연관을 추구해 왔기 때문에, 나의 통찰을 괴테와 관련짓는 것은 여러 모로 자연이 정신적인 실재임을 알려줄 수 있는 기회가 되는 것이었다. 하지만 괴테는 정신에 부합하는 자연관을 정신에 대한 직접적인 통찰로 발전시키지는 않았기 때문에, 그렇게 정신에 관한 관조를 괴테에 연계하는 방법으로는 순수한 정신세계에 관해 말할 기회가 없었다.

그 다음으로 당시 나에게 중요했던 것은 자유라는 이상을 표현하는 문제였다. 본능, 충동, 열정 등에서 우러난 행위를 할 때 인간은 자유롭지 않다. 그럴 때 그의 행위를 좌우하는 것은 감각세계에서 얻는 인상처럼 그에게 의식되는 내적 자극이다. 하지만 이 경우에도 인간의 참된 본질이 행위를 주도하지 않는다. 인간은 자신의 참된 존재가 아직 충분히 발현하지 않은 단계에서 행위한다. 이 경우에 그가 인간으로서 자신을 드러내지 않는 것은 그저 감각에 주어진 대로만 관찰할 때 감각세계가 그 본질을 드러내지 않는 것과 마찬가지이다. 그러니 사실상 감각세계가 환영인 것이 아니라, 인간이 감각세계를 환영으로 만드는 것일 뿐이다. 인간은 또 감각적인 것과 비슷한 충동, 욕망 등도 자신의 행위를 통해 실제로 환영으로 만들 수 있다. 그렇게 되면 인간 스스로가 환영으로 하여금 행위하도록 하는 것이며, *그 사람 자신*이 행위하는 것이 아니다. 그는 정신적이지 않은 것이 행위토록 하는 셈이다. 인간이 감각에 매이지 않은 생각의 영역에서 도덕적 직관력으로서 자기 행위의 내적 자극을 발견할 때에야 비로소 그의 정신이 행위하게 된다. 이 경우에는 다른 무엇이 아닌 바로 인간 자신이 행위한다. 이때 사람은 스스로 행위하는 자유로운 존재인 것이다.

감각에 매이지 않은 사유가 인간 안에 있는 순수 정신적인 내용임을 부인하는 사람은 결코 자유를 파악할 수 없는 반면에, 우리가 감각에 구애 받지 않은 사유의 실재를 꿰뚫어볼 때 그 즉시 자유를 파악할 수 있다는 사실을 보여주고 싶었다.

이 영역에서도 그 시절의 나는 이 문제에서 인간이 자신의 도덕적 직관력(moralische Intuitionen)을 경험하는 순수한 정신세계를 서술하기보다는 이러한 직관력 자체의 정신적 성격을 강조하는 일에 더 중점을 두었다. 만약 내가 순수한 정신세계를 서술하는 일에 더 중점을 두었더라면, ≪자유의 철학≫에서 "도덕적 상상력(moralische Phantasie)"이라는 장은 다음과 같이 시작되었을 것이다.

> 자유로운 정신은 자신의 내적 동기, 곧 자연 존재 바깥의 순수한 정신세계 속에서 체험하는 직관력에 따라 행위하며, 이때 정신은 일상적인 의식 안에서 이 정신세계를 자각하지 않는다.

하지만 그때 나에게는 도덕적 직관력의 순수한 정신적 특징을 확인하는 일만이 중요했다. 그래서 인간의 관념세계 전체에 이런 직관력이 존재한다는 사실을 지적하면서 다음과 같이 썼다.

자유로운 정신은 자신의 내적 자극에 따라 행위하는데, 직관력인 이러한 내적 자극은 자신의 근원적 이상 세계 전체에서 사유에 의해 선별된 것이다.

순수한 정신세계를 바라보지 못하는 사람, 그래서 첫 번째 문장도 쓸 수 없는 사람은 두 번째 문장 또한 완전히 인정할 수 없다. 그러나 첫째 문장이 어떤 것인지는 ≪자유의 철학≫에서 충분히 발견할 수 있다.

개인의 삶에서 최고의 단계는 어떤 특정한 지각 내용을 고려하지 않는 개념적 사유이다. 우리는 순수한 직관력을 통해 이상의 영역으로부터 어떤 개념의 내용을 정한다. 그 개념은 처음엔 특정한 지각과의 어떤 연관성도 포함하지 않는다.

여기에서 특정한 지각이란 '감각적인 지각들'을 의미한다. 당시 내가 도덕적 직관력의 정신적 성격만이 아니라 정신세계 자체에 관해서 쓰고자 했다면, 나는 감각적 지각과 정신적 지각 간의 차이를 고려했어야 한다. 하지만 나는 도덕적 직관력의 비감각적 성격을 강조하는 데만 중점을 두었다.

이런 방향으로 나의 관념세계가 움직이는 가운데 삼십 년에 걸친 내 인생의 첫 장이 끝나고 바이마르 시대가 시작되었다.

XI

1890

신비주의자들의 체험 양식을 둘러싼 내면적 갈등 ——— 신비가들은 주관적인 영혼의 온기 안에서 관념의 냉기를 극복하려 하며, 관념 안에 있는 정신을 보지 못한다 ——— 지각 안에서 자기 고유의 내면생활을 강화하면, 객관적인 정신의 참된 형상이 사라질 위험이 있다 ——— 표현 형태의 난관들 ——— 《자유의 철학》의 개념 형태들은 자연과학의 개념들에 의존한다

이렇듯 내 인생의 첫 장이 끝나갈 무렵에 나는 내면에서 사람의 영혼이 지닌 특정한 지향에 대해 분명히 해야 할 필요를 느꼈다. 이 지향 가운데 하나가 신비주의였다. 나는 다양한 시대에 걸친 인류의 정신 발달에서 나타난 신비주의, 말하자면 동양의 지혜, 신플라톤주의, 중세 그리스도교와 유대교의 신비론 등 내 영혼의 눈에 비친 신비주의와는 관계를 맺기가 어려웠다. 나의 유별난 성향 때문이었을 것이다.

내가 보기에, 정신적인 것이 분명히 살아 있는 관념의 세계를 신비주의자들은 제대로 다루지 못하는 듯했다. 인간이 내적 만족을 얻겠다면서 관념과 함께 정신적인 것이 빠진 내면으로 침잠하려는 것은 진정한 정신성의 결핍을 보여주는 것이라고 나는 느꼈다. 그런 신비주의에서 나는 빛에 이르기는커녕 정신적 암흑에 이르는 길만을 볼 수 있었다. 정신의 실재성은 직접적으로 관념 안에 짜여 있지 않지만, 그 관념을 통해서 사람은 이 정신의 실재를 체험할 수 있다. 그런데도 영혼이 관념들을 피한 채 정신의 실재성에 도달하려는 것은 인식의 무능처럼 여겨졌다.

그럼에도 신비주의를 향한 인류의 노력에는 끌리는 것도 있었다. 그건 바로 신비주의자들의 내적인 체험 *방식*이다. 그들은 인간 현존재의 원천을 관념적으로 관찰해서 외적인 것으로 바라보는 데 그치지 않고, 내면에서 그 원천과 함께하기를 원한다. 하지만 내게 분명해진 또 하나의 사실은, 관념 세계의 온전하고 분명한 내용을 잃어버리지 않고 그것과 함께 영혼의 밑바닥으로 침잠하는 사람은 신비주의자들과 같은 내적 체험 방식에 이른다는 것이었다. 나는 정신적인 이상세계의 빛을 내적 체험의 온기 속으로 끌어들이고 싶었다. 내가 보기에 신비주의자들은 관념들 안에서 정신을 볼 수 없어서 내적으로 관념을 앞에 두고 얼어붙은 사람들 같았다. 신비주의자들이 관념에서 체험하는 한기는 그들로 하여금 관념에서 벗어남으로써 영혼에 필요한 온기를 구하도록 강요한다.

아직 불확실한 정신세계에 대한 체험을 확실한 관념에 각인하는 바로 그때, 나는 내면에서 영혼적 체험의 온기를 느꼈다. 정신이 스며 있는 관념과 함께할 때 느끼는 온기, 곧 영혼의 편안함을 이 신비주의자들이 얼마나 오해하고 있는지, 나는 종종 나 자신에게 일러주었다. 이런 관념과 함께할 때마다 나는 늘 정신세계와 개인적으로 교류하는 것 같았다.

신비주의자는 물질주의에 물든 자연관찰자의 입장을 약화하기는커녕 오히려 강화하는 듯이 보였다. 자연관찰자는 정신세계에 대한 관찰을 거부한다. 이는 정신세계를 인정하지 않거나, 인간은 오직 감각적으로 볼 수 있는 것만 인식할 수 있다고 믿기 때문이다. 그들은 감각적 이해가 한계에 부딪히는 곳을 인식의 한계로 여긴다. 신비주의자는 사람의 관념 인식에 관해 물질주의자와 의견을 같이하는 것이 보통이다. 관념은 정신적인 것에 다다르지 못하며, 이 때문에 관념을 인식할 때는 늘 정신적인 것의 바깥에 머물 수밖에 없다는 것이 신비주의자의 주장이다. 그럼에도 신비주의자는 정신에 이르기를 원하기 때문에 관념과 무관하게 내적인 체험에 의지한다. 그 결과, 신비주의자는 관념에 대한 인식을 순전히 자연적인 것을 인식하는 일로 한정함으로써 물질주의에 빠진 자연관찰자에게 동조한다.

그러나 관념을 지니지 않고 영혼의 내면으로 들어가면 오로지 느끼기만 일어나는 내적 영역에 도달한다. 그럴 때 사람들은 일상 생활 속에서 인식의 길이라 부르는 방법으로는 정신적인 것에 도달할 수 없다고 주장한다. 그들은 정신적인 것을 체험하기 위해서는 인식의 영역을 벗어나 감정의 영역 안으로 침잠해야 한다고 말한다.

정신에 관한 모든 이야기를 실재와는 상관없는 공상적인 말장난으로 간주하지 않는다면, 물질주의적 자연관찰자는 그와 같은 견해에 자신도 동의한다고 말할 수 있다. 그럴 때 이 자연관찰자는 감각적인 것에 맞춰진 관념세계에서만 인식의 올바른 토대를 찾고, 정신에 대한 인간의 신비적 관계에서는 순수히 개인적인 어떤 것을 본다. 그 개인적인 것에 기울거나 기울지 않는 것은 각자의 성향에 달린 일이지만, 어느 경우든 '확실한 인식'의 내용이 무엇인지 말하는 방식으로 그 개인적인 것이 무엇인지를 말할 수 없다는 것이다. 그야말로 인간과 정신적인 것의 관계는 '주관적인 느낌'에 전적으로 맡겨야 하는 것이기 때문이다.

　이런 내용이 내 영혼의 눈에 보이자, 내적으로 신비주의를 반대하는 힘이 마음속에서 점점 더 강해졌다. 나로서는 내적인 영혼 체험을 통해 정신적인 것을 통찰하는 일이 감각적인 것을 관조하는 일보다 훨씬 더 확실했으며, 이런 영혼 체험에 인식의 한계를 설정하기란 불가능했다. 나는 순전히 감정에 의지해서 정신적인 것에 이르는 길을 단호히 거부했다.

　그럼에도 신비주의자들의 체험 방식을 보면서 나는 그것이 정신세계에 대한 나의 견해와 조금은 닮아 보였다. 신비주의자는 관념 없는 것과 함께함으로써 정신과의 합일을 추구하고, 나는 정신의 빛 안에 있는 관념을 통해서 정신과의 합일을 추구했으니 말이다. 나의 통찰이 '신비주의적' 관념 체험에 근거를 둔 것이라고 말할 수도 있겠다.

　자신의 내면에서 일어나는 이런 영혼의 갈등을 해결하고 극복해내는 일은 그리 어렵지 않았다. 왜냐하면 정신적인 것에 대한 진정한 통찰은 관념의 효력 범위를 밝혀줄 뿐 아니라 개인적인 것에 한계를 보여주기 때문이다. 정신적인 것을 관찰하는 사람이라면, 영혼의 본질이 정신세계를 통찰하는 기관으로 변형될 때 어떻게 인간 안에서 개인적인 것의 작용이 멈추는지 알고 있다.

　하지만 정작 어려웠던 것은 내 저술에서 나의 통찰을 표현하는 형식을 찾는 문제였다. 독자들에게 익숙하지 않은 관찰에 대하여 그때그때 새로운 표현 형식을 찾아낼 수는 없다. 나는 두 형식 가운데 하나를 선택해야 했다. 내가 말할 필요가 있다고 생각하는 것을 자연관찰의 영역에서 관습적으로 통용되는 형식으로 표현할 것인가, 아니면 신비주의적인 감각에 기운 저술가들이 이용하는 형식으로 표현할 것인가. 후자를 통해서는 내가 부딪힌 어려움을 해소할 수 없을 것 같았다.

자연과학 분야에서 쓰이는 표현 형식은 애초부터 그 내용이 물질주의적으로 구상되었다 하더라도 내용이 풍부한 개념으로 이루어져 있다는 것이 나의 판단이었다. 그래서 자연과학이 감각으로 지각하는 것을 가리키기 위해 개념을 만들어내는 방식과 유사한 방식으로 정신적인 것을 가리키는 개념을 구축하고자 했다. 이로써 내가 꼭 말해야 할 내용을 위한 관념적 성격을 유지할 수 있었다. 신비주의적 형식을 사용할 때는 그런 관념적 성격을 유지하기란 불가능하게 보였다. 왜냐하면 신비주의적 형식은 근본적으로 사람의 *밖에* 있는 본질적인 것을 가리키지 못하고 오직 사람 안에 일어나는 주관적 체험만을 묘사하기 때문이다. 나는 사람의 체험을 묘사하기보다는 어떻게 정신세계가 사람 *안에* 들어있는 정신기관들을 통해 모습을 드러내는지 입증하고자 했다.

이를 바탕으로 차츰 관념의 형태가 생겨나서, 나중에 나의 ≪자유의 철학≫으로 발전해 갔다. 나는 그 개념들을 구축할 때 나의 내면이 신비주의적 변덕에 좌우되지 않기를 바라면서도, 개념을 통해 드러나야 할 것에 대한 궁극적 체험이 영혼의 깊은 내면에서 신비주의자의 내적 지각과 그 성질이 같아야 한다는 점을 분명히 알고 있었다. 그럼에도 사라지지 않는 차이는, 나의 서술에서는 사람이 몰입하며 자기 안에 외부의 정신세계를 객관적 현상으로 들여오는 반면에, 신비주의자는 자신의 내면생활을 강화하고 이를 통해 객관적인 정신의 참모습을 지워버린다는 사실이다.

XII

1890

퀴르슈너 판 ≪독일 국민 문학≫의 서문을 위한 괴테의 자연과학적 개념들에 관한 서술은 앞에서 언급한 신비적 표현 양식과 자연과학적 표현 양식의 난관을 극복한 다음에야 비로소 완성되다 —— 괴테의 방식으로 괴테를 서술할 방법을 정복하다 —— 괴테 관련 업무의 운명적 과제로 인해 자신의 정신적 발달 속도가 늦춰질 수도 있다 —— 자기 의식 안에서 일어나는 두 흐름의 조화를 이루는 일 —— 괴테의 동화 ≪초록 뱀과 아름다운 백합≫이 중요한 명상 자료가 되다

퀴르슈너 판 ≪독일 국민 문학≫ 서문에서 괴테의 자연과학적 개념들을 서술하기까지는 오랜 시간이 걸렸다. 1880년대 초반에 착수한 그 일은 빈에서 바이마르로 이주하면서 내 삶의 두 번째 장이 시작된 뒤에도 끝나지 않았다. 그 이유는 바로 자연과학적이고 신비주의적인 표현 방식과 관련하여 위에서 서술한 어려움 때문이었다.

나는 자연과학에 대한 괴테의 입장을 표현하기에 적합한 관념 형태를 찾는 동시에, 우주의 발달과정을 통찰할 때 내 영혼이 얻은 정신적 체험을 구체화하는 일도 계속해야 했다. 이로 인해 괴테의 사상을 더 제대로 해석하기 위해 늘 괴테에서 시작해서 나 자신의 세계관을 표현하는 쪽으로 내몰렸다가 다시 괴테로 돌아가는 일이 되풀이되었다. 괴테는 헤아릴 수 없이 풍요로운 실상의 인식 대신에 이론적으로 쉽사리 개관할 수 있는 사고의 구조물에 안주하는 것을 혐오했는데, 나는 바로 이런 혐오야말로 괴테에게서 본질적으로 중요한 것이라고 느꼈다. 괴테는 식물과 동물의 모습을 다양한 형태로 표현하려고 할 때 합리주의자가 된다. 지구의 지질학적 구조를 이해하거나 기상학의 현상들을 파악하고자 할 때는 자연의 생성변화에 작용하는 원상들을 추구한다. 그러나 그의 관념은 추상적인 사고가 아니고 사고의 한 양태로 영혼 속에 살아 있는 상이었다.

괴테가 자연과학 연구에서 그런 상으로 보여준 것을 알게 되었을 때 나는 영혼 깊이 만족스러웠다. 나는 어떤 원상의 내용을 보았고, 지속적으로 완성되어 가는 이 원상의 내용은 자연에서 일어난 일이 사람의 정신에 실제로 반영되어 나타나는 것임을 믿지 않을 수 없었다. 나는 자연과학에서 주류를 이루는 사고방식이 이러한 괴테의 사고방식으로 고양되어야 함을 분명하게 깨달았다.

하지만 자연에 관한 괴테의 인식을 이렇게 파악하자, 원상의 내용이 가진 본질을 정신의 실재 자체와 관련지어 서술해야 할 필요성이 대두되었다. 이 원상들은 어차피 감각적 현실의 토대가 되는 정신적 실재를 가리킬 때에만 정당성을 갖는다. 그러나 헤아릴 수 없이 풍요로운 현실 앞에 경외심을 품은 괴테는 감각세계를 정신에 부합하는 형상으로까지 자기 마음 속에 형태화한 뒤에는 정신세계를 표현하려는 시도를 자제했다.

그래서 내가 보여주어야 했던 것은, 괴테는 감각적인 자연의 인식으로부터 정신적인 자연의 인식으로 나아감으로써 내적으로 *살아갈* 수는 있었지만, 다른 사람이 괴테의 영혼 생활을 완전하게 *파악*할 수 있으려면 그를 넘어서서 정신세계 자체를 원상으로 파악할 때까지 인식을 이어갈 수밖에 없다는 사실이었다.

자연에 관해 이야기할 때 괴테는 정신의 내부에 서 있었다. 그는 계속해서 이런 생생한 정신의 내부에서 살아간다면 정신의 내부에 서있는 것에 *관하여* 추상적인 상태에 빠지지 않을까 두려워했다. 괴테는 정신 안에서 자기 스스로 *느끼고* 싶어했지 정신 속에서 *생각하고* 싶어 하지는 않았다.

괴테의 세계관에 대한 생각을 표현할 때에도 나는 괴테의 사고방식에 *관하여* 충실하지 못했다는 느낌을 받을 때가 많았다. 그래서 괴테와 관련지어 하나하나 해석할 때마다 매번 새로이 괴테의 방법으로 괴테에 관해 이야기하는 법을 터득해야 했다.

괴테의 관념을 서술하기 위해 나는 괴테 자신의 사고에서 도움을 받아 괴테를 더 잘 이해하려는 노력을 여러 해 동안 이어나갔다. 이런 고된 씨름을 돌아보면, 나의 정신적 인식 체험이 발전하는 데 괴테의 공이 크다는 사실을 고백하지 않을 수 없다. 나의 정신적 인식 체험이 발전하는 과정은 아주 더디게 진행되었는데, 그것은 운명에 따라 괴테 해석이라는 과제가 내 인생길에 놓여져 있었기 때문이었다. 이 과제가 없었더라면 나의 정신적 체험을 좇았을 것이고, 그 체험들이 내 앞에 보이는 대로 표현했을 것이다. 그랬다면 내가 정신세계로 더 빨리 휩쓸려 들었겠지만, 나 자신의 내면으로 침잠해서 힘들게 씨름할 계기는 얻지 못했을 것이다.

그래서 나는 괴테 연구를 통해서 두 가지 영혼 상태의 차이점을 체험했다. 하나는 은혜롭게도 그 안에 정신세계가 어느 정도 드러나는 영혼 상태이며, 다른 하나는 영혼이 자기 자신을 참된 정신으로 체험할 때 우주의 정신 내부에 있기 위해 일단 한 걸음 한 걸음 자신의 내면을 정신과 유사하게 만들어 가는 영혼 상태가 있는 것이다. *이러한* 정신의 내부에 서서 우리는 비로소 인간의 정신과 우주의 정신성이 사람 영혼 안에서 얼마나 서로 밀접하게 하나가 될 수 있는지를 느끼게 된다.

괴테 해석 작업을 하던 시기에 괴테가 늘 나의 정신 안에서 나와 함께하며 경고하듯 끊임없이 소리치는 것을 들었다. "너무 급하게 정신적인 길을 가는 이는 제한적으로나마 정신을 체험할 수는 있겠으나, 현실의 내용이 빈곤해져 풍요로운 생명에서 벗어나게 된다."

괴테 연구에 관계하면서 나는 '어떻게 카르마가 인간의 삶에 작용하는지'를 매우 명료하게 관찰할 수 있었다. 운명은 두 가지 모습의 사실로 이루어지는데, 이 둘은 사람의 삶 안에서 하나가 된다. 운명의 두 가지 모습 가운데 하나는 영혼의 갈망에서 생겨나 외부로 분출하며, 또 다른 하나는 외부 세계로부터 그 사람에게 다가온다. 나 자신의 내적 충동은 정신적인 것을 통찰하는 길로 향했고, 이 세계의 외부의 정신생활은 괴테 연구를 나에게 가져왔다. 나는 내 의식 안에서 만나는 이 두 흐름이 조화를 이루도록 노력해야 했다. 내 인생 첫 장의 마지막 몇 년을 나는 나 자신과 괴테에게 맞는 작업을 번갈아 하며 보냈다.

나는 박사학위 논문에서 정한 과제를 내적으로 체험했다. 그 과제는 '사람의 의식과 자기 자신 사이의 소통'을 이끌어 내는 것이었다. 그 사람이 외부 세계의 참된 실재를 이해할 수 있으려면 자기 안에서 먼저 이 진정한 실재를 보아야 한다고 생각했기 때문이다.

외부 세계의 참된 실재와 영혼의 내면에 있는 참된 실재의 이와 같은 만남은 인식하는 의식이 꾸준히 정신적인 내면 활동을 함으로써 성사된다. 하지만 원하며 행동하는 의식에서 진정한 실재는 그 사람이 행위하는 가운데 자신의 자유를 느낄 때 늘 존재한다.

자유가 편견 없는 의식 속에 실제적인 것으로 살아 있음에도 인식하기에는 어려운 문제가 돼버린 이유는, 사람이 자신의 참된 존재와 진정한 자기의식을 애초부터 가지고 있는 것이 아니라 인간의 의식이 자기 이해에 도달한 뒤에야 획득하는 것이기 때문이다. 사람의 최고 가치인 자유는 적절한 준비를 거친 후에야 비로소 파악될 수 있다.

나의 ≪자유의 철학≫은 자기 자신과의 의식적인 소통을 체험한 것에 기반을 두고 있다. 자유는 행위 속에서 실행되고, 자유는 느끼는 가운데 *체험*되며, 자유는 생각 속에서 *인식*된다. 하지만 자유를 성취하기 위해 생각 속에서 삶을 놓치는 일이 있어서는 안 된다.

≪자유의 철학≫을 집필하는 동안 나는 어떻게 하면 내 사고를 서술할 때 그 생각에 이르는 내적인 체험을 완전히 생생하게 유지할 수 있을까 끊임없이 고민했다. 그렇게 하면 내적인 관조의 신비주의적 성격이 사고에 부여되지만, 이런 관조를 세계에 대한 감각적인 외적 통찰과 같게 만들기도 한다. 그런 내적 체험까지

밀고 나가는 사람은 자연을 인식하는 일과 정신을 인식하는 일이 서로 대립하는 것이라고 느끼지 않는다. 정신의 인식은 자연의 인식을 변형하여 연장한 것일 뿐임은 분명한 사실이다.

이 사실이 나에게 확실해졌기 때문에 나는 나중에 ≪자유의 철학≫ 표지에 "자연과학적 방법에 따른 영혼 관찰의 결과"라는 부제를 달 수 있었다. 자연과학적 방법이 정신의 영역에서 충실히 실행되면, 그 방법은 정신의 영역에서도 인식이 가능해지기 때문이다.

이 시기에 "초록 뱀과 아름다운 백합"을 소재로 한 괴테의 동화를 상세하게 다룬 일은 나에게 큰 의미가 있었다. 괴테의 ≪국외 이주 독일인들의 대화≫ 마지막 장에 실린 이 "수수께끼 동화"는 수많은 사람들에 의해 해석되었다. 나는 그 내용을 '해석'하는 데에는 전혀 관심이 없었고, 그 내용을 작가의 시적, 예술적 형식 속에서 그냥 받아들이고 싶었다. 동화 전체를 지배하는 판타지를 지적인 해석으로 분해하는 것은 늘상 내 마음에 들지 않았던 것이다.

괴테의 이 작품은 실러와 정신적으로 교류하는 가운데 탄생한 것처럼 보였다. 실러는 ≪인간의 미적 교육을 위한 편지≫를 쓰면서 자신의 정신적인 발달에서 철학적 전기를 겪었다. '자기 자신과의 의식적인 소통'은 그가 가장 깊이 몰두하는 내면의 과제였다. 한편으로, 실러는 인간의 영혼이 이성의 활동에 완전히 전념하는 것으로 보았다. 실러는 순수한 이성 속에 존재해 있는 영혼은 신체적, 감각적인 것에 의존하지 않는다고 느꼈다. 그렇지만 실러는 이런 식의 초감각적 활동에서 만족스럽지 않은 것이 있음을 지각했다. 이성의 '논리적 필연성'에 전념할 때 영혼은 '정신 안에' 있지만, 이렇게 몰두해 있는 동안 그 영혼은 자유롭지도, 내면에서 정신적으로 살아 있지도 않다. 영혼은 정신의 추상적인 음영에 몰두하지만, 정신생활과 정신의 현존 속에 활동하고 존재하지 않는다. 다른 한편으로, 실러는 인간의 영혼이 상반되는 활동을 통해 완전히 물질적인 것―감각적인 지각 및 충동적인 자극들―에 전념하고 있다는 사실을 알아차렸다. 이때 정신적인 음영의 작용은 영혼으로부터 사라지지만, 영혼은 그 본질에 관계하지 않는 자연법칙에 몰두한다.

실러는 이 두 가지 활동 어디에도 '진정한 인간'은 존재하지 않는다고 결론지었다. 하지만 사람은 자연에 의해 주어지는 것도 아니고 자신의 관여 없이 나타나는 정신의 이성적인 그림자를 통해 주어지는 것도 아닌 그 무엇인가를 스스로 도모할 수 있다. 사람은 감각적인 활동 속으로 이성을 끌어들일 수 있다. 그런데 사람은 감각적인 것을 의식의 더 높은 영역으로 끌어올려 정신적인 *것처럼* 작용하도록 할 수 있다. 이로써 인간은 논리적 필연성과 자연의 필연성 사이에 있는 중간적인 분위기에 도달한다. 실러는 사람이 예술적인 상태에 있을 때 이러한 분위기 안에 있게 된다고 보았다. 세계를 미학적으로 이해하면 감각적인 것을 응시하게 되고, 이를 통해 감각적인 것 안에서 정신을 발견한다. 미학적인 이해는 정신의 그림자 안에서 살아가지만, 창조하거나 향유하는 활동을 통해 정신에 감각적 모습을 부여해서 정신이 그림자 같은 현존을 벗어버리도록 한다.

'진정한 인간'을 파악하려는 실러의 이런 노력이 나의 관심을 끈 것은 이미 여러 해 전의 일이지만, 이제 괴테의 "수수께끼 동화" 자체가 나에게 수수께끼가 되면서 저 실러의 싸움이 내 앞에 새로이 등장했다. 나는 괴테가 '진정한 인간'에 관한 실러의 표현을 어떻게 수용했는지 살펴보았다. 다음과 같은 질문은 괴테에게나 친구인 실러에게나 똑같이 생생한 것이었다. "어떻게 그림자 같은 정신적인 것이 영혼 안에서 감각적이고 신체적인 것을 찾아내는가, 그리고 어떻게 물질적 신체 안에 있는 천성적인 것이 정신적인 것으로 올라가는가?"

두 친구 사이에 오간 편지나 그밖에 이들의 정신적 교류를 보여주는 것들에 의하면, 괴테는 실러의 해답이 너무 추상적이고 철학 일변도라 여겼다. 괴테는 두 세계를 갈라놓는 '강', 한 세계에서 다른 세계로 가는 길을 찾는 도깨비불들, 두 세계 사이에 다리를 놓기 위해 자신을 바쳐야 하는 '뱀', 강 '이편'에 사는 이들이 그저 정신을 주재하는 것이라고 예감만 할 수 있는 강 '저편'의 '아름다운 백합' 등 기품이 넘치는 형상들을 내놓았다. 괴테는 실러의 철학적 해답에 대한 맞대응으로 동화적이고 시적인 관점을 제시했다. 실러가 지각한 내면의 수수께끼에 철학적 개념으로 대응하는 사람은 자신의 참된 존재를 탐구하는 가운데 황폐해진다는 것이 괴테의 생각이었다. 괴테는 풍부한 영혼의 체험을 통해 수수께끼에 접근하기를 바랐다.

괴테의 동화에 나오는 형상들은 괴테 이전에 영혼으로 정신을 체험하려 한 이들이 종종 제시해 온 이미지들을 생각나게 한다. 동화에 등장하는 세 명의 왕은 ≪크리스티안 로젠크로이츠의 신비로운 결혼식≫(Die chymische Hochzeit des Christian Rosenkreutz)에서 상당히 비슷한 모습으로 다시 등장한다. 다른 등장인물들은 예전에 인식의 길에서 등장했던 형상의 재현이다. 예전의 형상들이 예술성에서 열등했다면, 괴테의 이야기에서는 아름답고 고상하고 예술가적인 판타지의 형태로 등장한다.

괴테는 이 동화에서 판타지의 창조물을 내적인 영혼으로 들어서는 경계 가까이로 데려가는데, 이 경계를 넘으면 실재의 정신세계에 대한 인식을 체험하게 되는 것이다. 우리가 이 작품에 깊이 빠지면 괴테의 정서를 매우 심도 있게 들여다볼 수 있으리라는 것이 나의 생각이었다.

이 이야기에 대한 해석은 내게는 중요치 않았다. 중요한 것은 이 동화에 대한 몰입이 영혼의 체험을 자극한다는 사실이었다. 이후로 이런 자극은 훗날 내가 만든 신비극으로 형상화될 때까지 나의 영혼 생활에 줄곧 영향을 미쳤다. 하지만 괴테의 작품을 다루는 나의 작업을 위해서는 이 동화에서 그리 많은 것을 얻을 수 없었다. 이 작품을 쓰면서 괴테는 마치 반쯤 무의식적인 영혼생명의 내적인 힘에 이끌린 것처럼 자신의 세계관을 넘어서 성장한 듯 보였기 때문이다. 이로써 나는 심각한 어려움에 처했다. 나는 퀴르슈너판 ≪독일 국민 문학≫에 들어갈 괴테 해석을 내가 처음 시작했던 스타일로 계속할 수밖에 없었다. 하지만 그것으로는 충분치 않았다. 나는 괴테가 이 '동화'를 쓰는 동안 정신세계로 넘어가는 경계에 서서 그 정신세계를 넘겨다본 것이라 내 자신에게 말했기 때문이다. 하지만 그러고 나서도 괴테는 자연의 변화과정에 관해 쓰면서 그러한 통찰을 여전히 등한시했다. 따라서 이런 이해를 토대로 해서도 괴테를 해석할 수 없다.

비록 괴테의 이 동화에 몰입한 것이 우선은 괴테에 관한 나의 저술에 도움이 되지는 않았지만, 내 영혼은 그로부터 풍부한 자극을 얻었다. 이 이야기의 자극으로 영혼 안에 생겨난 내용은 내 명상의 중요한 소재가 되었다. 나는 반복해서 그 내용을 명상의 소재로 삼았다. 나는 이런 활동으로 분위기를 가다듬으며 나중에 바이마르에서 시작할 작업을 준비했다.

XIII

1890
빈

빈에서 가장 뛰어난 인물의 비극적 이상형 ——— 니체의 ≪선악의 피안≫ ——— 당대의 가장 비극적인 인물인 니체 ——— 하멀링의 ≪호문쿨루스≫에 관한 글이 당시에 막 일어나기 시작한 반유대주의로 인해 개인적인 곤란을 초래하다 ——— 이그나츠 브륄, 브로이어 박사, 프로이트 박사 ——— 괴테·실러문서실의 상임연구자로 임명되다 ——— "1890년 가을부터 빈 출신의 루돌프 슈타이너가 상임연구자로 합류했다. 그에게는 -골상학 부분을 제외하고- '형태학' 분야 전체가 할당되었다."

바로 이 무렵에 나의 외부 생활은 사교에 집중되었다. 옛 친구들을 많이 만났다. 앞에서 얘기한 문제들에 관해 말할 기회는 거의 없었지만, 친구들과 나를 맺어주는 정신적, 영혼적 유대는 더욱 공고해졌다. 당시 빈의 미하엘 광장에 자리한 유명한 카페에서 끝도 없이 이어졌던 대화를 가끔씩 돌이켜보게 된다. 특히 세계대전이 끝나고 옛 오스트리아가 산산조각이 났을 때는 더더욱 그랬다. 그렇게 산산조각이 날 수밖에 없는 조건들이 이전에 이미 빠짐없이 갖추어져 있었기 때문이다. 하지만 당시는 누구도 그것을 인정하려 들지 않았다. 사람들은 자신의 민족적 혹은 문화적 애착에 따라 제각기 해결책을 생각하고 있었다. 또한 새로이 등장하는 흐름 속에 살아 있는 이상理想이 마음을 고양시키는 경우, 그 몰락에서 자라나고 그것에 영향을 주려고 함으로 그런 이상 못지않게 비극적인 것이다. 그런 비극적 이상들이 당시 빈과 오스트리아에서 가장 훌륭한 사람들의 정서를 움직인 것이다.

나는 괴테 시대에 몰두하면서 얻은 확신을 표명하는 바람에 이 이상주의자들의 불만을 사곤 했다. 나는 현 시대에 서양 문명의 발달이 최고조에 다다랐다고 주장했다. 그런 뒤로 서양 문명은 그 최고조 상태를 지속하지 못했다. 자연과학이 인간과 민족의 삶에 영향을 미치는 시대는 몰락의 시대다. 진보를 이어가려면 정신적인 측면으로부터 완전히 새로운 무엇인가가 들어와야 한다. 여태껏 따라온 정신적인 길로 되돌아가는 방법 외에 계속적인 진보는 불가능하다. 괴테는 이 정신적인 길의 정점에 있지만, 이 정점은 시작점이 아니라 끝점이다. 괴테는 자신에까지 이른 발달의 성과를 흡수하고 자기 안에서 이런 성과를 완성한다. 하지만 이러한 발달에 포함되어 있는 것보다 훨씬 더 많은 정신적 체험의 원천에 이르지 못한다면, 그 발달은 지속될 수 없다. 이런 분위기에서 나는 괴테에 대한 설명의 마지막 부분을 써나갔다.

　이런 분위기에서 나는 니체Friedrich Nietzsche(1844~1900. 독일 철학자. 실존주의 철학을 비롯한 현대 철학에 지대한 영향을 끼쳤다)의 작품들을 처음으로 접했다. 첫 번째로 읽은 책은 ≪선악의 피안≫이었다. 이 책의 고찰 방식은 나를 사로잡는 동시에 밀쳐냈다. 니체를 받아들이기란 쉽지 않았다. 그의 문제를 좋아했고 그의 담대함을 좋아했지만, 니체가 가장 심오한 문제를 논하는 방식은 전혀 마음에 들지 않았다. 니체는 의식적으로 영혼과 함께 정신적인 것 안으로 깊이 들어가지 않은 채 그런 문제를 논했다. 하지만 한편으로는 그가 언급한 많은 것들이 나의 정신적 체험과 엄청나게 가까워 보였다. 그래서 그의 투쟁에 친밀감을 느끼며 이런 친밀감을 표현할 말을 찾아야 했다. 니체야말로 당대의 가장 비극적인 인물 가운데 한 사람으로 보였다. 그리고 유별나게 심오한 영혼을 가진 사람은 자연과학 시대의 성격으로부터 그런 비극을 잉태할 수밖에 없다는 생각이 들었다. 이런 느낌과 함께 나는 빈 체류의 마지막 몇 해를 보냈다.

내 인생의 첫 장이 끝나기 전에 나는 부다페스트와 지벤뷔르겐도 방문할 수 있었다. 앞서 언급했던 지벤뷔르겐 출신의 친구는 여러 해가 지나도록 내내 잊지 않고 나와 연락을 계속하면서 빈에서 지내는 고향 친구들을 나에게 소개해 주었다. 그래서 나는 많은 교류 모임과는 별도로 지벤뷔르겐 사람들과도 만나고 있었다. 이들 중에 브라이텐슈타인Breitenstein 부부와는 그 뒤로도 줄곧 친분이 이어졌다. 이 부부는 오래 전부터 빈의 인지학협회에서 지도적 역할을 해오고 있다. 지벤뷔르겐 사람들과의 인연은 부다페스트 여행으로 이어졌다. 빈과는 성격이 전혀 달라 보이는 이 헝가리의 수도에서 나는 깊은 인상을 받았다. 빈에서 부다페스트까지 가는 여행길은 단아한 자연, 열정이 넘치는 사람들, 그리고 활기찬 음악으로 반짝였다. 기차에서 창밖을 내다보면, 자연은 아주 특별한 시적인 분위기를 풍기고 사람들은 자신들에게 너무나 익숙한 이 시적인 자연을 별로 의식하지 않으면서도 깊은 내면에서 울리기도 하는 영혼의 음악에 맞춰 그 자연 속을 돌아다닌다는 인상을 받았다. 그리고 부다페스트에 들어서자, 유럽의 다른 민족들이 무척 관심 있게 바라보면서도 결코 완전히 이해할 수는 없는 어떤 세계가 말을 걸어왔다. 그것은 바로 색채의 유희, 빛나는 것 속에 숨겨진 어두운 바탕이었다. 데아크 페렌츠Deák Ferenc(1803~1876. 헝가리의 정치가)의 동상 앞에 섰을 때 나는 그곳의 원래 모습이 응축되어 있다는 인상을 받았다. 1867년부터 1918년까지 지속된 헝가리(오스트리아-헝가리제국을 가리킨다)를 세운 인물의 머릿속에 있던 거칠고 당당한 의지는 확고하게 기회를 포착하고 잔꾀를 모르는 원초적 무자비함으로 일을 추진했다. 내가 자주 듣는, "헝가리 밖에는 어떠한 삶도 없으며, 있다 해도 그건 삶이 아니다"라는 슬로건은 주관적이긴 하지만 진정한 헝가리인에게는 다 적용되는 얘기라 느꼈다.

나는 어릴 적에 헝가리의 서쪽 국경에 살면서 독일인들이 이런 거칠고 당당한 의지를 어떻게 생각하는지 보았다. 이제 나는 헝가리의 중심부에서 이러한 의지가 마자르 사람들(오늘날 헝가리의 주류를 이루는 민족을 가리키는 이름)을 어떻게 인간적으로 고립시키는지 알게 되었다. 그 고립은 조금 유치하지만 그들에게는 너무나 당연한, 인간의 열린 눈이 아니라 자연의 숨겨진 눈에 나타나는 것을 더 중시하는 영광의 옷을 걸친 것이었다.

부다페스트를 방문한 지 반 년 뒤에 나는 지벤뷔르겐 출신 친구들의 주선으로 헤르만슈타트Hermannstadt에서 강연을 할 수 있게 되었다. 때는 크리스마스 시즌이었다. 나는 기차를 타고 넓은 평원을 달렸고, 그 중심에 아라드Arad(헝가리에 인접한 루마니아 서부의 도시)가 있었다. 어디를 보아도 시선에 막히는 곳이 없는 이 광활한 평원을 직접 보았을 때, 레나우Lenau의 그리움을 담은 시들이 내 가슴속을 울렸다. 헝가리와 지벤뷔르겐 사이의 경계에 위치한 한 숙소에서 묵어가야 했을 때, 나는 밤의 절반을 휴게실에 앉아서 보냈다. 나 말고는 카드놀이를 하는 사람들만이 테이블 하나를 차지하고 있었다. 거기서는 당시에 헝가리와 지벤뷔르겐에서 만날 수 있는 갖가지 민족에 속하는 사람들이 모두 모였다. 사람들은 열정적으로 카드 놀이를 했고, 반시간마다 영혼의 구름에서 뿜어져 나오는 열정이 탁자 위를 아수라장으로 만들면서 그 자리에 모인 사람들을 죄다 집어삼켰다. 이 다양한 민족들에게서 표출되는 열정 또한 얼마나 다양했던가!

헤르만슈타트에 도착한 날은 크리스마스였다. 나는 지벤뷔르겐 지방에 사는 독일 이민자들의 생활을 구경했다. 이들은 루마니아인과 마자르인 사이에 섞여 살고 있었다. 이 고귀한 사람들은 자기들 집단의 쇠퇴를 인정하는 것을 꺼리면서 스스로를 당당하게 지켜가고자 했다. 독일 이민자들은 수백년 전에 동쪽으로 내던져진 자신들의 삶을 기리는 것처럼 그 뿌리에 충실하고자 했다. 하지만 그들의 이런 성향에는 세상과의 단절에서 온 특징이 섞여 있었고, 이는 생활 곳곳에서 작위적인 쾌활함으로 드러났다. 나는 독일계 개신교 성직자들과 독일계 학교의 선생님들을 비롯하여 지벤뷔르겐의 다양한 사람들과 어울려 아름다운 날들을 보냈다. 이 사람들과 함께 지내는 동안 내 가슴은 따뜻해졌다. 이들은 정체성의 유지를 고민하고 가꾸는 가운데, 무엇보다 가슴에 호소하는 가슴의 문화를 발달시켜 온 것이다.

내가 옛 친구들과 새로 사귄 친구들을 동행해서 두꺼운 모피로 몸을 감싸고 얼음같은 냉기와 서걱거리는 눈길을 통과해서 카르파티아산맥(트란실바니아의 알프스 산맥)을 향해 남쪽으로 썰매를 몰았을 때, 내 마음에는 이런 따뜻함이 자리하였다. 멀리서 산을 따라 이동할 때는 산이 숲으로 뒤덮인 컴컴한 절벽 같았는데, 가까이 다가가자 산은 거친 계곡이 많고 으스스한 기분이 드는 풍경이었다.

내가 그곳에서 체험했던 모든 일의 중심에는 나의 오랜 친구가 있었다. 이 친구는 항상 새로운 일을 생각해냈는데, 그가 꾸민 여러 일로 인해 나는 독일계 지벤뷔르겐의 작센 정신을 제대로 알게 되었다. 이 친구는 지금도 여전히 얼마 동안은 빈에서 지내고 또 얼마 동안은 헤르만슈타트에서 지낸다. 당시에 그는 지벤뷔르겐의 독일계 문화를 후견하기 위해서 헤르만슈타트에서 주간지를 창간했다. 실무 능력은 전혀 없이 완전히 이상주의에 의해서만 이루어진 사업이었지만, 그럼에도 그곳 작센 출신의 대다수가 함께 거들었다. 이 잡지는 몇 주 만에 폐간되었다.

지벤뷔르겐 여행에서 얻은 것과 같은 체험은 내게는 운명이었다. 그리고 나는 이런 체험 덕분에 외부 세계를 보는 안목을 기를 수 있었다. 정신적인 환경에서는 상당히 자연스럽게 사는 나였지만, 그렇게 외부 세계를 보는 안목은 내게 쉽게 생기지 않았던 것이다.

애잔한 추억을 안고 나는 빈으로 돌아왔다. 곧이어 내 수중에 ≪교육자 렘브란트≫라는 책 한 권이 들어왔는데, 당시 사람들이 모이는 곳이면 어디서나 이 책의 '정신적인 풍요'에 대한 말들이 오갔다. 이 책에 관해 곳곳에서 벌어지는 대화는 완전히 새로운 정신의 탄생을 이야기하고 있었다. 바로 이 현상으로 말미암아 나는 당대의 지성계에서 내 영혼이 얼마나 고독한 상태에 있는지를 절실히 깨달을 수 있었다.

온 세상으로부터 최고의 찬사를 받는 그 책에 대한 느낌은 이랬다. 어떤 사람이 몇 달에 걸쳐 밤마다 좀 괜찮은 여관의 식탁에 앉아 '걸출한' 인물들이 단골손님용 식탁에서 늘어놓는 '정신적으로 풍요로운' 잠언들을 귀담아 듣고서 이것을 경구 형식으로 기록해 놓은 것 같았다. 이런 식의 '준비 작업'이 끝나면, 그는 이 잠언 쪽지들을 통에 집어넣고 힘차게 마구 흔들어 섞은 다음 다시 끄집어낸다. 이렇게 끄집어낸 쪽지를 하나하나 짜 맞춘 것이 바로 이 한 권의 책으로 탄생한 것 아닌가, 하는 느낌이었다. 물론 이런 비판은 과장된 것이다. 그러나 내 인생관으로는 당대의 '시대 정신'이 최고라고 추켜세운 이 책을 도저히 받아들일 수 없었다. ≪교육자 렘브란트≫는 완전히 표면적으로만 정신의 풍요를 가장하는 사고를 견지할 뿐, 단 한 문장도 인간 영혼의 진정한 심연과는 관련이 없는 책으로 느껴졌다. 나는 얄팍한 정신의 개울에서 찰랑대는 생각들이 인간적으로 심오한 모든 것을 영혼에서 몰아내고 *있다고 밖에* 생각되지 않았고, 나와 같은 시대를 사는 사람들이 겨우 이런 책을 심오한 인격의 발현으로 여긴다는 사실에 마음이 아팠다.

나는 열네 살 때 개인지도를 시작해야 했는데, 바이마르에서 내 인생의 두 번째 장이 시작될 때까지 무려 15년 동안이나 운명적으로 이 일에 단단히 붙들려 있었다. 소년기와 청년기에 있는 수많은 사람들의 영혼을 일깨우는 일은 나 자신의 발전과도 연결되어 있었다. 나는 이 일을 통해서 남성과 여성이 생활에 적응해 가는 방식에서 서로 얼마나 다른지도 관찰할 수 있었다. 소년과 젊은 남성들 외에 젊은 여성도 많이 맡아서 가르쳐 보았기 때문이다. 심지어 병적 상태로 인하여 나에게 맡겨졌던 그 소년의 어머니에게도 나는 한동안 기하학을 가르쳤으며, 다른 시간에는 이 여성과 그녀의 여동생에게 미학을 가르쳤다.

이 소년의 가정에서 여러 해를 내 집처럼 지내는 동안 나는 다른 가정에서도 교육자 역할과 수업을 맡았다. 소년의 어머니와는 가까운 친구가 되어 그 가정의 기쁨과 슬픔을 모두 함께했다. 이 여성에게서는 유별나게 아름다운 인간 영혼이 내 눈에 보였다. 그녀는 자신의 네 아이에게서 펼쳐지는 운명을 보살피는 일에 완전히 헌신했다. 그녀한테서는 그야말로 모성애의 위대함을 살펴볼 수 있었다. 그녀와 함께 교육 문제를 연구하는 일은 내 삶을 아름답게 채워주었다. 예술 쪽으로는 음악 분야에 소질과 감흥이 있는 여성이었다. 아이들이 어렸을 때는 그녀가 직접 아이들의 음악 실기 가운데 일부를 떠맡았다. 우리는 삶의 여러 문제에 관해 아주 세세한 내용에 이르도록 깊은 관심과 풍부한 이해를 가지고 이야기를 나누었다. 그녀는 자연과학을 비롯한 나의 여러 연구 작업에 최대한의 관심을 기울였다. 이 시기에는 내가 추구하는 모든 문제에 대해서 이 여성과 상의하고 싶은 욕구가 넘쳤다. 그녀는 나의 정신적 체험에 관한 이야기에 독특한 방식으로 귀를 기울였다. 그녀의 지성은 나의 체험에 공감하면서도 신중하게 자제하는 태도를 유지했다. 하지만 그녀의 마음은 나의 체험 전부를 수용했다. 나의 체험과 연관된 문제에서 그녀는 사람의 본질에 대해 일종의 자연주의적인 견해를 갖고 있었다. 그녀는 도덕적인 영혼 상태는 전적으로 타고난 체질이 건강한지 또는 병약한지에 따라 결정된다고 생각했다. 내가 얘기하고 싶은 것은, 이 부인은 본능적으로 인간을 자연주의적인 관점에서 의학적으로 보았다는 사실이다. 이런 내용으로 부인과 대화를 나누는 일은 더없이 흥미로웠다. 게다가 그녀는 외적으로 자신에게 맡겨진 모든 일을 아주 강한 책임감으로 수행하면서도 내적으로는 그 일의 대부분을 자신의 소관이라 여기지 않는 안주인과 같은 태도를 취했다. 그녀는 여러 가지로 자신의 운명을 짐스럽게 여겼다. 하지만 이 여성은 인생에서 기대하는 것도 없었으며, 그녀의 아들들에게 닥친 문제만 아니면 인생이 어떻게 되어가든 그대로 받아들였다. 이 아들들의 일만은 모든 일을 영혼 안에 있는 가장 강렬한 감정으로 대했다.

나는 부인의 영혼 생활, 아들들에 대한 아름다운 헌신, 수많은 일가친척들 속에서의 가정 생활 등을 모두 함께 겪었다. 하지만 그렇다고 해서 서로간에 아무 어려움도 없이 지낸 것은 아니었다. 이들은 유대인 가정이었다. 이들의 견해는 어떤 종파적, 인종적 편협함으로부터도 완전히 벗어나 있었다. 그러나 내가 아주 좋아한 이 집의 가장은 비유대인이 유대인을 두고 하는 이야기에 대해 상당히 민감했다. 이는 당시에 불타오른 반유대주의 분위기 탓이었다.

사실 나는 오스트리아에 있는 독일계 사람들이 그 민족적 존립을 위해 벌이는 투쟁에 관심이 많았다. 이에 따라 나는 유대교의 역사적, 사회적 위상에 대해서도 관심을 가지고 들여다보았다.

특히 하멀링의 ≪호문쿨루스≫가 출간되었을 때는 이 문제에 집중적으로 파고들었다. 이 작품 때문에 대부분 언론은 이 저명한 독일계 작가를 반유대주의자로 치부했고, 심지어 반유대주의적인 독일민족주의자들도 그를 자신들의 일원이라고 주장했다. 이 모든 일로부터 나는 거의 영향을 받지 않았다. 하지만 ≪호문쿨루스≫에 관해서는 글 한 편을 썼는데, 이 글에서 나는 유대 민족의 위상에 관해 나 나름대로 완전히 객관적으로 서술했다. 내가 살고 있는 집의 가장이자 나와 친했던 남성은 이 글을 특별한 방식의 반유대주의로 받아들였다. 그로서는 이런 일로 나에 대한 호의가 줄어들지는 않았지만, 마음이 많이 아팠던 모양이었다. 내 글을 읽고는 내 입장에 대립하여 마음 속 깊이 슬퍼하는 얼굴로 말했다. "당신이 이 글에서 유대인에 관해 쓴 내용은 절대 우호적으로 해석될 수 없어요. 하지만 나를 괴롭히는 것은 그 문제가 아닙니다. 진짜 문제는, 바로 당신과 가까운 우리나 우리 친구들과의 경험이 당신으로 하여금 이런 글을 쓰도록 했다는 것이지요." 하지만 그는 잘못 생각했다. 나는 순전히 정신적, 역사적 개관을 바탕으로 판단했을 뿐, 개인적인 것은 나의 판단에 조금도 섞여 들지 않았기 때문이다. 그것을 그는 그렇게 볼 수 없었다. 나의 해명에 그가 응수했다. "그렇지 않아요. 이 글을 보면 내 아이들의 선생님은 '유대인의 친구'는 아닙니다." 무슨 말을 해도 그는 의견을 굽히려 들지 않았다. 그는 한 순간도 자기 가정과 나의 관계가 달라져야 한다고 생각하진 않는다고 했다. 그는 우리의 관계를 운명으로 여겼다. 더욱이 나는 이 일이 변화의 계기가 되리라고는 전혀 생각지 않왔다. 그의 아들을 교육하는 일이 운명에 의해서 내게 맡겨진 사명이라고 보았기 때문이다. 하지만 우리 둘 다 비극적인 무언가가 우리 관계 안에 섞여 들었다는 생각을 피할 수는 없었다.

설상가상으로 내 친구들 중 다수는 당시 민족 간의 갈등에 영향을 받아 유대민족주의를 보는 관점이 다소 반유대주의에 물들어 있었다. 이 친구들은 유대인 가정에 있는 나의 입장에 공감하지 못했으며, 이 유대인 가정을 이끄는 가장인 그로서는 내가 그런 인물들과 친밀히 교류하고 있다는 사실 자체가 내 글에서 받은 인상을 확인시켜 줄 뿐이었다.

〈황금 십자가〉의 작곡가인 이그나츠 브륄Ignaz Brüll(1846~1907, 모라비아 태생의 오스트리아 작곡가, 피아니스트)은 내가 머물렀던 가정과는 한집안 사람이었다. 나는 감성 풍부한 이 사람을 유달리 좋아했다. 이그나츠 브륄은 세상사에서는 좀 물러나 자기 내면에 침잠해 있는 사람이었다. 그의 관심은 음악적인 데 한정되지 않아서, 다양한 정신적인 생활을 향해 있었다. 그가 이런 관심사들만 좇아다닐 수 있었던 것은 그가 운명의 '행운아'였기 때문이었다. 그의 집안 배경이 그를 일상적인 걱정으로부터 완전히 떼놓았고, 그의 작품이 자라날 수 있도록 상당히 풍요로운 토양이 되어주었다. 그래서 그는 음악에만 적응했을 뿐 생활에는 적응하지 못했다. 여기서 그의 음악 작품이 가치가 있는지를 논할 일은 아니다. 그러나 길거리에서 이 사람을 만나 말을 걸었을 때 그가 음의 세계로부터 깨어나는 모습을 보는 일은 정말로 매혹적이었다. 또한 그는 조끼 단추들을 제 구멍에 끼우고 다니는 적이 없었다. 그의 눈빛은 사려 깊고 온화했으며, 그의 걸음은 확고하지는 않았지만 인상적이었다. 우리는 그와 많은 일에 관해 대화할 수 있었으며, 그는 그런 일들에 관해 세세하게 이해하고 있었다. 하지만 그와 이야기를 나누고 있으면, 이야기의 내용이 곧장 음악의 나라로 미끄러져 들어가는 것이 느껴졌다.

내가 어울려 살았던 가정에서 나는 훌륭한 의사 한 사람도 알게 되었다. 그는 바로 브로이어Josef Breuer(1842~1925, 오스트리아 출신의 내과의사이자 심리학자) 박사로, 프로이트Sigmund Freud(1856~1939, 오스트리아의 신경학자, 심층심리학의 창시자)와 함께 정신분석학의 탄생에 기여한 분이었다. 그러나 브로이어 박사는 정신분석학이 정립되던 초기에만 그 고찰 방식을 따랐고, 이후 프로이트에 의해 완성된 방식에는 동의하지 않았던 것 같다. 나는 브로이어 박사에게 마음이 끌렸다. 그가 의사로서 직무를 수행하는 방식은 감탄을 자아냈다. 여러 다른 분야에서도 다양하게 관심을 가진 사람이었다. 셰익스피어에 관한 그의 주장은 매우 자극적인 내용이었다. 그리고 브로이어 박사가 철두철미 의학적 사고방식으로 입센의 작품이나 톨스토이의 《크로이처 소나타》를 논하는 것을 듣는 일도 재미있었다. 앞서 이야기한 내 친구, 곧 내가 가르치는 아이들의 어머니와 그가 그런 것들에 관해 대화를 나누면, 나는 종종 지대한 관심을 가지고 그 자리에 함께했다. 아직 정신분석학이 탄생하기 전이었지만, 그런 움직임을 예고하는 조짐들은 이미 있었다. 최면 현상은 의학적인 사고에 특별한 내용을 더했다. 내 친구와 브로이어 박사는 젊을 때부터 친한 사이였다. 나에게 생각할 거리를 많이 준 일 하나가 지금도 기억에 생생하다. 이 부인은 어떤 점에서는 그토록 저명한 의사보다 더 의학적으로 생각하는 사람이었다. 어느 모르핀 중독자 이야기였는데, 브로이어 박사가 그를 치료했다. 한번은 부인이 나에게 말했다. "브로이어가 한 일을 생각해 보세요. 그는 모르핀 중독자에게서 이제부터 맹세코 모르핀을 복용하지 않겠다는 약속을 받아냈답니다. 그걸로 그 사람은 무언가를 해냈다고 믿었어요. 그런데 환자가 약속을 지키지 못하자 분개했지요. 심지어 약속을 지키지 않는 사람을 어떻게 치료할 수 있겠느냐고까지 하더군요. 그처럼 훌륭한 의사가 그토록 순진할 수 있다는 걸 누가 믿겠어요. '천성 안에' 그토록 깊이 뿌리내린 것이 어떻게 약속을 통해 치유되기를 바랄 수 있겠어요?" 그렇다고 이 부인이 다 옳았다고 할 일은 아니다. 그 의사가 사용한 암시요법이 그때 그의 치료 노력에 속하는 것이었을 수도 있으니 말이다. 그러나 내 친구가 대담하게 쏟아낸 발언이 신기하게도 빈 의과대학이 전성기를 구가할 당시 이 학교에 깃들어 있던 정신을 보여준다는 사실을 누구도 부정할 수 없을 것이다.

이 부인이 의미 있는 인물인 이유는 바로 그 때문이었다. 그녀가 내 인생에서 중요한 존재인 것도 그 때문이다. 이 부인은 벌써 오래 전에 작고했다. 내가 빈을 떠나기 어려웠던 이유 중에는 이 부인과 헤어져야 한다는 것도 있었다.

내 인생 첫 장의 내용을 되돌아보면서 그것을 외형적으로 특징지으려니 떠오르는 느낌이 있다. 내가 어떤 형식적인 '직업'에 매여 있지 않았음을 나이 서른에 깨닫게 된 것이 나의 운명 때문이었다는 느낌이 그것이다. 내가 바이마르의 괴테·실러문서실에 합류한 일도 사회적 지위를 얻기 위해서가 아니라, 소피 대공비의 위임을 받아 문서실에서 진행 중이던 괴테 전집발간 작업의 자유로운 공동연구자로서 협력하려는 것이었다. 문서실 실장이 괴테 연보 제12권에 싣도록 한 알림의 내용은 이러했다.

1890년 가을부터 빈 출신의 루돌프 슈타이너가 상임 연구자로 합류했다. 그에게는—골상학 부분을 제외하고—'형태학' 분야 전체가 할당되었다. '제2부'의 다섯 권 또는 여섯 권이 그 분야에 해낭하는데, 친필 유고에서 나온 내단히 중요한 자료가 그 긴행물에 담길 것이다.

XIV

1890
로스토크, 바이마르

바이마르, 그리고 그곳 괴테·실러문서실의 업무 ─── 헤르만 그림 ─── 바이마르 괴테·실러 문서실 연구원 자리를 얻기 전에 로스토크 대학에서 박사학위 시험 통과 ─── 학위논문은 "자신에 대한 의식의 이해"를 주제로 다루다 ─── 하인리히 폰 슈타인의 ≪플라톤주의의 역사에 관한 일곱 권의 책≫에서 받은 인상은 바이마르 시기에도 계속 유지되다 ─── 1891년 초에 발간된 괴테연보 제12권에 실린 루돌프 슈타이너의 논문 제목: <우리가 괴테문서실의 출판물을 통해 괴테의 자연과학 연구에 관해 얻는 견해> ─── 베른하르트 주판, 에리히 슈미트, 폰 뢰퍼, 헤르만 그림, 빌헬름 셰러, 율리우스 발레 ─── 그리스 로마 시대와 중세에 관한 논문인 헤르만 그림의 <독일적 상상의 역사에 관한 초고>, 카를 알렉산더 대공 ─── 문서실 소유자인 대공비 소피 ─── 대공의 후계자 카를 아우구스트 ─── 카를 아우구스트의 부인 파울리네가 문서실에 호의적인 관심을 갖다 ─── 바이마르 도서관 수석사서 라인홀트 쾰러

예정하지 않은 시점에 나는 다시 하나의 과제와 마주했다. 그것은 외적인 계기에 의해서가 아니라 내 세계관과 인생관의 내적인 발전 과정에서 생겨난 과제였다. 이에 따라 "자신에 대한 의식의 이해"를 시도하는 논문으로 독일 로스토크 대학에서 박사 시험도 치렀다. 형식적인 사실로 말미암아 박사과정 시험을 빈에서는 치를 수 *없었다*. 내 공식 학력은 대학 입학 준비 과정인 인문계 김나지움이 아니라 실업학교 졸업이었고, 김나지움의 교육 내용은 개인교수를 하면서 독학으로 마쳤다. 오스트리아에서는 이런 조건으로는 박사학위 취득이 불가능했다. 나는 '철학'에 점차 숙달되었지만, 내 공식 학력으로 인해 대학의 철학 전공에 접근하는 모든 길은 막혀 있었다.

그런데 내 인생의 첫 장이 끝나가는 이때 유난히 매혹적인 철학서 한 권을 손에 넣었다. 당시 로스토크에서 철학을 강의하던 하인리히 폰 슈타인Heinrich von Stein(1833~1896)의 ≪플라톤주의의 역사에 관한 일곱 권의 책≫(Sieben Bücher zur Geschichte des Platonismus)이라는 저서였다. 이런 인연으로 나는 박사학위 구두 시험을 칠 때 한 번 뵈었을 뿐이지만 나에게는 매우 가치 있는 책의 저자인 이 경애하는 노철학자에게 내 논문을 제출하게 되었다.

하인리히 폰 슈타인이라는 인물은 지금도 매우 생생한 모습으로 내 앞에 있다. 마치 우리가 많은 일을 함께 겪었던 것처럼. 그것은 그의 저작 ≪플라톤주의의 역사에 관한 일곱 권의 책≫에 날카롭게 각인된 그의 철학적 개성 때문이다. 이 저작에서 그는 사유 내용으로서의 철학이 독립적인 것이 아니라고 보았다. 그는 플라톤이 다방면에서 그런 독립적인 철학을 추구한 철학자라고 생각하고, 그 과정에서 플라톤이 발견한 것을 꼼꼼하게 제시한다. 이 저작의 첫 몇 장章에서 그는 독자로 하여금 플라톤의 세계관에 완전히 빠져들게 한다. 하지만 그 다음에 폰 슈타인은 인류의 발전 과정에 느닷없이 들이닥친 그리스도의 계시로 넘어간다. 폰 슈타인에 의하면, 이렇듯 정신적인 생명이 현실이 되어 들이닥친 사건은 단순히 철학을 통해서 사유 내용을 고심하여 완성하는 일과는 달리 정신세계의 일이다.

폰 슈타인이 기술한 내용의 특징은 플라톤에 의해 추구된 바가 그리스도에 이르러 실현되었다는 것이다. 계속해서 그는 플라톤주의가 어떻게 그리스도교적인 세계관 발달에 지속적인 영향을 미쳤는지를 추적한다.

폰 슈타인에 따르면, 세계관을 만들어가는 인간의 노력에 내용을 부여한 것은 *외부로부터* 오는 계시였다. 이 지점에서 나는 그와 의견을 달리했다. 인간의 본성은 그 자신이 정신이 살아 있는 의식 속에서 자기 이해에 이르렀을 때 계시를 얻을 수 있으며, 그러고 나면 이 계시는 이데아의 체험을 통해 사람에게 현존할 수 있다는 것이 나의 체험이었다. 하지만 나는 이 책에서 내 마음을 끄는 무언가를 느꼈다. 원형 생명의 배후에 실재하는 정신의 생명은 이 책에서 내가 공감하지 못하는 형식으로나마 포괄적으로 역사철학을 서술하도록 자극하고 있었다. 원형세계의 위대한 전달자로서 플라톤은 그리스도의 자극을 통해 그 원형세계가 실현되기를 고대했다고 표현한 것이야말로 폰 슈타인 저작의 참뜻이었다. 나와 의견 차이가 있기는 했지만, 이 책은 개념과 감각 경험에서 얻은 내용으로만 완성된 그 어떤 철학보다도 나와 훨씬 더 가까웠다.

나는 또한 폰 슈타인에게서 플라톤의 이데아의 세계도 정신 세계의 태곳적 계시에 그 바탕이 있다는 의식이 없어서 아쉬웠다. 예컨대 오토 빌만Otto Willmann이 《관념론의 역사》에서 언급하기도 하는 이러한 (그리스도 이전의) 계시가 폰 슈타인의 견해에는 나타나지 않는다. 폰 슈타인은 플라톤주의가 말한 근원적 계시를 원상의 잔여물로 여기지 않는다. 그 원상의 잔여물은 훗날 그리스도교를 통해 사라져버린 정신의 내용을 초감각적인 형태로 되찾았는데도 말이다. 대신에 폰 슈타인은 플라톤의 이데아가 자체적으로 자아낸 개념 내용으로서 나중에 그리스도를 통해 생명을 얻는다고 주장한다.

그렇지만 폰 슈타인의 책은 철학적 온기로 씌어진 책 중 하나이다. 이 책의 저자는 속속들이 종교적인 인물이어서, 철학을 통해 종교적인 삶을 표현하려 했다. 세 권으로 된 이 책의 어느 페이지를 펼쳐도 그 뒤에 어떤 인물이 있는지를 알 수 있다. 나는 이 책을, 그중에서도 플라톤주의와 그리스도교의 관계에 대한 부분을 반복해서 읽고 난 뒤에 저자를 대면했는데, 이는 나에게 매우 의미 있는 경험이었다.

저자는 나이가 많고 더할 나위 없이 침착한 모습이었다. 온화한 눈빛은 부드럽지만 집요하게 제자들의 발달 과정을 지켜보는 데 적합할 듯 싶었다. 또 문장 하나하나를 말하는 목소리에는 철학자의 깊은 숙고가 담겨 있었다. 이것이 박사 구두시험을 앞두고 그를 방문했을 때 내가 받은 인상이었다. 폰 슈타인이 말했다. "자네의 박사학위 논문은 우리가 요구하는 그런 논문은 아닐세. 누구나 자네의 논문을 보면 교수의 지도를 받아 작성한 논문이 아니라는 것을 알 수 있지. 하지만 논문의 내용을 따지면 나는 아주 기꺼이 자네 논문을 받아들일 수 있다네." 나는 구두시험에서 ≪플라톤주의의 역사에 관한 일곱 권의 책≫과 연관된 사항을 질문해 주기를 간절히 원했다. 하지만 그 책과 연관된 질문은 하나도 없었으며, 모든 질문은 칸트 철학에서 이끌어 낸 것이었다.

하인리히 폰 슈타인의 모습은 오늘날까지도 내 가슴속 깊이 새겨져 있다. 그분을 다시 만났더라면 한량없이 좋았을 텐데, 운명은 우리를 다시는 연결해주지 않았다. 박사 구두시험은 내 가장 소중한 추억들 중 하나이다. 그건 바로 폰 슈타인이라는 인물의 인상이 박사 시험과 연관된 모든 것을 뒤덮고 있기 때문이다.

바이마르에 도착했을 때 나의 마음은 그 전부터 몰입해 있던 플라톤주의에 물들어 있는 상태였다. 그런 마음 상태는 괴테·실러 문서실에서 임무에 익숙해지는 데 많은 도움이 되었다는 생각이 든다. 플라톤은 이데아의 세계에서 어떻게 살았으며, 괴테는 어땠을까? 문서실을 드나들 때면 이런 질문이 내 마음을 떠나지 않았다. 괴테의 유고 문서들과 씨름하는 중에도 이 질문은 내 마음을 떠나지 않았다.

이런 질문을 배경으로 한 채 1891년 초에 괴테의 자연 인식에 관한 나의 인상을 (괴테연보 12권에 실린 〈우리가 괴테문서실의 출판물을 통해 괴테의 자연과학 연구에 관해 얻는 견해〉) 다음과 같이 표명했다.

전적으로 *주관적인* 조건들이 갖추어져야 지각할 수 있는 현상으로 나타나는 어떤 것이 동시에 *객관적* 의미와 실체를 지닐 수 있다고 상상하는 것은 대다수 사람에게는 불가능한 일이다. 그리고 바로 이런 종류에 속하는 것이 '원형식물'(Urpflanze)이다. 원형식물은 모든 식물 안에 담겨 있는 식물의 객관적인 본질이다. 그러나 원형식물이 지각에 나타나는 현존을 획득하려면, 인간의 정신이 원형식물을 자유롭게 구성해야만 한다.

또 괴테의 사유방식에 대한 올바른 인식에 관해서 나는 이렇게도 표명했다.

이것은 원형식물이나 원형동물을 특정한 시기에 존재했거나 또

바이마르 시기의 루돌프 슈타이너, 1889년

는 감각적으로 실제로 살아서 앞으로 존재하게 될 형태로 보는 것이 괴테의 견해에 부합하는지 여부도 판정할 수 있도록 해준다. 이에 대해서는 단연코 '아니다'라는 답변만이 가능하다. '원형식물'은 모든 식물에 들어 있고 정신의 구성적인 힘을 통해서 식물계로부터 추정될 수 있지만, 그러나 그 어떤 단일하고 개별적인 형태도 전형적인 것으로 간주될 수는 없다.

드디어 나는 괴테·실러문서실에 공동연구자로서 발을 들여놓았다. 이 문서실은 19세기 말의 문헌학이 괴테의 유고를 품에 안은 현장이었다. 문서실의 수장은 베른하르트 주판Bernhard Suphan 실장이었다. 그와 나 사이에 개인적인 관계가 생겨난 것은 내 바이마르 시절의 첫 날부터라고 해도 무방할 것이다. 나는 종종 그의 집을 방문할 수 있었다.

베른하르트 주판이 문서실의 초대 실장이었던 에리히 슈미트Erich Schmidt의 후임이 된 데는 헤르만 그림Herman Grimm(1828~1901. 독일의 예술사가, 저술가. 동화 수집으로 유명한 그림 형제 중 빌헬름 그림의 아들)과의 친분이 작용했다.

괴테의 마지막 후손인 발터 폰 괴테Walther von Goethe(1818~1885. 괴테의 유일한 손자)는 괴테의 유고를 소피 대공비에게 유산으로 상속했다. 소피는 그 유고들이 지성계 내에 적절히 자리할 수 있도록 문서실을 설립했다. 당연히 그녀는 괴테의 문서들로 무엇을 해야 할지 알리라고 추정되는 인물들에게 의지했다.

이들 중 첫 번째가 구스타프 폰 뢰퍼Gustav von Loeper(1822~1891.

독일의 괴테 연구자)였다. 폰 뢰퍼는 괴테 전문가들과 바이마르 궁정 사이의 중개자가 되도록 예정된 사람 같았다. 그에게 괴테 유고들을 관리하는 임무가 맡겨졌다. 뢰퍼는 프로이센 내무부의 고위 관직에 올라 바이마르 대공의 누이이자 프로이센 왕비의 측근에 있었으며, 동시에 당시 최고로 유명했던 헴펠판 괴테전집의 가장 중요한 공동연구자였다.

폰 뢰퍼는 물정에 밝은 세속인과 기인奇人이 아주 적절히 혼합된 독특한 인물이었다. 그는 전문가라기보다는 숭배자로서 '괴테 연구'의 길로 접어들었다. 하지만 뢰퍼는 그 길에서 대단한 명성을 얻었다. 뢰퍼판 ≪파우스트≫에서 정말 멋지게 드러난 것처럼, 괴테에 관한 그의 판단은 완전히 독자적인 것이었다. 그가 주장한 내용은 괴테로부터 직접 배운 것이었다. 그런 그가 괴테 유고를 관리하기에 가장 적합한 인물을 추천해야 했을 때, 그는 괴테 전문가들 중에서 괴테와 관련된 자신의 활동을 통해 친해진 사람들을 떠올릴 수밖에 없었다.

그가 첫 번째로 고려한 인물은 헤르만 그림이었다. 헤르만 그림은 예술사가로서 괴테에 접근하였으며, 베를린 대학에서 예술사가 자격으로 괴테에 관한 강좌를 열고 그 강의를 책으로 출판했다. 동시에 그는 괴테의 정신적 후계자임을 자처할 만한 면모도 있었다. 헤르만 그림은 괴테의 살아있는 전통을 꾸준히 간직해 왔을 뿐 아니라 어느 정도는 괴테와 개인적 친분도 있다고 생각할 수 있는 독일의 정신적인 환경에서 성장했다. 헤르만 그림의 부인은 기젤라 폰 아르님Gisela von Arnim으로, ≪한 아이와 괴테가 나눈 편지≫의 저자인 베티나Bettina von Arnim(1785~1859. 작가. 독일 낭만주의를 대표하는 아킴 폰 아르님의 부인)의 딸이다.

헤르만 그림은 열렬한 예술애호가의 입장에서 괴테를 평가했다. 예술사가로서도 그는 예술의 향유자라는 입장을 견지할 수 있는 범위에서만 학문을 하는 사람이었다.

나는 헤르만 그림이 괴테라는 공통의 관심사를 통해서 자연스럽게 친구가 된 뢰퍼와 호흡을 잘 맞출 수 있었다고 생각한다. 이 두 사람이 괴테에 관해 대화를 나눌 때면, 주로 천재성에 대한 인간적인 관심이 전면에 부각되는 반면에 학술적인 고찰은 뒷전으로 밀려난 것처럼 보였다.

괴테를 학술적으로 고찰하는 것은 베를린 대학 독일문학사 교수인 빌헬름 셰러Wilhelm Scherer(1841~1886. 오스트리아 출신의 독문학자이자 문헌학자)의 소관이었다. 두 사람은 셰러를 공식적인 괴테 전문가로 인정하지 않을 수 없었다. 뢰퍼는 어린아이다운 천진함으로 그 사실을 받아들였지만, 헤르만 그림은 모종의 내적인 저항감을 지니고 있었다. 셰러의 문헌학적 고찰 방식이 근본적으로 그의 마음에 들지 않았기 때문이다.

이 세 인물에게 괴테 유고 관리의 실제 운영이 달려 있었다. 그러나 운영의 주도권은 완전히 셰러의 수중으로 넘어갔다. 뢰퍼는 조언자로서 또 외부의 공동연구자로서 과업에 참여하는 일 말고는 별 생각이 없는 것 같았다. 어차피 그는 프로이센 왕가에서 확보한 자신의 지위를 통해서 확고한 사회적 관계를 구축하고 있었다. 헤르만 그림도 마찬가지로 문서실의 주도권에는 별 생각이 없었다. 지성계 내에서 그가 점하는 위치로 인해서 그는 연구 작업에 관점과 원칙을 제시하는 데 그치려 할 뿐, 세세한 데까지는 책임질 입장은 아니었다.

빌헬름 셰러는 사정이 전혀 달랐다. 셰러에게 괴테는 독일 문학사의 중요한 한 장章이었다. 괴테문서실에서는 이 장을 위해 어마어마하게 중요한 자료들이 새로이 모습을 드러냈다. 그러므로 괴테문서실의 연구는 포괄적인 문학사 연구에 체계적으로 편입되어야 했다. 문헌학적으로 적합한 형태의 괴테전집을 낸다는 계획이 세워졌다. 셰러는 정신적인 감독을 맡았으며, 문서실의 지휘권은 셰러의 제자로서 당시 빈에서 근대 독일문학사 교수로 있던 에리히 슈미트에게 돌아갔다.

이리하여 괴테문서실의 연구는 그들의 영향 아래 진행되었다. 괴테문서실 안에서 일어난 일이나 문서실을 *통해서* 생긴 다른 모든 일도 마찬가지였다. 모든 것이 당시의 문헌학적 사고방식과 연구 방식의 성격을 띠고 있었다.

빌헬름 셰러는 문학사를 문헌학적으로 연구하면서 당시의 자연과학적 방법들을 모방하고자 노력했다. 통상적인 자연과학의 개념들을 취하고, 그것을 모방하여 문헌학 및 문학사의 개념을 만들어내려고 한 것이다. 시인이 소재를 어디에서 빌려왔고, 그 빌려온 것을 어떻게 변형했는지가 정신활동의 발달사를 엮는 데 바탕이 되는 질문이었다. 그와 함께 문학적인 개성이 고찰에서 사라졌다. 대신에 '소재', '모티브' 등이 인물을 통해 어떻게 전개되는지를 관찰하기 시작했다. 이런 관찰법은 레싱Lessing에 관한 에리히 슈미트의 방대한 연구논문에서 정점에 이르렀다. 이 논문에서 핵심은 레싱이라는 인물이 아니라, 민나 폰 바른헬름(레싱의 희곡 ≪민나 폰 바른헬름 또는 군인의 행운≫ 주인공)의 동기, 나탄(레싱의 희곡 ≪현자 나탄≫의 주인공)의 모티브 등에 대한 극도로 세세한 고찰이었다.

셰러는 괴테문서실이 설립된 직후에 일찌감치 세상을 떠났다. 그는 수많은 제자를 두었다. 에리히 슈미트는 괴테문서실이 아니라 베를린 대학으로부터 셰러의 후임으로 초빙되었다. 그러자 헤르만 그림은 문서실의 지휘권을 셰러의 수많은 제자들이 아니라 베른하르트 주판에게 넘기려는 뜻을 관철했다.

베른하르트 주판은 예전에 베를린에 있는 김나지움의 교사로 봉직했으며, 동시에 헤르더 저작들의 출간을 담당한 경험도 있었다. 이로써 그는 괴테전집 출간의 지휘를 맡을 준비가 되어 있는 인물로 여겨졌다.

에리히 슈미트는 여전히 일정한 영향력을 유지하고 있었으므로, 그때까지는 셰러의 정신이 괴테 연구를 이끌었다. 하지만 그와 나란히 헤르만 그림의 생각이 연구 방법에서는 아니더라도 개인적인 교류 속에서 괴테문서실 안에 더욱 강한 영향력을 미치고 있었다.

내가 바이마르로 와서 베른하르트 주판과 가까워졌을 때, 그는 이미 개인적으로 고된 시련을 겪고 난 뒤였다. 서로 자매 관계인 두 아내가 일찌감치 무덤 속으로 사라지는 것을 본 그는 어린 두 아들과 함께 아내들의 죽음을 슬퍼하며 그 어떤 삶의 기쁨도 없이 바이마르에서 살고 있었다. 그에게 유일한 빛이 되어준 것은 그가 충심으로 숭배하는 소피 대공비가 그에게 보여주는 호의였다. 그의 숭배에는 종속된 사람의 비굴함이란 없었다. 주판은 대공비를 완전히 개인적으로 사모하고 숭상했다.

주판은 헤르만 그림을 무척 좋아했고 충직하게 잘 따랐다. 주판은 그전에 베를린에서는 그림 집안의 가족 대접을 받았고, 그 집안에 감도는 정신적 분위기에 흡족해했다. 하지만 그의 내면에는 삶을 잘 꾸려가지 못하게 하는 무언가가 있었다. 누구라도 그와 차원 높은 정신적 이야기를 나눌 수 있었지만, 그의 감정에서 나오는 뭔가 불쾌한 것이 걸핏하면 대화에 끼어들었다. 바로 이 불쾌한 무엇인가가 그의 마음을 지배하고 있었다. 그럴 때마다 주판은 이런 느낌을 떨쳐버리려고 무미건조한 유머를 꺼내들었고, 그 바람에 누구도 그와는 따뜻한 관계가 될 수 없었다. 그는 큰일을 단숨에 깔끔하게 파악하다가는 돌연 자잘하고 시시한 문제에 빠져들곤 했다. 내게는 항상 친절했다. 그는 내 마음속에 살고 있는 정신적인 관심사에는 일절 관심이 없었고, 가끔씩이긴 하지만 내 정신적인 관심사를 자신의 무미건조한 유머의 소재로 삼기도 했다. 그러나 괴테문서실에서의 내 작업방향과 개인적인 생활에 대해서는 최대한의 관심을 보였다.

주판이 문서실을 운영하고 괴테전집 출간을 지휘하면서 행한 일들이 이따금 정말로 내 감정을 상하게 했다는 사실을 부인할 수 없다. 그리고 나는 이런 점을 숨긴 적이 없었다. 하지만 그와 함께한 지난 세월을 돌이켜보면, 가혹한 시련을 겪는 사람의 운명과 그 인격에 대한 동정심이 다른 모든 것을 압도한다. 그는 삶으로 인해 괴로워했고, 자신으로 인해 괴로워했다. 나는 그의 성격과 능력이 가진 좋은 면에도 불구하고 어떻게 그가 마음에서 일어나는, 바닥도 없고 실체도 없는 골똘한 생각 속으로 점점 침몰해 가는지를 목격했다. 괴테·실러문서실이 일름Ilm 강변에 새로 지은 건물로 이사했을 때, 주판은 고대의 성전 공사에서 일이 잘 풀리기를 기원하느라 입구 벽 속에 산 채로 묻혀야 했던 인간처럼 자신이 이 건물의 개관을 맞이하여 바쳐진 제물처럼 보인다고 했다. 실제로도 그는 점점 더 그 자신과는 아무 관계도 없다고 여겨지는 일에 자신이 희생제물이 되었다는 망상에 완전히 빠져들어 갔다. 그는 자신을 괴테 연구의 짐을 진 짐승처럼 여겼다. 그는 다른 사람이라면 극도로 열광하며 임했을 수는 있는 그런 사명에 털끝만큼의 기쁨도 느낄 수 없었다. 훗날 내가 바이마르를 떠난 뒤에도 그를 만날 때면 늘 같은 분위기가 감지되었다. 그는 의식이 흐려진 가운데 자살로 생을 마감했다.

내가 들어간 시기에 괴테·실러문서실에는 베른하르트 주판 외에도 율리우스 발레Julius Wahle가 활동하고 있었다. 발레는 에리히 슈미트가 불러들인 사람이었다. 나는 처음 바이마르에 머물렀을 때 알게 된 발레와는 진실한 우정을 쌓아갔다. 발레는 괴테의 일기를 편집하는 일을 했다. 에두아르트 폰 데어 헬렌Eduard von der Hellen은 기록연구사로 활동하면서 괴테의 편지들을 펴내는 일에도 관여했다.

'괴테전집' 작업에는 독일의 독어문학계 대부분이 협력했다. 문헌학 분야의 교수와 대학 강사들의 왕래가 끊임없이 이어졌다.

우리는 문서실의 업무시간 외에도 이들의 짧고 긴 방문 동안에 함께 시간을 보냈다. 그래서 이 인물들의 관심분야를 완전히 파악하게 되었다.

괴테전집 출판에 대한 이 실제적인 공동연구자들 외에도 수많은 인물이 문서실을 방문했다. 이들은 문서실에 소장돼 있는 독일 문인들의 수많은 자필원고 가운데 이런 저런 원고에 관심을 보였다. 문서실이 점차로 많은 문인들의 기록물이 모이는 장소가 되었기 때문이다. 또 자필원고에 관심이 있기보다는 그냥 문서실 건물에 있는 도서실에서 공부하고 싶어 오는 사람들도 있었다. 그 밖에도 문서실의 귀중품을 관람할 목적만으로도 많은 방문객들이 다녀갔다.

폰 뢰퍼가 문서실에 나타나면 그곳에서 일하는 모든 사람이 좋아했다. 그는 문서실에 들어설 때 늘 호의적이고 친절한 말을 건넸다. 그에게 연구 자료가 건네지면, 그는 자리에 앉아 보기 드문 집중력으로 한참을 일했다. 그는 주변에서 무슨 일이 벌어져도 쳐다보지 않았다. '사랑스러움의 화신'을 찾아야 한다면, 나는 폰 뢰퍼를 고를 것이다. 그의 괴테 연구는 사랑스러웠고, 그가 사람들에게 던지는 말도 다 사랑스러웠다. 그는 늘 어떻게 하면 세상 사람들에게 괴테를 정확히 이해시킬 수 있을지를 생각하는 듯 보였고, 그로 인해 그의 영혼적인 삶 전반에 새겨진 자취들은 특히나 사랑스러웠다. 한번은 ≪파우스트≫ 공연을 보러 간 극장에서 그와 나란히 앉은 적이 있었다. 나는 연출 기법에 관해, 그리고 연극배우에 관해 말하기 시작했다. 그는 내가 하는 말을 듣지 않았다.

하지만 그는 내 말에 이렇게 대답했다. "그래요, 이 배우들은 괴테와는 좀 어울리지 않는 단어나 문구를 말하는 경우가 많군요." 그럼에도 뢰퍼는 '산만할' 때 더 사랑스러워 보였다. 중간 휴식 시간에 내가 시간 계산이 필요한 어떤 문제를 언급하자 뢰퍼가 말했다. "그러니까 한 시간은 100분이고, 1분은 100초고……" 나는 그를 바라보며, "각하, 60이옵니다." 하고 말했다. 그는 자신의 시계를 꺼내서 확인해 보고는 친절히 웃으며 말했다. "맞아요, 맞아, 60분, 60초." 나는 그에게서 '산만함'에 관한 비슷한 사례를 많이 체험했다. 그러나 뢰퍼의 특별한 영혼 상태를 보여주는 그런 사례들을 접하면서도 나는 비웃을 수 없었다. 왜냐하면 그 사례들은 이 인물의 아무런 꾸밈이 없고 감상에 젖지 않은, 우아하다고까지 말하고 싶은 진지함에 따르는 필연적인 요소로 생각되었으며, 동시에 품위 있어 보이기까지 했기 때문이다. 그는 아무런 억양도 없이 절로 솟구쳐 나오는 듯한 어투로 말했다. 하지만 그렇게 특색 없는 어투에는 그의 생각을 소리로 들려주는 힘이 있었다.

헤르만 그림이 나타나면 문서실 안에는 정신적인 고상함이 감돌았다. 그전에 빈에서 괴테에 관한 그의 책을 읽을 때부터 내 안에는 그의 사고방식에 대한 깊은 애정이 자리 잡았다. 그리고 문서실에서 처음으로 그를 만나는 특권을 누리기까지 나는 그림의 출판물을 거의 빼놓지 않고 읽었다. 주판을 통해서 나는 곧 그와 더욱 가까워졌다. 한번은 주판이 바이마르에 없는 동안 그가 문서실을 방문해서 점심 식사를 같이 하자며 자신이 묵는 호텔로 나를 초대했다. 그 자리에는 우리 둘만 있었다. 세계와 인생을 보는 그의 방식에 내가 공감할 수 있었다는 것이 그의 마음에 든 것 같았다. 그는 속을 털어놓기 시작했다. 그는 마음속에 품고 있던 '독일적인 판타지의 역사'를 나에게 이야기해 주었다. 나는 당시에 그가 그런 내용을 글로 쓰고 싶어한다는 인상을 받았지만, 그 일은 실현되지 않았다. 하지만 그는 지속적인 역사 발전의 흐름이 어떻게 창조적인 민족적 판타지 속에서 그 자극을 얻는지 나에게 잘 설명해 주었다. 그는 이러한 민족적 판타지가 생생히 작용하는 초감각적 창조 정신의 성격을 띤다고 이해했다. 헤르만 그림과 점심을 같이하는 동안 나는 그의 설명에 몰두했다. 나는 초감각적인 정신이 어떻게 인간을 통해 활동하는지를 알고 있다고 생각했다. 내 앞에는 영혼의 시각이 창조적인 정신성에까지 도달한 사람이 있었다. 하지만 그는 이런 정신성의 고유한 생명을 인식함으로써 그 정신성을 파악하지는 못했고, 그의 영혼의 시각은 정신적인 것이 사람 안에서 판타지로서 펼쳐지는 영역에 머물렀다.

 헤르만 그림은 정신사의 크고 작은 전환점들을 개관하고, 이렇게 개관한 내용을 정확하고 재치 있는 경구로 특징을 살려 표현하는 특별한 재능이 있었다. 그가 여러 인물들, 예컨대 미켈란젤로, 라파엘로, 괴테, 호메로스를 묘사할 때 그의 표현은 항상 그런 개관을 배경으로 했다. 나는 그리스 문화, 로마 문화 및 중세의 특징을 명확한 개관을 통해 보여주는 그의 논문을 읽고 또 읽었다. 모든 글에서 그는 일관되게 자신의 양식을 유지했다. 그가 대화 중에 멋진 문장을 말하면 나는 그 문장을 그대로 그의 논문에 갖다 써도 좋겠다는 상상을 했다. 또한 그를 알고 나서 그의 논문을 읽었을 때는 그가 말하는 것을 직접 듣고 있는 듯한 착각이 들었다. 상대에게 말을 할 때는 결코 적당히 얼버무리는 경우가 없는 그였지만, 예술적, 문학적인 서술에서는 사람들이 일상적으로 주위를 쏘다닐 때와 같은 상태를 유지해야 한다고 느끼고 있었다. 그렇다고 헤르만 그림이 일상에서 남들처럼 그렇게 주위를 쏘다닌 것은 아니었다. 너무도 당연한 일이었지만, 그는 일상생활에서도 일정한 양식을 벗어나지 않았다.

헤르만 그림이 바이마르에, 그것도 문서실에 나타나면, 유고가 있는 그곳이 신비로운 정신적 끈을 통해 괴테와 연결되는 느낌이 들었다. 에리히 슈미트가 올 때는 그렇지 않았다. 슈미트는 생각을 통해서가 아니라 역사적이고 문헌학적인 방법들을 통해서 문서실의 문서들과 연결되어 있었다. 나는 한 번도 에리히 슈미트와 인간적 관계를 맺을 수 없었다. 그래서 문서실에서 근무하는 모든 셰러 학파의 문헌학자들 사이에 퍼져 있는 그에 대한 대단한 존경심도 나에게는 별다른 의미가 없었다.

카를 알렉산더 대공이 문서실에 나타나면 언제나 좋았다. 그는 괴테와 연결된 모든 것에 대해 진정 내적으로 열광하고 있음을 고상한 태도로 드러냈다. 그는 나이와 매력적인 인상, 그리고 독일 지성계의 중요한 수많은 요소들과 함께한 오랜 연륜으로 좋은 인상을 주었다. 문서실에서 이루어지는 괴테 연구의 후원자인 그를 안다는 것은 생각만으로도 흡족한 사실이었다.

문서실의 주인인 소피 대공비는 특별한 경축 행사가 있을 때만 이 문서실에 모습을 나타냈다. 그녀가 무언가 용건이 있을 때는 주판을 자신이 있는 곳으로 불렀다. 공동연구를 위한 방문자들은 소개를 위해 그녀에게 안내되었다. 문서실에 대한 대공비의 배려는 각별한 것이었다. 그녀는 당시에 작가들의 유고를 보관하는 데 적합한 공공건물이 지어질 수 있도록 필요한 모든 것을 사전에 개인적으로 준비했다.

대공의 후계자로서 권좌에 오르기 전에 죽은 카를 아우구스트Karl August도 생전에 가끔 문서실을 찾았다. 그는 그 장소에 있는 것들에는 깊은 관심이 없었지만, 우리 공동연구자들과 흔쾌히 담소를 나누었다. 정신적인 삶의 문제에 관심을 두는 일은 그에게는 의무에 가까웠다. 하지만 카를 아우구스트의 부인 파울리네Pauline의 관심은 따뜻했다. 나는 괴테나 문학 등과 관련해서 그녀와 많은 대화를 나눌 수 있었다. 문서실은 학계, 예술계, 바이마르 궁정 인사들과 활발히 교류했다. 문서실의 사회적 성격은 이 모든 교류 대상에게서 영향을 받았다. 학자 한 명이 나간 뒤 닫힌 문은 문서실을 찾아 안마당에 나타난 대공 같은 인물에게 금세 다시 열렸다. 온갖 사회적 지위에 있는 수많은 사람들이 문서실에서 일어나는 일에 관여했다. 아무튼 그곳 생활은 활기가 있었고, 여러 가지 점에서 자극을 주었다.

문서실 바로 이웃에 바이마르 도서관이 있었다. 그 건물에는 순진무구한 마음과 실로 무궁무진한 학식을 지닌 라인홀트 쾰러Reinhold Köhler라는 수석사서가 있었다. 문서실 공동연구자들은 종종 그곳에 갈 일이 있었다. 문서실의 연구에 도움을 주는 문헌을 보완하는 중요한 자료들이 그곳에 있었기 때문이다. 라인홀트 쾰러는 신화, 동화, 전설을 다룬 작품들에 관해 타의 추종을 불허할 만큼 폭넓은 지식을 지니고 있었다. 그리고 언어학 분야의 지식은 놀랄 정도로 광범위했다. 그는 극히 찾기 어려운 문헌의 출처를 알아내는 방책을 알고 있었다. 또한 사람의 마음을 움직일 정도로 겸손했고, 진심을 다해 사람들을 맞이했다. 그는 책이 필요한 사람이 손수 그 책을 서고에서 열람실로 가져가도록 한 적이 단 한 번도 없었다. 한번은 그에게 가서 괴테가 식물학을 연구할 때 참고했던 책을 보여 달라고 부탁했다. 라인홀트 쾰러는 한 수십 년은 찾는 사람 없이 서가의 위쪽 어딘가에 보관돼 있었을 그 헌책을 가지러 갔다. 그는 오랫동안 돌아오지 않았다. 그가 어디에 있는지 찾아보았더니, 책을 내리기 위해 사다리를 힘겹게 기어오르다 떨어져 있었다. 이 사고로 그는 허벅지뼈가 부러지는 부상을 당했다. 이 자애롭고 고귀한 인물은 이 부상에서 회복하지 못했다. 오랜 병고 끝에 널리 존경을 받던 이 분은 유명을 달리했다. 나는 그의 사고가 나에게 책을 가져다주려다 발생했다는 고통스러운 생각에 시달렸다

XV

1890~1894
바이마르

바이마르에서 행한 루돌프 슈타이너의 두 강연: <문화의 창조자인 판타지>, 그리고 바이마르 과학협회 강연 <일원론적 세계관은 가능한가?> —— 자연관·일원론과 괴테의 관계에 대한 연구 —— 해켈과 개인적인 친분을 쌓다 —— 해켈의 60회 생일 —— 라이치케, 루트비히 라이스트너 —— 바이마르에서 가까이 지낸 사람들

바이마르에서 내 인생의 두 번째 장이 시작된 직후에 나는 두 차례 강연을 했고, 이 강연들은 나의 중요한 기억들과 연결되어 있다. 강연 가운데 하나는 〈문화의 창조자인 판타지〉이라는 제목으로 바이마르에서 한 것인데, 헤르만 그림과 내가 판타지의 발달사에 관한 그의 관점에 대해 특별한 대화를 나눈 것은 이 강연이 있고 난 뒤의 일이었다. 이 강연을 하기 전에 나는 나 자신의 정신적 체험을 바탕으로 사람의 판타지 속에 무의식적으로 유입되는 실재의 정신세계에 관해 말할 수 있는 내용을 정리해보았다. 내가 보기에 판타지 속에 살고 있는 것은 오직 그 소재에 따라 사람의 감각적 체험을 통해 생기를 얻는 것처럼 보였다. 나는 판타지의 순수한 형상에서 드러나는 진짜 창조적인 것이야말로 사람의 바깥에 존재하는 정신세계가 되비친 것이라고 여겼다. 판타지는 문과 같아서, 이 문을 통해 정신세계의 존재들이 사람을 거쳐 우회적으로 창조하면서 문화의 전개에 작용하고 있다는 점을 알려주고 싶었다.

나는 이미 그 강연을 위해 내 생각을 그런 목표에 맞추었기 때문에, 헤르만 그림과의 논의에서 깊은 인상을 받았다. 이 사람에게는 판타지의 초감각적 정신의 원천을 탐구하고자 하는 욕구가 전혀 없었다. 헤르만 그림은 사람의 영혼 속에 판타지로 등장하는 것을 그 사실적인 면모를 중심으로 받아들였고, 그것의 발달을 고찰해 보고 싶어했다.

나는 우선 판타지가 전개되는 한쪽 극인 꿈의 활동을 묘사했다. 깨어있는 활동과 달리, 꿈속에서는 외부에서 오는 감각의 느낌들이 체험될 때 억눌린 의식 활동을 통해 상징적 상으로 변형된다는 사실을 보여주었다. 또 신체의 내부과정이 똑같이 상징화되어 체험된다는 사실, 그리고 체험은 정신이 맑은 상태의 기억을 통해 의식에 떠오르는 것이 아니라 체험의 내용이 영혼 깊은 곳에서 강력하게 활동한다는 것을 알려주는 방식으로 의식에 떠오르며 생겨난다는 사실을 보여주었다.

꿈에서는 의식이 억눌려 있다. 이때 의식은 감각적 신체의 현실 속으로 가라앉아 감각적 존재를 지배하는 정신적인 것을 보게 된다. 이 정신적인 것은 감각적인 지각 속에 숨어 있으면서, 감각적인 것의 심연로부터 올라와 반쯤 잠자는 의식에 어른거리는 정도로만 나타난다.

꿈의 활동 속에서 영혼이 일상적인 의식 상태 아래로 가라앉는 만큼, 판타지 속에서는 영혼이 일상의 의식 상태 위로 올라온다. 감각적 존재 안에 숨어 있는 정신적인 것은 나타나지는 않지만, 그 정신적인 것이 인간에 작용한다. 그러나 우리는 정신적인 것이 가진 본래의 모습은 파악할 수 없다. 다만, 감각세계에서 빌려온 영혼의 내용을 통해 무의식 중에 정신적인 것을 자신에게 그려 보인다. 의식은 정신세계를 통찰하는 데까지는 나아가지 못하지만, 감각세계로부터 물질을 취한 형상들 속에서 정신세계를 체험한다. 이로써 정신세계가 직접 인간의 의식으로 밀고 들어오지 않고도 순수한 판타지의 창조물은 정신세계의 산물이 된다.

나는 강연을 통해서 정신세계의 존재들이 생명의 진화에 작용하는 여러 길 가운데 하나를 보여주고 싶었다.

그래서 내가 체험한 정신세계를 표현하는 동시에 어떤 식으로든 그 정신세계를 일상적 의식에 익숙한 것과 연계시킬 수 있는 수단을 찾기 위해 노력했다. 정신에 관해 말을 하되, 그 형식만은 오늘날과 같은 과학의 시대에 통용될 수 있는 것으로 고려해야만 한다는 것이 나의 의견이었다.

또 다른 강연은 "과학협회"의 초청으로 빈에서 이루어졌다. 이 강연에서는 참된 정신적 인식을 지켜낼 수 있는 일원론적 세계관이 가능한지를 다루었다. 나는 우리가 어떻게 감각을 통해서 외부로부터 현실의 물질적인 면을 파악하는지, 또 정신적 지각을 통해서 '내부로부터' 현실의 정신적인 면을 파악하는지 보여주었다. 이렇게 하면 우리가 체험하는 모든 것은 통일적인 세계로 나타나고, 그런 세계 안에서 감각적인 것은 정신을 모사하고 정신은 감각적인 것 속에서 창조하는 것으로 드러날 터였다.

이때 마침 해켈Ernst Haeckel(1834-1919. 동물학자이며 철학자, 다윈의 이론을 발전시켜 진화론의 활용을 주장한 독일의 진화론자)은 "종교와 과학을 잇는 일원론"이란 주제로 강연을 했고, 이 자리에서 자신의 일원론적 세계관을 설파했다. 헤켈은 내가 바이마르에 있다는 것을 알고서 인쇄한 연설문을 한 부 보내주었다. 나는 그의 호의에 대한 답례로 내가 빈에서 연설한 내용이 실린 잡지를 헤켈에게 부쳐주었다. 이 연설문을 읽어본 사람이라면 내가 헤켈이 제시한 일원론을 얼마나 강하게 거부했는지 모를 수가 없다. 그도 그럴 것이, 정신세계를 들여다보는 사람이라면 이런 방식의 일원론에 관해 자신이 본 것을 말해야 한다는 것이 당시 나의 관심사였으니 말이다.

그러나 당시 나에게는 헤켈류의 일원론으로 눈을 돌려야 할 또 다른 사정이 있었다. 나에게 그는 자연과학 시대의 한 현상이었다. 철학자들은 헤켈을 철학을 취미 삼는 딜레탕트로 보았다. 헤켈은 실제로 생물의 형태화 외에는 알지 못하며, 자신이 미리 준비해둔 틀에 맞춰 다윈주의 진화론의 개념을 생물의 형태화에 적용했을 뿐이라는 것이다. 게다가 무모하게도 그는 다윈주의 진화론을 교육받은 자연관찰자가 표상할 수 있는 것만이 세계관을 형성하는 데 사용될 수 있다고 천명했다. 반면에 과학자들은 헤켈을 자연과학적 관찰로부터 자의적으로 결론을 도출하는 몽상가로 보았다.

나는 내가 맡은 연구로 인해 부득이 세계와 인간에 관한, 또 자연과 정신에 관한 생각의 내적인 상태를, 괴테가 한 세기 전에 예나에서 자신의 자연과학적 개념들을 이런 생각에 더했을 때에 유행하던 식으로 기술해야만 했다. 그러는 사이에 나는 헤켈과 연관되어 당시 이 방면에서 이루어지던 사고를 구체적으로 알 수 있었다. 연구를 진행하는 동안 나는 괴테와 그 시대의 자연관이 어떤 관계였는지 내 영혼의 눈앞에 세세히 떠올려야만 했다. 괴테가 자연의 현상 및 본질에 관한 개념을 형성하는 데에 의미심장한 자극을 얻은 예나의 바로 그 장소에서, 한 세기가 지난 후에 헤켈은 자연에 대한 인식이 세계관 형성에 결정적이라고 할 수 있다고 주장하며 활동했다.

또한 내가 바이마르에서 연구자로 있으면서 참여한 괴테협회의 첫 회의에서는 폰 헬름홀츠Hermann von Helmholtz(1821~1894. 19세기 독일 과학계를 대표하는 물리학자, 생리학자, 철학자)가 "다가올 자연과학적 개념들에 대한 괴테의 예감"이라는 제목으로 강연을 했다. 이 자리에서는 괴테가 시의적절한 영감의 도움으로 장래의 자연과학적 개념들을 '예감한' 내용이 다수 제시되었다. 하지만 괴테의 색채론이 이 분야에서 보여준 오류들도 암시되었다.

헤켈을 볼 때면 나는 늘 괴테에 의해 형성되어 지난 한 세기에 걸쳐 발전되어 온 자연과학적 관점을 두고 괴테 자신이 어떤 평가를 내릴지 마음에 떠올려보고 싶어졌다. 그런데 헬름홀츠의 얘기에 귀 기울이는 동안 내 마음에는 그 발전이 괴테에 대해 어떤 판단을 할지가 떠올랐다.

당시에 나는 스스로에게 이렇게 고백할 수밖에 없었다. 당대를 지배하는 정신을 바탕으로 자연의 본질을 *생각*한다면, 단순하기 짝이 없는 헤켈의 철학이 도출한 내용에 귀착될 수밖에 없다. 또 일반적으로 헤켈에 반대하는 사람들은 오로지 감각적 통찰에 머물러 있어서, 사고를 통해 이런 통찰을 계속 발전시켜 나가는 일은 피하고 싶어한다는 것을 보여준다.

처음에는 나로 하여금 많은 생각을 하도록 만든 해켈을 개인적으로 알고 싶다는 생각이 전혀 없었다. 그때 해켈의 예순 번째 생일이 다가왔다. 나는 당시 예나에서 열린 그의 화려한 생일축하연에 초대되어 참석했는데, 그곳의 어느 인물이 나의 관심을 끌었다. 나는 해켈의 아들이 바이마르에 있는 미술학교를 다닐 때 그를 알게 되었는데, 연회 중에 그가 나에게 다가오더니, 자기 아버지가 나를 소개받고 싶어한다고 말했다. 다른 사람이 아니고 해켈의 아들이 우리 둘을 만나게 해 준 것이다.

이렇게 해서 나는 해켈을 개인적으로 알게 되었다. 그는 매력적인 인물이었다. 천진난만하게 세상을 바라보는 두 눈은 매우 온화해서, 만일 날 선 사유가 밀고 들어가면 저 시선은 꺾이고 말리라는 느낌이 들었다. 그 시선은 감각적 지각만을 견딜 수 있을 뿐, 사물과 사건들에서 드러나는 사고는 감당하지 못할 것 같았다. 해켈의 모든 움직임은 감각이 표명하는 바는 인정하지만 이 감각을 지배하는 사고가 드러나는 것은 인정하지 않는 쪽으로 맞춰져 있었다. 나는 왜 해켈이 그토록 그림 그리기를 좋아했는지 이해했다. 그는 감각적 파악에 열중했다. 그는 사유를 시작해야 하는 지점에 이르면 거기서 영혼의 활동을 펼치는 일을 중단하고, 차라리 자신이 본 것을 붓을 이용해 붙잡아 두었다. 그것이 해켈의 고유한 본성이었다. 만약 해켈이 자기 영혼의 활동을 펼쳐내기만 했다면, 엄청나게 매력적인 인간적인 면모가 드러났을 것이다.

그러나 무언가가 헤켈의 이런 마음 한구석을 마구 들쑤셔 놓았다. 그것은 헤켈의 마음속에서 자신을 고집스레 관철하려는 사고의 특별한 내용이었다. 그것은 자연에 관한 헤켈의 감각과는 완전히 다른 방향에 있는 세계로부터 왔으며 자연과는 완전히 다른 쪽으로 맞춰진, 이전에 이룬 지상의 삶의 성향으로, 맹렬하게 날뛰고 싶어했다. 종교적인 전략이 영혼의 밑바닥에서 되살아나 자연에 관한 개념들을 이용해서 자신을 표현하려 했다.

이렇게 헤켈 안에는 모순에 찬 방식으로 사는 두 존재가 있었다. 온화하고 사랑이 넘치는 자연 감각을 지닌 한 사람, 그리고 그 배후에서 미완성의 생각 속에만 머무르며 광신을 내뿜는 제한된 원상들을 지닌 그림자 같은 어떤 존재, 이렇게 둘이 있었다. 헤켈이 말을 할 때는 그의 온화함이 말 속에 광신이 흘러드는 것을 어렵게 했다. 이는 마치 그의 타고난 부드러움이 숨어 있는 악마적 존재를 말 속에서 무디게 하는 것 같았다. 그것은 사람들이 볼 때에는 사랑할 수밖에 없지만 평가할 때에는 종종 분노에 빠질 수 있는 인간적인 수수께끼였다. 이렇듯 나는 1890년대에 헤켈을 눈앞에서 보았다. 그때 헤켈이 준비한 것은 세기말에 그 사상의 방향으로 인해 기승을 부린 난폭한 정신적 투쟁으로 이어졌다.

하인리히 폰 트라이치케Heinrich von Treitschke(1834~1896. 독일 출신으로 반유대주의 성향의 역사가, 정치평론가)도 바이마르 방문객 중 한 명이었다. 언젠가 주판이 트라이치케를 자기 집 점심식사에 초대하면서 나를 함께 불렀고, 이 자리에서 트라이치케와 인사를 나누었다. 나는 자주 논란을 일으키는 이 인물한테서 깊은 인상을 받았다. 트라이치케는 귀가 전혀 들리지 않았다. 사람들은 그가 건넨 작은 쪽지에 하고 싶은 말을 적어 주는 식으로 그와 의사소통했다. 그 바람에 그가 참석하는 모임에서는 트라이치케라는 인물이 늘 모임의 중심에 있었다. 상대방이 무언가를 적어서 주면 그는 거기에 대해 답을 했을 뿐, 실제 대화가 이루어지지는 않았다. 다른 사람이 느끼는 그의 존재감이 그가 느끼는 다른 사람들의 존재감보다 훨씬 강했다. 이런 환경은 그의 전반적인 마음가짐에도 영향을 미쳤다. 의견을 표명할 때 그는 사람들 사이에서 자기 생각을 전할 때 맞닥뜨릴 수 있는 반박을 고려할 필요가 없었다. 이런 점이 그의 자의식에 뿌리를 내렸다는 것은 누가 봐도 알 수 있었다. 그는 자신의 생각에 반대하는 의견을 들을 수 없었던 탓에 자기 생각을 매우 가치 있는 것으로 느꼈다.

    트라이치케가 나에게 던진 첫 번째 질문은 내가 어디 출신이냐는 것이었다. 나는 쪽지에 '오스트리아 사람입니다'라고 적었다. 트라이치케는 오스트리아인은 아주 착하고 독창적인 사람 아니면 악당이라고 대꾸했다. 이런 식의 말에서 사람들은 청각장애로 인한 마음의 고독이 그를 역설적인 성향으로 몰았고 또 그것이 그에게 내적인 만족을 준다는 사실을 알아차렸다. 점심식사에 초대받은 손님들은 주판의 집에서 오후 내내 함께 머무는 것이 보통이었다. 트라이치케가 손님으로 왔던 그날도 마찬가지였다. 그 자리에서 우리는 그의 이런 개성이 펼쳐지는 것을 볼 수 있었다. 어깨가 딱 벌어진 이 남자는 정신적으로도 모임의 참석자들을 휘어잡는 개성 같은 것이 있었다. 트라이치케가 강의를 했다고는 말할 수 없다. 그가 한 모든 말은 개인적인 성격의 이야기였기 때문이다. 자신의 뜻을 표명하고자 하는 열렬한 욕망이 그의 말 한 마디 한 마디에 깃들어 있었다. 그냥 평범한 말을 할 때도 그의 말투는 대단히 위압적이었다. 그리고 다른 사람들이 자기 말을 들으며 감동에 사로잡히기를 원했다. 그의 눈에서 번뜩이는 기이한 불꽃이 그의 주장을 따라다녔다. 화제가 몰트케Moltke의 회고록에서 분명하게 드러나는 세계관에 이르자, 트라이치케는 세계라는 현상을 파악하는 몰트케의 방식이 몰개성적이며 수학적 사고를 생각나게 한다고 꾸짖었다. 트라이치케는 강한 개인적 공감과 반감을 바탕에 깔지 않고서는 사안을 판단할 수 없었다. 트라이치케처럼 이렇듯 전적으로 자신의 개성 속에 틀어박힌 사람이 다른 이들에게 어떤 인상을 남길 수 있으려면, 그 개성이 사람들이 문제 삼는 사안들과 깊고도 의미 있게 연결되어 있어야만 한다. 트라이치케도 마찬가지였다. 그가 역사적인 사건에 관해서 이야기할 때는 마치 모든 일이 지금 벌어지고 있는 것처럼, 그리고 그가 무척 기뻐하고 또 무척 화를 내면서 사적으로 관여하고 있는 것처럼 말했다. 그의 말을 들어본 사람은 누구나 그의 사람됨에 엄청나게 강한 인상을 받았으나, 그가 말한 내용에는 어떤 공감도 느끼지 못했다.

나는 또 다른 바이마르 방문객인 루트비히 라이스트너Ludwig Laistner(1845~1896. 독일의 작가, 문예사가)와 아주 친한 사이가 되었다. 그는 정신적인 것 안에서 매우 아름답게 살아가는, 섬세하고도 그 자체로 조화로운 인물이었다. 당시 코타 출판사의 문학 분야 고문이었던 그는 그 자격으로 괴테문서실에서 연구할 일이 있었다. 우리 둘 다 일이 없으면 대부분의 시간을 함께 보냈다. 당시에는 그의 대표작인 ≪스핑크스의 수수께끼≫가 이미 세상에 나와 있던 때였다. 일종의 신화사史인 이 책에서 그는 신화적인 것을 자기 나름대로 해석했다. 우리의 대화는 주로 이 중요한 책에서 다루고 있는 분야에 관한 것이었다. 라이스트너는 동화나 신화를 풀이하면서 다소 의식적으로 상징화된 판타지에 의지하는 해석을 모두 거부했다. 그는 어느 민족의 신화적인 자연관의 근원을 꿈에서, 그 중에서도 악몽(Alptraum)에서 찾는다. 숨이 막힐 것 같은 불안(Alp)은 꿈을 꾸는 사람에게 고통을 주는 질문의 정령으로 나타나는데, 그러한 불안이 몽마夢魔(Alb)가 되고, 요정(Elfe)이 되고, 악귀처럼 괴롭히는 자가 된다. 루트비히 라이스트너는 온갖 정령의 무리가 꿈꾸는 사람에서 유래한다고 보았다. 질문하는 스핑크스는 한낮에 들에서 잠든 사람에게 나타나 꼭 답해야만 하는 질문을 던지는, 흔한 "한낮의 여자"(슬라브계의 전설에 나오는 "한낮의 악령")의 또 다른 변형이다. 루트비히 라이스트너는 꿈속에서 역설적이고 신중하고 심오한 형상, 괴롭히고 욕망하는 형상을 만들어내는 모든 것이 전래동화와 신화의 형성에도 나타난다는 사실을 보여주기 위해서 이것들을 추적했다. 그와 대화를 할 때면, 이 사람은 꿈나라에서 작동하는 인간의 창조적인 잠재의식으로부터 실재하는 정신계와 만나는 초의식으로 가는 길을 아주 쉽게 찾아낼 수 있으리라는 느낌이 들었다. 그는 이에 관한 나의 설명을 최대한의 호의를 가지고 들었으며 이의를 제기하지는 않았지만, 그렇다고 내 말에 대해 어떤 내적인 인상을 받은 것도 아니었다. 바로 그런 식으로 정신적인 것에 접근하면 '과학적'인 기반을 잃게 된다는, 오늘날의 경향 속에 도사린 공포가 그를 방해했기 때문이다. 그러나 루트비히 라이스트너는 신화적인 것을 추상적이고 창조적인 판타지가 아니라 실제적인 꿈의 체험과 관련지음으로써 예술과 시를 특별하게 해석했다. 이로써 인간의 모든 창조적인 면이 그의 관점을 통해 우주적 의미를 획득했다. 그는 보기 드물도록 내적으로 고요하고 마음에 빈틈이 없으며 섬세한 시적 인물이었다. 어떤 사안에 대해서든 그가 표명한 의견에는 어딘가 시적인 풍부함이 담겨 있었다. 실제로도 그는 시적이지 않은 개념들을 알지 못했다. 나는 그와 함께 바이마르에서, 그리고 나중에는 슈투트기르트의 그의 집에 기거하면서 더없이 좋은 시간을 보냈다. 그의 곁에는 그의 정신적 본성에 심취한 아내가 있었다. 그녀에게 루트비히 라이스트너는 사실상 그녀를 이 세상과 연결해 주는 통로였다. 그는 바이마르를 방문하고 나서 얼마 살지 못했다. 그가 세상을 뜨자마자 그의 부인이 그 뒤를 따랐다. 루트비히 라이스트너가 없는 세상이란 그녀에게는 텅 빈 장소였다. 실로 보기 드물게 상냥한 부인이었다. 자신이 방해가 된다 싶으면 언제고 자리를 비켜줄 줄 알았다. 반면에 무언가를 보살펴야 할 때에는 절대 자리를 비우지 않았다. 섬세한 정신성을 지니고서 몹시도 연약한 신체 속에 갇혀 있던 루트비히 라이스트너의 곁을, 그 부인은 어머니처럼 지켰다.

 루트비히 라이스트너는 피히테, 헤겔, 셸링과 같은 독일 철학자들의 관념론에 관해 나와 대화를 나눌 수 있는 몇 안 되는 사람 중의 하나였다. 그는 이 철학자들의 내면에 자리한 관념적인 것의 현실을 생생히 파악하고 있었다. 언젠가 내가 자연과학적 세계관의 편파성에 우려를 표하자, 그는 "이 사람들은 정말로 사람의 영혼 속에 깃든 창조적인 것의 의미를 모른다"고 말했다. 사람들은 우주의 내용이 자연의 현상들 속에 자리하고 있는 것과 마찬가지로 창조적인 것 속에도 자리하고 있다는 사실을 알지 못한다.

문학과 예술에 관한 견해차 때문에 루트비히 라이스트너가 사람들과 직접적인 관계를 맺기 어려웠던 것은 아니었다. 그의 마음가짐과 행동은 소박하고 겸손했고, 그런 점을 알게 되면 누구나 그를 사귀자마자 그 인격의 탁월함을 감지했다. 신화 연구자들은 그의 관점을 적대적인 태도로 배척했다. 내면적 가치를 따지자면 지성계에서 당연히 첫 번째 자리에 있어야 할 사람이 이렇듯 거의 눈길을 끌지 못하고 말았다. 그의 ≪스핑크스의 수수께끼≫에서 신화 학계가 완전히 새로운 자극을 얻을 수 있었음에도, 이 책은 아무런 영향력도 미치지 못했다.

당시에 루트비히 라이스트너는 ≪코타 세계문학총서≫ 중에서 쇼펜하우어전집과 장 파울Jean Paul선집의 편집을 맡아야 했다. 그는 이 두 가지 일을 나에게 넘겼다. 그래서 나는 당시 바이마르에서 맡은 일과 병행해서 이 염세주의 철학자와 독창적이며 역설적인 장 파울을 철저하게 연구해야만 했다. 나는 나와는 크게 배치되는 정신 상태 속에 나를 옮겨놓는 일을 좋아했으므로, 매우 깊은 관심을 가지고 이 두 사람의 연구에 힘을 쏟았다. 루트비히 라이스트너가 나를 쇼펜하우어와 장 파울의 편집인으로 삼은 데는 외적인 동기가 없었다. 내가 이 일을 맡은 것은 전적으로 우리가 두 인물에 관해 나눈 대화에서 기인했다. 그가 나에게 이 임무를 넘겨야겠다는 생각도 어떤 대화 중에 일어났다.

바이마르에는 당시 한스 올덴Hans Olden과 그레테 올덴Grete Olden 부부가 살고 있었다. 괴테문서실이나 괴테협회에 속한 사람들은 정신적 현존의 중심을 지난 삶의 연장에서 찾는 데 비해, 이들 부부는 '현재'를 살고자 하는 사람들을 모아 사교모임을 열었다. 나는 이 모임에 받아들여졌으며, 이 모임에서 겪은 모든 일을 기꺼운 마음으로 추억한다.

사람들이 문서실의 '문헌학적 방법'에 참여함으로써 자신의 관념을 아무리 던던히 굳혔다고 해도, 올덴의 집에 온 이상 이 관념들은 자유롭고 유연해져야 했다. 인류 안에 새로운 사고방식이 확산되어야 한다고 생각하는 사람이면 누구나 이 집에 흥미를 느꼈다. 그리고 수많은 낡은 문화적 편견에 고통을 겪고 미래의 이상을 추구하는 데 열심인 사람들도 이 집에 흥미를 느끼긴 마찬가지였다.

한스 올덴은 ≪공식적인 아내≫와 같은 가벼운 내용의 희곡 작가로 세상에 알려졌지만, 당시 바이마르 모임에서는 다른 면모를 보여주었다. 당대 지성계의 최고 관심사에 대해 그는 열린 마음을 지니고 있었다. 입센Henrik Ibsen(1828~1906. 노르웨이의 희곡작가이자 시인)의 희곡 속에 살아 움직이는 것, 니체의 정신 안에서 웅성거리는 것에 관해서 그의 집에서는 끝없이 길고도 활기 넘치는 토론이 벌어졌다.

가브리엘레 로이터Gabriele Reuter(1859~1941. 독일 작가)도 올덴의 모임에 얼굴을 내밀었다. 당시에 로이터는 ≪훌륭한 가정에서≫라는 장편소설을 쓰고 있었는데, 그 소설의 출간과 함께 순식간에 문학적 위치를 확보했다. 모임에서 로이터는 당시 여성의 삶과 관련하여 인류가 당면한 갖가지 심각한 문제를 화제에 올렸다.

한스 올덴이 약간 회의적인 사고방식으로 감상에 빠지려는 대화를 중단시켰을 때는 매력적이었으나, 다른 이들이 경박한 이야기에 빠지는 상황에서는 정작 올덴 자신이 감상으로 흐를 수 있었다. 사람들은 이 모임에서 모든 '인간적인 것'에 대해 깊이 '이해'하고자 했지만, 누구에게 마음에 들지 않는 점이 있으면 가차 없이 비판했다. 한스 올덴은 인간이 할 수 있는 유일하게 의미 있는 일이 바로 문학적, 예술적인 위대한 이상에 열중하는 것이라고 철저히 확신했다. 모임에서는 이 이상에 관해 정말 많은 얘기가 오갔다. 그러나 그는 자신의 작품을 통해 이상을 실현하기에는 인간을 너무 심하게 경멸했다. 그에 따르면 이상은 선택받은 소수의 사람들 사이에서만 살아갈 수 있는 것이고, 일반 대중에게 이상을 전달할 수 있다고 믿는다면 그건 '바보'였다. 그 즈음에 그는 ≪현명한 캐테≫라는 작품으로 더욱 폭넓은 예술적 관심을 얻을 참이었다. 이 연극은 바이마르 관객들로부터 단 한 번만 '예의상 갈채'를 받았다. 이 일로 말미암아 그는 관객에게는 어떻든 그들이 요구하는 것만을 제공하며, 더 고차원적인 그의 관심은 그것을 이해하는 소모임 안에서만 공유한다는 신념을 더욱 굳혔다.

그레테 올덴은 한스 올덴보다 훨씬 더 심하게 그런 견해에 젖어 있었다. 세계가 정신적인 것을 얼마만큼이나 받아들일 수 있는지를 판단할 때면, 이 부인은 완벽한 회의론자가 되었다. 그녀가 쓴 글은 누가 봐도 인간을 혐오하는 천재의 솜씨였다.

한스 올덴과 그레테 올덴이 그런 마음으로 모임에 제공한 것은 우주를 지각하는 미적인 분위기 안에 살아 있었다. 그것은 가장 진지한 문제에 접근할 수 있는 것인 동시에, 여러 진지한 문제를 가벼운 유머로 넘긴다 해도 경멸하지 않는 감각이었다.

XVI

1890~1894
바이마르

가브리엘레 로이터 ─── 언론인, 문인들로 구성된 다양한 그룹 이야기 ─── 활발한 교류를 통해 외부 세계에 적극적으로 참여하다 ─── 정신의 실재를 체험함으로써 자신은 고독해지다 ─── "괴테회의" ─── 오토 하르나크의 ≪완숙기의 괴테≫ ─── 다양한 지적 관점. 주지주의의 매력적인 면모들

나는 이 모임 덕분에 가브리엘레 로이터와 친해질 수 있었고, 로이터와 함께한 시간들은 내 인생의 가장 아름다운 시절에 속한다. 이 인물은 인류의 심각한 문제를 자신이 떠안고서 어느 정도 급진주의적인 심정으로 이 문제들을 다루었다. 로이터는 사회생활 가운데서 전통적인 선입관과 인간 천성의 근원적인 요구 사이에 모순으로 보이는 모든 일에 온 마음으로 저항했다. 로이터는 외부로부터 삶과 교육을 통해서 이런 전통적 선입관의 구속을 받는 여성, 그리고 마음 깊은 곳에서 삶 속으로 들어오려 하는 '진리'를 고통스럽게 겪어내야 하는 여성을 응시했다. 가브리엘레 로이터의 위대한 점은 가슴속의 급진주의를 예술적 감각과 강력한 형성력으로 차분하고도 지혜롭게 피력하는 데서 드러났다. 그녀가 ≪훌륭한 가정에서≫라는 소설을 집필하는 동안에 사람들은 그녀와 엄청나게 매혹적인 대화를 나눌 수 있었다. 돌이켜보면, 어느 거리 모퉁이에 서서 작열하는 햇볕 아래에서 그녀의 마음을 움직였던 의문들에 관해 그녀와 한 시간도 넘게 토론하던 모습이 지금도 눈에 선하다. 가브리엘레 로이터는 다른 사람들 같으면 즉시 눈에 띄게 흥분할 만한 일을 두고도 단 한순간도 침착한 태도를 잃지 않고 더할 나위 없이 품위 있게 이야기했다. 마음속으로는 '날아갈 듯한 기쁨, 죽을 것 같은 슬픔'을 느꼈지만, 그런 느낌을 마음으로만 간직할 뿐, 말로 드러내지는 않았다. 가브리엘레 로이터는 자신이 말하려는 것을 명확하게 강조하면서도 말소리가 아니라 오직 마음으로만 그렇게 했다. 나는 말소리를 일정하게 내면서 마음속에서 발성을 완전히 유지하는 이런 기술은 로이터에게서만 볼 수 있는 독특한 스타일이라고 생각한다. 그리고 로이터는 글을 쓰는 가운데 이런 독특한 방식을 자신의 매력적인 스타일로 만들어간 듯했다.

가브리엘 로이터가 올덴의 모임에서 받은 찬사는 무어라 형언키 어려울 만큼 아름다웠다. 한스 올덴은 애수에 젖어 나에게 이렇게 말하곤 했다. "이 여성은 위대합니다." 그리고 다음과 같이 덧붙였다. "나도 내 마음 깊은 곳의 움직임을 바깥 세상에 그렇게 용기 있게 표현할 수 있다면 좋겠군요."

이 모임은 나름의 특별한 방식으로 바이마르에서 열리는 괴테 행사에 참여했다. '현재'를 사는 이 모임이 '과거'에 매달린 괴테를 평가한 것은 풍자 투이긴 했지만 경박한 조롱은 아니었으며, 가끔은 미학적 분개에 가까웠다. 괴테 회의가 끝나고 나면 올덴은 며칠씩 타자기에 붙어서 자신의 체험에 대한 보고서를 작성했는데, 그의 의견에 따르면 이 보고서는 괴테풍의 예언자들에 관한 '현세주의자'의 판단을 보여주는 것이었다.

또 다른 '현세주의자'인 오토 에리히 하르트레벤Otto Erich Hart-leben도 곧 이런 풍자에 빠져들었다. 이 사람은 괴테회의에 거의 빠진 적이 없었다. 하지만 처음에 나는 그가 왜 오는지 도무지 이해할 수가 없었다.

괴테축제가 열리는 날 저녁이면 '저명한 학자들'과는 별도로 언론인, 극장 관계 인사들과 작가들이 켐니티우스 호텔에서 회합했는데, 나는 바로 이 모임에서 오토 에리히 하르트레벤과 안면을 텄다. 나는 그가 그 자리에 있는 이유를 단박에 이해할 수 있었다. 그 모임에서 이루어지는 대화에 함께하는 것이 그가 살아가는 데 필요한 기본조건이었기 때문이다. 거기에서 그는 결코 자리를 뜰 수 없다는 듯 오래도록 머물렀다. 한번은 나도 그를 비롯한 여러 사람들과 그 모임에 오래 있었다. 그를 제외한 우리는 다음 날 아침 괴테회의에 '의무적으로' 참석했다. 하르트레벤만 빠진 것이다. 하지만 나는 그때 이미 그에게 호의가 있었고, 그래서 그가 걱정이 되었다. 회의를 마친 후에 내가 그의 호텔방으로 찾아갔을 때, 하르트레벤은 자고 있었다. 그를 깨우고는 괴테협회 본회의가 끝났다고 알렸다. 나는 그가 왜 *이런* 식으로 괴테 축제에 참여하려는 것인지 이해가 가지 않았다. 하지만 그의 반응을 보니, 그는 괴테회의를 위해 바이마르에 와서 행사가 진행되는 동안 잠을 자는 것을 너무도 당연한 일로 여긴다는 사실을 알아차렸다. 다른 사람들이 행사에 참석하는 동안 대부분의 시간을 잠으로 보내는 것도 그런 까닭이었다.

내가 오토 에리히 하르트레벤과 친해진 방식은 아주 특별했다. 앞에서 말한 저녁 모임에서 쇼펜하우어가 대화의 주제가 된 적이 있었다. 이 철학자에 관해서 찬탄하거나 거부하는 말들이 이미 많이 나온 뒤, 한동안 침묵을 지키던 하르트레벤이 거친 파도와 같이 몰아치는 대화에 끼어들며 이런 말을 던졌다. "누구나 쇼펜하우어로부터 자극을 받습니다만, 그의 철학은 삶에 아무 소용이 없습니다." 이 말과 동시에 그는 어찌할 바를 모르는 아이같은 눈길로 나를 쳐다보면서 내가 무언가 말해주기를 바랐다. 내가 쇼펜하우어에 몰두하고 있다는 얘기를 들었기 때문이었다. 그래서 나는 "쇼펜하우어는 고루한 천재라고 볼 수밖에 없습니다." 하고 말했다. 그러자 하르트레벤은 불꽃이 튀는 눈으로 안절부절못하며 들고 있던 잔을 비우더니 새 잔을 주문했고, 그 순간 나를 자신의 가슴 속 깊이 간직했다. 나에 대한 그의 우정이 시작된 순간이었다. "고루한 천재!" 이 말이 그의 마음에 쏙 든 것이다. 전혀 다른 인물에게도 기꺼이 적용했을 말이었지만, 그는 그런 것에 상관하지 않았을 것이다. 그는 천재 역시 고루할 수 있다는 생각에 깊은 관심을 보였다.

괴테회의는 나에게 정말 힘겨웠다. 회의가 열리는 기간에 바이마르 사람들 대부분이 자신들의 관심에 따라 이런저런 모임, 즉 강연이나 연회 같은 문헌학자들의 모임과 올덴이나 하르트레벤류의 모임 가운데 한쪽에 참석했는데, 나는 두 종류의 모임에 모두 참여해야 했던 것이다. 나의 관심사가 나를 양쪽으로 몰고 갔다. 이런 일이 가능했던 것은 한쪽은 낮에, 다른 쪽은 밤에 회합을 가졌기 때문이다. 그러나 오토 에리히의 생활방식을 따르는 일은 내게는 불가능했다. 나는 낮에 회의가 열리는 동안에는 잠을 잘 수 없었다. 나는 삶의 다양성을 사랑했고, 저녁때 하르트레벤 일행과 함께 보내는 시간을 즐기는 만큼이나 점심때는 정말 착실하게, 하르트레벤과 안면을 틀 가능성이 전혀 없는—서로 어울리지 않기 때문에—주판과 함께 문서실 모임에 기꺼이 함께했다.

바이마르 시절에 내 영혼에는 다양한 방향의 세계관이 등장했다. 이는 당시에 세계와 인생의 문제를 두고 대화할 수 있는 모든 사람과 직접 교류하는 가운데 그런 방향들이 자라났기 때문이었다. 그리고 바로 그런 대화에 관심이 있는 많은 인물들이 바이마르를 거쳐 갔다.

나는 영혼이 외부 생활에 집중하는 경향을 보이면서 이 외부 생활과 확고한 결합을 이루고 싶어하는 그런 나이에 바이마르 시절을 보냈다. 삶 속에 등장한 세계관들이 내게는 외부 세계의 일부를 이루었다. 그리고 그때서야 나는 애당초 외부 세계와 더불어 살아간 적이 없었음을 알아차렸다. 특히 당시에는 활발한 교제에서 물러나올 때마다 그때까지 나에게 친숙했던 세계는 내가 내면에서 직관한 정신세계뿐이었음을 깨닫곤 했다. 나는 이 정신세계와는 쉽게 하나가 될 수 있었다. 그리고 당시에는 내가 아동기와 청소년기를 거치는 동안 감각을 통해 외부 세계와 하나가 되는 것이 얼마나 힘겨웠는지 종종 생각하게 되었다. 예를 들면, 외적인 자료를 외우는 것처럼 학문 분야에서 필수적으로 습득해야 하는 일로 나는 늘 애를 먹었다. 사람들이 자연의 사물을 어떤 이름으로 부르는지, 또 학문적으로는 그것을 무엇으로 분류하는지 등을 알아야 할 때면, 나는 그 자연의 사물을 보고 또 봐야 했다. 감각 세계란 나에게는 정말 그림자나 그림과 같은 면이 있었다고 할 수 있다. 감각 세계는 상으로 나를 지나쳐간 반면에, 정신적인 것과의 합일은 철두철미하게 진정한 현실적 특성을 지니고 있었다.

나는 주로 1890년대 초 바이마르에서 이 모든 것을 느꼈다. 그 무렵 나는 ≪자유의 철학≫을 마무리하는 단계에 있었다. 책을 쓰는 동안 나는 서른 살이 될 때까지 정신세계로부터 받은 생각들을 적고 있다는 느낌이 들었다. 외부 세계를 통해 나에게 주어진 것은 자극제 정도의 성격만을 가지고 있었다.

이런 특별한 점을 느낀 것은 어느 때보다 바이마르에서 사람들과 활발히 교류하면서 세계관의 문제에 관해 얘기를 나누던 시기였다. 나는 사람들의 사고방식과 감정의 경향에 합류해야 했지만, 그들은 내가 그 전부터 당시까지 내면에서 체험한 것 속으로 조금도 들어오지 못했다. 나는 다른 사람들이 보고 생각하는 것을 열심히 받아들였다. 하지만 이렇게 체험한 세계 속으로 내 내면의 정신적 현실을 흘러들게 할 수 없었다. 나는 내 자신의 본질을 항상 내 안에 담아 두어야 했다. 실제로 나의 세계는 마치 얇은 벽이 쳐진 것처럼 모든 외부 세계와 분리되어 있었다.

나와 나의 고유한 영혼은 외부 세계와 인접한 세계에 살고 있었으나, 내가 외부 세계에 무언가를 하고자 할 때는 늘 이 경계선을 넘어가야 했다. 나는 누구보다 활발하게 세계와 교류하고 있었지만, 번번이 어떤 문과 같은 것을 통해서 나의 세계를 빠져나와 그런 교류 속으로 들어가야만 했다. 그래서 외부 세계로 들어설 때마다 스스로 방문객에 지나지 않는 듯한 생각이 들었다. 그렇다고 이런 점이 내가 들어간 장소에서 활발히 참여하는 것을 방해하지 않았으며, 그런 곳에 있는 동안에는 심지어 완전히 고향에 온 듯한 기분이 들기도 했다.

교류하는 사람들이나 세계관의 경우도 마찬가지였다. 나는 기꺼이 주판에게 갔고, 또 기꺼이 하르트레벤에게 갔다. 주판은 한번도 하르트레벤에게 간 적이 없었고, 하르트레벤도 주판에게 간 적이 없었다. 둘 중 누구도 상대방의 사고 및 감정의 방향으로 동참할 수 없었다. 나는 주판과 있을 때 만큼이나 하르트레벤과 있을 때도 내 집에 있는 것 처럼 편했다. 그러나 주판과 하르트레벤 가운데 누구도 실제로 나에게 오지 못했다. 나에게 왔을 때조차 그들은 자기 자신 안에 머물렀다. 누군가 내 정신세계를 찾아 들어오는 일은 단 한 차례도 없었다.

내 영혼은 참으로 다양한 세계관을 마주했다. 자연과학적 세계관과 관념론적 세계관을 비롯하여 이 두 세계관의 다양한 변종이 그것들이었다. 나는 이 세계관들을 알아보고자 하는 갈망, 이 세계관들 안에서 움직여 보고자 하는 갈망을 느꼈다. 하지만 그런 세계관들은 정말 내 정신세계에 아무런 빛도 던져주지 못했다. 나에게 세계관들은 내 앞에 있는 현상들이었을 뿐, 내가 그 속으로 들어가 살 수 있는 현실은 못 되었다.

내 삶이 해켈이나 니체 등의 세계관에 가까워졌을 때에도 내 마음은 그런 상태였다. 나는 그들의 세계관이 비교적 옳다는 생각이 들었다. 내 마음의 상태로 인해서 나는 세계관들을 두고 이것은 옳고 저것은 그르다는 식으로 단정할 수 없었다. 그 세계관들 안에 살고 있는 것이 내게는 낯설게 느껴졌던 모양이었다. 그렇다고 한 세계관이 다른 세계관보다 더 낯설거나 하지는 않았다. 왜냐하면 내가 관찰한 정신세계 안에서만 진짜 고향에 온 기분이었고, *다른* 세계관들에서는 '집에 있는 *것처럼*' 느꼈기 때문이다.

이런 식으로 표현하면, 내가 본래 이러나저러나 세계관에는 별 관심이 없던 사람처럼 보일 수도 있다. 그러나 사실은 전혀 그렇지 않았다. 나는 세계관 하나하나를 서로 완전히 다르게 느꼈다. 내 자신이 각각의 세계관에 완전히 공감하고 있다고 느꼈다. 그 이유는, 내가 다른 사람의 세계관을 느끼고 판단할 때 내 자신의 느낌과 판단을 즉각 개입시켜 다른 세계관을 멀리하는 일은 없었기 때문이다.

예를 들면, 나는 오토 하르나크Otto Harnack(1857~1914. 독일의 문예사가로 괴테 관련 저작으로 이름을 얻었다)와 수많은 대화를 나누었다. 하르나크는 ≪완숙기의 괴테≫란 책을 저술한 재능 있는 작가였다. 그는 괴테의 예술 분야 원고를 맡고 있어서 당시에 바이마르를 자주 내왕했다. 나는 훗날 충격적인 인생의 비극에 휘말리게 되는 이 남자를 좋아했다. 그와 대화를 나눌 때면 나는 그에게 완전히 빠져들었다. 나는 *그의* 생각을 받아들였고, 앞에서 말한 의미로 방문객으로서, 그리고 '집에 있는 것처럼' 정도로만 느끼며 그 생각들 안에 머물렀다. 나는 그에게 나를 방문해 달라고 부탁할 생각은 전혀 하지 않았다. 그는 자기 세계 안에서만 살 수 있었다.

하르나크는 자신의 생각이 아니면 모두 낯설게 느낄 정도로 자신의 생각에만 틀어박혀 있었다. 그가 나의 세계에 대해 들었더라도, 그것을 '의식 너머'에 있는 칸트의 '물자체物自體'(Ding an sich) 정도로 여겼을 것이다. 나는 그의 세계를 칸트 식으로 대하기보다는 의식을 그의 세계 안으로 끌고 들어가는 것이 나의 정신적인 의무라고 느꼈다.

이렇게 나는 정신적인 위험이나 어려움 없이 살지 않았다. 자신의 생각의 방향과 일치하지 않는 것은 모두 거부하는 사람이라면 다양한 세계관이 갖고 있는 상대적인 올바름을 인정하도록 내몰리지 않아도 된다. 이런 사람은 별 망설임 없이 어떤 특정한 방향을 갖도록 고안된 것에 현혹당할 수 있다. 주지주의의 이런 유혹은 정말 많은 사람들 사이에 퍼져 있다. 그런 사람들은 자기 생각과 다른 것을 만나면 쉽사리 포기한다. 그러나 정신세계임이 *분명한* 그런 세계를 통찰하는 사람은 극히 다양한 '관점들'에서 그 *옳음을 본다*. 그리고 그런 사람은 내적으로 이런저런 관점에 너무 강하게 이끌리는 일이 없도록 자기 마음을 끊임없이 지켜내야 한다.

하지만 사람이 사랑으로 외부 세계에 자신을 내줄 수 있다면, 정신의 내면 세계로 매번 다시 돌아와야 하긴 하지만, 그는 곧 '외부 세계의 본질'을 알아차리게 된다. 하지만 이때 실제로 정신적인 것 속에서 사는 것을 배운다.

다양한 지적 '관점들'은 서로를 거부한다. 하지만 정신적 통찰은 관점들 안에서 그야말로 '관점들'을 볼 뿐이다. 각각의 관점에서 보면, 세계는 서로 다른 모습을 띠고 있다. 이는 하나의 집을 다양한 각도에서 촬영하는 것과 같다. 이를 통해 만들어진 상은 다양하지만, 집은 여전히 같은 집이다. 현실 안에 존재하는 집 주위를 돌아보아야 비로소 그 집의 전체적인 인상을 얻을 수 있다. 누구든 정신세계 안에 실제로 들어가 있으면, 각 관점의 '정당성'을 인정하게 된다. 사람들은 하나의 '관점'에서 찍은 사진을 보고 어느 정도로 옳다고 간주한다. 그러고 나서 그런 관점의 올바름과 의미를 묻게 된다.

이런 식으로 나는 예컨대 니체에, 그리고 헤켈에 다가가야 했다. 내가 느낀 니체는 19세기 후반 깊숙이 자리 잡은 인간의 본성이 밀고 들어간 하나의 관점에서 세계를 촬영했다. 그의 본성은 정신적 내용에만 의존해서 살아갈 수 있었고, 당시 의식으로는 정신을 통찰하는 쪽으로 뚫고 들어가지 않으려 했지만, 잠재의식 속에 있는 의지가 엄청나게 강한 힘으로 정신을 향해 밀고 올라왔다. 이런 니체 상像이 내 마음속에서 살아났다. 니체는 정신을 직관하지 못했던 인물로 보였지만, 그 인물 안에서 정신이 그 시대의 비정신적인 통찰에 맞서 무의식적으로 투쟁을 벌인 것이다.

XVII 1892~1894

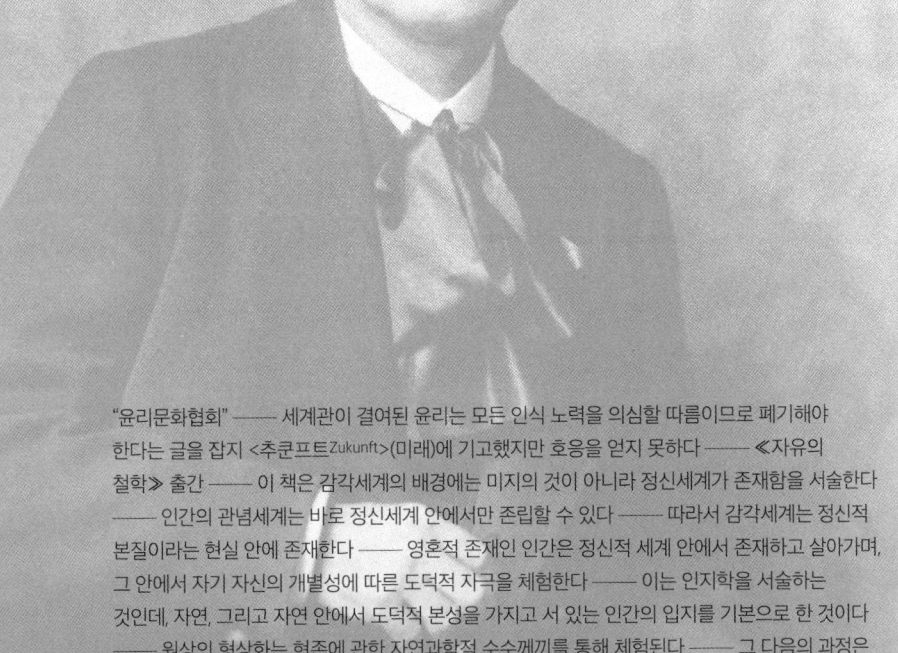

"윤리문화협회" ─── 세계관이 결여된 윤리는 모든 인식 노력을 의심할 따름이므로 폐기해야 한다는 글을 잡지 <추쿤프트Zukunft>(미래)에 기고했지만 호응을 얻지 못하다 ─── ≪자유의 철학≫ 출간 ─── 이 책은 감각세계의 배경에는 미지의 것이 아니라 정신세계가 존재함을 서술한다 ─── 인간의 관념세계는 바로 정신세계 안에서만 존립할 수 있다 ─── 따라서 감각세계는 정신적 본질이라는 현실 안에 존재한다 ─── 영혼적 존재인 인간은 정신적 세계 안에서 존재하고 살아가며, 그 안에서 자기 자신의 개별성에 따른 도덕적 자극을 체험한다 ─── 이는 인지학을 서술하는 것인데, 자연, 그리고 자연 안에서 도덕적 본성을 가지고 서 있는 인간의 입지를 기본으로 한 것이다 ─── 원상의 형상화는 현존에 관한 자연과학적 수수께끼를 통해 체험된다 ─── 그 다음의 과정은 정신세계 자체를 원상으로 형상화하기 위한 투쟁이다

독일에서는 이 시기에 미국에서 출범한 "윤리문화협회"의 지부가 설립되었다. 물질주의 시대를 사는 사람으로서 윤리적 심화를 위한 노력만은 당연히 동의해야 한다고 본다. 그러나 당시 이러한 노력은 특정한 기본 관점에서 나온 것인데, 그 기본 관점이 나에게 강한 의구심을 불러일으켰다.

이 운동을 이끌어가는 사람들의 주장에 따르면, 오늘날의 인류는 일상의 인식과 종교적·사회적 지각에 관해 서로 충돌하는 수많은 세계관과 인생관의 한가운데에 서 있다. 이런 세계관과 인생관의 영역에서 사람들 사이에 어떤 합의를 유도하기는 불가능하다. 서로에게 갖추어야 하는 윤리적 감정이 이렇듯 충돌하는 의견의 영역에 휘말리는 것은 불행한 일이다. 종교적으로, 아니면 사회적으로 다르게 느끼거나 일상의 인식이 서로 다른 이들이 자신과 다르게 생각하고 다르게 느끼는 이들에 적대하는 도덕적 행위를 형상화함으로써 그들의 차이를 표현한다면 도대체 어찌 될 것인가? 그러므로 우리가 비록 존재의 서로 다른 영역에 대해 생각하고 있더라도, 윤리적 원칙에서만은 모든 세계관에 독립적으로 존재하는 동시에 모든 세계관에 받아들여질 수 있는 그런 순수한 인간적인 원칙을 찾아내야 한다는 것이다.

이 윤리 운동은 나에게 깊은 인상을 주었다. 이 운동은 나의 가장 중요한 관점들을 흔들어놓았다. 근대적 사고방식으로 인해 자연과정과 도덕적·정신적인 세계를 구성하는 내용 사이에 만들어진 괴리가 내 앞을 막아선 상황 때문이었다.

사람들은 도덕적·정신적 내용 없이 우주의 생성을 표현하고자 하는 자연관에 도달했다. 이들은 우주의 순수하게 물질적인 원초상태를 가정한다. 이들은 어떻게 이런 원초상태에 점차 생명과 영혼과 정신이 깃들어 지금의 형태가 이루어질 수 있었는지를 설명하는 법칙을 알아내고자 한다. 이런 사고방식으로 일관한다면—나는 당시 내 자신에게 이렇게 말했다—도덕적·정신적인 것은 자연 활동의 산물로 보일 수밖에 없다. 그렇게 되면 도덕적인 것은 도덕적·정신적인 것에 무관심한 자연적 사실들이 생성되는 과정에서 일종의 부산물로 생겨나는 것이 되며, 이렇게 생겨난 도덕적인 것은 결국 또다시 도덕적인 무관심 속에 묻히게 된다.

그렇지만 나는 이 신중한 사상가들이 이런 결론을 도출하지는 않으리라는 것을 알아차릴 수 있었다. 이들은 자연적 사실들이 자신들에게 말해 주는 듯 여겨지는 것을 그대로 받아들이면서도, 도덕적·정신적인 것의 우주적 의미에 대해서는 추적을 중단할 수밖에 없는 것이다. 하지만 이런 점들은 나에게 중요하지 않았다. 자연적 사건의 의미에 대해서는 도덕적인 것과 정말 무관하게 생각해야 하며 그렇게 생각한 것이 바로 가설이라고 했던 것, 그리고 도덕적인 것에 관하여는 누구나 자기만의 의견을 세울 수 있다고 했던 것도 내게는 문제되지 않았다. 나는 스스로에게 이렇게 말했다. '자연에 관해서 조금이라도 당시에 통용되는 방식으로 생각하는 사람은 결코 자립적이고 중요한 현실이 도덕적·정신적인 것으로 생각할 수 없다.' 물리학, 화학, 생물학이 지금과 같이 누구도 개입할 수 없는 것처럼 보이는 상태가 계속된다면, 사람들이 그 분야에서 현실이라고 생각하는 실체들이 모든 현실을 흡수해 버리고, 도덕적·정신적인 것은 *이러한* 현실에서 생겨난 거품 정도일 *수밖에* 없다.

나는 또 다른 현실을 들여다보았다. 그것은 자연적이면서 동시에 도덕적·정신적인 현실이었다. 내가 보기에 *이러한* 현실에 이르도록 밀고 나아가려 하지 않는 것은 인식을 향한 노력이 부족하기 때문이었다. 나는 내 정신적 통찰을 바탕으로 자연적 사건과 도덕적·정신적인 것 너머에 참된 현실이 있다고 스스로에게 말할 수밖에 없었다. 이 참된 현실은 도덕적으로 자신을 드러내는 동시에 도덕적 행위를 통해 자신을 자연적 사건만큼 효력이 있는 사건으로 전환하는 힘이 있다. 내가 보기에 도덕적·정신적인 것에 무관심한 이유는 간단하다. 말하자면 영혼이 깃들어 살아있는 사람과 결합된 것이 시체에서 보듯 본래의 그 결합과 분리되어 있기 때문이다.

나는 그런 사실을 확신했다. 왜냐하면 나는 그것을 생각한 것에 그치지 않고, 우주의 정신적 사실과 존재들 속에서 그것이 진리임을 *보았기* 때문이다. 그러한 통찰을 자신들과는 상관없다고 여기는 사람들이 앞에서 말한 '윤리학자'로 탄생한 것처럼 보였다. 또 이들은 "세계관을 얻기 위한 노력에서 아무 것도 얻지 못하며, 우리는 윤리적 원칙들이 어떻게 우주적 현실에 그 근거를 두고 있는지 탐구할 필요가 없는 그런 윤리적 원칙을 구한다"는 신념을 다소 무의식적으로 대변했다. 이런 시대적 현상 속에 모든 세계관적인 노력이 처한 적나라한 절망이 드러나는 것 같았다. "모든 세계관을 있는 그대로 방치해야 우리가 사람들 사이에 다시 도덕성을 확산시킬 수 있다"고 주장하는 사람은 내가 보기에는 의식이 없고 경솔한 사람이었다. 나는 올덴 부부와 함께 바이마르 공원을 여러 차례 산책하면서 이런 경솔함에 대한 내 의견을 격렬하게 표명했다. 나는 자신의 통찰을 통해서 최대한 멀리 밀고 나아가는 사람이라면, 자신 앞에 자연적 실제와 도덕적 실제를 나타나게 하는 우주적 사건을 발견하게 될 것이라고 했다. 당시에 나는 내가 모든 우주의 현실로부터 뿌리가 뽑힌, 아무 능력도 얻을 수 없는 것을 윤리라고 부른 것을 비판하는 신랄한 글을 바로 그 얼마 전에 창간된 잡지 〈추쿤프트Zukunft〉(미래)에 게재했다. 그 글에 대한 반응은 정말로 좋지 못했다. 그때는 '윤리학자들'이 자신을 문화의 구원자로 여기던 상황이었으니, 어떻게 다른 반응이 있을 수 있었겠는가!

나에게 그 문제는 한없이 중요했다. 나는 다른 어떤 현실 못지 않게 근거가 확실한 윤리적인 것을 내보이는 세계관을 관철하기 위해서 필요한 논점을 잡아 다뤄보고자 했다. 이렇게 나는 세계관이 없는 윤리에 맞서 싸워야만 했다.

나는 여러 잡지를 통해 내 견해를 주장할 기회를 찾으려고 바이마르에서 베를린으로 향했다.

나는 매우 존경하는 헤르만 그림을 방문했다. 그는 최대한 친절히 나를 맞이했다. 하지만 헤르만 그림은 내가 나 자신의 관심사로 가득 채운 그 열의를 그의 집까지 가져왔다는 점을 이상히 여겼다. 그에게 '윤리학자들'과 관련한 내 의견을 얘기하자, 그는 내 말을 약간 흘려들었다. 나에게는 너무도 중요한 문제였기에 나는 이 문제에 그의 관심을 불러일으킬 수 있을 줄 알았다. 하지만 그는 털끝만치도 그런 반응을 보이지 않았다. "제가 뭔가를 해보려고요"하는 내 말을 듣고 그는 이렇게 답했다. "하여간 그 사람들에게 가보세요. 더하고 덜한 차이는 있지만 대부분 내가 아는 사람들이에요. 다들 매우 좋은 사람들이지요." 나는 찬물 한 바가지를 뒤집어쓴 기분이었다. 내가 그토록 존경해 마지않는 분이 내가 하려는 일에 대해 정말 아무런 느낌도 얻지 못한 것이다. 헤르만 그림은 내가 그 '윤리학자들'을 방문해서 그들 모두가 매우 호의적인 사람들임을 확인하고 나면 그 일에 대해 '완전히 이성적으로 생각하게 되리라'고 여겼다.

다른 사람들이 보여준 관심도 헤르만 그림보다 나을 것이 없었다. 당시의 내 상황이 그러했다. 정신적인 것에 대한 나의 통찰과 연관된 일은 완전히 홀로 해결해야만 했다. 나는 정신세계에 살고 있었지만, 내가 아는 이들 중에 나를 따라 내가 사는 정신세계로까지 온 사람은 아무도 없었다. 나의 나들이는 언제나 다른 사람들이 속한 세계로 떠나는 여행이었다. 그래도 나는 그런 여행을 사랑했다. 헤르만 그림을 존경하는 마음도 여전했다. 이런 상황은 자신이 마음속에 품고 있는 것을 이해하기 위해 아무 시도도 하지 않는 사람들을 사랑으로 이해하는 법을 배우는 훌륭한 수업이었다.

바이마르에서 사람들과 활발하게 교류하던 시기에 겪은 '고독'의 실체는 바로 이런 것이었다. 하지만 나를 그런 고독으로 밀어넣은 그 사람들을 탓하지 않았다. 나는 현존재의 뿌리에까지 파고드는 세계관을 향한 무의식적 갈망이 많은 이들 안에 존재하는 것을 보았다. 가장 가까이에 있는 것에만 의지함으로써 확실하다고 여기는 사유방식이 사람의 영혼에 얼마나 어려움을 가져오는지 느껴졌다. 그런 사고방식으로 보면, '자연은 세계 *전체*다'. 그래서 사람들은 이 사고방식을 올바른 것으로 인정*해야 한다*고 믿었으며, 그리고 그것을 올바른 것으로 인정할 수 *없다*고 마음속으로 느끼는 것을 모두 억눌러버렸다. 이런 깨달음을 통해 당시에 정신적으로 나를 에워싸고 있던 많은 것이 나에게 명명백백해졌다. 이때는 이미 오래 전부터 그 핵심 내용을 마음속에 정하고 있던 ≪자유의 철학≫의 마지막 형태를 잡은 시기였다.

≪자유의 철학≫의 인쇄를 마치자마자 그 가운데 한 부를 에두아르트 폰 하르트만에게 보냈다. 그는 이 책을 대단히 주의 깊게 통독했는데, 그가 이내 돌려준 책의 여백에는 처음부터 끝까지 상세한 주석이 달려 있었다. 또 동봉한 편지에서 책 제목은 꼭 '인

식론적 현상주의와 도덕적 개인주의'가 되어야 한다고 썼다. 그는 내 관념의 원천과 나의 목표들을 완전히 오해했던 것이다. 그 자신이 수정하기는 했지만, 감각세계에 관한 그의 이해는 칸트의 방식이었다. 그는 본질적인 것이 감각들을 통해서 영혼에 작용한 결과가 바로 감각세계라고 생각했다. 그의 견해에 따르면, 이 본질적인 것은 영혼에 의해 의식으로 둘러싸인 통찰의 영역 안으로는 결코 진입할 수 없으며, 따라서 의식 저편에 머물러 있어야 한다. 우리는 논리적 추론을 통해서만 그런 본질적인 것에 대해 가설적 표상을 만들어낼 수 있을 뿐이다. 이런 이유로, 감각세계는 그 자체로 객관적으로 존재하는 것을 보여주는 것이 아니라, 영혼이 이 감각세계를 의식으로 둘러싸고 있는 동안 영혼 속에 존재하는 주관적 현상을 나타낸다는 것이다.

≪자유의 철학≫을 통해서 나는 감각세계의 *배후*에는 미지의 어떤 것이 존재하는 것이 *아니라* 감각세계 안에 정신의 세계가 있다는 사실을 논증하고자 했다. 그리고 인간의 관념세계에 관해서는, 이 관념세계가 정신세계 안에 존립한다는 사실을 알려주고자 했다. 그러므로 영혼이 오직 감각들을 통해 지각하는 *동안에*는 감각세계의 본질은 인간의 의식에 그 모습을 보이지 않는다. 감각적 지각에 관념들의 체험이 보태지면, 의식은 감각세계를 객관적 본질로서 체험하게 된다. 인식이란 영혼이 어떤 본질을 모사하는 것이 아니고, 영혼이 그 본질 안으로 들어가 존재하는 것이다. 아직은 비본질적인 감각세계로부터 감각세계의 본질로 나아가는 일이 의식의 *안쪽*에서 일어난다. 이와 같이 의식이 아직 감각세계를 완

전히 체험하지 못하는 동안에는 감각세계는 다만 겉모습(현상)으로 머문다.

사실 이 감각세계가 곧 정신의 세계이다. 그리고 의식을 영혼 너머로 확장함으로써 영혼은 이 인식된 정신세계와 함께 살아간다. 인식 행위의 목표는 정신세계를 의식으로 *체험하는 것*이며, 정신세계를 바라봄으로써 모든 것이 정신 안에 녹아든다.

나는 현상주의에 맞서 정신이 실재하는 세계를 내세웠다. 에두아르트 폰 하르트만은 내가 현상 안쪽에 머물러 있으면서 그 현상에서 그 어떤 객관적 현실을 추론해 내는 일을 단념하려는 것뿐이라고 생각했다. 그래서 에두아르트 폰 하르트만은, 인간의 인식이란 어떤 현실에도 도달하지 못하고 오직 마음의 표상을 통해 (현상으로) 존재하는 가상세계의 내부에서 움직일 수밖에 없다고 반대하는 나의 사고방식을 문제의 핵심으로 보았다.

그래서 그의 견해는 의식의 확장을 통해 정신을 찾으려는 나의 노력에 맞서, '정신'은 일단 인간의 표상 안에서만 존재할 수 있으며, 표상을 벗어난 정신이란 *사고 안에만* 있을 뿐이라는 것이다. 근본적으로 이것은 내가 ≪자유의 철학≫을 펴낸 시대를 지배하는 생각이었다. 이런 견해에서는 정신적인 것을 체험하는 일이 인간적 표상의 체험으로 오그라들었다. 그리고 이 표상들로부터는 실재하는 (객관적인) 정신세계에 이르는 길을 발견할 수 없었다.

나는 주관적으로 체험된 것 안에서 객관적인 정신이 어떻게 빛을 발하고 또 의식의 진정한 내용이 되는지를 알려주고 싶었다. 에두아르트 폰 하르트만은 이런 식의 설명은 감각적인 *가상* 속에 틀어박혀 객관적인 현실에 관해서는 얘기하지는 않는 것이라며 이의를 제기했다.

그러니 에두아르트 폰 하르트만이 나의 '윤리적 개인주의'에 대해서도 미심쩍게 생각했을 것은 두말할 나위가 없었다.

그렇다면 나의 ≪자유의 철학≫에서 윤리적 개인주의의 근거는 무엇인가? 나는 인간의 영혼 생활의 중심에서 영혼이 정신세계와 완벽하게 공존하는 것을 보았다. 그래서 이 사실을 보여줌으로써 많은 이들을 괴롭히고 있다고 추정되는 어려움을 해결하고자 했다. 요컨대 인식이 가능하려면, 영혼—또는 '나'—이 인식된 것과 자신을 구별해야 하며, 따라서 인식된 것과 하나로 합해져서는 안 된다는 것이 사람들의 생각이다. 그렇지만 이러한 구별은 영혼이 정신적인 본질에 합체된 존재와 자기 자신에 대한 성찰 사이를 추처럼 왔다 갔다 할 때에도 가능하다. 그러면 영혼이 객관적인 정신 속으로 가라앉는 중에는 '무의식적'이 되지만, 자아를 성찰하는 중에는 완전히 본질적인 것을 의식 안으로 가지고 들어온다.

그런데 인간의 개인적인 특성이 우주 안에 실재하는 정신 안으로 가라앉는 일이 가능하다면, 이런 실재하는 정신 안에서는 도덕적인 내적 자극의 세계도 체험할 수 있다. 도덕에 주어지는 내용은 정신세계로부터 비롯되어 그 사람의 개별성 *내에서* 모습을 드러낸다. 그리고 정신적인 것 안으로 확장된 의식은 그렇게 드러난 도덕의 내용을 파악하는 데까지 나아간다. 인간으로 하여금 도덕적인 행위를 하도록 요구하는 것은 정신세계를 체험하는 영혼에 현시되는 정신세계이다. 그리고 이런 체험은 그 사람의 개인적인 인격 내부에서 일어난다. 도덕적인 행위를 하는 과정에서 그 사람 자신이 정신세계와 상호작용을 한다는 사실을 알아차릴 때, 인간은 *자유*를 체험한다. 왜냐하면 정신세계는 영혼 안에 필연적으로 작용하는 것이 아니라, 우리로 하여금 정신적인 것을 받아들이도록 이끄는 활동을 자유로이 펼쳐나가도록 작용하기 때문이다.

≪자유의 철학≫의 한 가지 목표는, 감각세계가 실제로는 정신적인 실체라는 사실, 그리고 인간은 감각세계의 참된 인식을 통해 정신적인 것 안에서 영혼적인 존재로서 활동하며 살아간다는 사실을 보여주는 것이었다. 내 책의 또 다른 목표는, 도덕적 세계란 그 현존이 이렇듯 영혼으로 체험한 정신세계 속에서 빛을 발함으로써 인간으로 하여금 도덕적 세계로 자유로이 다가갈 수 있는 영역이라고 특징짓는 데 있었다. 그러므로 사람의 도덕적 본성은 정신세계의 윤리적 자극들과 완전히 하나가 된 개별체 속에서 구해진다. 나는 ≪자유의 철학≫의 1부와 2부가 정신의 유기체와도 같이 진정한 합일을 이루고 있다고 느꼈다. 반면에 에두아르트 폰 하르트만은 1부와 2부가 각기 인식론적 현상주의와 윤리적 개인주의를 다루고 있는데도 임의로 한데 묶여 있다고 생각했음이 분명하다.

이 책에 녹아있는 관념적 구상은 당시의 내 영혼 상태에 의해 영향을 받았다. 직접적인 관찰을 통해 정신세계를 체험함으로써 나는 자연이 정신임을 보여주었다. 그래서 나는 정신에 부합하는 자연과학을 만들고 싶었다. 인간의 영혼이 통찰하며 자아 인식을 가져오는 가운데, 완전히 개인적인 체험을 통해 도덕적 세계가 영혼 속에서 모습을 드러냈다.

내가 이 책의 관념들에 부여한 형태는 나의 정신 체험에서 나온 것이었다. 그것은 자연을 지향하고 개별적이며 고유한 도덕적 본성을 지니고서 자연 속에 서 있는 인간을 지향하는 인지학(人智學, Anthroposophie)을 처음으로 제시했다.

나는 인생의 첫 시기에 운명적으로 자연과학적 현존의 수수께끼를 체험함으로써 정신적 원상을 형태화할 것을 요구받았다. 이런 운명의 요구는 ≪자유의 철학≫이 나오면서 나를 어느 정도는 놓아주고는 외부 세계로 물러났다. 이제부터 내가 가야 할 길은 정신세계 자체에 대한 원상을 형태화하는 노력일 수밖에 없었다.

나는 인간이 감각적 관찰을 통해 외부로부터 받아들이는 인식들을 인간 영혼의 내적인 인지학적 정신 체험이라 표현했다. 당시 나는 '인지학'이라는 표현을 아직 사용하지 않았는데, 이는 내 영혼이 늘 통찰을 얻기 위한 노력을 우선시하면서 전문용어를 찾으려는 노력을 거의 하지 않았다는 데에 기인한다. 인간의 영혼을 통한 정신세계 자체의 체험을 보여줄 수 있는 정신의 원상들을 형상화하는 일이 내 앞에 있었다.

그러한 원상의 형상화를 위한 내적인 분투가 서른부터 마흔 살까지 내 인생 삽화의 내용을 이룬다. 당시에 나는 운명에 따라 주로 외부 활동에 집중했는데, 이런 외부 활동은 나의 내면의 삶을 표현할 수 있을 만큼 내적인 삶에 부합하지는 못했다.

XVIII

1894~1896
바이마르

프리드리히 니체에 관한 연구는 ≪시대에 맞선 투사 니체≫라는 저서에 집약되어 1895년에 출간되었다 ── 니체를 개인적으로 체험하다 ── 오이겐 뒤링의 철학적 저작과 니체: ≪동일한 것의 회귀≫ ── 니체 저작 발행인 프리츠 쾨겔 ── 푀르스터 니체 여사와의 갈등 ── 괴테와 니체의 비교에서 확인되는 차이: 괴테는 자연이라는 현실에서 정신을 발견한 반면, 니체는 자신이 빠져 살고 있는 자연의 꿈 속에서 정신적 신화를 상실했다

나는 니체가 머물렀던 바로 그 시절의 정신적 체험의 영역 안으로 들어섰다.

처음으로 니체의 저술을 접한 것은 1889년이었다. 그때까지 그의 글은 단 한 줄도 읽은 적이 없었다. ≪자유의 철학≫에 표현된 내 사고의 내용에 니체의 사상은 아무 영향도 미치지 않았다. 나는 그의 저술을 읽으면서, 삶에 대한 그의 태도에서 생겨난 그의 문체에 매혹되었다. 그의 영혼이 유전과 교육 때문에 당대의 정신생활로부터 산출된 모든 것에 관심을 기울일 수밖에 없었으리라는 느낌이 들었다. 하지만 니체는 '*이런 정신생활이 나와 무슨 관계가 있는지*', 또 '내가 살아갈 수 있는 다른 세계가 있어야 하며, 이 세상을 살아가는 데 나를 괴롭히는 것이 너무 많다'는 생각에 끊임없이 시달린 것으로 보였다. 이런 감정에 이끌려 그는 자신이 속한 시대의 정신에 불을 지피는 비평가가 되었고, 바로 자신의 비평으로 인해 병들어 가는 그런 비평가가 되었다. 그는 병을 앓을 *수밖에 없었고*, 건강이라면, 특히 *자신의* 건강이라면 오로지 꿈에서나 바랄 수 있는 비평가였다. 니체는 우선 건강에 관한 자신의 꿈을 자기 삶의 내용으로 만들어줄 가능성들을 찾아보았다. 그래서 니체는 자신의 영혼 속에서 꿈을 실현하려는 듯 리하르트 바그너, 쇼펜하우어, 현대의 '실증주의'와 함께 꿈을 꾸어보려 했다. 어느 날 그는 자신이 그저 꿈을 꾸었을 뿐임을 깨달았다. 그래서 그는 자기 정신의 고유한 힘을 모두 모아 '어딘가에' 분명 있을 현실을 찾아보기 시작했다. 그는 이런 현실에 이르는 '길'이 아니라 현실에 대한 동경만 발견했다. 그래서 그에게는 동경이 현실이 되었다. 그는 계속해서 꿈을 꾸었지만, 그의 영혼이 지닌 강력한 힘은 꿈으로부터 인간의 내적인 현실을 창조했다. 이러한 현실은 오래 전부터 인간의 이념이 지닌 무거움이 없이, 정신적으로는 기쁘지만 '시대정신'으로 인해 불쾌해진 영혼의 분위기를 지닌 채 자유롭게 떠다녔다.

 내가 느낀 니체는 그러했다. 중력에서 벗어나 자유로이 부유하는 그의 사상들이 내 마음을 사로잡았다. 나는 이 자유로운 부유로 말미암은 니체의 수많은 사고가 그와는 완전히 다른 길에 있는 내 안에서 형성된 사고과 비슷하다는 사실을 발견했다.

 내가 1895년에 ≪시대에 맞선 투사 니체≫라는 책을 내면서 머리말에 아래와 같이 쓸 수 있었던 데에는 그런 까닭이 있었다.

 내가 1886년에 펴낸 ≪괴테 세계관의 인식론≫이라는 소책자에는 이미 니체의 몇몇 저술에서 나타난 것과 동일한 신념이 표현되어 있다.

니체에게서 특히 내 마음에 들었던 것은, 니체의 독자들은 어떤 식으로든 독자를 '추종자'로 만들려고 하는 일에 맞닥뜨리지 않아도 된다는 점이었다. 누구나 그의 정신의 빛을 느낄 수 있어 완전한 기쁨을 지각했고, 이런 지각 속에서 완전한 자유를 느꼈다. 만약에 해켈이나 스펜서 같은 이들이 전제하듯 저자의 말에 동의해야 한다고 믿었다면, 그 사람들은 니체의 표현들이 비웃기 시작하는 것을 느꼈다.

그래서 앞에서 언급한 책에서 나는 니체가 쇼펜하우어와 자신의 관계를 표현한 바로 그 말로 니체와 나의 관계도 이렇게 표명할 수 있었다.

> 나를 포함해서 니체의 독자들은 그의 책을 한 페이지를 읽고 나면 책 전체를 읽을 것이고 그가 했던 말 한 마디 한 마디에 귀 기울이게 되리라는 것을 확실히 알고 있다. 나는 그를 즉각 믿게 되었다…. 그의 글은 나를 대신해서 건방지고 어리석으나마 분명하게 나를 표현하려고 쓴 것 같았다.

내가 니체에 관한 책의 집필을 시작하기 직전인 어느 날, 니체의 누이동생인 엘리자베트 푀르스터 니체가 괴테·실러문서실에 모습을 나타냈다. 당시에 그녀는 니체의 문서실 설립을 위한 첫 걸음을 내딛던 참이었고, 그래서 괴테·실러문서실이 어떻게 만들어졌는지 알고 싶어 했다. 곧이어 니체 저서의 편집인인 프리츠 쾨겔 Fritz Koegel이 바이마르에 등장했고, 나는 그와도 친분을 쌓았다.

훗날 나는 엘리자베트 푀르스터 니체 여사와 심각한 갈등에 빠졌다. 이 여성의 활발하고 사랑스러운 정신은 내게 깊은 호감을 불러일으켰고, 그래서 그녀와의 갈등이 내게는 이루 말할 수 없이 괴로운 일이었다. 얽히고설킨 상황이 일을 그 지경으로 만들었다. 나는 여러 비난에 대해 나를 변호하지 않을 수 없는 입장이었다. 그로 인해 나움부르크와 바이마르에 있는 니체문서실에서 보낼 수 있었던 아름다운 시간들의 추억이 씁쓸함으로 뒤덮이게 된 것도 필연적인 일이었다. 나는 푀르스터 니체 여사의 집을 여러 차례 방문했는데, 바로 첫 방문 때에 나를 프리드리히 니체의 방으로 안내해 준 일에 대해 부인에게 감사하는 마음에는 변함이 없다. 그 방 침대에는 니체가 정신착란증 상태로 누워 있었다. 그의 놀랄 만치 아름다운 이마는 예술가와 사상가다웠다. 시간은 이른 오후였다. 여전히 영혼이 담겨 있는 듯한 그의 눈빛은 광채를 잃은 채로 주변의 형상을 받아들이기만 할 뿐, 그 형상을 영혼으로 이끄는 통로는 더 이상 없어 보였다. 니체는 곁에 누가 있는지도 알지 못했다. 그렇지만 정신이 속속들이 배어 있는 그의 얼굴을 보는 누구라도 그 얼굴이 오전 내내 자기 안에서 생각을 쌓은 뒤 이제 잠시 쉬려 하는 영혼의 표현이라고 믿을 수 있었다. 나의 영혼을 사로잡은 내적인 충격이 이 천재에 대한 이해로 바뀌었다고 해도 좋을 것이다. 천재의 시선은 나를 향해 있었지만, 나에게 초점을 맞추지는 못했다. 시선의 그런 수동성이 오랫동안 지속되면서 눈을 마주치지 않고서도 눈에서 영혼의 힘이 작용하도록 해주는 자신의 시선에 대한 이해가 생겨났다. 그렇게 오랫동안 움직이지 않는 시선은 보고 있자니, 눈길을 마주하지 않아도 나 자신의 시선이 영혼의 힘을 움직이게 할 것이라는 생각이 들었다.

그렇게 내 영혼 앞에 니체가 있었다. 니체의 영혼은 정신의 빛 안에서 한없이 아름다운 모습으로 그의 머리 위에 떠 있었다. 정신착란이 일어나기 전에 그의 영혼은 그토록 열망했던 정신세계에 자유롭게 몰입해 보았지만, 그 세계를 발견하지 못했다. 그의 영혼은 아직 신체에 결박되어 있었으며, 그 신체는 영혼이 그 세계를 동경하는 동안에만 정신세계에 대하여 알고 있을 터였다. 그의 신체 안에 있는 동안 영혼은 신체의 방해로 영혼의 충만한 빛 안에서 자신을 펼치지 못하고, 오로지 외부로부터 신체를 유지할 수밖에 없었다.

예전에 나는 글을 통해서만 니체를 *읽었다*. 그런데 이제 머나먼 정신의 영역들에서 가져온 이상적인 관념들을 자신의 신체 안으로 가져간 니체를 직접 *보았다*. 그 관념들은 신체 안으로 들어오는 과정에서 본래의 밝기는 잃었지만, 희미하게나마 여전히 아름답게 빛나고 있었다. 니체의 영혼은 앞서 지내온 지상의 삶들로부터 화려한 황금빛을 가지고 왔지만, 이번 삶에서는 그 빛을 온전히 밝힐 수는 없었다. 니체의 글에 감탄했던 내가 이제 그 감탄을 넘어 밝게 빛나는 그의 모습을 보고 있었다.

당시에 내가 본 것은 생각 속에서 더듬더듬 되짚을 수 있을 따름이었다. 그리고 이렇게 되짚은 것이 ≪시대에 맞선 투사 니체≫

라는 책의 내용을 이룬다. 하지만 그렇듯 더듬거림에 지나지 않은 책에 숨겨진 참된 사실은 바로 그 책이 니체의 모습에서 영감을 얻어 쓰였다는 것이다.

그 뒤 푀르스터 니체 여사는 나에게 니체의 서재를 정리해 달라고 부탁했다. 이 일로 나는 나움부르크에 있는 니체문서실에서 몇 주 간을 지낼 수 있었다. 그 기회에 프리츠 쾨겔과도 매우 친해졌다. 이것은 니체가 읽었던 책들을 내 눈으로 확인하는 멋진 과제였다. 이 책들을 보면서 살아 있는 니체의 정신이 느껴졌다. 에머슨Ralph Waldo Emerson(1803~1882. 미국의 시인, 사상가)의 책을 예로 들면, 여백은 온통 주석으로 뒤덮여 있었고, 자신을 바쳐 철저히 연구한 흔적이 널려 있었다. 귀요Jean-Marie Guyau(1854~1888. 프랑스의 시인, 철학자)의 책들도 마찬가지였다. 책들에는 그의 손끝에서 나온, 격렬하게 비판적인 논평이 달려 있었고, 여백을 뒤덮은 방대한 주석은 그의 사상이 움터 나오는 모습을 그대로 보여주었다.

오이겐 뒤링Eugen Dühring(1833~1921. 독일의 철학자이자 경제학자로, 반유대주의와 반마르크스주의 성향이 강했다)의 대표적인 철학책 여백에 니체가 적어 넣은 주석들을 읽어가는 동안, 나는 니체의 마지막 창작 시기를 꿰뚫는 하나의 이상적인 관념이 빛을 발하는 것을 보았다. 뒤링은 그 책에서 우주를 어느 한 순간의 소립자 조합으로 상상해 볼 수 있다는 사고를 구상했다. 그렇게 생각하면, 우주에서 벌어지는 일들은 그런 조합에서 가능한 모든 경우가 전개되는 과정일 것이다. 가능한 조합들이 고갈되고 나면 맨 처음으로 되돌아와서 그 전체 과정이 다시 반복될 수밖에 없다는 것이다. 현실을 그와 같은 것으로 생각한다면, 그런 일은 분명 이미 셀 수 없이 일어났을 것이고, 미래에도 셀 수 없이 반복될 것이다. 이렇게 생각하면 우주의 같은 상태가 영원히 반복된다는 관념에 이르게 될 것이다. 뒤링은 이를 불가능한 사고로 보고 거부한다. 니체가 이런 내용을 읽게 되었고, 이 내용에 깊은 인상을 받아 영혼 깊은 차원에서 작업을 계속해 나감으로써 '초인超人'의 이상과 함께 그의 마지막 저술시기를 지배하는 '동일한 것의 영원회귀'라는 관념을 형성하기에 이르렀다.

이렇듯 니체가 읽은 책들을 검토하면서 받은 인상은 나에게 진한 감동을 넘어 충격을 안겨주었다. 니체와 그 동시대인들의 정신이 서로 반대라는 사실을 알아차렸기 때문이다. 뒤링은 완전히 냉철하게 정향되고 수학적으로 처리된 도식에서 얻은 것이 아니면 모두 거부하는 극단적인 실증주의자로서, '동일한 것의 영원회귀'를 불합리한 사고로 보고 그 불가능성을 입증하기 위한 목적으로만 그 사상을 구축한다. 반면에 니체는 뒤링의 사상을 우주의 수수께끼에 대한 *자신의* 해결책으로 삼아 자기 영혼의 심연에서 나온 하나의 직관처럼 받아들인다.

이렇듯 니체는 자신을 몰아친 당대의 수많은 사고와 감정의 내용과는 정반대편에 있었다. 니체는 이러한 공격을 받으며 몹시 괴로워했고, 그 괴로움과 형언할 수 없는 영혼의 아픔을 통해 자기 영혼의 내용을 창조했다. 이것이 바로 니체가 이루어낸 활동의 비극이었다.

그가 마지막 저작을 위해 "권력 의지" 또는 "모든 가치의 전도"와 같은 사상적 개요를 메모할 때 이 비극은 정점에 달했다. 니체는 자신이 생각하고 느꼈던 모든 것을 영혼 깊은 곳에서 순수하게 정신적인 방식으로 길어 올리는 데 소질이 있었다. 영혼이 실제로 체험한 정신적 사건으로부터 세계상을 만들어내는 일, 이것이 그가 가려는 길에 놓인 과제였다. 그러나 그가 속한 자연과학 시대의 실증주의적 세계상이 그에게 흘러들었다. 그런 세계상 안에는 온전히 물질적이며 정신이 빠진 세계가 있을 뿐이었다. 그 세계상 안에서 정신의 방식으로 사고된 결과물은 니체에게는 더 이상 어울리지 않는 낡은 사고방식의 잔재였다. 진리를 향한 끝없는 욕망으로 니체는 그 모든 낡은 사고방식의 잔재를 척결하고자 했다. 그래서 그는 실증주의를 극단적으로 몰고 가는 사고에 이르렀다. 물질세계의 배후에 있는 어떤 정신계는 그에게 거짓말이 되었다. 그럼에도 그는 자기 영혼으로부터만 창조할 수 있었다. 다시 말해서, 그는 정신세계의 내용을 관념으로 자기 앞에 볼 때만 창조의 의미에 걸맞은 진정한 창조를 할 수 있었던 것이다. 하지만 그는 바로 그 정신계의 내용을 받아들이지 않았다. 자연과학이 제시하는 세계의 내용이 그의 마음을 너무나 강하게 사로잡아서, 그는 그 세계의 내용이 정신의 길 위에 있기라도 한 듯 *그것을* 창조하려 했다. 서정적으로, 그리고 디오니소스적인 영혼의 날개를 달고, 그의 영혼은 ≪차라투스트라≫에서 날아오른다. 이 작품에서 정신적인 것은 경탄할 만하게 짜여 있지만, 그 정신적인 것은 정신의 경이로움 속에서도 물질적인 현실의 내용을 꿈꾼다. 정신은 자신을 펼쳐 내는 가운데 산산이 흩어진다. 정신은 자신을 깨닫지 못하고, 꿈에서 보는 물질적인 것의 잔영만을 자신의 가상적 실체라고 체험할 수 있기 때문이다.

당시 나는 바이마르에 살면서 마음속으로 자주 니체의 정신적 특성을 관조해 보았다. 내가 체험하는 정신 안에서 니체의 이런 정신적 특성을 생각해 보았다. 이런 정신 체험은 니체의 투쟁, 니체의 비극에서도 살아있을 수 있었지만, 그것이 실증주의를 바탕으로 형성된 니체의 사고 결과에 무슨 영향을 미칠 수 있었단 말인가!

어떤 이들은 나를 '니체의 추종자'로 간주했다. 나와 반대되는 정신적 지향에도 주저 없이 감탄할 수 있는 내 성향 때문에 그랬을 것이다. 나는 니체 안에서 정신이 나타나는 것을 보고 매혹되었다. 니체는 사상의 내용들을 통해서는 어느 누구와도 가까워지지 못했는데, 바로 그 사상의 내용으로 인해 나는 니체와 가깝다고 믿었다. 그는 정신으로 향하는 *길*들을 함께 경험하는 가운데서만 사람과 시대에 어울렸다.

한동안 나는 니체 저작의 편집자인 프리츠 쾨겔과 많이 교류했다. 우리는 니체 저작의 출간에 관해 많은 이야기를 나누었다. 그때까지 나는 니체문서실이나 니체 저작의 발행과 관련해서 한 번도 공식적인 직함을 가진 적이 없었다. 그런데 푀르스터 니체 여사가 나에게 어떤 직함을 부여하고자 했고, 이 일이 곧바로 프리츠 쾨겔과의 갈등으로 이어지면서 니체문서실과 어떤 일도 함께 할 수 없게 되었다.

니체문서실과의 관계는 내 바이마르 생활에 끼어들어 강력한 자극이 되었으나, 끝내 파탄으로 마감되는 바람에 나에게 깊은 고뇌를 안겨 주었다.

니체에 폭넓게 관여하면서 나는 니체라는 인물을 통찰하게 되었다. 니체는 19세기 후반의 자연과학 시대를 비극 속에서 실제로 체험하는 가운데 그 시대와의 접촉으로 산산이 부서질 그런 운명이었다. 니체는 이 시대 안에서 진실을 *구했지만* 아무것도 찾을 수 없었다. 본질적인 것은 자연과학의 결과들 안에서가 아니라 그 결과들을 *거친 뒤* 정신에서 *발견하게 된다*는 나의 통찰은 니체를 체험함으로써 더욱 굳어졌다.

이렇듯 자연과학의 문제점이 바로 니체의 저작을 통해 새로운 모습으로 내 영혼 안으로 들어왔다. 괴테와 니체가 나의 시야에 들어온 것이다. 괴테의 왕성한 현실감각은 자연의 본질과 그 과정을 지향하고 있었다. 그는 자연에서 더 나아가기를 원치 않았다. 그는 식물과 동물과 사람의 형태에 관한 순수한 통찰을 벗어나지 않았다. 하지만 그의 영혼이 그 형태들에 집중하는 동안, 괴테는 곳곳에서 정신에 이르렀다. 물질 속에서 지배하는 정신을 발견한 것이다. 그는 그 자체로 살아서 지배하는 정신을 통찰하는 데까지 이르기를 원치는 않았다. 괴테는 '정신에 부합하는' 자연 인식을 이루어나갔다. 그가 순수하게 정신을 인식하는 데까지 가지 않은 것은 현실을 잃지 않기 위함이었다.

니체는 신화적 형식 속에서 정신을 통찰하는 것으로 출발했다. 아폴론과 디오니소스는 그가 체험한 정신의 형상이었다. 그는 인간의 정신사적 흐름을 아폴론과 디오니소스 사이의 공동작업 또는 둘 사이의 투쟁으로 보았다. 그러나 니체는 정신의 그런 형상들을 신화적으로 상상하는 것에서 멈추었고, 실재하는 정신적 존재를 통찰하는 데까지는 나아가지 못했다. 그는 정신적 신화를 바탕으로 자연으로 다가갔다. 니체의 영혼 안에서는 아폴론은 자연과학의 틀에 맞춰 물질적인 것을 상상했을 것이고 디오니소스는 자연의 힘들처럼 작용했을 것이다. 그러나 이 지점에서 아폴론의 아름다움은 빛을 잃고, 디오니소스의 우주적 감정은 자연의 법칙성에 의해 마비되었다.

괴테는 자연의 현실 안에서 정신을 *구했고*, 니체는 자신이 살았던 자연의 꿈 속에서 정신의 신화를 *잃었다*.

나는 이렇듯 상반되는 두 입장 사이에 있었다. 내가 ≪시대에 맞선 투사 니체≫에서 풀어냈던 영혼의 체험들은 당분간 이어지지 못했다. 그와는 달리 나의 바이마르 시절 말엽에는 괴테가 다시 주된 고찰의 대상이 되었다. 나는 괴테에 이르기까지 인류의 세계관이 발달해 온 과정을 밝혀냄으로써, 괴테의 세계관 또한 이런 발달 과정에서 나온 것임을 보여주고자 했다. 이런 시도는 1897년에 출간된 ≪괴테의 세계관≫이란 책에서 이루어졌다.

이 책에서 나는 괴테가 어떻게 눈길이 닿는 모든 곳에서 자연에 대한 순수한 인식을 통해 빛나는 정신을 알아볼 수 있었는지 보여주고자 했다. 그러나 괴테가 어떻게 그 정신을 대하는지는 전혀 다루지 않았다. 대신에 괴테의 세계관 가운데 '정신에 부합하는' 자연관 안에서 살아 움직이는 부분의 특성을 보여주고자 했다.

한동안 나는 니체가 제기한 '영원회귀'와 '초인'의 이념에 열중했다. 이 이념들은 한 인물이 인류 발전과 인간 본질에 관해 체험해야만 했던 것을 보여주었기 때문이다. 19세기 말의 자연관을 토대로 단단히 만들어진 사상들은 이 인물이 정신세계를 파악할 수 없도록 가로막았다. 니체는 인류의 발전 과정에서 어느 한 순간에 벌어지는 일이 완전히 같은 모습으로 이미 셀 수도 없을 만큼 발생했고 앞으로도 셀 수 없이 발생할 것이라고 보았다. 우주는 원자를 근원으로 형성됨으로써 현재의 순간을 가장 작은 존재들의 특정한 조합으로 보이도록 한다. 이 조합에 또 하나의 조합이 더해지고, 여기에 또 다른 조합이 이어진다. 그러다가 가능한 모든 조합이 고갈되면, 최초에 나타났던 조합이 다시 출현할 것이다. 이에 따라 인간의 생명은 그 세세한 부분까지 포함해서 셀 수 없이 반복되었고, 앞으로도 그 세세한 부분까지 똑같이 셀 수도 없을 만큼 되돌아올 것이다.

니체는 인간의 "반복된 지상의 삶"을 잠재의식 안에서 희미하게나마 깨달았다. 지상의 삶들을 통해 사람은 인류의 발달 과정에서 여러 구간을 살게 되는데, 각 구간들에서 동일한 체험을 반복하는 것이 아니라, 정신 형성의 과정을 섭리하는 운명의 인도로 세계의 다양한 흐름을 두루두루 거치게 된다. 니체는 자연관이란 족쇄에 결박되어 있었다. 반복된 지상의 삶에서 출발한 그의 자연관이 만들어낸 그 무엇인가가 니체의 마음을 현혹했다. 그리고 그는 그것에 따라 *살았다*. 니체는 *자신의* 삶을 지극히 고통스러운 경험으로 채워지고 슬픔에 짓눌린 비극으로 받아들였다. 계속해서 펼쳐질 다음 생에서는 그런 비극을 겪지 않아도 되리라는 전망 대신에 앞으로도 *이런* 삶을 헤아릴 수 없이 경험하리라는 생각이 그의 영혼을 채웠다.

그리고 니체는 자신을 지상의 한 존재로 체험하는 인간에게서 또 다른 존재가 나타나는 것을 느꼈다. 그 또 다른 존재가 바로 '초인'으로, 이 초인은 신체를 가진 지상의 존재로 사는 동안 자신의 삶 전체를 두고 단편들만을 꾸릴 수 있게 된다. 자연주의적 진화 사상 탓에 니체는 이 '초인'을 감각적·물질적인 것 안에 있는 정신적 지배자로 보지 못하고, 한낱 자연에 따른 진화의 산물로만 여겼다. 동물로부터 인간이 진화했듯이, 인간으로부터 '초인'이 진화한다는 것이었다. 이런 자연관으로 인해 니체는 '자연 인간' 안에 있는 '정신 인간'을 조망하지 못하고 고차적인 자연 인간이라는 관념에 현혹되었다.

니체가 이런 생각으로 체험했던 것은 1896년 여름에 아주 생생한 모습으로 내 영혼 안에 등장했다. 당시에 나는 프리츠 쾨겔이 모아 놓은 니체의 '영원회귀'에 관한 경구들을 제공받아 검토해 보았다. 1900년에는 니체 사상의 형성에 관한 내 견해를 논문에 담아 잡지 〈문학〉에 게재했다. 나는 1896년에 니체와 자연과학에 관해 내가 체험한 것을 이 논문의 문장 하나하나에 새겨 넣었다. 당시에 나의 견해를 둘러싸고 벌어졌던 논쟁은 배제하고, 내 사고들을 여기서 다시 언급하고자 한다.

니체가 이 경구들을 순서에 얽매이지 않고 기록했다는 점에는 의심의 여지가 없다…. 니체가 오이겐 뒤링의 《엄밀한 과학적 세계관 및 인생 설계로서의 철학 강좌》(1875년 라이프치히에서 출간)를 접하고서 그 영향을 받아 이런 이념을 품게 되었다는 나의 확신은 당시뿐만 아니라 오늘날까지도 유효하다. 이 책의 84쪽에는 이와 동일한 사상이 아주 분명하게 나타나 있다. 물론 이 책에서는 니체가 그토록 옹호하는 그 사상이 강력하게 반박된다. 이 책은 지금도 니체의 서재에 있다. 여백의 수많은 연필 자국은 니체가 이 책을 얼마나 열심히 읽었는지를 보여준다…. 뒤링은 이렇게 말한다. "의식적인 모든 삶에 깔린 깊이 있는 논리적 바탕에 따르면, 피조물은 단연코 무궁무진해야 한다. 그런데 이런 무한성을 바탕으로 늘 새로운 형태들이 움터 나오는 일이 애초에 가능한 것일까? 공간과 시간이 지속적으로 개입하여 무한정한 조합의 가능성을 보장하지 않는다면, 물질적인 것과 힘이라는 요소만으로는 무한정한 조합이 나올 수는 없다. 셀 수 있는 것으로 조합할 수 있는 가짓수는 한정적일 수밖에 없다. 하지만 그 본질상 모순 없이는 셀 수 있는 것으로 상상할 수 없는 것으로부터는 분명 위치와 관계의 무한정한 다양성이 유추될 수 있을 것이다. 이렇게 되면 우리가 우주 형성의 운명에 요구하는 무한성은 일체의 변화를 수용할 수 있으며, 심지어 거의 아무런 변화도 없는 구간이나 완벽하게 **동일한 일이 반복되는**(강조는 내가 한 것이다) 구간에 들어서더라도 이를 받아들일 수 있지만, 변화의 중단은 어떤 경우에도 허용하지 않는다. 근원상태와 일치하는 존재에 관한 표상을 일구어 내려고 하는 사람이 상기해야 할 것은, 시간의 전개야말로 유일하게 실제적인 방향을 가지고 있으며, 인과법칙 또한 이런 방향과 상응한다는 사실이다. 차이는 견지하기보다 무시하는 것이 더 쉽다. 그래서 차이를 무시한 채, 처음에서 유추하여 마지막을 상상하는 일은 그다지 힘들지 않다. 그렇지만 우리는 그런 식의 겉핥기로 성급하게 굴지 않도록 유념해야 한다. 왜냐하면 일단 우리 앞에 주어진 우주의 이 현존은 오리무중의 상황에서 벌어지는 뜬금없는 사건이 아니고, 우리의 귀납적 추론 및 미래의 예측을 실현시키는 유일하게 확실하고 명백한 토대이기 때문이다…" 게다가 뒤링이 보기에, 어떤 상태가 영원히 반복된다는 것은 생명을 위해서는 긍정적인 자극이 되지 못했다. 뒤링은 말한다. "여기서 자명한 사실은 생명을 자극하는 원칙들이란 동일한 형태가 영원히 반복되는 상태와는 공존할 수 없다는 것이다…"

이런 자연관으로 인해 도달할 수밖에 없는 니체의 결론을 앞에 두고, 뒤링은 수학적 고찰을 통해, 그리고 이 결론이 삶에서 드러낼 끔찍한 모습으로 인해, 흠칫하며 물러선다.

내 논문은 다음과 같이 계속된다.

… 물질적인 부분들과 힘의 요소들로 조합해낼 수 있는 숫자가 유한할 것이라고 전제하면, 우리는 니체의 '동일한 것으로의 영원회귀'라는 이념에 도달한다. 경구 203(쾨겔판 12권; 호르네퍼 저, 《니체의 영원회귀론》, 경구 22)은 다름 아니라 뒤링의 견해에서 도출되는 이념을 옹호하기 위한 *대항이념*일 뿐이다: "힘의 총량은 '무한한 것'이 아니라 일정하다: 개념에서 벗어나지 않도록 유

의하자! 결과적으로, 이런 힘의 위치, 변화, 조합, 발달의 수는 어마어마하게 크고 실제로 '측정 불가능'이긴 하지만, 아무튼 일정하고 유한하다. 다시 말하면, 힘은 영원히 같고, 영원히 활동한다. 무한은 이미 이 순간까지 흘러갔으므로, 모든 가능한 발달은 이미 *존재했음*이 분명하다. 따라서 이 순간의 발달은 반복에 불과한 것임에 틀림없으며, 현재의 발달에 이르게 한 것과 이 발달에서 생겨날 것도 마찬가지, 지금까지도 또 앞으로도 마찬가지이다! 모든 힘의 전체적인 배치가 늘 다시 돌아오는 한, 모든 것은 이미 셀 수 없을 만큼 존재하였다…." 그리고 이 사상에 대한 니체의 *감정*은 뒤링이 느낀 것과 정확히 반대이다. 니체에게 이 사상은 삶을 긍정하는 최고의 공식이다. 경구 43(호르네퍼; 쾨겔판은 234)에는 다음과 같이 씌어 있다. "미래의 역사: 날이 갈수록 이 사상은 승리할 것이다. 그리고 이를 믿지 않는 사람들은 그들의 본성에 따라 결국 *사멸*하고야 말 것이다! 오직 자신의 현존재를 영원히 반복할 수 있는 능력을 유지하는 사람만이 살아남을 것이다: 하지만 그렇게 반복되는 가운데, 유토피아를 꿈꾸는 어떤 자도 도달한 적이 없는 상태가 *조성될 수 있다!*" 니체의 사상들 중 다수가 영원회귀 사상과 같은 방식으로 생겼다는 사실은 증명이 가능하다. 니체는 기존의 어떤 이념에 대해서도 대항이념을 만들었다. 결국 이런 경향이 그의 주요 이념인 "모든 가치의 전도"로 그를 인도했다.

당시 나에게 분명했던 사실은 니체가 정신세계를 추구하는 그

의 특정 사상에서 자연관의 포로였다는 점이다. 이런 이유로 나는 그의 회귀 사상을 신비주의적으로 해석하는 일을 철저히 배격했다. 나는 또한 페터 가스트Peter Gast가 니체 저작을 펴내면서 "우주적인 분자 조합의 고갈 가능성, 즉 반복에 관한 학설을 순수하게 기계론적으로 해석한 것"이라고 쓴 것에 동의한다. 니체는 자연관에 기초해서 고매한 사상을 이끌어내야 한다고 믿었다. 그런 확신이 바로 그가 자신의 시대로부터 고통을 받게 된 원인이었다.

이렇듯 1896년에 나는 니체의 영혼을 바라보면서, 19세기 말의 자연관에 시달리며 정신을 조망하던 인간의 고통에 직면했다.

XIX

1894~1896
바이마르

90년대 중반의 바이마르 ——— 훗날 <마가친 퓌어 리테라투어 Magazin für Literatur>(문학잡지) 제16호(1900년)에 발표된 소논문 참조: 논문에는 "우리의 인식 행위를 과학적으로 분석하면……우리가 자연을 상대로 묻는 질문들은 세계에 대한 우리의 특별한 관계의 결과라고 믿게 된다." 등의 내용이 실려 있다 ——— 바이마르의 예술가 그룹. 화가 오토 프룔리히 ——— 바그너 악극 상연 ——— 총감독 폰 브론자르트 ——— 하인리히 첼러, 아그네스 슈타펜하겐, 베른하르트 슈타펜하겐 ——— 바이마르에서는 19세기 끝까지 괴테의 정신을 느낄 수 있었다 ——— 연로한 대공작

한편으로 괴테에, 다른 한편으로 니체에 기울어 있던 그 시기에 나는 고요히 품고 있던 나의 세계관으로 인해 몹시도 외로웠다. 그리고 나와 친하면서도 내 정신생활은 줄기차게 부정하던 여러 인물과의 관계에서도 그런 외로움을 느끼기는 마찬가지였다.

젊은 시절에 알게 된 어느 친구와 의견 충돌을 빚은 뒤에 내가 "만일 생명의 실체에 관하여 그대가 생각하는 바가 옳다면, 나는 인간이 되기보다 차라리 내 발을 받쳐주는 나무토막이 되겠소." 하고 말한 적이 있다. 그런데 그 친구는 그 뒤로도 나에 대한 사랑과 신뢰를 간직하고 있었다. 그가 빈에서 온정 어린 편지들을 보내올 때마다, 나는 늘 소중한 그곳으로 되돌아간 기분이었다. 그곳에서 내게 허락된 인간관계 때문이었다.

그러나 그 친구가 편지에서 나의 정신생활에 관해 언급하기 시작하면서 우리 사이에는 깊은 괴리가 생겨났다.

그는 편지에서 내가 본래의 인간적인 것에서 멀어지고 있다고, 내가 "영혼의 내적 자극을 합리화하고 있다"고 썼다. 그는 나에게서 감정생활이 순수한 사고생활로 바뀐 것 같은 인상을 받았다. 아울러 그는 이러한 사고생활에서 내가 풍기는 차가움을 느꼈다. 그에 맞서 내가 어떤 주장을 펴든 아무 소용이 없었다. 그는 내가 생각의 영역에서 영혼적인 생활을 하느라 인간적으로 차가울 수밖에 없다는 확신에서 벗어날 수 없었기 때문에, 나는 때로 그의 우정이 식었다는 느낌까지 들었다.

나는 사고생활을 통해 차가워진 것이 아니며, 이 사고의 영역에서 인간적인 것을 지닌 채 정신의 실재를 파악하기 위해서는 인간적인 모든 것을 사고의 영역 안으로 끌어들여야 할 뿐인데, 이런 사실을 그는 도무지 납득하려 들지 않았다.

그가 알아보지 못한 것은, 순수히 인간적인 것은 정신의 영역으로 날아오르더라도 그대로 유지된다는 사실이었다. 사람들이 어떻게 사고의 영역에서 *살아갈* 수 있는지도 이해하지 못했다. 그런 영역에 있는 사람은 *사유에만* 빠져 있을 뿐이어서 차가운 추상의 영역에서 자신을 잃고 만다는 것이 그의 생각이었다.

이런 식으로 그 친구는 나를 '합리주의자'로 몰아붙였다. 나는 이것이야말로 정신을 향한 나의 길에 대한 가장 큰 오해라고 느꼈다. 나는 현실에서 이탈해서 추상으로 나아가는 모든 생각을 마음속 깊이 혐오했다. 나의 영혼은 감각의 세계로부터 사고를 이끌어내어 추상화의 우려가 있는 단계까지만 밀고 가보고 싶은 그런 상태였다. 그리고 사고가 추상화하려는 바로 그 순간에는 사고가 정신을 잡아채야 한다고 나 자신에게 말했다. 친구는 내가 사고를 붙들고 물질적인 세계에서 벗어난다는 것은 알았지만, 물질의 세계에서 벗어나는 순간 정신적인 것 안으로 들어간다는 사실은 납득하지 못했다. 그래서 내가 실제로 정신적인 것에 관해 말했을 때에도 그는 이 모든 것을 허황된 얘기로 치부했으며, 내 말을 추상적인 생각의 짜깁기로만 받아들였다.

나로서는 가장 의미심장한 문제를 얘기하는데도 내가 본래 '존재하지도 않는 것'에 대해 얘기하는 것으로 알아들었다는 사실이 나에게 엄청난 고통을 안겨주었다. 그리고 나와 마주 선 수많은 사람들이 그 친구와 같은 태도였다.

나는 자연을 인식하는 문제에서도 이런 식의 대립을 경험해야 했다. 자연을 탐구하는 옳은 방법으로 내가 인정할 수 있는 유일한 경우는 사람들이 감각적 현상들을 그 상호 관계 속에서 간파하기 위해서 사고를 이용할 때뿐이었다. 하지만 사람들이 사고를 통해 감각적인 통찰의 영역을 넘어 가설을 세움으로써 감각 밖의 현실을 보여주려는 것을 나는 인정할 수 없었다. 그런 가설은 사실상 추상적인 사고가 자아낸 허상에 지나지 않기 때문이다. 나는 사고의 힘을 다해서 감각적 현상을 올바로 통찰함으로써 그 감각적 현상 자체를 통해 뚜렷이 드러나는 것이 무엇인지 충분히 규명하는 순간에, 가설을 세우는 대신—참된 의미에서 감각적 통찰의 배후가 아니라 감각세계 안에 본질적으로 살아 있는—정신적인 것에 대한 통찰과 *경험*을 시작하고 싶었다.

1900년 〈마가친 퓌어 리테라투어Magazin für Literatur〉(문학잡지) 16호에 기고한 논문에서 나는 1890년대 중반에 내 마음을 강렬하게 사로잡았던 통찰을 다음과 같이 정리했다.

우리의 인식 활동을 과학적으로 분석해 보면…, 우리가 자연에 관해 제기하는 의문들은 세계와 우리 사이의 독특한 관계에서 나온 논리적 결과임을 확신하게 된다. 우리는 개별 존재로 한계가 있고, 그래서 세상을 조각조각 나누어 지각할 수 있을 뿐이다. 조각 자체만 보면 각각의 조각은 수수께끼, 즉 우리 인식에 던지는 질문이다. 하지만 우리가 세부사항을 더 많이 알게 될수록, 세상은 우리에게 더 명확해진다. 하나를 지각하면 다른 것에 대한 지각도 열린다. 세상이 우리에게 제기하는 질문 중에 세상이 우리에게 제공하는 수단으로 대답하지 못할 질문은 없다. 따라서 일원론一元論의 입장에서 보면 원칙상 인식의 한계란 존재하지 않는다. 때에 따라 이런저런 일이 해명되지 못할 수 있는데, 그 까닭은 우리가 시간적 또는 공간적으로 아직 그와 관련된 것들을 찾아내지 못하기 때문이다. 하지만 오늘 찾아내지 못했다고 해도 언젠가는 찾아낼 수 있을 것이다. *이 같은 조건으로 인한 인식의 한계는 우연적일 뿐이며, 따라서 경험과 사고가 진전됨에 따라 사라지게 된다.* 이런 경우에 가설의 설정은 정당성을 얻을 수 있다. 우리의 인식이 근본적으로 접근할 수 없는 사항에 대해서는 가설을 세워서는 안 된다. 원자론적인 가설을 추상적인 지성의 보조수단으로만 아니라 감각적인 성질의 범위 바깥에 존재하는 실재의 본질에 대한 진술로 생각한다면, 이는 완전히 사실무근하다. 가설이 사실에 대한 가정일 수 있는 것은, 그 사실이 우연적인 이유로 우리의 접근을 허용하지 않지만 그 본질상 우리에게 주어진 세계에 속할 때뿐이다.

가설의 설정과 관련하여 이런 견해를 표명함으로써 '인식의 한계'는 부당한 것으로, 자연과학의 한계는 당연한 것으로 주장하고자 한 것이다. 그때 나는 자연에 관한 인식에 한해서만 이런 주장을 폈다. 하지만 이와 같은 사고의 형상화 작업은 자연 인식의 수단으로는 어쩔 수 없는 '한계'에 봉착하게 되는 그 지점에서 정신 인식의 수단을 통해 계속해서 나아갈 수 있도록 나에게 항상 길을 열어주었다.

바이마르에서 나는 그 도시의 예술적 요소를 통해서 마음의 안정과 함께 무언가 내적으로 깊은 만족감을 체험했다. 그 예술적 요소는 미술학교, 그리고 음악이 뒤따르는 극장을 통해서 이 도시로 들어왔다.

당시 미술학교의 회화 교사와 학생들 사이에는 옛 전통에서 벗어나 자연과 생명에 대해 새롭고 직접적인 관찰과 재현을 추구하는 흐름이 있었다. 이들 화가 중 상당수가 참된 의미의 '구도자'처럼 보였다. 창작 활동을 하는 예술가가 작품에 담겨 인간의 눈앞에 모습을 드러내는 자연과 제대로 된 관계를 맺으려면, 팔레트나 물감통에 담긴 색들을 어떻게 화폭에 옮겨야 할까? 바로 이 질문이 다양한 형식을 통해 때로는 유쾌한 상상을 동반하고 때로는 교조적으로 활발히 논의되었다. 그리고 이런 질문에 연관된 예술적 체험은 바이마르 미술관에 상설전시되는 바이마르 출신 화가들의 수많은 그림에서 표출되었다.

당시 나의 예술 감각은 인식에 관한 체험만큼 깊이 있지 못했다. 하지만 바이마르 예술가들과 활발히 교제하는 가운데 정신에 합치하는 예술이란 어떤 것일지를 모색했다.

이런 저런 것들을 어떻게 다루어야 하는지를 전통을 통해 '습득'한 '노장 화가들'에 맞서 직접 대상을 보고 빛과 공기가 주는 인상을 포착하고 재현하려는 오늘날의 화가들을 떠올릴 때면, 내 영혼은 상당한 혼란을 느낀다. 이들 중 다수는 자연에 '진정으로' 귀 기울이기 위해 영혼의 가장 근원적인 힘으로부터 나오는 열정을 가진 사람들이었다.

하지만 그와 같은 혼란스러움 대신 아주 분명한 모습으로 내 마음에 떠오르는 한 사람이 있다. 이 젊은 화가의 예술적 성향은 예술적 상상이라는 측면에서 내가 겪은 발전과 밀접히 연관되어 있었다. 당시 한창나이였던 그는 한동안 나와 붙어 다녔다. 그러다가 삶이 나와 이 젊은이를 갈라놓았지만, 나는 가끔씩 우리가 함께한 기억을 떠올리곤 했다.

이 젊은이의 영혼생활은 온통 빛과 색뿐이었다. 다른 이들이 관념으로 표현하는 것을 그는 '빛 안에서 드러나는 색'을 통해 나타냈다. 심지어 그는 지적인 면에서 이어가는 일상사도 보통사람들처럼 세상에서 얻는 순수한 생각들을 바탕으로 꾸리는 대신 색을 배합하듯 했다.

한번은 이 젊은 예술가가 결혼 피로연에 참석했다. 나 역시 그곳에 초대를 받았는데, 이런 자리에 늘 그렇듯 축사가 이어졌다.

목사는 신랑 신부의 이름이 뜻하는 바를 축사의 주제로 삼았다. 나는 신부 쪽과 친분이 있어 그 집을 자주 드나들었기 때문에, 그 집 손님으로서 체험한 감격적인 일들을 이야기하는 것으로 나에게 맡겨진 축사 의무를 다하고자 했다. 나는 사람들의 기대에 떠밀려 축사를 해야 했고, 사람들은 '주어진 상황에 맞는' 피로연 축사를 기대했다. 그러니 '내 역할'에 별다른 기쁨을 느낄 일은 없었다. 내 다음 차례로 그 젊은 화가가 일어났는데, 그 또한 아주 오래 전부터 이 집과 친분이 있었다. 사람들은 워낙 이 화가에게는 아무런 기대가 없었다. 이 젊은이의 마음속에는 보통 식탁 연설을 하는 데 필요한 생각이 들어있지 않다는 사실을 잘 알고 있기 때문이었다. 그는 대략 이렇게 말문을 열었다.

붉게 물든 언덕마루 위로 햇빛이 사랑스레 쏟아집니다. 언덕 위 구름은 햇빛 가운데 숨을 쉬며, 달아오른 붉은 뺨을 해에게 내줍니다. 정신에서 나온 색채들로 이루어진 개선문과 하나되어 빛을 지상으로 인도하기 위함이지요. 들판은 끝없이 꽃으로 뒤덮였고, 그 위에서 일렁이는 노란 색조는 꽃 속으로 살그머니 들어가 그 생명을 일깨웁니다….

젊은이는 이런 식으로 오랫동안 말을 이어갔다. 축사가 이어지던 어느 순간부터는 결혼식으로 분망한 주위를 전혀 의식하지 않고 '정신 안에서' 그림을 그려내기 시작한 것이다. 그가 이렇듯 말로 하는 채색을 왜 중단하게 되었는지는 잘 생각나지 않는다.

그를 좋아하는 것 못지않게 손님들이 결혼식 음식을 편안히 즐기기를 원하는 누군가가 그의 벨벳 상의를 살짝 잡아당겼을 거라고 생각할 따름이다.

그 젊은 화가는 오토 프륄리히Otto Fröhlich였다. 그는 자주 내 방에 와서 내 옆에 앉아 있었고, 함께 산책도 하고 소풍도 갔다. 오토 프륄리히는 내 곁에 있을 때 항상 '정신 안에서' 그림을 그렸다. 그의 곁에 있다 보면, 세계가 빛과 색 말고도 또 다른 내용을 갖추고 있다는 사실을 망각할 수 있었다.

이것이 내가 이 젊은 친구에게서 받은 느낌이었다. 그에게 나를 이해시키려면, 내가 전달하려 하는 내용에 색색의 옷을 입혀야 한다는 것을 나는 알고 있었다.

그리고 이 젊은 화가는 실제로 붓을 움직이고 색을 배치해서 풍부하고 생생한 색의 판타지를 그림에 담는 데 성공했다. 그가 나무 줄기를 그리면 화폭에는 선으로 된 형상이 아니라, 생명을 표현할 기회를 제공한 나무 등치가 빛과 색으로 담겨 있었다.

나는 내 방식으로 빛을 발하는 색채가 담고 있는 정신적 내용을 탐색했다. 그 속에서 색의 본질에 담긴 비밀을 확실하게 알아차렸다. 사람의 영혼을 통해 색의 세계를 파악하기 위해 내가 찾던 것을 오토 프륄리히는 자신의 본능적인 경험으로 가지고 있었다.

나는 다름 아닌 나 자신의 탐색을 통해서 이 젊은 친구에게 상당한 자극을 줄 수 있다는 사실에 기쁨을 느꼈다. 예를 들어, 나는 니체의 《차라투스트라》에서 "더없이 추한 자"라는 장에 강렬하게 색으로 표현된 것을 몸소 심도 있게 체험했다. 시적인 방식으로 채색된 이 "죽음의 골짜기"는 내게는 색채의 신비로운 생명에 관해 많은 것을 담고 있었다.

나는 오토 프뢸리히에게 니체가 시로 색을 칠한 차라투스트라의 상像과 더없이 추한 자를 이제 색채를 통해 시로 써보면 좋을 것이라 조언해 주었다. 그는 내 말대로 했고, 그야말로 놀라운 일이 일어났다. 색깔들이 빛을 뿜으며 웅변을 하듯 차라투스트라의 상 속에 치밀하게 담겨 있었다. 다만 이 차라투스의 상은 그렇게 완전하게 실현되지는 못했는데, 그 까닭은 프뢸리히 안에서 색채들 자체가 아직 차라투스트라를 창조하는 단계까지 펼쳐지지 않았기 때문이다. 하지만 더없이 추한 자의 계곡에 있는 '초록 뱀들' 주위에서 반짝이는 색채는 그만큼 더 생동감 있게 물결쳤다. 그림의 이 부분에는 프뢸리히의 생명이 온전하게 담겨 있었다. 그렇다면 '더없이 추한 자' 부분은 어땠을까? 거기서는 선線이라는 회화적인 묘사가 필요했던 듯싶다. 프뢸리히는 그 지점에서 실패했다. 각각의 색이 지닌 고유성에 따라 색깔을 다루어야 형태 속에서 정신적인 것이 살아나는 신비가 색채 속에 깃든다는 사실을 그는 아직 모르고 있었다. 그 결과, 이 '더없이 추한 자'는 바이마르 화가들 사이에서 '퓔자크Füllsack'라 불리던 모델을 그대로 그린 셈이 되고 말았다. 나는 화가들이 '추함'을 묘사하고자 할 때 모델로 삼곤 했던 퓔자크가 그 모델의 실제 이름인지는 모르겠다. 하지만 '퓔작'의 추함이 평범하고 속물적인 면보다는 무언가 '천재적인 면'을 지녔다는 것은 안다. 그러나 차라투스트라의 마음이 얼굴과 옷에서 빛을 내며 드러나는 지점에서, 또 빛이 그와 녹색 뱀의 교류로부터 참다운 색채의 본질을 마법처럼 끌어내는 그 지점에서, '더없이 추한 자'를 그렇듯 거리낌 없이 '추한 필자크'로, 모델의 복사판으로 그림 속에 배치한 것은 프릴리히의 작품을 망쳐놓았다. 그 바람에 이 그림도 내가 오토 프릴리히를 통해 완성될 수 있으리라 기대했던 작품이 될 수 없었다.

내가 천성적으로 사교적인 것은 맞지만, 바이마르에서 예술가들, 그리고 그들과 사교적으로 연관이 있다고 알려진 모든 이들이 저녁시간을 보내던 장소에 얼굴을 내밀고 싶은 마음은 딱히 없었다.

그곳은 극장 맞은편의 낡은 대장간을 개조한 '예술인회관'으로, 낭만적인 장소였다. 그곳에서는 흐릿한 색색의 조명을 받으며 미술 아카데미 교사와 학생들이 한데 어울렸고, 배우와 음악가들도 자리를 함께했다. 사교를 위해 '애쓰는' 사람들은 저녁이면 그곳에 가야 할 것 같은 압박을 느꼈다. 어쨌든 나는 사교를 위해 애쓰지 않았기 때문에 그런 압박을 느끼지는 않았으나, 상황이 그런 교류를 허락했을 때는 그 교류를 감사하게 받아들였다.

그래서 나는 다양한 사교적 통로로 '예술가 단체'가 아니라 예술가 개개인과 친해졌다.

그리고 그 시절에 바이마르에서 개별 예술가와 사귀는 일은 그 자체로 값진 경험이었다. 궁정의 전통, 특히 카를 알렉산더 대공의 공감적인 성품이 이 도시에 예술적인 면모를 부여했고, 그 시기에 펼쳐졌던 거의 모든 예술 분야를 어떤 식으로든 바이마르에 연결했기 때문이다.

그곳에는 무엇보다도 훌륭한 옛 전통을 간직한 극장이 있었다. 극장의 최고 배우들은 자연주의적 취향이 대두되도록 하는 것을 달가워하지 않았다. 근대적 사조가 등장해서 일부 고루한 인습을 없애고자 하는 경우라도, 그 또한 여전히 좋은 전통과 연결되어 있었다. 그곳에서 근대성은 브람Ludwig Brahm(1862~1926. 독일의 연극배우)이 무대 위에서, 파울 슐렌터Paul Schlenther(1854~1916. 독일의 연극비평가, 연출가, 작가)가 신문과 잡지를 통해 '근대적 관점'이라고 선전했던 것과는 거리가 멀었다. 이 '바이마르의 근대 예술인' 가운데는 특히 철저하게 예술적이며 고상한 열혈남인 파울 비케Paul Wiecke(1862~1944. 독일의 배우, 감독)가 있었다. 그런 사람들이 바이마르에서 예술가로서의 첫 발을 내딛는 것을 보는 일은 지울 수 없는 인상을 남겼으며, 넓은 의미의 인생수업이었다. 파울 비케는 초보 예술가를 짜증나게 하는 전통 극장의 무대배경을 그래도 필요로 했다. 나는 파울 비케의 집에서 흥미로운 시간을 보낼 수 있었다. 비케는 내 친구인 율리우스 발레와도 친분이 두터워서, 우리는 더욱 가까운 사이가 되었다. 비케는 새로이 무대에 올릴 작품을 시연하는 동안 자신이 겪어야 했던 거의 모든 일에 대해서 열변을 토했는데, 나는 이따금씩 그의 말에 넋을 잃고 빠져들곤 했다. 그리고 얼마 후에는 자신이 그토록 열변을 쏟아냈던 역을 극중에서 해내는 비케를 바라보는 것 또한 아주 멋진 일이었다. 그의 극중 역할은 항상 스타일을 향한 고귀한 노력과 아름다운 환희의 불길로 흔치 않은 즐거움을 선사했다.

당시 리하르트 슈트라우스Richard Strauss(1864~1949. 독일의 작곡가,

지휘자이자 극장 감독)가 바이마르에서 경력의 첫 발을 내디뎠다. 그는 라센Eduard Lassen(1830~1904. 덴마크 출신의 작곡가, 지휘자)의 곁에서 부악장으로 일했다. 그의 첫 작품들이 바이마르에서 연주되었다. 이 인물의 음악적 모색은 그 자체가 바이마르적 정신생활의 한 부분 같았다. 자극적인 예술적 문제로 받아들여진 주제를 그토록 기꺼이, 그리고 헌신적으로 수용하는 것은 그 시대의 바이마르에서만 가능한 일이었다. 온통 전통과 품격이 어린 장중한 분위기의 그 고요함을 뚫고 리하르트 슈트라우스의 〈차라투스트라 교향곡〉이, 심지어는 오일렌슈피겔Till Eulenspiegel(중세 독일 민화에 등장하는 광대)에 부치는 그의 음악이 울려 퍼진다. 모든 것이 진동과 장중함과 품격을 버리고 깨어난다. 하지만 공감은 호의적으로, 거부도 악의가 없이 기존의 것에서 깨어나고, 그래서 예술가는 가장 멋진 방식으로 자신과 작품이 연결되어 있음을 발견한다.

우리는 리하르트 슈트라우스의 오페라 〈군트람Guntram〉이 초연될 때 무척이나 긴 시간을 앉아 있었다. 이 공연에는 정말 사랑스럽고 인간적으로 너무나 탁월한 하인리히 첼러Heinrich Zeller(1856~1934. 독일의 오페라 가수, 테너)가 주연을 맡아 거의 탁음 없는 소리로 노래를 불렀다.

물론 이렇듯 몹시 호감이 가는 하인리히 첼러 같은 사람도 자신이 원하는 존재가 되는 데 바이마르가 있어야 했다. 그는 기본적으로 성악가의 탁월한 재능을 타고났다. 그의 발전을 위해서는 실험 무대를 통해 서서히 자신의 재능을 끌어올리는 동안 충분히 인내하며 받아들여줄 환경이 필요했다. 그러므로 하인리히 첼러의 발전은 사람이 경험할 수 있는, 인간적으로 가장 아름다운 일에 속했다. 더구나 첼러는 사람들이 그와 함께 보낸 시간을 가장 멋진 순간으로 꼽을 만큼 정말 사랑스러운 인물이었다.

그래서 비록 저녁때 예술인협회에 나가보려는 생각이 없을 때라도 우연히 마주친 하인리히 첼러가 나에게 꼭 함께 가자고 하면, 나는 그의 요구를 매번 기꺼운 마음으로 받아들였다.

물론 바이마르라는 환경에도 어두운 면이 있었다. 전통과 평온함을 선호하는 분위기로 인해 예술가들은 일종의 무감각과도 같은 상태에 빠지는 경우가 잦았다. 하인리히 첼러는 바이마르 바깥 세상에는 거의 알려지지 않았다. 처음에 그의 날개를 펼치는 데 적합했던 환경이 나중에는 오히려 그 날개를 마비시켰다. 그리고 내 사랑하는 친구 오토 프뢸리히도 바로 그렇게 된 듯싶다. 이 친구는 첼러처럼 바이마르의 예술적 토양을 필요로 했지만, 바이마르의 예술적인 편안함 속에서 나른한 정신적 분위기를 너무 심하게 흡수한 것이다.

또한 사람들은 입센의 정신을 비롯한 예술의 근대성이 밀려드는 가운데서도 그런 '예술적 편안함'을 느꼈다. 그래서 사람들은 모두 나서서 노라Nora의 스타일을 찾기 위해 배우들이 하는 것 같은 방식으로 밀려드는 근대 정신에 대응했다. 바이마르에서 알아챌 수 있었던 것처럼, 그러한 모색은 낡은 무대 전통을 계승하는 것으로는 실러처럼 무대에서 출발하지 않고 입센처럼 생활에서 출발한 작가들의 작품을 상연하는 것이 곤란한 경우에 한해서 일어났다.

하지만 사람들은 관객이 느끼는 '예술적 편안함'에서 근대성을 비추어보기도 했다. 그럼에도 '고전적인 바이마르'의 주민으로서 주어진 상황을 따를 것인가, 아니면 계속 새로운 것에 대한 이해를 보여줌으로써 바이마르를 위대하게 만들어온 길로 갈 것이냐 하는 선택의 기로에서 사람들은 이제 길을 찾아야 했다.

돌이켜 보면, 바이마르에서 바그너의 악극 공연에 함께 참여했던 일은 나에겐 재미있는 경험이었다. 총감독인 폰 브론자르트 Hans Bronsart von Schellendorf(1830~1913. 독일의 작곡가, 피아니스트)는 특히 이 방면의 연출에 뛰어난 이해를 가지고 헌신해온 인물이었다. 이러한 악극에서 하인리히 첼러의 목소리는 특출난 효과를 발휘했다. 여성 오페라 가수로는 아그네스 슈타펜하겐 부인의 역할이 중요했다. 그녀의 남편은 피아니스트인 베른하르트 슈타펜하겐으로, 극장에서 잠시 악단의 지휘를 맡은 적이 있었다. 잦은 음악 행사들이 그 시대를 대표하는 음악가들, 그리고 그들의 작품을 바이마르로 불러들였다. 예를 들어 말러Mahler는 그의 경력 초기에 바이마르의 한 음악 페스티벌에서 악단의 지휘자로 있었다. 말러가 지휘봉을 휘두를 때 지울 수 없는 인상을 남긴 것은, 형식의 흐름 속에서 음악을 강요하는 것이 아니라 초감각적으로 감추어진 것에 대한 체험으로서 음악을 형식들 사이에 교묘하게 부각시키는 방식이었다.

바이마르에서 일어난 일 가운데 지금 내 마음에 떠오르는 것은 겉보기에는 나와 완전히 동떨어진 듯하지만 실제로는 내 인생과 깊이 연관되어 있다. 그 사건들과 상황을 나와 아주 밀접하게 연관된 것으로 체험했기 때문이다. 훗날 내가 바이마르에서 그들의 초창기를 함께 보낸 인물이나 그들의 작품과 마주칠 때면, 나는 번번이 감사하는 마음으로 바이마르 시절을 회고했다. 많은 것들이 바이마르에서 발아기를 거쳤기 때문에, 나는 바이마르 시절을 통해서 매우 많은 것을 배울 수 있었다. 그렇게 그 시대의 바이마르에서 예술가들의 노력을 접할 때 나는 무엇보다 나 자신의 판단을 가지고 있었는데, 그것은 다른 사람들의 판단과는 일치하지 않는 경우가 대부분이었다. 그러나 동시에 나는 나 자신의 느낌에 못지않게 다른 이들이 느낀 모든 것에도 강하게 이끌렸다. 그 경우에도 나의 내면에는 이중적인 영혼 생활이 형성되고 있었다.

그것은 지성적 판단에 의한 추상적인 양자택일을 넘어설 수 있도록 바로 인생 자체가 운명적으로 부과한 영혼의 훈련이었다. *이런 식의 지성적 판단은 영혼과 초감각적인 세계를 분리하는 경계를 세운다.* 초감각의 세계에는 양자택일을 유발하는 존재나 과정들이 없다. 사람들이 초감각적인 것에 대응하려면 다양한 면모를 갖추어야 한다. 이론적으로 배워야 함은 물론, 모든 것을 온갖 관점에서 고찰하려는 노력이 영혼생활의 가장 깊은 곳에서 습관적으로 일어나야 한다. 물질주의, 사실주의, 이상주의, 심령주의와 같은 '관점'은 물질세계에서 추상적 성향을 보이는 인물들에 의해서 사물 자체에 대해 무언가를 표명하기 위해 방대한 이론으로 형성되는데, 초감각적인 것을 인식하는 이에게 그 모든 관점은 일체의 관심을 상실한다. 초감각적인 것을 인식하는 사람은 예컨대 물질주의란 세상을 물질적인 현상으로 나타나도록 하는 관점에서 세상을 본 것에 지나지 않는다는 사실을 알고 있다.

자신의 현존재를 볼 때 외적으로 기복이 있는 삶을 내적으로는 자신의 판단과 느낌인 듯이 현존재에 밀착시키는 것은 실제적인 훈련이다. 나에게는 바이마르에서 일어난 많은 일들이 그랬다. 세기말에 이르러 그런 상황은 거기서 끝난 것처럼 보였다. 그래도 그전까지는 괴테와 실러의 정신이 모든 것에 머물고 있었다. 그리고 바이마르 이곳 저곳과 궁정 시설을 정말로 우아한 걸음으로 지나는 경애하는 노老대공만 해도 소년 시절에 괴테를 직접 만나본 적도 있었다. 대공은 실제로 자신의 '고귀함'을 아주 강하게 느끼는 사람이었지만, '바이마르를 위한 괴테의 작품'을 통해서 두 배로 고귀해진 느낌을 받았음을 숨기지 않았다.

괴테의 정신은 바이마르에서 모든 방면에 강력한 영향력을 미쳤고, 그래서 그곳에서 일어난 일을 함께 체험하는 가운데 그 체험의 어떤 측면은 내게는 초감각적인 세계를 정확하게 보여주기 위한 실천적인 영혼 훈련이 되었다.

XX

1894~1896

에두아르트 폰 데어 헬렌이 문서실에서 일하기 시작하다 ─── 그의 관심사로 인해 정치와 관련된 생활에 가까워지다 ─── 많은 회합 ─── 루돌프 슈타이너가 주간지 <도이체 보헨슈리프트Deutsche Wochenschrift>(독일주간)의 재발간을 거부하다 ─── 바이마르에서 교류하는 인물들 ─── 빈에서 경험한 것과 같은 영혼의 모습을 바이마르에서도 경험하다 ─── 언어학자 프레제니우스와 그가 찾아낸 것 ─── 프란츠 페르디난트 하이트뮐러로 인해 문서실 동료들 사이에는 예술적인 바람이 불다 ─── 화가 요제프 롤렌체크와 친밀해지다 ─── 막스 크리스트리프가 현실 안에서 살아 있는 원상세계를 이해하다

∽

괴테·실러문서실에서 기록연구사로 일하는 에두아르트 폰 데어 헬렌의 집에서 나는 사교적으로 상당히 격조 높은 환대를 받았다. 문집실의 다른 공동연구자들 사이에서 이 인물의 위치는 특별했다. 폰 데어 헬렌은 첫 저작인 ≪라바터의 인상학 원고에 대한 괴테의 공헌≫이 대단한 성공을 거둠으로써 문헌전문가들 사이에 명성이 자자했다. 폰 데어 헬렌이 이 연구를 통해 이뤄낸 성과는 모든 동료 전문가들로부터 즉각 '완벽한' 것으로 받아들여졌다. 하지만 저자인 폰 데어 헬렌 자신만은 그렇게 생각하지 않았다. 그는 자신의 연구가 방법론적인 성취이므로 누구나 그 원칙들을 '배울 수' 있다고 보았다. 반면에 그가 전방위로 탐구하려는 것은 정신적인 내용을 지닌 내면의 영혼적인 충만함이었다.

방문객이 없을 때면 우리 세 사람은 문서실에 한참을 머물렀다. 당시만 해도 문서실은 아직 성 안에 있었다. 문서실 내의 오래된 공동연구실에서 폰 데어 헬렌은 괴테의 서신을 편찬하는 작업을 했고, 율리우스 발레는 일기를, 나는 괴테의 자연과학 저술을 연구했다. 작업을 하는 짬짬이 우리는 정신생활에서 사회생활에 이르는 매우 다양한 분야에 관해 대화를 나누었다. 이런 대화는 주로 에두아르트 폰 데어 헬렌의 정신적인 욕구에서 비롯되었지만, 괴테로 이어지는 관심거리들도 이 대화의 주제가 되었다. 괴테가 일기에 적어둔 내용, 그리고 대단히 높고 넓은 괴테의 관점이 드러나기도 하는 편지글로부터는 존재를 깊이 있게, 또 인생을 폭넓게 이끌어 주는 고찰이 나오기도 했다.

에두아르트 폰 데어 헬렌은 대단히 친절했으며, 문서실에서 종종 이런 식의 열띤 대화를 나누는 동안 관계가 깊어진 결과로 나를 자신의 가족에게 소개하기에 이르렀다. 그의 집안을 오가는 사람들 가운데는 내가 앞에서 올덴 부부와 가브리엘레 로이터 주위에 모이는 무리라고 묘사했던 인물들도 포함되어 있어서, 나로서는 교류의 폭이 정말 기분 좋게 넓어졌다.

폰 데어 헬렌 부인은 대단히 깊은 공감을 자아내는 인물로서 내 기억 속에 유달리 강렬하게 남아 있다. 부인은 뼛속까지 예술적인 사람으로, 삶이 다른 의무를 부과하지 않았더라면 예술 분야에서 훌륭한 성과를 낼 수 있었을 것이다. 내가 아는 한, 부인의 예술적 소질은 마치 운명의 장난인 양 초보단계를 넘지 못했다. 하지만 예술에 관해 대화를 나눌 때면 부인의 한마디 한마디가 다 유익했다. 부인은 조심성이 있으면서 판단을 내리는 데 늘 신중한 듯했지만, 본바탕이 순수해서 인간적으로 깊은 공감을 자아냈다. 우리의 대화가 끝난 후에도, 폰 데어 헬렌 부인이 먼저 시작하고도 채 맺지 못한 말을 오래도록 음미하며 마음속에 품고 다닌 뒤에야 나는 겨우 대화에서 벗어날 수 있었다.

폰 데어 헬렌 부인의 아버지는 매우 다정다감한 육군 중장이었고, 1870년대 프로이센·프랑스 전쟁 당시 육군 소령으로 참전했다. 부인은 그의 둘째 딸이었다. 이 사람들과 함께 있으면 독일 정신의 가장 아름다운 면이 되살아났다. 그것은 아주 오랫동안 독일의 정신적 본질을 이루었던 종교적, 순수문학적, 통속과학적 자극에서 나와 사회생활의 모든 영역으로 흘러든 그 정신이었다.

에두아르트 폰 데어 헬렌으로 인해서 나는 얼마간 당대의 정치에 관심을 갖게 되었다. 문헌학 일에 만족을 느끼지 못한 탓에 폰 데어 헬렌은 바이마르의 활기찬 정치 생활로 뛰어들었다. 덕분에 그에게는 새로운 인생의 장이 펼쳐지는 듯했다. 이 인물에 대한 우호적인 관심이 있었기에, 정치에 적극적으로 참여하지 않은 내가 공적인 문제를 둘러싼 여러 움직임에 관심을 두게 되었다.

오늘날의 삶 속에서 이미 그 불가능성이 입증되었거나 끔찍한 변형을 거쳐 불합리한 사회 구조로 귀결된 많은 것이, 당시에는 노동자계급의 기대를 받으며 막 발생하려던 참이었다. 정열적인 지도자들의 열변에 설득된 그 시기의 노동자계급은 인류를 위해 새 시대에 걸맞은 새로운 사회 구조가 도래해야 한다고 생각하게 되었다. 노동자계급 내부에서는 좀더 신중한 무리와 매우 급진적인 무리가 서로 자기 주장을 펼쳤다. 노동자계급을 관찰해 보면 사회생활이 정말 바닥부터 부글부글 끓어오르는 모습에 더더욱 깊은 인상을 받았다. 하지만 그 모든 것의 정상에는 모든 인간을 위해 정열적이고 집중적으로 활동하며 고상하게 생각하는 궁정이 양성해 낸 보수주의가 자리했다. 이런 분위기 속에서, 스스로를 당연히 있을 수밖에 없는 것으로 여기는 보수정당과 함께 이른바 민족자유주의가 생겨났다.

에두아르트 폰 데어 헬렌이 보여주는 삶은, 그 모든 혼란 속에서도 제대로 방향을 찾아 유능한 지도자의 역할을 해내도록 올바른 길을 찾아가려는 것으로 이해할 일이었다. 우리는 그가 그 과정에서 겪는 일을 함께 체험해야만 했다. 그는 친구들과 모인 자리에서 소책자 제작에 관한 모든 사항을 논의했다. 우리는 유물사관, 계급투쟁, 잉여가치 같은 개념에도 에두아르트 폰 데어 헬렌 자신만큼이나 깊은 관심을 보여야 했는데, 당시에 이들 개념에 대해 느끼는 것은 지금과는 많이 달랐다. 그가 연사로 나서는 수많은 집회에도 모두 참석해야 했다. 그는 이론으로 짜맞춰진 마르크스주의 강령에 맞서 새로운 대안을 제시하고자 했는데, 이 대안은 모든 정당의 모든 노동자 동지들이 사회적 진보를 이루어야 한다는 선한 의지에서 나온 것임이 분명했다. 그는 이러한 동기를 강령에 담은 중도정당 같은 것을 새로이 활성화함으로써 사회 문제를 해결할 수 있으리라 생각했다.

이 일은 아무 성과 없이 흘러갔다. 단지 내가 할 수 있는 얘기는, 만일 내가 폰 데어 헬렌의 이런 노력에 관심을 두지 않았더라면, 그 시대의 사회 문제를 그토록 강도 높게 체험할 수는 없었으리라는 것이다.

강도는 훨씬 약했지만 또 다른 방향에서 사회 문제가 나에게

다가왔다. 폰 데어 헬렌을 통한 경우에는 그렇지 않았는데, 다른 경로로 정치적인 사안이 다가왔을 때 나는 상당한 저항감을 느꼈다. 당시 바이마르에는 자유 사상을 지닌 정치가인 하인리히 프랭켈Heinrich Fränkel 박사가 살고 있었다. 그는 오이겐 리히터Eugen Richter의 추종자이자 동지로서 정치적으로 활동 중이었다. 나와도 알고 지냈는데, 비록 '오해'로 인해 그와의 사귐은 오래 가지 못했지만 나는 가끔 그때를 흔쾌한 마음으로 돌아보곤 한다. 프랭켈은 나름대로 특별한 사랑을 받을 만한 인물이었다. 그는 정치가로서의 의지가 강렬했으며, 선한 의지와 합리적인 통찰을 통해서 사회생활에서 진보의 바른 길에 대한 사람들의 열광을 불러일으켜야 한다고 생각했다. 그의 인생은 실망스러운 사건의 연속이었다. 유감스럽게도 나 또한 그에게 실망을 안겨주어야 했다. 프랭켈은 우리가 가까워지던 바로 그 무렵에 소책자를 집필하는 중이었는데, 그는 이 책자를 최대한 널리 배포할 생각이었다. 당시 독일에서는 거대산업체들과 농업지주 간의 동맹이 싹트는 단계였는데, 그의 관점에 따르면 이런 동맹은 향후 궤멸적인 결과를 낳을 것이 뻔했다. 그래서 그때 이미 그는 그 동맹의 결과를 막아내는 데 중점을 두었다. 그는 자신의 소책자에 ≪황제여, 강해지소서≫라는 제목을 달았다. 그는 황제를 둘러싼 무리에게 그가 생각하는 해악들을 확실히 알릴 수 있으리라고 믿었지만, 조금의 성과도 얻을 수 없었다. 그는 자신이 소속되어 활동하는 정당이 그가 작정한 행동을 뒷받침할 만한 능력이 없다는 사실을 알아차렸다.

그러던 어느 날, 그는 몇 년 전 빈에서 내가 짧은 기간 동안 편집을 맡았던 〈도이체 보헨슈리프트Deutsche Wochenschrift〉(독일주간)라는 잡지를 되살리는 일에 강한 흥미를 나타냈다. 그는 이 주간지를 통해 당시의 '자유 사상'에서 더 민족적이고 자유주의적인 활동으로 자신을 이끌어갈 정치적 흐름을 만들어내고자 했다. 그는 우리 둘이 이 방면에서 무언가를 함께할 수 있으리라 생각했다. 하지만 그것은 불가능한 일이었으며, 심지어 〈도이체 보헨슈리프트〉를 되살리기 위해서도 내가 할 수 있는 일은 아무것도 없었다. 내가 이런 내용을 전달한 방법이 그의 오해를 샀고, 곧이어 우리의 우정에도 금이 가고 말았다.

하지만 이 우정에서 또 다른 것이 생겨났다. 프랭켈에게는 매우 존경할 만한 부인과 처제가 있었는데, 그는 나를 자기 가족에게도 소개했다. 이 가족은 다시 나를 다른 가족에게 데려갔는데, 거기서 벌어진 일은 예전에 빈에서 나를 찾아든 운명과도 같은 특별한 인연과 판에 박은 듯이 닮아 있었다. 나는 빈에서 어느 가족과 막역하게 지냈는데, 그 집의 가장만은 한번도 모습을 드러내지 않았다. 그렇지만 정신적·영혼적으로는 나에게 매우 가까이 다가온 사람이었기 때문에, 그가 죽고 나서 나는 가장 친한 친구를 위해 하듯 그를 위해 조사를 맡았다. 이 가장이 지녔던 정신성의 전체가 가족을 통해서 내 영혼에게 완전한 현실로 다가왔었다.

그리고 이제 나는 자유 사상을 지닌 저 정치가를 통해 간접적으로 소개받은 집의 가장과도 그때와 거의 같은 관계에 놓였다. 이 집의 안주인은 얼마 전에 고인이 된 가장을 추념하며 매우 경건하게 생활하고 있었다. 우연한 기회에 나는 그때까지 거주해온 바이마르의 집에서 나와 이 집에 세를 얻어 이사했다. 그곳에는 돌아가신 분의 서재가 있었다. 이 분은 정신적으로 여러 방면에 관심을 두었지만, 빈의 그 분처럼 사람들과의 접촉을 피하면서 살았다. 또 그 분처럼 자신의 '정신세계'에 틀어박혀서 세상으로부터 '별난 사람'으로 취급을 받았다.

비록 살아 생전에는 이 분을 만날 수는 없었지만, 나는 빈의 그 분과 마찬가지로 이 분에게서도 나의 운명을 가로지르며 '현존재의 장막 뒤에서' 거니는 듯한 느낌을 받았다. 빈에서 나는 '알면서도 모르는 사람'의 가족과 그런 아름다운 인연을 지었다. 그리고 다시 바이마르에서 두 번째로 이렇게 '아는 분'과 그의 가족과 나 사이에 더욱 뜻 깊은 인연이 맺어졌다.

내가 이 두 분의 '모르지만 아는 사람'에 관해 이야기하면, 사람들은 대부분 내 얘기를 종잡기 어려운 망상으로 치부하리라는 것을 잘 안다. 그것은 죽음의 문을 통과한 뒤에 머무는 영역에 있는 두 사람의 영혼에 내가 어떻게 접근할 수 있는가 하는 이야기이기 때문이다.

누구든 그런 영역에 관한 진술에 관심을 갖지 않을 내적인 권리가 있다. 하지만 이런 얘기를 한낱 공상으로 치부한다면 이는 또 다른 문제이다. 누군가가 내 얘기를 공상으로 취급한다면, 내가 정신적인 것을 주장할 수 있는 영혼 상태의 근원을 늘 수학이나 해석역학과 같이 정밀한 학문 분야에서 탐구해 왔다는 사실을 강조할 수밖에 없다. 그러므로 내가 이제부터 말하는 내용이 인식에 대한 책임감이 없는 경솔한 얘기로 비난받는 일은 없어야 할 것이다.

그 시기에 나는 영혼의 정신적인 통찰력을 통해서 지상에서는 이미 지상의 죽음을 맞이한 그 두 분의 영혼과 밀접히 결합할 수 있었다. 그 분들은 돌아가신 다른 분들과는 달랐다. 죽은 이들은 지상에서 죽음을 맞이한 뒤에 *맨 먼저* 그 삶의 내용에 따라 지상의 생활과 밀접히 연관된 삶을 체험한다. 그런 다음 사후 생활은 천천히, 오로지 점진적으로 사람이 순수한 정신세계에서 느끼는 것과 비슷해진다. 이 정신세계에서 그 사람은 다음 번의 지상생활로 들어설 때까지 존재하게 된다.

이 두 '모르지만 아는 사람'은 당대의 물질주의 사상에 정통해 있었다. 이들은 자연과학적 사고방식을 뼛속 깊이 개념적으로 소화한 사람들이었다. 내가 바이마르에서 인연이 된 그 두 번째 분은 심지어 빌로트Theodor Billroth(1829-1894. 오스트리아의 외과의사, 빈과 취리히에서 교수 역임)와 그런 부류의 자연과학 사상가들도 잘 알고 있었다. 그래서 이 두 분은 지상에서 생활하는 동안 정신적인 세계의 통찰과는 거리가 멀었던 것 같다. 두 분은 당시에 만날 수도 있었을 이런 정신을 통찰하는 세계관을 모두 거부했을 것이다. 아무튼 이들에게 '자연과학적 사고'는 그 시대의 특징적인 사고습관에 따라 사실에 근거한 것이어야 했기 때문이다.

그러나 당대의 물질주의에 기울어진 두분의 성향은 전적으로 자신들의 이념세계에서만 유지되었다. 이 두 분은 자신들이 신봉하는 물질주의적 사고로부터 나와 모든 사람을 지배하던 생활습관을 그대로 따르지는 않았다. 두 분은 '세상 사람들 눈에는 별난 사람'이었고, 당시 사람들의 일상보다도, 또 자신들의 재력으로 누릴 수 있었던 것보다도 훨씬 소박하게 살았다. 결국 이들은 정신적 성향에 물질주의적 *행동의 가치 기준*들을 부여했을 어떤 것이 아니라 물질주의적 *사고의 가치 기준*들을 정신적 성향에 심어준 무엇인가를 정신세계 안으로 받아들인 것이었다. 그리고 이런 일은 당연하게도 대부분 이들의 잠재의식 속에서 일어났다. 내가 실제 확인할 수 있었던 것은, 죽음 뒤에 사람이 신적·정신적 세계에서 겪는 소외는 이런 물질주의적 사고에 의해서가 아니라 오직 물질주의적인 가치관의 활동을 통해서 생겨난다는 사실이다. 빈에서 나에게 다가온 영혼은 물론이고 내가 바이마르에서 정신적으로 알게 된 이 영혼 또한 죽은 뒤에는 찬란하게 빛나는 정신의 형상이었고, 이런 형상 속에서 영혼의 내용은 세상의 근간을 이루는 정신적 존재의 상으로 가득 차 있었다. 그들은 또한 이전에 지상에서 생활하는 동안 물질적인 것을 엄밀하게 숙고할 수 있도록 해준 사고들에 익숙해져 있었다. 하여, 죽음을 맞이한 뒤에도 그 사고들은 그들이 세상에 대해 비판적 관계를 가지도록 도움을 주었다. 만일에 그런 사고들이 그들에게 낯선 채로 있었다면, 세상에 대한 비판적 관계는 생길 수 없었을 것이다.

이렇게 내 운명의 길로 옮겨 온 이 두 영혼을 통해서 자연과학적 사고방식의 의미가 정신세계로부터 직접 나에게 드러났다. 나는 자연과학적 사고방식 자체가 정신적인 통찰에서 배제되어야 하는 것은 아니라는 사실을 확인할 수 있었다. 두 인물이 지상생활을 거치면서 정신적인 통찰에서 멀어지게 된 것은 자연과학적 사고를 정신적 체험이 시작되는 영역으로 고양할 기회를 지상에서 얻지 못했기 때문이다. 두 사람은 죽고 나서 이 일을 더할 나위 없이 완벽하게 이루어냈다. 지상에서 생활하는 동안에도 이를 위해 내적인 힘과 용기를 낸다면 이러한 고양을 이룰 수 있다는 것을 나는 보았다. 또한 정신세계에서 뜻 깊은 사건을 실제로 체험함으로써 인류가 자연과학적 사고방식을 발전시켜 *가야 한다*는 사실도 확인했다. 옛날의 사고방식으로는 사람의 영혼이 초감각적 세계의 정신과 연결될 수 있었다. 그 사고방식은 자기인식(모든 인식의 바탕)을 이룬 사람이면 누구라도 자신이 신적·정신적 세계의 하나의 모상 또는 일원이라는 사실을 일깨워 주었다. 하지만 사람이 자기 자신을 독립적이면서 그 자체로 완결된 정신적 존재로 느끼도록 할 수는 없었다. 이런 까닭으로, 하나의 관념 세계를 파악하기 위한 발전이 반드시 이루어져야 했다. 이 관념 세계는 정신에서 스스로 불러일으키는 것이 아니라 물질에 의해 자극을 받으며, 분명 정신적이긴 하지만 정신으로*부터* 나온 것은 *아니다*.

사람이 죽고 나서 새로 태어나기 전까지 정신세계에서 살아가는 동안에는 그런 관념 세계에 대한 자극을 받을 수 없다. 이는 인간이 지상에서 사는 동안에만 존재의 물질적 형태를 마주하기 때문이며, 그런 자극은 오직 지상에 존재하는 동안에만 가능한 일이다.

나는 두 사람의 영혼을 통해서 인간이 자연과학적 사고방식에 긴밀히 얽힘으로써 죽은 뒤의 정신적인 삶을 포함하여 인생 전체를 위해 무엇을 얻는지 체험할 수 있었다. 그뿐 아니라 지상에서 생활하는 동안 순수히 자연과학적 사고방식이 낳은 의지 활동의 결과들을 고수한 사람들이 정신세계에서 멀어진다는 사실도 확인할 수 있었다. 말하자면 이들은 인생 전반에 걸쳐 자연과학적인 사고방식을 가지지 않은 경우보다 자연과학적 사고방식을 *가진* 경우에 자신의 인간성을 덜 드러낸다.

이 두 영혼이 세상 사람들 눈에 '별난 사람'으로 보인 것은, 이들이 지상에서 사는 동안 자신의 인간성을 잃지 않으려 했기 때문이다. 또 이들이 자연과학적 사고방식을 전적으로 수용한 까닭은, 그런 수용 없이는 이를 수 없는 인류의 정신적인 발달단계에 도달하고자 했기 때문이다.

내가 이 두 영혼이 지상에 존재하는 동안 신체를 갖춘 인물로 이들을 마주했다면, 나는 이들에게서 그런 통찰을 얻을 수 없었을 것이다. 나는 정신세계에 있는 이 두 분의 개성을 통찰하는 데 그들과 관련한 섬세한 영혼의 눈길이 필요했다. 정신세계 안에서는 이들의 본질만이 아니라 이들을 통해 다른 여러 가지가 나에게 드러났다. 이런 섬세한 눈길은 물질 세계에서 겪은 일이 순수히 정신적인 것으로 체험되는 것을 은폐하거나 하다못해 부정적인 영향을 미치면 쉽사리 사라진다.

이런 까닭으로, 나는 그때 이미 두 영혼이 나의 지상존재 속에 등장한 특별한 방식을 보면서, 이 일이 운명이 정해준 나의 인식의 길이라는 것을 알아차릴 수밖에 없었다.

하지만 이렇게 정신세계에 있는 영혼과 관계를 맺을 때는 강신술降神術(Spritismus)의 경향을 띤 것은 아무 것도 고려되지 않았다. 내가 정신세계와 교류하는 데는 실질적으로 참된 정신에 의한 관조 말고는 전혀 다른 아무 것도 필요치 않았다. 이런 통찰에 관해서는 훗날 인지학에 관련된 나의 저술들을 통해 공개했다. 그뿐 아니라 영매靈媒를 통해 망자와 관계를 맺기에는 빈의 가족들은 물론 바이마르 가족들도 하나같이 너무나 건전한 사람들이었다.

나는 이런 일이 문제가 될 때마다 강신술 같은 분야에서 사람의 영혼을 탐색하는 방식에도 관심을 기울였다. 지금의 강신술은 정신을 갈구하는 사람들이 가는 잘못된 길로, 그들은 정신을 외적인 방식으로—거의 실험적인 방식으로—탐색하려 한다. 이런 사람들은 정신적인 방식의 실제적이고 참되고 순수한 면을 느낄 수 없기 때문이다. 강신술을 통해 몸소 무언가를 탐구해 보려 하지는 않으면서도, 강신술에 대해서 완전히 객관적인 관심을 지닌 사람이야말로 강신술의 의도와 오류에 관해 올바른 생각을 가질 수 있다. 나 자신의 탐구 또한 어떤 식으로든 그런 강신술과는 늘 다른 길을 걸어왔다. 바이마르에서도 강신술사들과 흥미롭게 교류할 수 있었는데, 정신을 탐구하는 그런 방식이 예술가들 사이에서 한동안 크게 유행했기 때문이다.

하지만 저 두 영혼—그 가운데 바이마르에 살았던 영혼이 오이니케Eunike였다—과의 교류야말로 나에게 ≪자유의 철학≫을 쓸 수 있는 내면의 힘을 주었다. 이 책에 담으려고 노력한 내용은 첫째, 1880년대에 내가 철학적 사유의 길을 걸으면 얻은 결과물, 둘째, 내가 실제로 정신세계 *전반*을 통찰함으로써 얻은 결과물, 셋째, 저 두 영혼의 정신체험을 함께하면서 얻은 힘이었다. 이 두 영혼 안에서 나는 인간이 자연과학적 세계관에 힘입어 이룩한 성장을 알게 되었다. 하지만 이 두 영혼 안에서 나는 자연과학적 세계 관이 의도하는 행동 속으로 들어가는 것에 대해 고귀한 영혼들이 느끼는 두려움 또한 알게 되었다. 이들은 자연과학적 세계관의 윤 리적 결과 앞에서 멈칫거리며 물러섰다.

≪자유의 철학≫ 전반에 걸쳐 나는 윤리적으로 중립적인 자연 과학적 사고의 세계로부터 우리를 도덕적인 내적 자극의 세계로 이끄는 힘을 찾으려 했다. 자신이 그 자체로 완결된 정신적 특성 을 지닌 존재임을 아는 사람은 이제 정신으로부터 흘러나오는 관 념이 아니라 물질적인 존재로부터 자극을 받는 관념 속에 살아가 기 때문에, 도덕적인 면에서도 자신의 고유한 존재로부터 *직관*을 계발할 수 있다는 사실을 이 책에서 보여주려 한 것이다. 이로써 자연을 바라보는 가운데 정신이 빛을 내듯이, 도덕성은 자유로워 진 개별체 안에서 개인적이고 윤리적인 자극으로서 빛을 발한다

그 두 영혼은 이런 도덕적 직관까지는 나아가지 못했다. 그래 서 그들의 삶은 미처 확장되지 못한 자연과학적 사고에 국한되었 고, 이렇게밖에 지속될 수 없는 삶 앞에서 두 사람은 (무의식적으 로) 멈칫거리며 물러선 것이다.

나는 당시에 '도덕적 판타지'가 인간의 개별 인격체 안에 있 는 도덕성의 원천이라고 했다. 동시에 이러한 원천이 온전한 실재 가 아닌 어떤 것이라고 말하려는 의도는 전혀 없었다. 나는 오히 려 판타지 속에 들어 있는 힘의 특징을 언급할 생각이었다. 이 힘 은 개별 인간이 참된 정신세계를 알게 되도록 돕는다. 물론 정신적 인 것을 실제로 체험하는 데까지 이르고자 하면, 정신을 알아보는

데 적합한 인식의 힘들인 상상(Imagination), 영감(Inspiration), 직관(Intuition)이 생겨나야 한다. 하지만 자신을 개별자로 인식하는 인간에게 정신을 드러내는 최초의 빛줄기는 판타지를 통해서 생겨난다. 이 판타지는 일체의 공상적인 것을 떠나서 실재하는 정신의 상으로 보여주게 되는데, 괴테에게서 보이는 것이 바로 이런 과정이다.

나는 바이마르에서 지내는 동안 거의 대부분의 기간을 이 도시의 '모르지만 아는 사람'이 남긴 가정에서 주택의 일부를 혼자 사용하며 지냈다. 나와는 금방 좋은 친구가 된 안나 오이니케Anna Eunike 부인은 나에게 필요한 모든 것을 정성껏 마련해 주었다. 부인은 내가 자녀 양육이라는 힘든 과제를 도우면서 곁에 있다는 사실에 큰 의미를 두었다. 남편이 세상을 떠나는 바람에 부인은 딸 넷에 아들 하나가 딸린 미망인이 되었다.

나는 기회가 닿는 대로 아이들을 돌보았다. 그들은 나를 그야말로 가족의 일원으로 여겼기 때문에, 아이들을 볼 기회는 많았다. 아침과 저녁 식사는 그들과 함께 했지만, 점심은 밖에서 먹었다.

나를 한 가족처럼 잘 대우해 준 그 가정에서 나는 전혀 외롭지 않고 행복했다. 한번은 베를린에서 괴테협회 회의에 참석하러 온 젊은 방문객들이 '자기들끼리' 정말 오붓하게 있고 싶어서, 자신들과 긴밀하게 연락하고 지내는 나를 찾아 오이니케 집으로 왔다. 그리고 이들의 태도를 보면서 이들도 이 집을 정말 편하게 느낀다는 것을 확실히 알 수 있었다.

오토 에리히 하르트레벤도 바이마르에 있는 동안은 이 집에 곧잘 얼굴을 내밀었다. 그가 발행한 ≪괴테 어록≫(Goethe-Brevier)은 우리 두 사람이 이 집에서 며칠 만에 편찬했다.

내 책들 중에 비교적 규모가 큰 ≪자유의 철학≫과 ≪시대에 맞선 투사 니체≫도 이 집에서 탄생했다.

그리고 바이마르의 많은 친구들과 아무 거리낌 없이 한 시간, 어떨 땐 여러 시간을 그 집에서 함께 보낸 일들도 생각난다.

그 중에서 특히 생각나는 사람은 아우구스트 프레제니우스 August Fresenius 박사로, 우리는 참된 우정으로 맺어진 사이였다. 그는 언젠가부터 괴테문서실의 상임공동연구원이었다. 그 전에는 〈마가친〉을 발행했다. 그의 잡지는 내용이 두루 모범적이라는 평판을 얻었다. 당시에 나는 특히 셰러 추종자들이 주도하는 문헌학을 대하면서 마음에 거슬리는 점이 한두 가지가 아니었다. 하지만 아우구스트 프레제니우스는 *바로 자신이* 문헌학자라는 점을 들어 매번 나의 반발을 무마했다. 또한 자신은 문헌학자이기를, 오로지 제대로 된 문헌학자이기만을 원한다는 사실을 한순간도 숨긴 적이 없었다. 다만 그에게 문헌학은 진실로 인간 전체에 생기를 불어넣는 말에 대한 *사랑*이었으며, 말은 우주의 모든 법칙성이 인간 안에서 드러나는 도구였다. 진실로 말의 비밀을 꿰뚫어 보기를 원한다면, 현존재의 모든 비밀을 통찰할 필요가 있다. 이 때문에 문헌학자는 대단히 폭넓은 지식을 습득하지 않으면 안 된다. 올바른 문헌학적 방법을 적절히 사용하면, 아주 단순한 것에서 출발하여 폭넓고 뜻 깊은 삶의 영역들까지 샅샅이 조명할 수 있다.

이를 보여주기 위해 프레제니우스는 한 가지 예를 들었는데,

나는 그 사례에 몹시 흥미를 느꼈다. 그가 〈괴테 연보〉에 짧지만 중요한 단평을 실어 이와 관련한 내용을 발표하기에 앞서, 우리는 이 문제로 많은 대화를 나누었다.

프레제니우스가 이런 내용을 밝히기 전까지, 괴테의 ≪파우스트≫를 해석하는 일에 종사하는 모든 사람들은 괴테가 죽기 닷새 전에 빌헬름 폰 홈볼트Wilhelm von Humbolt(1767~1835. 프로이센의 저술가, 정치인, 언어학자)에게 한 말을 오해하고 있었다. 괴테의 말은 이러했다. "육십 년도 더 지난 젊은 시절에 나는 ≪파우스트≫에 대한 구상을 처음부터 명확하게 가지고 있었지만, 이를 순차적으로 진행할 만한 세세함이 부족했다." 해석자들은 '처음부터'라는 이 말을 두고, 마치 괴테가 처음부터 파우스트극 전체에 대한 구상안이나 계획을 가지고 있었고, 그래서 이후에는 거기다 세부 내용만 다소간 채워 넣었다는 이야기라고 이해했다. 내가 사랑하는 스승이자 친구인 카를 율리우스 슈뢰어도 같은 의견이었다.

한번 생각해 보라! 그런 견해가 옳다면, ≪파우스트≫는 괴테가 젊었을 때 그 전체 줄거리를 이미 구상해 놓은 작품이 될 것이다. 괴테와 같은 영혼 상태에 있는 사람이 대강의 구상을 바탕으로 작업을 시작하여 그렇듯 확실히 정해진 내용을 완수하는 데 육십 년이 걸릴 수 있다고 가정해야 하는 것이다. 하지만 프레제니우스가 발견한 내용은 사실이 그렇지 않다는 것을 반박의 여지 없이 보여주었다. 그가 설명한 대로라면, 괴테는 '처음부터'란 말을 결코 해석자들이 주장하는 식으로 사용하지 *않았다*. 예를 들어, 괴테는 책을 뒤부터가 아니라 '처음부터' 읽었다고 했다. 그는 '처음부터'란 말을 오직 공간적인 의미로만 사용했다. 이렇게 프레제니우스는 ≪파우스트≫ 해석자들이 모두 틀렸음을 증명했다. 또한 괴테는 '처음부터' 존재한 ≪파우스트≫ 구상에 관해서는 어떤 말도 하지 않았다는 점, 다만 괴테가 젊었을 때 책의 첫 부분에 대해서는 명확한 구상이 있었다는 점, 그리고 다음에 이어질 부분을 여기저기 열거해 놓았다는 점을 증명했다.

이와 함께 문헌학적 방법을 올바로 적용함으로써 괴테의 심리 전반을 심도 있게 조명했다.

다만 내가 당시에 의아스럽게 생각했던 점은, 괴테의 정신을 이해하는 데 매우 폭넓은 영향을 미칠 것으로 예상되는 어떤 내용이 ≪괴테 연보≫를 통해 사람들에게 알려진 뒤에도, 정작 이 내용에 관심이 가장 많을 것 같은 인물들에게는 별다른 인상을 주지 못했다는 사실이다.

아우구스트 프레제니우스와는 단순히 문헌학적인 사항만을 논의한 것은 아니었다. 우리는 그 시대를 움직이는 모든 것, 바이마르 안팎에서 일어난 모든 흥미로운 일을 소재로 오랫동안 대화를 나누었다. 우리는 그만큼 많은 시간을 함께 보냈다. 이따금 여러 사안에 대하여 격앙된 토론을 벌이기도 했지만, 끝에 가서는 늘 한마음이 되었다. 우리 둘 다 상대방의 통찰을 떠받치고 있는 진지함을 정말로 확신했기 때문이다. 그랬던 만큼, 내가 니체문서실 및 푀르스터 니체 박사와 맺고 있던 관계가 불러일으킨 오해로 인해서 프레제니우스와의 우정마저 금이 갔다는 데에 생각이 미치면 내 마음은 한층 더 쓰라릴 수밖에 없다. 친구들은 실제로 어떤 일이 일어난 것인지 알 수가 없었다. 나도 친구들이 만족할 만한 어떤 얘기도 해줄 수가 없었다. 본래 아무 일도 없었기 때문이다. 모두 다 니체문서실에서 굳어진 착각이 오해를 불러일으킨 탓에 빚어진 일이었다. 내가 할 수 있는 얘기는 훗날 〈마가친〉에 게재한 기사에 담았다. 나는 프레제니우스의 오해가 몹시 안타까웠다. 그와의 우정이 내 마음속에 강하게 뿌리 내리고 있었기 때문이다.

그 시절 이후로 가끔씩 기억나는 또 다른 우정의 주인공이 프란츠 페르디난트 하이트뮐러Franz Ferdinand Heitmüller이다. 그 또한 발레, 폰 데어 헬렌이나 나보다 늦게 괴테문서실 공동연구자로 들어왔다.

하이트뮐러는 예술적인 감각이 섬세한 영혼의 소유자였다. 실제로 모든 일을 예술적 감각에 의존해서 결정했고, 지적인 것과는 영 거리가 멀었다. 그로 인해 문서실 사람들의 이야기에 예술이 들어왔다. 당시 그의 앞에는 세련된 소설들이 놓여 있었다. 그는 문헌학자로서 아무런 부족함이 없었으며, 다른 문헌학자들 못지않게 문서실에서 자기 일을 확실히 해냈다. 하지만 문서실에서 진행되는 작업에 대해서 내면적으로는 꾸준히 반대 입장에 있었다. 특히 동료들이 그곳의 작업을 이해하는 방식에 동의하지 않았다. 그가 있으므로 해서, 바이마르가 한때 정신적으로 품위와 활력이 넘치는 작품의 산실이었다는 사실, 하지만 이제는 예전 작품들을 보면서 거기 쓰인 말들을 맹목적으로 받아들이고는 '읽는 법을 밝히고' 기껏해야 주석을 다는 데 골몰하는 것으로 만족하고 지낸다는 사실이 한동안 우리 마음속에 실로 생생하게 자리했다. 하이트뮐러는 이 점에 관해서 자신이 주장하는 바를 ≪침몰한 비네타≫(Die versunkene Vineta)라는 단편소설 형식의 글을 써서 S. 피셔 출판사의 〈신 독일 전망〉지에 익명으로 발표했다. 우리는 대체 누가 한때 정신적으로 번성했던 바이마르를 이렇듯 '침몰한 도시'로 그려냈는지 알아내기 위해 당시에 정말 많은 애를 썼다.

하이트뮐러는 어머니와 함께 바이마르에 살았다. 그의 어머니는 매우 호감이 가는 여성으로, 안나 오이니케 부인과도 친해서 집으로도 자주 찾아왔다. 그래서 나는 이따금 하이트뮐러와 그의 어머니를 내가 사는 집에서도 보는 기쁨을 누렸다.

생각나는 친구가 또 한 명 있다. 그 친구는 내가 바이마르에 머물 적에 꽤 일찍부터 나와 어울려 다녔는데, 내가 바이마르를 떠날 때까지 친밀했고, 그 뒤로 이따금 바이마르를 방문할 때에도 여전히 친하게 지냈다. 그는 바로 화가인 요제프 롤레체크Joseph Rolletschek였다. 뵈멘 출신의 독일인으로, 예술학교에 이끌려 바이마르로 온 사람이었다. 그는 머리부터 발끝까지 서글서글한 인상으로, 그와 대화를 하다 보면 누구나 흔연히 속마음을 털어놓았다. 롤레체크는 감상적인 동시에 약간은 냉소적이었다. 그는 한편으로 염세적이면서도 다른 한편으로는 삶을 너무나 하찮게 여긴 나머지 염세주의의 근거들을 따져보는 일조차도 애쓸 만한 가치가 없는 것으로 생각하는 경향이 있었다. 그와 함께 있을 때면 대화의 주제는 주로 인생에서 겪는 불공평함이었으며, 운명을 잘 타고난 괴테에 비해 세상이 불쌍한 실러를 얼마나 부당하게 대우했는지를 이야기하면서 끝도 없이 흥분했다.

이런 인물들과 일상적인 교류를 통해 생각과 감정을 계속해서 활발히 나누었지만, 바이마르에 있는 동안 나는 다른 일 같으면 허물없이 대했을 사람들에게도 내가 체험한 정신세계의 내용을 직접 이야기하는 것만은 내키지 않았다. 나는 정신세계로 가는 바른 길은 순수한 사고를 체험하는 것이라는 사실을 사람들이 알아차려야 한다고 생각했다. 내가 갖가지 경로로 주장한 내용은, 사람이 색채, 소리, 온기의 특질 같은 것을 의식적으로 체험할 수 있을 때처럼 어떤 외부 지각의 영향도 없이 완전히 독자적인 생명을 가지고 등장하는 근원을 *순수하게* 체험할 수 있다는 것이었다. 그러면 바로 *이런 근원*들 안에 실제로 살아 있는 정신이 *존재한다*. 그밖에 인간에게서 이루어지는 모든 정신적 체험은 이렇듯 근원을 체험하는 데서부터 싹터 나와 의식 속에서 명확해져야만 한다는 것이 당시 나의 주장이었다.

내가 정신을 체험하기 위해서 먼저 근원적 이념들을 체험하는 데서 출발했다는 사실이 앞서 얘기한 오해를 불러왔다. 심지어 가까운 친구들조차 이런 이념 속에 있는 살아있는 실재를 보지 못했으며, 나를 합리주의자나 주지주의자로 여겼다.

당시에 근원 세계의 생동하는 현실을 이해하는 데 가장 열심이었던 사람은 좀 연배가 낮은 막스 크리스트리프Max Christlieb였다. 그는 툭하면 바이마르로 왔다. 정신을 인식하려고 애쓰는 이 남자를 자주 본 것은 대체로 내가 바이마르에 머물던 초기였다. 그는 당시 목사 과정을 마치고 막 박사학위 시험을 치른 뒤로, 일종의 선교 봉사를 위해 일본으로 건너갈 준비를 하고 있었다. 그리고 머지않아 그 계획을 실행했다.

크리스트리프가 통찰한 내용에 대해 내가 감격해서 얘기할 만한 것은, 우리는 순수한 근원사고에 머무는 동안 정신에 머물고 있다는 사실, 또 우리가 마주하고 있는 모든 물질은 오직 *가상*(환영)이지만 순수한 사고 세계에서는 모든 자연이 인식 앞에서 빛을 뿜어내며, 이런 근원적 사고들을 통해 모든 물질의 존재가 정신임이 드러난다는 사실이었다. 정신의 본질을 실로 완벽하게 이해하는 인물을 찾아냈다는 것에 나는 깊이 만족했다. 그는 개념적인 것 속에서 "정신 존재"(Geist-Sein)를 이해했던 것이다. 하지만 정신은 거기 살아 있되, 지각하는 시선으로는 보편성을 띤, 개념적인 정신 존재의 바다로부터 느끼고 창조하는 개별자인 정신이 분리되는 것은 보지는 못한다. 나는 막스 크리스트리프에게 이러한 정신적 개체성까지는 말할 수 없었다. 그랬더라면 그의 아름다운 이상주의에 지나친 요구를 한 셈이 되었을 것이다. 하지만 순수한 정신의 존재에 대해서만큼은 그와 논의할 수 있었다. 그는 내가 그때까지 쓴 글을 하나도 빠짐없이 철저하게 정독했다. 그리고 1890년대 초기에 나는 막스 크리스트리프에게 개념적인 것의 생동하는 정신성을 통해서 정신 세계로 뚫고 들어가는 재능이 있다는 인상을 받았다. 그것도 내가 가장 적합하다고 인정할 수밖에 없는 그 길을 통해서 말이다. 훗날 그가 이런 방향으로 계속 나아가지 않고 방향을 틀었다는 사실을 여기서 더 얘기할 이유는 없을 것 같다.

XXI

1894~1897
바이마르

현대의 정신생활을 다루는 바이마르의 어느 간행물 발간에 활발히 참여하다 ——— 이 활동에서 얻은 자극은 훗날 <도이체 보헨슈리프트Deutsche Wochenschrift>지를 위해 좋은 밑거름이 되었다 ——— 배우 노이퍼와 친해지다 ——— 루돌프 슈타이너는 1826년 비히너가 만든 헤겔 흉상을 발견하고 소유하게 되었다 ——— 덴마크 출신 시인인 루돌프 슈미트 ——— 리스트의 제자인 콘라트 안조르게, 니체 추종자인 폰 크롬프톤 ——— 예술적인 감수성이 뛰어난 이 그룹의 사람들이 바이마르 사회를 신랄하게 비난하다 ——— 괴테 자연과학 저작을 소개하는 마지막 권과 저서 ≪괴테의 세계관≫이 완성되면서, 바이마르에서 이어지던 활동이 종지부를 찍다

앞에서 말한 개방적인 정치가의 소개로 나는 한 책방 주인을 알게 되었다. 이 책방은 한때 호경기를 누렸는데, 내가 바이바르에 머물던 시절의 일이었다. 그때만 해도 내가 아는 젊은 주인의 아버지가 책방을 운영하고 있었다. 나에게 중요했던 점은, 이 책방에서 당대의 정신생활을 개괄하고 문학·과학·예술 분야 신간을 비평하는 잡지를 정기적으로 발행한다는 사실이었다. 잡지는 쇠퇴기에 있었다. 찾는 사람도 얼마 없었다. 하지만 나는 이 잡지 덕분에 당시 나의 정신적 지평 속에 놓여 있거나 그 지평 속으로 등장하는 여러 사안들에 관해 글을 쓸 수 있는 기회가 생겼다. 내가 쓴 수많은 논설과 서평을 읽은 독자는 몇 되지 않았지만, 내가 원하는 것을 내 재량으로 찍어낼 수 있는 잡지가 생겼다는 사실에 마음이 뿌듯했다. 그때 받은 자극은 훗날 내가 〈마가친〉을 발행하고 또 이 잡지를 통해서 철저하게 당대의 정신적인 삶과 더불어 함께 생각하고 느껴야만 했을 때 비옥한 토양이 되어주었다.

그래서 그 뒤로 바이마르는 내가 살면서 가끔 돌이켜 생각해 볼 수밖에 없는 장소가 되었다. 빈에서는 어쩔 수 없이 갑갑하게 살았지만, 바이마르에서는 그렇지 않았다. 그곳에서는 정신적인 것, 인간적인 것이 무엇인지를 체험할 수 있었기 때문이다. 그 결과는 나중에 나타나게 된다.

하지만 무엇보다도 사람들과 맺은 관계가 가장 소중했다.

훗날 바이마르와 그곳 생활을 떠올릴 때면, 나의 정신적인 눈길은 언제나 특별히 내 마음에 쏙 들었던 한 가정으로 향했다.

나는 당시에 바이마르 극장에서 배우로 활동하던 노이퍼Neuffer를 알게 되었다. 내가 그에게서 가장 높이 평가한 부분은 그의 진지하고 엄격한 직업관이었다. 무대예술을 판단할 때 그는 아마추어 냄새가 나는 어떤 것도 그냥 넘어가지 않았다. 연극예술이 음악과 마찬가지로 기능적이고 예술적인 전제조건들을 충족해야 한다는 사실을 사람들이 늘상 의식하고 있는 것은 아니기 때문에, 그의 직업관은 유용한 것이었다.

노이퍼는 피아니스트이자 작곡가인 베른하르트 슈타펜하겐의 누이동생과 결혼했다. 나는 노이퍼의 집에 소개되었고, 이를 통해 노이퍼 부인과 베른하르트 슈타펜하겐의 부모님 댁에서도 환대를 받았다. 노이퍼 부인은 주변에 있는 모든 것에 정신적인 분위기를 발산하는 여성이었다. 영혼 깊숙한 곳에 뿌리박은 부인의 견해는 우리가 집에 머무는 동안 나누는 모든 대화에 비길 데 없이 아름다운 빛을 자유로이 뿌렸다. 부인은 자신이 할 말을 신중하면서도 품위 있게 꺼냈다. 그리고 노이퍼의 집에서 보내는 매 순간마다 나는 노이퍼 부인이 보기 드물게 삶의 모든 관계에서 진실을 추구하는 사람이라고 느꼈다.

그곳 사람들이 나를 좋아했다는 사실을 나는 수많은 사건을 통해 확인할 수 있었다. 그 중 한 가지를 소개해 보겠다.

어느 성탄절 전야에 노이퍼 씨가 나를 찾아왔다. 마침 내가 집에 없었기 때문에, 그는 그날 밤 반드시 자기 집 크리스마스 행사에 참석해야 한다는 전갈을 남겨놓았다. 그것은 쉽지 않은 일이었다. 바이마르에는 내가 늘상 참석하던 그 비슷한 행사가 여럿 있었기 때문이다. 하지만 나는 그의 초청에 응했다. 그렇게 참석한 노이퍼 씨 댁의 행사에서 나는 아이들 선물 옆에 나를 위해 준비한 특별한 크리스마스 선물이 예쁘게 놓여 있는 것을 보았다. 그 선물이 얼마나 값진 것이었는지 알려면 그 내력부터 들어봐야 할 것이다.

나는 언젠가 어느 조각가의 작업실에 초대를 받은 적이 있었다. 조각가는 자신의 작품을 내게 보여주고 싶어했다. 작품을 둘러보았지만 솔직히 나의 흥미를 끄는 작품은 별로 없었다. 오로지 방 한쪽 구석에 방치돼 있는 흉상만 내 주의를 끌었는데, 그것은 헤겔의 흉상이었다. 작업실은 바이마르에서 꽤 명망 있는 노부인이 소유한 저택의 일부로, 그곳에는 온갖 종류의 조각 작품들이 있었다. 조각가들은 이 공간을 늘 짧은 기간만 빌려 썼고, 기한이 되면 가져가고 싶지 않은 것들을 그 공간에 두고 갔다. 그리고 그 안에는 그 헤겔 흉상처럼 예전부터 무관심 속에 방치돼 있는 것들도 있었다.

나는 그 흉상에 관심이 간 나머지, 여기저기에서 그것을 언급했다. 그러다 언젠가 노이퍼 씨의 집에서도 흉상 얘기를 했고, 얘기 중에 그 흉상을 소유하면 좋겠다는 뜻을 넌지시 비춘 듯싶다.

그리고 그해 성탄절 전야에 나는 그 헤겔 흉상을 노이퍼 씨로부터 선물로 받았다. 바로 다음 날 노이퍼 씨는 나를 점심 식사에 초대하고는 그 흉상을 얼마나 어렵게 구했는지 들려주었다.

그는 먼저 작업실의 소유주인 노부인을 찾아갔다. 그는 어떤 사람이 작업실에서 헤겔의 흉상을 보았다는데, 그 흉상을 구할 수 있다면 그 사람에게는 각별히 소중한 선물이 될 것 같다고 부인에게 얘기했다. 그런 물건들이 예전부터 자기 집에 있긴 하지만, 그중에 '헤겔'이 있는지는 모르겠다는 것이 부인의 대답이었다. 하지만 부인은 정말 흔쾌히 노이퍼 씨가 흉상을 찾아볼 수 있도록 안내해 주었다. 노이퍼 씨는 눈에 안 띄는 구석까지 빼놓지 않고 모든 곳을 '샅샅이' 훑었으나, 헤겔의 흉상은 어디에도 없었다. 그는 매우 실망했다. 헤겔 흉상을 선물해서 나를 기쁘게 해줄 생각에 무척 뿌듯했기 때문이다. 그러고는 부인과 문 앞에 서 있는데, 가정부가 그들 쪽으로 다가왔다. 마침 노이퍼 씨가 "정말이지 헤겔 흉상을 찾지 못해 유감입니다."라고 했는데, 이 말을 듣고 하녀가 끼어들었다. "헤겔이요? 그게 혹시 코끝이 떨어져 나간 머리일 수도 있나요? 그 머리는 가정부 방의 제 침대 밑에 있어요." 그 즉시 마지막 수색작업이 시작되었다. 노이퍼 씨는 드디어 그 흉상을 손에 넣을 수 있었고, 성탄절까지는 손상된 코끝을 보수하기 위한 시간도 넉넉했다.

이런 과정을 거쳐 헤겔 흉상은 내가 거처를 옮길 때 함께 가져가는 몇 안 되는 물건 중 하나가 되었다. 헤겔의 사상 세계에 몰두해 있을 때면 나는 늘 이 헤겔의 두상(비흐만Wichmann의 1826년 작품)이 보고 싶어졌다. 그리고 그런 일은 실제로 상당히 자주 일어났다. 얼굴의 특색은 가장 순수한 사고를 하는 인간의 모습을 담은 얼굴의 특색은 나에게 영향을 미치는 삶의 동반자 역할을 해주었다.

노이퍼 부부는 그런 사람들이었다. 상대방을 무언가로 기쁘게 해주고 싶을 때, 특히 그것이 상대방의 본성과 관련이 있을 때, 부부는 포기하는 법이 없었다. 노이퍼 씨의 가정에서 차례로 태어난 아이들은 모범적인 어머니 밑에서 자라났다. 노이퍼 부인은 자신의 행동이 아니라 인성 곧 자신의 존재 전체를 통해 아이들을 교육했다. 나는 기쁘게도 그 중 한 아들의 대부가 되었다. 이 가정을 방문할 때면 언제나 깊은 만족감을 느꼈다. 심지어 바이마르를 떠난 뒤로 이따금 강연을 하느라 그곳을 찾았을 때에도 나는 노이퍼 씨의 가정을 방문했다. 애석하게도 이제는 그럴 수 없게 된 지 오래다. 부부에게 고통스러운 운명이 닥치면서 나는 그들을 만날 수 없었다. 그 가정도 세계 대전을 거치는 동안 가장 혹독한 시련을 겪은 사람들에 속했기 때문이다.

노이퍼 부인의 아버지인 슈타펜하겐 어르신은 매력이 넘치는 분이었다. 실용적인 직업에 종사하다 물러난 뒤부터 그는 서재에서 자신이 마련한 장서에 파묻혀 살았다. 사람들은 그가 장서에 파묻혀 사는 모습에 커다란 호감을 느꼈다. 이 온화한 노신사는 자기만족이나 지식 자랑에 빠지는 법이 없었으며, 오히려 말 한 마디 한 마디에 지식을 향한 진정한 갈증이 엿보였다.

이런 바이마르의 분위기로 인해, 다른 곳에서는 거의 만족을 느끼지 못하는 영혼들이 그곳에 나타났다. 그곳에 정착한 지 오래된 사람들이든 매번 기꺼운 마음으로 그곳을 방문하는 사람들이든, 사정은 마찬가지였다. 수많은 방문객을 보면, 바이마르를 찾는다는 것은 다른 곳을 방문하는 것과는 뭔가 다른 일임을 느낄 수 있었다.

나는 특히 덴마크 작가인 루돌프 슈미트Rudolf Schmidt한테서 그런 느낌을 받았다. 그는 자신의 희곡 ≪변신왕≫을 상연하기 위해서 처음으로 바이마르를 방문했다. 이미 이때부터 우리는 서로 알고 지냈다. 그 뒤에도 바이마르로 외국인 방문객이 몰릴 때면, 그는 거의 빠짐없이 모습을 나타냈다. 물결치는 고수머리에 몸매가 멋진 이 남자는 자주 외래 방문객들 사이에 끼어 있었다. 바이마르에서 사람들이 '존재하는' 방식에는 무언가 그의 마음을 끄는 것이 있었다. 그는 성격이 무척 날카로운 사람이었다. 철학적으로는 라스무스 닐센Rasmus Nielsen을 추종했다. 헤겔 사상에서 출발한 닐센을 통해서 루돌프 슈미트는 독일 관념철학을 명확하게 이해하고 있었다. 그래서 슈미트의 판단에는 긍정적인 쪽으로든 부정적인 쪽으로든 관념철학의 영향이 뚜렷했다. 그래서 게오르크 브란데스Georg Brandes가 화제에 오르자 물고 뜯고 비비 틀어서 아주 작살을 내버렸다. 그의 비판에는 어딘가 예술적인 면이 있어서, 누군가가 반감으로 가득한 감정의 영역 전체를 드러내 보이는 듯했다. 게오르크 브란데스를 많이 읽은 나로서는 그의 이런 비판에서 예술적인 것 말고는 별다른 인상을 받지 못했다. 무엇보다 나는 어찌 됐든 브란데스가 넓은 관찰과 지식을 바탕으로 유럽인들의 정신적 흐름을 독창적으로 서술해왔다는 사실에 관심이 있었다. 그러나 루돌프 슈미트가 주장한 내용은 주관적으로는 진정성이 있었으며, 그의 작가적 성격으로 인해 확실히 마음을 사로잡았다. 나는 결국 루돌프 슈미트를 마음 깊이 좋아하게 되었고, 그가 바이마르로 오는 날을 즐거운 마음으로 고대했다. 그가 북쪽에 있는 고향에 대해 들려주는 얘기도 재미있었고, 그 북유럽적인 감각의 원천으로부터 얼마나 중요한 능력들이 그에게 생겨났는지를 보는 일 또한 흥미로웠다. 그에 못지않게 괴테와 실러와 바이런에 관해 나누는 대화도 재미있었다. 이럴 때 그는 게오르크 브란데스와는 확실히 다르게 말했다. 게오르크 브란데스가 늘 세계시민으로서 판단했다면, 루돌프 슈미트는 철저히 덴마크 사람으로서 발언했다. 하지만 바로 이런 이유로, 여러 주제에 대해서, 또 여러 가지 점에서 슈미트는 브란데스보다 더 흥미로운 이야기를 했다.

바이마르 시절이 끝나갈 무렵에 나는 서로 동서간인 콘라트 안조르게Konrad Ansorge, 폰 크롬프톤von Crompton과 친해졌다. 콘라트 안조르게는 그 뒤로 두각을 나타내며 위대한 예술가로 성장해 나간다. 여기서는 다만 그와 내가 1890년대 말에 맺은 아름다운 우정의 의미와 당시 내 눈에 비친 그의 모습만을 언급하려 한다.

안조르게의 부인과 폰 크롬프톤의 부인은 자매였다. 이런 사정으로 우리는 폰 크롬프톤의 집 아니면 '러시아 호프' 호텔에서 모임을 가졌다.

안조르게는 정력이 넘치는 예술가로, 피아니스트 겸 작곡가로 활동했다. 바이마르에서 우리가 친하게 지내던 시절, 그는 니체와 데멜Dehmel의 작품에 곡을 붙였다. 안조르게와 폰 크롬프톤 주변에는 친구들이 점차 늘어났고, 이 친구들은 새로운 곡이 만들어질 때마다 그 곡을 듣는 행사를 열었다.

바이마르의 지역신문사에서 일하는 파울 뵐러Paul Böhler도 이 모임의 일원이었다. 뵐러는 〈도이칠란트〉라는 신문에서 편집일을 했는데, 이 신문은 관영지인 〈바이마르 신문〉에 비해 독립적이었다. 그밖에 프레제니우스, 하이트뮐러, 프리츠 쾨겔 등 바이마르의 여러 친구들도 이 모임에 참석했다. 이 모임이 만들어질 때부터 오토 에리히 하르트레벤은 바이마르에 나타나면 늘 얼굴을 내밀었다.

콘라트 안조르게는 리스트Liszt 곁에서 성장했다. 그는 자신이 리스트의 문하생 중에 스승을 예술적으로 가장 충직하게 따른 제자에 속한다고 밝힌 적이 있다. 하지만 그 정도가 아니라 콘라트 안조르게야말로 리스트가 남겨준 것을 우리 영혼 앞에 가장 아름답게 보여 준 사람이었다고 나는 감히 주장할 수 있다. 왜냐하면 안조르게의 모든 음악은 완전히 근원적이고 개별적인 인간성의 원천에서 흘러나왔기 때문이다. 그의 인간성에 리스트도 영향을 미쳤겠으나, 그의 인간성에서 매혹적인 부분은 그것의 본바탕에 있었다. 당시에 내가 체험한 대로 진술하면 그렇다는 것이다. 그 뒤로 내 생각이 어떻게 변했는지, 또 지금은 어떤지는 제쳐 놓고 말이다.

안조르게는 과거 언젠가 리스트를 통해서 바이마르와 밀접한 관계를 맺었으나, 내가 언급하는 시기에는 그런 결속으로부터 심적으로 풀려나 있었다. 그리고 이것이 안조르게·크롬프톤 모임의 특별한 점이었다. 바이마르에 대한 이 사람들의 태도는 나와 가까이 지내온 인물들을 비롯해 내가 지금껏 묘사해 온 대다수 인물들과는 확연히 달랐던 것이다.

내가 알던 사람들 대다수에게 바이마르는 앞에서 서술한 그대로였다. 반면에 이 모임의 구성원들은 자신의 관심에 따라서는 기꺼이 바이마르를 벗어나려고도 했다. 바이마르에서 하던 일도 끝이 나서 이제 이 괴테의 도시를 떠나야겠다는 생각을 하던 내가 바이마르의 삶에서 특별한 의미를 찾지 못하는 사람들과 친해지게 된 것도 그런 이유 때문이었다. 이 모임의 사람들과 함께 있는 동안 나는 어떤 의미에서는 바이마르를 벗어나 살았다.

바이마르가 자신의 예술가적 발달을 저해하는 감옥이라고 느꼈던 안조르게는 내가 이주한 것과 비슷한 시기에 베를린으로 거처를 옮겼다. 파울 뵐러는 바이마르에서 가장 많이 읽히는 신문의 편집자였지만, 당시의 '바이마르 정신'에 입각하여 글을 쓰기보다는 시야를 넓혀서 바이마르 정신에 대해 다방면에서 신랄한 비판을 가했다. 뵐러는 기회주의적이거나 편협한 사람들이 불어넣은 것을 바로잡아야 할 때면 언제라도 목소리를 높이는 그런 사람이었다. 이로 인해서 그는 앞에서 언급한 모임에 나오던 바로 그 시절에 직장을 잃었다.

폰 크롬프톤은 더할 나위 없이 친절한 인물이었다. 우리는 그의 집에서 모일 때 가장 좋은 시간을 보낼 수 있었다. 모임의 중심에는 폰 크롬프톤 부인이 있었는데, 부인은 총명하고도 우아했으며, 가까이 있는 사람들에게 태양과 같은 존재였다.

모임의 모든 구성원은 이른바 니체의 표식을 지닌 사람, 곧 추종자들이었다. 그들에게 최대의 관심사는 니체의 인생관이었다. 또한 순수하고 자유로운 인간성의 꽃이 피어난 것이 니체의 영혼이라고 생각했다. 이 두 점에서 폰 크롬프톤은 누구보다 1890년대의 니체 신봉자들을 대표하는 사람이었다. 니체에 대한 나 자신의 생각은 이 모임에 나가는 동안에도 달라지지 않았다. 하지만 모임에서 사람들이 니체에 관해 무언가 알고 싶을 때는 바로 나에게 물어왔기 때문에, 니체를 생각하는 그들의 방식은 내게도 그대로 투영되었다.

그럼에도 밝히지 않을 수 없는 점이 있다. 모임의 사람들은 니체가 인식했다고 믿는 내용을 좀더 잘 이해하는 가운데 그를 우러러보았다는 것, 그리고 그들은 '초인주의'나 ≪선악의 피안≫을 바람직하게만은 보지 않는 다수의 다른 편 사람들보다 니체가 가진 삶의 이상을 좀더 분별력 있게 실행하고자 했다는 것이다.

나에게 이 모임이 중요했던 것은 모임 속에 마음을 사로잡는 강력한 힘이 자리하고 있었기 때문이다. 다른 한편으로 내 생각에 따라 내놓는 어떤 화제라도 이 모임 사람들은 기꺼이 수용하고 이해해 주었다.

내가 바이마르에 머물던 마지막 시절을 흐뭇한 마음으로 돌아볼 수 있는 것은, 안조르게의 음악 작품이 빛을 발하고, 모임에 참석한 모든 이들이 니체에 관한 흥미로운 대화로 시간 가는 줄 모르고, 세상과 인생에 관한 원대하고 심오한 질문들로 기분 좋은 대화가 이루어지던 저녁이 이어졌기 때문이다.

이 모임에서 일어나는 모든 일은 직접적이며 진지한 예술 감각에서 유래했고, 그 구성원들도 참된 인간을 구심점으로 삼는 세계관을 관철하고자 했기 때문에, 당시 바이마르에 대한 비판이 나왔을 때 아무도 불쾌감을 품지 않을 수 있었다. 비판의 어조는 예전에 올덴의 모임에서 경험한 것과는 본질적인 차이가 있었다. 올덴의 모임에서는 풍자가 넘쳐났다. 그들은 바이마르 역시 '인간적인, 너무나 인간적인'(니체 저작의 제목이기도 함) 도시라고 했지만, 그들이 다른 장소에 있었다면 그곳에 대해서도 같은 이야기를 했을 것이다. 안조르게·크롬프톤 모임을 움직이던 감정은 좀더 진지했다고 말하고 싶다. 예컨대 그들은 바이마르와 같은 도시가 주어진 사명을 거의 수행하지 못하고 있는 상황에서 독일의 문화를 발전시키려면 어떻게 해야 할 것인가를 물었던 것이다.

《괴테의 세계관》은 이런 사교적 교류를 배경으로 탄생했으며, 나는 이 책과 더불어 바이마르에서의 활동을 마무리했다. 얼마 전 이 책의 개정판을 내는 기회에, 나는 앞에서 얘기한 모임을 통한 우호적인 만남의 내적 형상이 바이마르에서 내 생각을 책으로 엮어낸 방식에 여운처럼 남아 있음을 느꼈다.

이 책에는 비개인적인 특성을 별로 담아내지 않았다. 이 모임에서는 '개성의 본질'에 관해서 신앙고백을 하듯 환희에 젖은 열정적인 목소리가 끊임없이 울려 나왔다. 내가 ≪괴테의 세계관≫을 쓸 때 그 목소리가 내 마음속에 계속해서 메아리치지 않았더라면, 이 책에서 개인적 특성은 조금 덜 했을 것이다. 내가 쓴 것 가운데 내가 이렇게 말할 수 있는 대상은 이 책이 유일하다. *개인적*이라는 말의 참뜻을 새겨본다면 내가 쓴 모든 책이 개인적 *체험*이라 할 수도 있겠지만, 이 책에서처럼 내 주위에 있는 개인성들의 본질을 매우 강하게 체험하는 그런 방식은 아닌 것이다.

그렇지만 이런 개인적 특성은 이 책의 전반적인 성격에만 연관되어 있다. 나는 이미 1880년대에 괴테에 관해 쓴 나의 저작과 유사한 방식으로 자연 분야에서 드러나는 '괴테의 세계관'을 서술했다. 다만 괴테문서실에서 처음 발견한 육필 원고들을 통해서 나의 관점은 세부적으로 확장되고 심화되거나 확고해졌을 뿐이다.

내가 괴테와 관련한 모든 연구에서 가장 중시한 것은 괴테의 세계관이 어떤 내용을 담고 있는지, 또 어떤 방향으로 나아가는지를 세상에 알리는 일이었다. 이를 통해서 괴테가 어떻게 자신의 탐구와 사고로 사물을 에워싸고 정신적으로 뚫고 들어감으로써 특정한 자연 분야에서 여러 가지 발견에 이르렀는지 밝혀야만 했다. 나는 이런 여러 발견 자체를 알려주는 일에는 관심이 없었다. 나에게 훨씬 중요한 것은, 그런 발견이 정신에 부합하는 자연관이라는 식물에서 꽃이 피어난 것과 같다는 사실이었다.

괴테가 세상에 주고 간 것 가운데 하나인 정신에 부합하는 이런 자연관의 특징을 묘사하기 위하여 나는 이 부분과 관련한 괴테의 사고와 연구 활동을 설명하는 글을 썼다. 그리고 퀴르슈너 독일국민문학판과 바이마르 소피판의 괴테 저작물 발행에 협력하여 괴테의 논문들을 정리할 때에도, 나는 괴테의 자연관에 담긴 특징을 묘사한다는 동일한 목적을 추구했다. 괴테의 전체 작업에 관해 나에게 부과된 임무란 현재 통용되는 학문의 판정을 받아 괴테가 거둔 성과를 식물학자, 동물학자, 지질학자, 색채학자로서의 업적으로 분류하여 일목요연하게 제시하는 일이 결코 아니라는 것이 내 생각이었다. 그것은 퀴르슈너판과 바이마르판을 위한 저작물 정리의 원칙으로는 적합하지 않아 보였다.

그러므로 내가 괴테의 기록 중에서 바이마르판을 위해 뽑은 부분도 괴테의 자연 탐구에서 드러나는 괴테의 세계관을 뒷받침하기 위한 문서일 뿐이었다. 나는 괴테의 세계관이 식물학이나 지질학 등의 분야를 조명하는 특별한 방식으로 진가를 발휘토록 할 작정이었다. (예를 들어 내가 괴테의 지질학과 광물학 저술을 지금과 다른 방식으로 배열했어야 '괴테와 지질학의 관계'를 그 내용에서 미루어 짐작하는 일이 가능했을 것이라는 얘기가 있었다. 그렇게 생각하는 사람은 내가 이들 분야에 관한 괴테의 저술을 배열하는 일과 관련하여 퀴르슈너 ≪독일 국민 문학≫판 괴테 저작집 서문에 밝힌 내용을 읽어보기만 하면 된다. 내 서문을 읽고 나면, 내가 비판적인 사람들이 요구하는 관점을 받아들일 수 없다는 사실에 더 이상 의문을 가지지 않게 될 것이다. 바이마르에서 나에게 편집 업무를 맡긴 사람들은 애초부터 이런 사실을 알고 있었다. 바이마르에서 나에게 작업을 맡기기로 결정되기도 전에, 나의 관점을 밝혀주는 모든 내용이 이미 퀴르슈너판에 나와 있었기 때문이다. 그리고 바이마르에서는 이런 상황을 충분히 의식하면서 나에게 일을 맡긴 것이다. 내가 편집한 바이마르판의 여러 부분에 이른바 '전문가'가 오류라고 지적할 만한 사항이 있음을 부인할 생각은 없다. 그런 오류는 바로잡을 수 있다. 하지만 내가 원칙에 따라 바이마르판을 그와 같은 형식으로 구성한 것이 내 능력이 한계에 기인하는 것처럼 표현해서는 안 될 것이다. 특히 괴테에 관해서 내가 제시한 내용을 제대로 파악할 수단이 없다는 사실을 인정하는 측에서 이런 표현이 나와서는 안 된다. 군데군데 흩어져 있는 사실의 오류가 문제가 된다면, 나는 이런 일로 나를 비판하는 사람들에게 내가 실업학교 상급반 학생일 때 작성한 논문에 등장하는 훨씬 더 심각한 오류들을 제시할 수도 있다. 하여간 내 삶의 발자취를 이렇게라도 서술함으로써 명백해진 사실은, 나는 이미 어릴 때부터 나에겐 자명한 세계인 정신세계 속에서 생활한 반면에, 외부 세계의 인식과 관련한 이 모든 것은 어렵게 터득해야 했다는 것이다. 이로 인해 나는 어떤 분야든 외부 세계의 인식을 획득하는 면에서 발전이 더딘 인간이었다. 그리고 그런 영향이 내가 편집한 괴테 출간물의 여기저기에 남아 있다.)

XXII

1897
바이마르

바이마르 체류의 마지막 시기 ─── 서른여섯이 되어 심오한 영혼적 변화를 겪다 ─── 감각세계의 지각이 유별나게 정확하고 집요해지다 ─── 감각세계가 완전하고도 객관적으로 자기 앞에 나타나면서 정신세계의 관찰 능력이 상승하다 ─── 인간이 타고나는 관찰 능력을 객관적인 것에 집중하는 일 ─── 인간의 영혼은 세계가 자신의 현존과 생성변화를 부분적으로 처음 체험하는 장소를 제공한다 ─── 세계의 수수께끼에 대한 해답은 인간 자신 안에 있다 ─── 인식은 세계를 구성하는 내용의 존재와 생성변화에 속한다 ─── 중대한 내면적 체험들 ─── 명상이 영혼생활에 필수적인 요소로 등장하다 ─── 의지에 부합하는 것이 이념적인 것을 대체하다 ─── 다윈 ─── 해켈, 라이엘

바이마르 시절을 마감할 당시 내 나이는 서른여섯이었다. 그 보다 일 년 전에 이미 내 영혼의 깊은 곳에서는 일대 변화가 시작되었다. 바이마르를 떠나면서 마음속 변화는 획기적인 체험이 되었다. 생활상의 외적인 변화도 상당하긴 했지만, 나의 마음속 변화는 이런 외적인 변화와는 아무 상관이 없었다. 나는 늘 정신세계의 체험으로 알게 된 내용을 당연한 것으로 받아들였다. 반면에, 지각을 통해 감각세계를 이해하는 일은 엄청나게 힘들었다. 그것은 마치 내가 영혼의 체험을 감각기관 속에 충분히 전달할 수 없어서 감각기관에서 경험한 이런 내용 또한 영혼과 완벽한 합치를 이루지 못해 생긴 어려움인 듯했다.

이렇던 내가 인생의 서른여섯 번째 해를 맞는 시점에서 완전히 달라졌다. 물질세계의 사물, 본질, 과정에 대한 관찰력이 정확하고 집요해졌다. 학문 생활에서도 그랬고, 외적인 생활에서도 그랬다. 예전의 나는 그랬다. 정신적으로 파악해야 하는 거대한 학문적 맥락은 전혀 힘들이지 않고 이해하면서, 감각적으로 지각하는 일, 특히 이렇게 지각한 내용을 기억에 간직하는 일에는 엄청난 노력을 기울여야 한 것이다. 하지만 그때부터 모든 것이 달라졌다. 감각적으로 지각할 수 있는 현상을 접할 때 전에 없던 주의력이 내 안에서 깨어났다. 세세한 부분이 중요해지면서, 나는 감각세계는 *감각세계* 스스로만 드러낼 수 있는 무언가가 있다고 느꼈다. 인간이 생각이나 그 내면에서 생겨난 영혼의 내용을 통해서 감각세계로 무언가를 가지고 들어오는 일 없이 오로지 *감각세계*가 말하는 것을 통해서만 감각세계를 알아 나가는 것이 이상적이라고 나는 생각했다.

나는 다른 이들보다 훨씬 늦은 나이에 삶의 대전환을 체험하고 있다는 사실을 알아차렸다. 그리고 그런 지체가 나의 영혼에 확실한 영향을 미친다는 사실도 알게 되었다. 사람들이 정신세계에서 이루어지는 영혼의 움직임으로부터 물질세계를 체험하는 일로 너무 일찍 옮아가는 바람에 정신세계는 물론 물질세계도 *순수하게 파악하지* 못한다는 사실을 발견했다. 사람들은 사물이 인간의 감각에 말을 건네는 것을 정신을 통한 영혼의 체험과 혼동하고, 나아가 사물을 '표상하기 위해' 영혼이 필요로 하는 것과도 끊임없이, 그리고 완전히 본능적으로 혼동한다.

나의 감각적 관찰이 더욱 정확하고 집요해지면서 내 앞에는 완전히 새로운 세계로 가는 길이 펼쳐졌다. 마음속에서 모든 주관성을 배제하고 객관적으로 감각세계와 마주하면, 정신적 통찰이 알려주지 않는 어떤 것이 모습을 드러냈다.

하지만 그런 감각세계와의 대면은 정신세계를 되비추었다. 다시 말해서, 감각적인 지각을 통해서 감각세계가 자신의 실체를 드러내면, 인식을 위한 반대쪽의 극이 나타나서 감각적인 것과 섞이지 않은 정신적인 것을 완전히 고유한 방식으로 규명할 수 있게 되는 것이었다.

이런 일은 특히 영혼의 상태에 획기적인 영향을 미쳤다. 그 영향이 삶의 영역에서도 나타났기 때문이다. 나는 인간이 경험하는 삶을 순수하게 주시하여 완전히 객관적으로 받아들이는 데에 주안점을 두어 나의 관찰 능력을 사용했다. 나는 사람들의 행위를 비판하지 않도록, 그리고 호감이나 반감이 사람들과의 관계를 좌우하지 않도록 극도로 조심했다. '사람들을 그 모습 그대로 받아들이는 것'이 나의 바람이었다.

이내 나는 세계를 그런 식으로 관찰하면 정말 정신세계로 인도될 수 있다는 사실을 발견했다. 사람은 물질세계를 관찰하면서 자신으로부터 완전히 빠져 나온다. 그리고 바로 그 과정에서 강화된 정신적 관찰 능력을 지니게 되어 다시 정신세계로 들어간다.

그리하여 당시 내 마음에는 정신적인 세계와 감각적인 세계가 서로 완전히 대립하는 것으로 등장했다. 그러나 나는 이 대립이 그 어떤 철학 사상—'일원론' 같은—을 통해 해소되는 방향으로 가야 한다고 느끼지 않았다. 나는 오히려 온전히 영혼과 함께 그 대립의 한가운데에 서 있는 것이 '삶을 이해하고 있음'을 뜻하는 것이라고 느꼈다. 대립의 해소를 체험하는 곳에서는 생명이 사라지고 죽음이 지배하게 된다. 생명이 있는 곳에는 해소되지 않은 대립이 *작용*한다. 즉, 생명 자체는 대립을 끊임없이 극복하는 것이며 동시에 새로이 창조하는 것이다.

이 모든 것이 나의 감정에 요구한 것은, 수수께끼 같은 세상사를 사고를 통해 이론적으로 파악하지 말고 그것을 체험하는 데 전심으로 몰입하라는 것이었다.

나는 명상을 통해 세계를 제대로 이해하기 위해 "세상은 온통 수수께끼이다"라는 말을 늘 되풀이해서 마음에 떠올렸다. 인식을 통해 수수께끼에 다가갈 수는 있다. 하지만 그 인식은 보통 사고 내용을 수수께끼의 해답으로 제시하고 싶어한다. 그렇지만 *사고를 통해서는*—나는 스스로에게 이렇게 말할 수밖에 없었다—수수께끼를 풀지 *못한다*. 사고는 영혼을 해결의 길로 데려갈 뿐, 스스로 해답을 가지고 있지는 않다. 현실세계에서 *생겨나는* 수수께끼는 현상으로 존재하며, 그런 수수께끼의 해답 역시 바로 *그 현실에서* 생겨난다. 무언가가 본질 또는 과정으로서 생겨나서, 그것이 다른 본질나 과정에 대한 해답을 제시하는 것이다.

그래서 나는 나 자신에게 이렇게 말했다. 인간을 제외한 우주 전체가 수수께끼이며, 그것이 바로 우주의 수수께끼라고, 그리고 *사람이 바로 그에 대한 해답*이라고 말이다.

이로써 나는 인간이 매순간 우주의 수수께끼에 관해 무언가를 말할 수 있는 능력을 지니고 있다는 생각이 들었다. 하지만 사람이 하는 말에는 언제나 그가 사람으로서 자기 자신에 대하여 인식한 만큼만 그 해답이 들어 있다.

이처럼 인식 행위는 현실에서 또 하나의 과정이 된다. 질문은 우주 안에 등장하고, 해답은 현실로서 나타나며, 사람의 인식은 정신세계 및 물질세계의 본질과 과정들이 알려주는 것에 대한 인간의 참여이다.

지금 서술하는 시기에 이르도록 나는 이 모든 내용을 뚜렷하진 않지만 이미 기록으로 남겨 놓았으며, 심지어 몇몇 곳에는 아주 분명하게 밝히기도 했다. 당시에도 이미 인식이 명상을 통해 우주의 근본을 응시하고자 하는 매 순간마다 그런 내용이 매우 강렬한 영혼 체험이 되었다. 그리고 여기서 중요한 것은, 그런 영혼의 체험이 당시 맑고 온전한 감각적 관찰에 객관적으로 몰입함으로써 얻어진 힘에 의해 가능해졌다는 사실이다. 나는 그런 관찰을 통해서 새로운 세계와 마주했다. 이 새로운 세계와 조화를 이루기 위해서, 나는 그때까지 영혼으로 인식하고 있던 것으로부터 이에 대응하는 영혼의 체험을 찾아내야 했다.

감각세계의 온전한 실체에 대해서 *생각하는 것이 아니라* 감각적으로 그것을 주시하자마자, 수수께끼가 현실이 되어 나타났다. 그리고 그 해답은 바로 사람 속에 담겨 있다.

나의 영혼은 온통 내가 훗날 '현실에 부합하는 인식'이라고 부르게 된 것에 열광했다. 구체적으로 말하면, '현실에 부합하는 인식'을 지닌 인간은 인간 밖에서 우주의 존재와 생성변화가 진행되는 동안 우주의 한 귀퉁이에 머물러 있을 수만은 없다는 사실을 명확하게 깨달았다는 것이다. 나에게 인식은 인간에 속하는 동시에 우주의 존재와 생성변화에 속하는 것이기도 했다. 나무의 뿌리와 줄기가 나중에 꽃을 피우는 데까지 이어지지 못하면 완전한 나무가 아닌 것처럼, 우주의 존재와 생성변화도 인식의 내용으로 살아남지 못하면 진실로 존재하는 것이라고 할 수 없다. 이런 통찰을 생각하면서, 나는 기회가 닿을 때마다 다음과 같은 말을 반복했다. "인간은 스스로 인식 내용을 창조하는 존재가 아니다. 인간은 우주가 그 현존과 생성변화를 체험하는 무대, 부분적으로는 처음으로 그런 것을 체험하는 무대로 자신의 영혼을 제공하는 존재인 것이다." (인간은 *자신의 영혼으로 세상의 현존과 생성변화를 부분적으로나마 체험하는 무대를 만들어낸다*.) 인식이 없다면, 우주는 미완성으로 남을 것이다.

이렇듯 나는 인식을 통해 우주의 현실을 꿰뚫어봄으로써, 인간이 인식을 통해 우주의 모상模像이나 그 비슷한 것을 만들어낸다는 따위의 견해에 맞서, 인간적인 인식의 본질을 지켜낼 수 있는 가능성을 점점 더 많이 찾아냈다. 인식에 대한 나의 관념으로 볼 때, 인간은 우주 자체의 공동창조자였다. 곧 인간은 우주의 완결성에 아무런 영향을 미치지 못하는 무엇인가를 만들어내는 모작자가 아니었다.

이를 통해 나의 인식은 신비학(Mystik)도 점점 더 명확하게 이해하게 되었다. 우주에서 일어나는 일을 인간의 입장에서 체험해보면, 그것은 불확실한 신비주의적 느낌에서 벗어나 관념이 환히 드러나는 빛 속에 나타나게 된다. 감각세계는 그 고유성을 통찰하면 처음에는 마치 나무의 뿌리와 줄기가 꽃이 없이 시작되는 것처럼 아무런 *원상이 없이*(ideen-los)나타난다. 하지만 꽃은 식물의 현존이 어둠 속으로 사라지는 것이 아니라 식물의 현존 자체가 변화한 것이다. 마찬가지로 인간의 감각세계와 관계가 있는 *관념세계*도 감각적인 현존재의 변형일 뿐, 무언가 불확실한 것이 인간의 영혼 세계 속으로 신비로운 어둠을 타고 들어와 작용하는 것이 아니다. 물질적인 사물과 과정이 햇빛 속에서 선명하게 드러나는 것처럼, 인간의 영혼 안에 있는 인식도 그렇듯 정신적으로 선명하게 드러나야만 한다.

이런 지향성과 함께 당시 내 안에서 이루어지던 것은 아주 분명한 영혼 체험이었다. 그렇지만 그 체험을 표현해내기까지는 무척 어려운 일이 많았다.

바이마르 시절이 끝나갈 무렵에 나는 ≪괴테의 세계관≫을 썼고, 내가 편집을 맡은 퀴르슈너 ≪독일 국민 문학≫판의 마지막 권 서문을 썼다. 그중에서 특히 내가 괴테의 ≪산문체 잠언≫을 편집하면서 작성한 서문을 보면서 ≪괴테의 세계관≫에 나오는 표현과 비교해 본다. 거의 같은 시기에 나온 이 두 글을 누군가가 표면적으로만 검토한다면, 이런저런 상충하는 표현들을 잡아낼 수 있을 것이다. 하지만, 형태만 갖춘 피상적인 표현들이 실상은 육체와 영혼과 정신을 깊이 있게 통찰하고 있음을 살펴본다면, 그 작업에서 모순보다는 적절한 표현을 찾기 위한 나의 노력을 알아차릴 수 있을 것이다. 그 노력은 내가 여기서 인식에 대한 체험이라고, 또 세계와 인간의 관계에 대한 체험, 실제 현실에서 만들어지는 수수께끼와 그 해결의 체험이라고 묘사했던 것을 세계관의 개념 안에 집어넣기 위한 것이었다.

대략 삼년 반 뒤에 ≪19세기의 세계관과 인생관≫을 저술했을 때는, 많은 것이 내 안에서 더욱 향상되어 있었다. 또한 여기서 서술한 나의 인식 체험도 역사에 등장하는 몇몇 세계관을 그려낼 수 있을 만큼 풍부해져 있었다.

영혼적 삶이 인식하며 투쟁하는 내용이 책 속에 담겨 있다고 해서, 그리고—이 표현을 유지하면서 다시 말해 본다면—우주적 삶이 그의 투쟁을 통해서 인간의 영혼을 무대로 계속 발달해온 내용이 책 속에 담겨 있다 해서 그 책을 거부하는 사람은, 자신이 인식하는 영혼으로 참된 현실 속에 들어가는 데 성공할 수 없다는 것이 내 생각이다. 이같은 생각은 이미 오랫동안 나의 개념 세계 전반에 영향을 주던 것으로, 이 시기에는 내 안에서 확신으로 굳어졌다.

내가 내면에서 겪은 중대한 경험들은 영혼생활의 일대 변화와 관련이 있었다. 나는 *영혼적인 체험*을 통해 명상이 본래 무엇인지, 또 정신세계를 통찰하는 데 명상이 왜 중요한지를 깨달았다. 나는 그전부터도 이미 명상생활을 영위해 왔는데, 그에 더하여 이제는 정신에 부합하는 세계관에 명상생활이 얼마나 중요한지를 관념적으로 인식하게 된 것이다. 그때 나의 내면에는 영혼생활의 현존에 필요한 것으로 명상을 요구하는 무언가가 생겨났다. 새로 얻은 영혼생활에는 명상이 필요했는데, 이는 유기적 생명체가 일정한 발전단계에 이르면 폐호흡이 필요한 것과 같은 이치이다.

감각적인 관찰로 얻은 일상적·개념적인 인식이 정신적인 것에 대한 통찰에 어떤 영향을 미치는지는 이 시기에 관념적이라고 해야 할 체험에 의해 인간 전체가 관여하는 문제가 되었다. 실재하는 정신적인 것까지도 받아들이는 관념적인 체험은 나의 ≪자유의 철학≫이 탄생하는 기초가 되었다. 인간 *전체*를 통한 체험은 관념적 체험보다 훨씬 더 실체적인 방식으로 정신세계를 포괄한다. 그렇지만 관념적 체험은 감각세계를 개념적으로 파악하는 것보다는 단계가 더 높다. 관념적 체험은 감각세계를 파악하는 것이 아니라, 감각세계에 거의 맞닿아 있는 정신세계를 파악한다.

내 마음속에서 이런 모든 표현과 경험을 구하는 가운데, 당시 나의 내면에는 세 종류의 인식이 자리를 잡았다. 그 중 *첫 번째*는 개념적 인식으로, 감각적 관찰을 통해 얻어지는 것이다. 개념적인 인식은 영혼으로 습득하며, 기억력에 비례하여 내면에 간직된다. 인식의 내용을 되풀이해서 습득하는 것은 그 내용을 더 잘 간직하게 된다는 정도의 의미가 있을 뿐이다. 두 *번째* 종류의 인식은 감각적 관찰을 통해 개념을 얻는 대신, 감각기관에서 벗어나 개념을 내면에서 체험하는 인식이다. 이런 체험은 체험 자체의 본질상 그 개념이 정신적 현실에 근거함을 보증한다. 개념들이 정신적 현실에 대한 보증을 포함하고 있다는 사실을 알게 되는 것은, 이런 종류의 인식을 할 때 우리가 겪는 일의 성질상 감각적으로 인식을 할 때 자기 앞에 있는 것이 환상이 아니라 물리적 현실이라는 사실을 확신할 수 있는 것과 마찬가지로 확실하다.

이런 개념적·정신적 인식은—감각적 인식과는 달리—한번 습득하여 기억에 보존하는 것으로는 충분하지 않다. 습득의 과정이 지속되도록 해야 한다. 얼마 동안 숨을 쉬며 들이마신 공기는 유기체가 생명과정을 지속하기에는 충분하지 않듯이, 개념적·정신적 인식도 감각적 인식처럼 한번 습득하는 것으로는 충분하지 않다. 개념적·정신적 인식을 위해서는, 인간이 이런 인식을 통해 들어서게 되는 세계와 영혼 간에 활발한 상호작용이 끊이지 않아야 한다. 이런 일은 명상을 통해서 일어나며, 명상은—위에서 살짝 언급한 대로—명상의 가치를 개념적으로 이해하는 데서 출발한다. 내가 그런 상호작용을 얻으려고 노력한 것은 (서른다섯에) 영혼의 큰 변화를 겪기 오래 전이었다.

이제 명상은 영혼생활에 필수적인 일로 등장했다. 그리고 이와 더불어 나는 내면에서 *세 번째* 종류의 인식을 만났다. 이 세 번째 인식을 통해 나는 더 깊은 정신세계에 도달하였으며, 정신세계와의 밀접한 공존도 가능해졌다. 나는 내적인 필연성으로 인해 아주 특정한 종류의 표상을 내 의식의 중심점으로 가져다 놓는 일을 되풀이해야 했다.

즉, 감각세계에서 만들어진 표상에 영혼으로 적응해 있는 상태에서 내가 직접 체험한 일들 중에 그러한 경험이 현실로 존재한다고 말할 수 있는 경우는 어떤 대상이나 과정을 감각적으로 관찰하며 마주 대하고 있을 때뿐이다. 내가 관찰하는 동안은 감각기관이 관찰 대상의 실재를 나에게 보증한다.

하지만 내가 개념적·정신적 인식을 통해서 정신세계의 존재나 과정들에 연결되어 있을 때는 그렇지 않다. 그런 경우에는 직시하고 있는 동안이 아니어도 개별적인 통찰이 이루어지는 가운데 지각된 것이 지속됨을 직접 체험하게 된다. 예를 들어, 누구든 '나'를 인간의 가장 고유한 내면적 실체로서 체험한다면, 직시하는 체험 속에서 이 '나'가 물질의 신체 안에서 생활하기 이전에도 존재했고 신체를 떠난 뒤에도 존재하리라는 사실을 알게 된다. 이렇듯 '나'에서 체험하는 것이 그 '나'를 직접 드러낸다. 이는 장미를 직접 지각할 때 장미의 붉은 색이 드러나는 것과 같다.

 삶을 위한 그런 내적·정신적 필요에 의해 명상을 실행하는 가운데, 물질의 유기체에서 완전히 떨어져 나와서 정신적인 영역에서 살아가고, 지각하고, 움직일 수 있는 '내적·정신적 인간'에 관한 의식이 점점 더 발전해 간다. 이렇듯 그 자체로 독립적이고 정신적인 인간이 명상의 영향으로 나의 경험 안에 등장했으며, 이를 통해서 정신적인 것에 대한 체험이 크게 심화되었다. 감각적 인식이 유기체를 통해서 생겨난다는 사실은 이런 인식을 가능하게 하는 자기관찰로서 충분히 증명할 수 있다. 하지만 개념적·정신적 인식 또한 아직은 유기체에 의존하고 있다. 자기관찰이 그 점에 관해 가르쳐주는 바에 의하면, 우리가 감각적으로 관찰을 할 때는 *개별* 인식행위가 유기체에 속박되어 있다. 개념적·정신적 인식에서는 개별 행위가 물리적 유기체에 조금도 예속되지 않는다. 하지만 개념적·정신적 인식이 대체로 인간을 통해 계발될 수 있는 것은 *일반적*으로 생명이 유기체 안에 존재하기 때문이다. 그렇지만 세 번째 종류의 인식에서는 그 인식이 오로지 정신인간을 통해서만 성취될 수 있는데, 이때 정신인간은 물질적 유기체가 존재하지도 않는다는 듯이 *그렇게* 물질적 유기체에서 풀려난 상태라야 한다.

 나는 앞서 묘사한 명상적인 삶의 영향으로 이 모든 것에 대한 의식을 발달시켰다. 나는 그런 명상을 통해 일종의 자기암시에 빠져들게 되고 그것이 결국 정신 인식으로 이어진다는 사람들의 의견을 효과적으로 반박할 수 있었다. 처음 개념적·정신적 인식을 획득했을 때부터 이미 정신적 체험이 진리라는 사실을 확신할 수 있었기 때문이다. 여기서 처음이라고 한 것은 실제로 명상을 통해 처음으로 개념적·정신적 인식생활을 유지했다는 것만이 아니라, 처음으로 그런 인식생활을 *시작했다*는 의미이다. 나는 자기암시가 논란거리가 되기 *전에* 이미 당면 문제에 대해 사람들이 냉철한 의식으로 실로 정밀하게 진리를 규명할 때 쓰는 그 방법을 적용했다. 그러므로 명상을 통한 성과에서 중요한 사실은, 그 성과를 체험하기도 *전에* 내가 이미 그것이 완전한 현실이라는 사실을 확인할 수 있었다는 것이다.

내 마음의 일대 변화와 결부된 이 모든 일들은 자기관찰이 가능해지면서 얻은 성과와 관련하여 나타났다. 그리고 그 성과는 앞서 기술한 대로 나에게 내용적으로 중대한 의미를 안겨주었다.

내가 느끼기엔, 지난 생에 연관된 이상적인 것이 일정한 방향으로 물러나고, 그 자리에 의지적인 것이 들어선 것 같았다. 그런 일이 가능하려면, 의지가 인식을 전개할 때 주관에 따라 제멋대로 하지 않을 수 있어야만 한다. 정신적인 것이 감소한 만큼 의지가 커졌다. 그리고 예전에는 이상이 거의 전적으로 정신적 인식을 실행했다면, 이제는 의지가 정신적 인식까지 떠맡았다. 영혼생활을 사고, 감정, 의지(생각하기, 느끼기, 행동하기)로 구분하는 것은 한정된 의미만을 지닌다는 사실을 나는 이미 인식하고 있었다. 원래 생각 속에는 느끼기와 행동하기가 함께 들어 있다. 다만, 생각하기가 느끼기와 행동하기에 비해 우세할 뿐이다. 느끼기 속에는 생각하기와 행동하기가, 행동하기 속에는 생각하기와 느끼기가 활동하고 있다. 이제 나는 어떻게 행동이 더 많은 생각을, 또 생각이 더 많은 행동을 흡수하는지를 체험했다.

한편으로 명상은 정신을 인식하게 해준다. 또 다른 한편으로 이러한 자기관찰은 유기체에 예속되지 않은 정신적인 인간을 내적으로 강하게 만들어 주며, 또한 물질적인 인간이 물질세계에 고정돼 있듯이 정신세계 속에 정신인간의 존재를 고정해 준다. 다만 사람들이 알게 되는 것은, 정신세계와 정신인간의 관계는 물질적인 유기체의 제한을 받지 않을 때 무한히 증대하는 반면에, 물질세계와 물질적인 유기체의 관계는 정신인간이 자진해서 돌봐주는 일을 그만두면—즉, 죽음과 더불어—와해된다는 사실이다.

이렇듯 경험을 통한 인식은 이제 어떤 식으로든 인간의 앎을 일정한 범위로 제한하는 인식론과는 양립할 수 없으며, '근본 원인'이나 '물 자체'를 인간의 앎으로는 도달할 수 없는, 앎 '너머에' 있는 것으로 상정하는 인식론과도 공존하기 어렵다. '도달할 수 없다'는 것은 나에겐 늘 '처음에만' 그런 것을 뜻할 뿐이었다. 그래서 도달할 수 없는 채로 머무는 것은, 미지의 것에 부합하므로 체험적인 인식을 통해 미지의 것과 결합할 수 있는 본질적인 면을 인간이 자신의 내면에서 계발하지 못하고 있을 때만이다. 인간이 세상에 대해 어떤 태도를 취해야 할지를 올바로 조명해 보고자 하는 사람이라면, *어떤* 존재로도 성장해 갈 수 있는 인간의 이런 능력을 반드시 인정해야 하리라 본다. 이런 능력을 끝내 인정할 수 없는 사람에게 인식은 실제 세계에 속하는 것이 아니라, 세계와 상관없는 것만을, 세계를 구성하는 내용의 그 어떤 부분을 복제한 것만을 줄 수 있다. 하지만 그렇듯 복제에 불과한 인식으로는 인간은 의식이 완전히 깨어 있는 개체로서 우주 속에 확고히 서는 내적 경험을 제공하는 존재를 *자기 안에서* 포착할 수 없다.

내가 인식에 관해 말을 할 때 중요했던 것은, 그저 정신적 존재를 *인정하*는 데 그치는 것이 아니라, 통찰을 통해서 그런 인정에 도달할 수 있다는 사실이었다. 그리고 인간이 도달할 수 있는 경험의 총합 속에 현존재의 '근원'이 있다는 사실은 포착하는 것이 그 어떤 '내세의' 영역에서 *알려지지 않*은 정신저인 것을 사고를 통해서 받아들이는 것보다 내게는 훨씬 더 중요했다.

그러므로 나의 통찰이 동의할 수 없었던 것은, 알려지지 않은 외부세계가 지각을 통해 인간 내부에서 불러낸 것이 바로 감각적인 인식 내용(색깔, 열, 소리 등)이라고 하면서도, 정작 외부세계 자체는 가설로 설정할 수밖에 없는 사고방식이었다. 체험적 인식을 통해 나는 물리학·생리학적 사고의 기초를 그런 방향으로 끌고 가는 이론적 이념을 특히나 해롭게 느꼈다. 나의 이런 감정은 여기서 묘사하는 인생의 시기에 최대한 생생하게 고조되었다. 물리학과 생리학에서 '주관적인 감각의 배후에 있는 것'으로 불리는 모든 것이 나에게는—이런 표현이 괜찮다면—인식의 불쾌감을 유발했다.

그에 반해서 라이엘Lyell, 다윈, 해켈의 사고방식은, 비록 불완전하게 나타나기는 했지만, 건강한 쪽으로 발전할 수 있는 가능성을 보여주었다.

라이엘이 내놓은 원칙은 현재의 생성과정을 관찰함으로써 밝혀진 이념을 통해 태곳적에 존재한 탓에 감각적 관찰이 불가능한 지구 생성 부문의 현상들을 해명한다는 것이었는데, 나는 이 원칙이 암시하는 방향을 따라가다 보면 결실이 있을 것으로 보았다. 또한 헤켈이 ≪인류기원론≫에서 포괄적인 방식으로 행한 것처럼, 나는 동물의 형태에서 인간의 형태를 이끌어냄으로써 인간의 신체 구조에 대한 이해를 도모하는 일이 인식의 계속적인 발전을 위한 좋은 토대라고 여겼다.

나는 나 자신에게 말했다. 인간이 인식의 한계를 설정하고 그 한계 너머에 '물物 자체'가 있다고 한다면, 이는 정신세계에 이르는 통로를 스스로 차단하는 것이라고 말이다. 또한, 반면에 인간이 어떤 것을 동원하여 감각세계 안에서 다른 어떤 것을 설명하는 방식(예컨대, 지구의 생성과정에서 현재 벌어지는 일을 동원하여 지질학적으로 태곳적 일을 설명하고, 동물의 형태로 인간의 형태를 설명하는 방식)을 취한다면, 이는 존재 및 과정들에 대한 *이런 식의 설명*을 정신세계로도 확장할 용의가 있는 셈이라고 말이다.

이런 방향으로 내가 느낀 것을 표현한다면 이렇게 말해볼 수도 있다. "이미 오래 전부터 나의 개념 세계에 퍼져 활발하고 생기 있게 움직여 오던 것이 바로 그 즈음에 내 안에서 견해로서 굳어졌다."

XXIII

1897
바이마르, 베를린

루돌프 슈타이너 세계관에 등장하는 "윤리적 개인주의" ——— 인간은 그 자체로 자신이 지각한 외부 세계를 설명하는 말이다 ——— 물질주의에 경도된 자연연구자는 세계를 환상으로 만든다 ——— 이 모든 이념은 ≪19세기의 세계관과 인생관≫에 실린 "환상으로서의 세계"라는 제목의 장에 요약되어 있는데, 4년 뒤에 출간 ——— 당대의 견해와는 완전히 대치되다 ——— 내면적으로 참되다고 확인한 것을 당대 사람들이 이해할 수 있도록 표현해 낼 방법은 어떻게 찾게 될까?

나는 인생에서 중요한 두 번째 시기를 앞에서 말한 마음의 일대 변화로 마무리해야 했다. 그 뒤 운명의 길에는 그때까지 걸어온 길과는 다른 의미가 있었다. 빈 시절뿐 아니라 바이마르 시절에도 운명의 외적인 징후는 내가 내면의 영혼으로 추구하는 내용에 상응하는 방향을 가리키고 있었다. 내가 저술한 책이나 글에는 모두 정신에 부합하는 내 세계관의 근본적인 특징이 살아 있었으며, 이는 심지어 내적인 필요에 의해서 정신의 고유한 영역까지 고찰하는 일을 삼가야 했을 때에도 마찬가지였다. 빈에서 가정교사 일을 할 때는 내 영혼을 통찰하여 얻은 목표만이 존재했다. 바이마르에서는 괴테와 관련된 일을 하면서 업무상 과제라고 여겨지는 일만을 수행했다. 나는 그 어디서도 외부 세계로부터 제시되는 방향과 나의 방향을 힘들게 조화시킬 필요가 없었다.

그렇게 산 덕분에 나는 확실하다고 여겨지는 방식으로 자유의 이념을 통찰하고 표현할 수 있었다. 자유의 이념이 내 삶에 중요한 의미가 있다고 해서 그것을 편파적으로 통찰했다고 생각하지 않는다. 자유의 이념은 객관적인 현실에 부합하며, 인식을 위해 양심껏 노력하는 사람이 현실을 몸소 체험했다고 해서 그 체험이 객관적인 현실을 대체할 수는 없으며, 기껏해야 가능한 통찰의 수준에 영향을 미칠 뿐이다.

자유의 이념에 대한 이런 통찰은 다방면에서 오해를 사는 나의 '도덕적 개인주의'라는 세계관과 결부된 것이었다. 그뿐 아니라, 정신 안에 살고 있는 내 개념세계의 한 요소였던 도덕적 개인주의는 내 인생의 세 번째 시기가 시작하면서 세상의 모든 인간을 사로잡는 요소가 되었다.

그 사고방식 때문에 내가 거부한 당시의 물리학과 생리학의 세계관만이 아니라, 불완전하긴 하지만 정신에 부합하는 세계관으로 통하는 연결통로가 될 수 있다고 본 생물학적 세계관은 나로 하여금 그 두 세계가 관장하는 영역을 따라 나 자신의 표상을 계속해서 발전시켜 갈 것을 요구했다. 나는 인간에게 행위를 유발하는 동기가 외부 세계에서 그 모습을 드러낼 수 있는가 하는 문제에 대한 답을 찾아야만 했다. 내가 찾은 답은, 인간의 의지에 내적으로 영혼을 불어넣는 정신적이고도 신성한 힘이 외부 세계에서 인간의 내면에 이를 수 있는 길은 없다는 것이었다. 올바른 물리학·생리학적 사고방식은 물론 생물학적 사고방식도 나에게 그 사실을 증명해 주는 것처럼 보였다. 외부에서는 의지에 자극을 부여하는 자연의 길을 발견할 수 없다. 따라서 그런 외적인 길을 통해서는 어떤 정신적이고 신성한 도덕적 자극도 인간 내면에서 작동하는 의지의 고유한 자극이 생겨나는 영혼의 자리로 들어올 수 없다. 외부의 자연적인 힘은 인간 내부의 자연적인 것만큼은 열광케 할 수 있다. 하지만 그럴 경우에 실제로 자유로운 의지의 표현은 존재하지 않으며, 오직 인간 내부로 들어와서 인간을 통과해 가는 자연적인 사건의 연속만이 존재하게 된다. 그렇게 되면 인간은 자신의 실체를 완전히 파악하지 못하고, 자신의 외양에 해당하는 자연적인 것 안에 자유롭지 못한 행위자로 갇히는 신세가 되고 만다.

따라서 나는 '인간의 의지가 자유로운가, 자유롭지 못한가?'라는 *이* 질문에 답하는 일이 중요한 게 아니라고 속으로 되뇌었다. 질문부터 완전히 *달라져야* 했다. 곧, '자유롭지 못한 자연적인 의지로부터 자유로운 의지, 다시 말해서 진실로 도덕적인 의지에 이르는 길을 영혼 활동 속에 어떻게 마련하는가?' 하는 것이 질문이 되어야 했다. 그리고 이 질문에 대한 답을 찾기 위해서는 신성하고 정신적인 것이 어떻게 모든 인간의 *각 영혼에* 깃들어 있는지를 보아야 했다. 이 각각의 인간 영혼으로부터 도덕적인 것이 생겨나며, 이로써 인간 영혼의 완전히 *개별적인* 존재 안에 도덕적 자극이 유발되어야 한다.

인간이 처한 외적인 관계에서 생겨난 도덕법칙들―계율과 같은 것들―은, 그것이 본래 정신세계의 영역에서 유래한다 하더라도, 자신의 의지를 그런 법칙에 맞게 적응시키는 것만으로 그 법칙이 인간의 내면에서 도덕적 동기가 될 수는 없다. 오로지 *온전히 개별적인* 존재인 인간이 그런 법칙에 들어 있는 사고의 내용을 정신적이고도 본질적으로 체험할 때에만 도덕적인 동기가 생겨날 수 있다. 자유는 인간의 사고 안에 살고 있다. 의지는 그 자체로 자유로운 것이 아니라, 의지에 힘을 부여하는 사고가 자유로운 것이다.

그러므로 나는 ≪자유의 철학≫에서 의지의 도덕적 본성을 근거로 사고의 자유를 매우 강조하여 이야기하지 않을 수 없었다.

또한 이 자유의 이념은 명상생활을 하는 가운데 특별히 강화되었다. 도덕적 세계질서란 더 높은 정신 영역들에서 찾아볼 수 있는 활동의 질서가 지상에 실현된 것임이 점점 더 명확하게 드러났다. 그런 도덕적 세계질서는 정신적인 것을 받아들일 수 있는 사람이 자신의 표상세계 속에 들어가 파악해야만 생겨나는 것이다.

지금 서술하는 시기에 이 모든 통찰은 내가 이미 도달한 폭넓은 진리와 연결되었다. 곧, 세계의 존재 및 과정은 그것을 '설명하기' 위한 사고로는 설명할 수 없으며, 하나의 과정이 다른 과정을 설명하고, 하나가 수수께끼가 되면 다른 하나는 해답이 되고, 바로 인간 자신이 그가 지각한 외부 세계의 설명이 되는 식으로 사고를 통해 과정들 사이의 연관성을 통찰해 봄으로써 세계의 존재와 과정이 해명될 수 있다는 것이 내가 인식한 진리의 내용이었다.

이와 함께, 세계와 세계의 활동 속에 로고스, *지혜*, *말씀*이 섭리하고 있다는 표상이 진리임을 체험하였다.

나는 이러한 표상을 통해서 물질주의의 본질을 명확하게 통찰할 수 있다고 믿었다. 나는 물질주의자가 존재의 물질적 현상에 특별히 주목하기 때문에 물질주의적 사고방식이 파괴적이라고 보지는 않았다. 그보다는 그가 물질적인 것을 *어떻게* 생각하는가 하는 데서 이유를 찾았다. 물질주의자는 물질을 바라보지만, 정작 자기 앞에 있는 것이 물질적 형태를 띠고 나타나는 *정신*이라는 사실은 알지 못한다. 정신이 물질로 형태를 바꾸는 이유가, 오직 그렇게 변형 속에서*만* 가능한 활동양식에 도달하기 위함이라는 사실을 알지 못하는 것이다. 정신은 우선 지상에서 생활하는 인간에게 자유로이 활동하는 자의식을 부여할 수 있는 표상세계에 살아가기 위해서 물질적인 뇌의 형태를 취해야 한다. 물론 뇌 안에서 물질로부터 정신이 생겨나지만, 일단은 물질로 이루어진 뇌가 정신으로부터 생겨나는 것이 먼저이다.

내가 물리학·생리학적인 표상 방식을 거부할 수밖에 없었던 이유는 간단하다. 그런 표상 방식은 물질적인 것을 체험하는 대신 그것을 고안해 낸 다음 인간 내면의 정신적인 경험을 자극하는 외부 인자로 삼기 때문이며, 더불어 물질을 고안할 때 그 물질이 정신인 상태를 추적하는 일을 불가능하게 만들었기 때문이다. 이러한 표상방식이 실재한다고 주장하는 그런 물질은 정말 그 어디에도 실재하지 않는다. 물질적으로 사고하는 자연사상가들은 물질에 관해 불가능한 관념을 상정함으로써 근본적인 오류를 범한다. 이로써 정신적인 현존재에 이르는 길도 막힌다. 물질적인 자연이 인간이 자연에서 체험하는 것만을 마음속에 불러일으키면, 세계는 '환상'(Illusion)이 된다. 이런 관념들이 내 영혼생활에 아주 강렬하게 등장했기 때문에, 그로부터 4년 뒤에 이를 다듬어서 ≪19세기의 세계관과 인생관≫이라는 책 중에 "환상으로서의 세계"라는 장을 완성하게 되었다. (이 책은 그후 증보판에서 ≪철학의 수수께끼≫로 제목이 바뀌었다.)

생물학적인 표상 방식에서는 표상된 것을 인간이 체험할 수 있는 영역으로부터 완벽하게 몰아내고 대신에 영혼 안에 환상을 남겨 두는 방식으로 특징을 표상하는 데 빠지지 않을 수 있다. 하지만 생물학적 표상방식을 통해서는, 인간의 바깥에 인간이 경험하지 못하는 세계가 있다는 사실, 그리고 그 세계는 감각기관을 통해 인간에게 어떤 인상을 줄 뿐, 그런 인상을 만들어내는 세계와는 조금도 비슷하지 않을 수 있다는 사실까지는 "해명"할 수 없다. 더욱이 누군가는 영혼 활동에서 사고의 중요성을 무시한 채, 빛의 주관적인 지각이 에테르 안에서의 운동 형태와 객관적으로 일치한다―이것이 *당시의* 표상이었다―고 주장하면서 무언가를 말했다고 믿을 수도 있다. 하지만 일상적인 영역에서 지각한 것까지도 그렇게 '설명하려' 드는 사람이라면, 그는 이미 지독한 광신자일 수밖에 없다.

어떤 경우라도 그와 같은 표상으로는 자연에 관한 이념에서 도덕적 세계질서에 관한 이념으로까지 밀고 나아갈 수는 없다고, 나는 나 자신에게 말했다. 이런 식의 표상을 통해서는 도덕적 세계질서에 관한 이념이 인식에서 동떨어진 영역으로부터 인간의 물질의 세계로 떨어져 내리는 것이라고 여길 수밖에 없다.

내 영혼에 다가온 이런 의문들이 인생의 세 번째 시기에 막 들어선 이때에 특별한 의미를 갖는다고 생각지는 않는다. 왜냐하면 나는 정말 오래 전부터 이런 의문에 직면해 있었기 때문이다. 그러나 나의 인식 세계 전체가 내용 면에서는 근본적인 변화가 없는 가운데서도 이런 의문들을 통해서 마음속에서 이전에 비해 근본적으로 더 높은 삶의 활력을 얻은 일은 내게는 의미심장했다. 인간의 영혼은 '로고스Logos'(말씀) 안에서 살아가는데, 이 로고스 안에서 외부 세계가 어떻게 살아가는가 하는 것은 내가 (1880년대 중반에) 쓴 ≪괴테 세계관의 인식론≫에서 이미 핵심적인 질문으로 제기한 바 있다. 이런 문제 의식은 ≪진리와 과학≫ 및 ≪자유의 철학≫을 쓸 때에도 계속 유지되었다. 이와 같은 내적 지향은 괴테가 세계현상을 규명하는 내적 바탕으로 삼은 것을 알아내기 위해 내가 구성해낸 모든 관념 구조를 지배했다.

여기서 서술하는 시기에 내가 특히나 골몰했던 문제는, 바로 내가 단호하게 거부할 수밖에 없었던 이념들이 그 시대의 사상에 가장 강력한 효과를 발휘했다는 사실이었다. 사람들은 철저하게 그런 심적 경향 속에 살았기 때문에, 그와 상반되는 방향을 제시하는 것의 내용을 알아볼 수 없었다. 이렇듯 나는 우리 시대의 견해와 내가 명백히 진리로 여기는 것 사이의 대립을 경험했고, 이 경험이 세기가 바뀌는 몇 해 동안 대체로 내 삶의 *기본적인 분위기*를 이루었다.

이런 대립에서 받은 인상은 정신생활의 내용으로 나에게 등장하는 모든 것에 영향을 미쳤다. 나는 이 정신생활이 초래하는 모든 것을 거부하지는 않았다. 그렇지만 무엇보다도 내가 가치를 인정할 수밖에 없는 여러 좋은 것을 접할 때면 마음속 깊이 고통을 느꼈다. 정신생활이 발달하는 싹이 될 이런 것들이 곳곳에서 파괴적인 힘에 가로막혀 있는 광경을 보고 있다고 생각했기 때문이다.

그래서 나는 곳곳에서 '어떻게 하면 내적으로 통찰한 진실을 이 시대에 통용될 수 있는 형식으로 표현할 수 있을까?' 하고 묻게 되었다.

이런 질문을 하는 사람은 어떤 식으로든 오르기 어려운 산을 올라야 할 운명에 처한 듯한 느낌을 받는다. 사람들은 방법을 달리하며 최대한 다양하게 시도해 보지만, 노력의 결과는 늘 허망할 뿐이다.

1890년대에 프랑크푸르트 암 마인에서 괴테의 자연관에 관해 연설한 적이 있다. 연설 앞머리에 나는 이번 연설에서는 괴테의 인생관만 다루겠다고 했다. 그러면서 현대 물리학으로는 괴테의 빛과 색채에 관한 관념을 이해할 가능성이 전혀 없기 때문이라고 이유를 댔다. 하지만 나에게는 이런 불가능성이야말로 이 시대의 정신적인 지향을 나타내는 의미심장한 징후로 보였다.

얼마 뒤에 나는 한 물리학자와 대화를 나누었다. 그는 자신의 분야에서 중요한 위치에 있었고, 아울러 괴테의 자연관에도 골몰해 있었다. 우리의 대화가 정점에 이른 것은, 그가 "색채에 대한 괴테의 표상을 가지고는 물리학에서 할 수 있는 일이 아무 것도 없을 것"이라고 했을 때였다. 그 말을 듣고서 나는 입을 *다물었다*.

당시에 얼마나 많은 사람들이 내가 진리라 여기는 것을 '가지고는' 당대의 사상이 할 수 있는 일이 '아무 것도 없을' 거라고 했던가.

XXIV

1897~1899
베를린

"우리는 입을 다물어야 하는가?"라는 질문이 체험이 되다 —— 운명이 이끄는 여러 길이 이제 다른 의미를 갖게 되었다 —— 외부에서 주어지는 길은 더 이상 영혼의 내면적 노력과 일치하지 않는다 —— 침묵하지 말고 오히려 할 수 있는 한 많이 말하라는 것이 내면적 계명이 되다 —— 정신적 동기들을 공론화하기 위해 스스로 잡지를 창간하는 것이 불가능하여 <도이체 보헨슈리프트Deutsche Wochenschrift>지의 발행권을 인수하다 —— 이와 함께 정기구독자의 수를 확대하기 위한 활동이 필요해지다 —— "자유문학협회"가 그런 활동의 대상이 되다 —— 하지만 협회의 정신적 요구를 배려해야 하다 —— 오토 에리히 하르트레벤이 공동발행인이 되다 —— 문예 집단의 특이한 인물들 —— O. J. 비어바움, 프랑크 베데킨트, 파울 셰르바르트 —— W. 하를란 이외에는 문인으로서는 훌륭하나 인간으로서는 부족한 인물들 —— 정신의 작용에 관한 이해 부족

그리고 '우리는 입을 다물어야 하는가' 하는 질문은 그야말로 현실이 되었다.

당시 내 영혼생활은 그런 모습이었다. 더불어 나는 외적인 활동의 기조를 완전히 바꾸어야 할 상황이었다. 나의 외적 운명을 결정하는 힘과 나의 정신세계 체험에서 비롯한 내적인 잣대 사이에 예전과 같은 조화를 이루는 일은 이제 불가능했다.

나는 이 정신적 자극들이 당시 일반에 공개되어야 한다고 생각했고, 따라서 동시대인들에게 이 정신적 자극을 전달하기 위하여 정기간행물을 이용하는 방법을 이미 상당한 기간 동안 고민해 왔다. 나는 '입을 다무는' 대신에 가능한 한 많은 얘기를 하고 싶었다.

당시로서는 내가 직접 잡지를 창간하는 일은 생각도 할 수 없었다. 자금도 없었고, 또 창간에 필요한 인맥도 전혀 없었다.

그래서 나는 〈마가친 퓌어 리테라투어〉의 발행인 자리에 오를 수 있는 기회가 왔을 때 그 기회를 놓치지 않았다.

이 잡지는 괴테가 사망한 해(1832년)에 창립된 오래된 주간지였다. 처음에는 〈외국문학지〉라는 제호를 달고서, 외국에서 나온 모든 분야의 정신적 창작물 중에서 편집부가 독일 정신생활에 접목할 만큼 가치가 있다고 여기는 작품을 골라 그 번역물을 실었다. 이 주간지는 그후 〈국내외 문학지〉로 바뀌어, 정신생활의 모든 분야에서 문학물, 특성화된 주제, 비평물을 다루었다. 일정한 한계는 있지만, 잡지는 이러한 목적을 수행하며 잘 유지될 수 있었다. 잡지가 이런 성격을 띠고 활동하던 시기에는 정신적인 영역에서 '일어나는' 일을 매주 짤막한 개관을 통해 접하고자 하는 사람들이 독일어권에 충분히 존재하던 때였다. 그 뒤로 1880년대와 1890년대에 이르러, 이렇듯 평화롭고 안정적으로 정신적인 것을 추구하는 방식을 대신하여 새로운 문학적 목표를 내건 젊은 세대가 등장하면서 잡지는 곧바로 이 새로운 움직임 속으로 말려 들어갔다. 잡지의 편집인은 상당히 빠르게 교체되었고, 이 편집인들이 새로운 움직임 속에서 이렇게 저렇게 자세를 달리함에 따라 잡지는 그때그때 색깔을 바꿔 나갔다. 내가 잡지의 발행인 자리에 오른 1897년에 이 잡지는 새로운 문학을 향한 노력은 옹호하되, 그 외의 노력에 대해 강한 반대 입장을 취하지는 않았다. 그러나 결국 이 잡지는 잡지가 담고 있는 내용만으로 재정적 자립을 유지하는 일이 불가능한 상태에 이르렀다. 그래서 '자유문학협회'의 기관지 역할도 떠맡았다. 이로써 그 전의 충분치 못했던 정기 구독료 수입에 얼마간의 수입을 보탤 수 있었다. 그럼에도 불구하고 내가 잡지를 맡았을 때의 상황은 충성도가 낮은 독자들까지도 죄다 끌어 모아야 그나마 유지가 가능한 정도였다. 나는 정기 구독자 층을 늘려 가는 데 알맞은 활동을 병행한다는 것을 전제로 그 잡지를 맡을 수 있었다. 그런 활동의 대상이 바로 자유문학협회였다. 나는 협회의 활동에 기여하는 방향으로 잡지 내용을 기획해야 했다. 자유문학협회에서는 젊은 세대의 창작 활동에 관심이 있는 인물들을 물색했다. 이 협회의 본부는 베를린에 있었으며, 비교적 젊은 문학인들이 설립한 곳이었다. 이어서 독일의 수많은 도시에 지부를 두었다. 하지만 얼마 못가 지부들 중 상당수가 근근이 명맥을 이어가는 지경이 되었다. 나는 이제 협회에서 강연을 맡아, 잡지를 통해 제시될 정신생활을 직접 사람들을 상대로 전달하게 되었다.

나에게는 이들이 정신적 욕구를 채워야 할 독자층이었다. 자유문학협회 회원도 있었는데, 이들은 그때까지 매우 특정한 것을 제공받아 왔기 때문에 매우 특정한 것을 기대하는 독자들이었다. 어느 경우든 간에 나는 이들에게 내 존재의 가장 깊은 곳에서 꺼내주고 싶은 것이 있었지만, 이들 중 누구도 나에게 그런 것을 기대하지 않았다. 자유문학협회가 이런 특징을 갖게 된 데는, 예컨대 슈필하겐Spielhagen 같은 인사들이 주도하는 '문학협회'와 일종의 각을 세우고자 했던 탓도 있다.

나는 정신세계 안에 있었기 때문에, 내가 그곳에서 맞이한 이런 상황을 정말 내적으로 온전히 상대해나갔다. 내 독자층과 협회 회원들의 정신적 성향에 부합하는 형태부터 찾아내야 이 형태에 내가 정신적으로 전달하고 싶은 내용을 부어줄 수 있었기에, 나는 완벽하게 이 사람들의 입장이 되어보려 애를 썼다.

내가 점차 사그라질 환상을 품고 이런 활동을 시작했다고 말할 수는 없다. 하지만 나에게 어울리는 독자와 청중을 대상으로 시작한 바로 그 활동이 점점 더 큰 저항을 불러왔다. 잡지를 인수하기 전에 그 주위에 모여 있던 사람들한테서는 진지하고 철저한 정신적 특질을 기대할 수 없었다. 이들 중에 몇몇만이 심원한 것에 관심을 기울였다. 그나마 이 몇 사람마저도 정신의 강한 힘에 바탕을 두기보다는 갖가지 예술이나 기타 정신적인 활동을 하면서 삶을 누리고자 하는 평범한 소망을 가지고 움직였다.

그리하여 나는 곧 나의 내면과 정신세계에 비춰볼 때 내가 이런 독자와 청중을 대상으로 벌이는 활동을 책임질 수 있는가 하는 질문에 맞닥뜨렸다. 그곳에서 내가 관심을 두고 있는 많은 인물들이 나를 몹시 좋아했고 나도 그들과 우정으로 결합돼 있다고 느끼긴 했지만, 어쨌거나 그들도 역시 내 안에 살고 있는 것에 대하여 '입을 다물어야 하는가' 하는 질문을 불러일으키는 사람들이었기 때문이다.

게다가 다른 문제도 있었다. 지금껏 가까이에서 나와 우의를 다져온 사람들 대부분이 나를 대하는 태도로 미뤄볼 때, 비록 그들과 나의 영혼생활은 매우 동떨어져서 함께하지 못했지만, 그들은 인식의 영역과 갖가지 삶의 관계 속에서 내 행위를 가치 있어 보이도록 하는 무언가가 내 안에 있다고 미리 전제하고 있다는 것이 내 느낌이었다. 이들은 나와 함께한 경험으로 인해 나의 현존재를 의문 없이 받아들이는 때가 많았다.

하지만 그때까지 잡지의 발행을 맡아온 인사들은 그렇게 느끼지 않았다. 슈타이너의 삶에서 나타나는 여러 실천적 특질에도 불구하고, 어쨌거나 그들에게 슈타이너는 그냥 '관념론자'일 뿐이었다. 그리고 잡지의 이전 소유주에게 여러 해에 걸쳐 매매대금을 분할상환하도록 되어 있었고, 그래서 이전 소유주가 잡지의 존속에 현실적으로 큰 관심을 보이고 있었으므로, 이런 이유로 이전 소유주가 보는 관점에서는 자신과 사업을 위해서 나라는 사람 외에 또 다른 보증인이 있어야 했다. 내가 이제까지 잡지와 자유문학협회 주위에 모여든 사람들에게 어떤 영향을 미칠지를 알 수 없었기 때문이다. 그래서 그는 잡지의 매각 조건으로 오토 에리히 하르트레벤을 공동 편집인으로 삼아 나와 함께 활동하도록 만들었다.

지금 이런 사실들을 회고하면서 내가 편집장을 맡는 과정에서 무언가 달랐더라면 좋았을 거란 생각은 하지 않는다. 앞서 기술한 바와 같이, 정신세계에 들어서 있는 사람은 전적으로 경험을 통해서만 물질세계의 사실들을 알게 되어야 한다. 그리고 그런 경험을 통한 이해는 특히 내 영혼의 일대 변화 이후에는 *당연히 겪어야 할 일*이 되었다. 내가 확실히 운명의 작용이라고 인정하고도 이를 받아들이지 않았다면, 나의 정신 체험에 어긋나는 죄를 범하는 꼴이 되었을 것이다. 당시에 나는 오토 에리히 하르트레벤과 나를 한동안 같이 일하게 만든 '사실'만이 아니라, '운명(카르마)에 의해 짜여진 사실들'도 보았다.

그렇지만 이런 관계에서는 감당할 수 없는 어려움들이 생겨났다.

오토 에리히 하르트레벤은 미학에 완전히 젖어 있는 사람이었다. 그가 나를 대하는 '분위기'는 가끔 매우 의아했지만, 완벽하게 미학적인 세계관으로부터 몸짓에 이르기까지 그에게서 나타나는 모든 것이 우아했다. 마음가짐이 이러했기에 그는 자주 이탈리아에 몇 달씩 머물러야 했다. 그리고 이탈리아에서 돌아올 때면, 그의 본성에서 발현하는 것 안에는 한 조각 이탈리아가 들어 있었다. 게다가 나는 그를 개인적으로도 너무나 좋아했다.

다만, 그 시절 우리는 공동의 영역에서 함께 일하는 것이 현실적으로 불가능했다. 그는 잡지의 독자층이나 자유문학협회 회원들의 이념이나 관심 영역 안으로 '자리를 옮겨' 거기에 맞게 방향을 설정하기보다는, 오히려 양측에 대해 자신의 미학적 감각이 말해준 것을 '밀어붙이려' 했다. 그것이 나에게는 이질적 요소로 작용했다. 아울러 그는 작업에 함께 참여할 권리를 행사할 때도 많았지만, 또 아주 오랫동안 그러지 않을 때도 많았다. 그리고 이탈리아에 오래 나가 있는 일이 잦았다. 그래서 잡지의 내용에 전체적으로 일관성이 결여되었다. 그리고 오토 에리히 하르트레벤은 '성숙한 미학적 세계관'에도 불구하고 자기 안의 '학생'을 극복할 수 없었다. 내 말은 '학생 신분'의 불확실한 측면을 가리킬 뿐, 훗날 삶으로 이어질 수도 있는 학창시절의 멋진 활력을 의미하지는 않는다.

우리가 힘을 합쳐야 했던 시기에, 그의 희곡 ≪결혼을 위한 교육≫으로 인해 그와 교류하는 다른 그룹이 생겨났다. 이 희곡은 그와 알고 지낼 때 느껴지던 우아하고 미적인 매력으로부터 탄생한 작품이 아니라 '자유분방'과 '방종'에서 생겨난 것이었다. 잡지에 대한 결정은 물론 정신적인 산물까지도 그가 내놓은 것은 모두 자기 존재의 심연이 아니라 일종의 피상적인 부분에서 나온 것이었다. 하르트레벤을 개인적인 교제를 통해 아는 사람은 몇 사람뿐이었다.

잡지를 편집해야 하는 장소가 베를린이었으므로 나는 베를린으로 이주하였고, 그 뒤로는 자연스레 오토 에리히 하르트레벤과 관련된 모임에 드나들게 되었다. 그래야만 잡지와 자유문학협회 안에서 일어나는 일을 필요한 만큼 들여다볼 수 있가 때문이었다.

이 일은 한편으로는 나에게 큰 고통을 안겨 주었다. 이로 인해 바이마르 시절부터 좋은 관계를 유지해온 사람들을 만나고 더 친해질 짬이 나지 않았기 때문이다. 에두아르트 폰 하르트만을 자주 방문할 수 있었더라면 얼마나 좋았을 것인가.

하지만 그럴 일은 전혀 없었다. 다른 한편으로 이 일로 인해 내가 쉴 새 없이 바빴기 때문이다. 그 탓에 내가 인간적인 소중함 때문에 기꺼이 유지해온 많은 관계들이 단번에 정리되었다. 나는 그런 상황을 운명(카르마)의 섭리로 받아들였다. 내가 앞서 서술한 영혼의 심연에서라면, 예컨대 바이마르와 연관된 집단과 잡지를 둘러싸고 있는 집단이라는 근본부터 서로 다른 두 집단 모두에게 충분한 관심을 기울이는 일이 전적으로 가능했을 것이다. 하지만 결국은 어느 쪽에서도 심적, 정신적으로 상반되는 세계에 속한 사람들과 번갈아 교제하는 그런 인물에게 기쁨을 느끼지는 못했을 것이다. 또 그런 식으로 교제를 한다면 나는 잡지의 성격상 내가 해야 할 일에 내 모든 노력을 경주하는 이유를 끊임없이 해명해야 했을 것이다.

앞서 서술한 것처럼 빈에서, 또 바이마르에서 허용되었던 그런 방식으로 사람들을 대하는 일은 이제는 가능하지 않다는 것이 점점 더 분명해졌다. 작가들이 한데 모였고, 문학적으로 서로를 알아 갔다. 그 중 최고의 작가들, 가장 특출한 인물들에게서도 문학(또는 회화, 조각)이 영혼의 본질에 너무나 깊이 새겨진 나머지, '순수하게 인간적인 것'은 완전히 뒷전으로 *밀려나 있어야* 했다.

이런—그럼에도 내가 높이 평가하는—인물들 사이에 앉아 있을 때 내가 받은 인상이 그랬다. 이 때문에 나는 그들 뒤에 숨은 인간적인 영혼으로부터 훨씬 더 깊은 인상을 받았다. 한번은 라이프치히의 자유문학협회에서 내 강연과 비어바움O. J. Bierbaum의 낭독이 끝나고 프랑크 베데킨트Frank Wedekind가 속한 모임에 함께 앉아 있었다. 베데킨트를 보았을 때 나는 참으로 희귀한 인간 형상에서 시선을 뗄 수가 없었다. 여기서 내가 말하는 '형상'은 전적으로 신체만을 가리킨다. *그 사람의* 손이라니! 그 손은 마치 지난 생에 자신의 정신을 매끈하게 나누어진 손가락들 끝까지 흘러들게 할 수 있는 사람만이 행할 수 있는 일들을 해낸 것 같았다. 그의 손은 에너지를 가지고 작업한 탓에 무자비한 인상을 줄 수도 있으나, 그 손에서 뿜어져 나오는 것은 무척이나 흥미로웠다. 또한 표정이 풍부한 이 사람의 머리는 전적으로 손이 지닌 의지의 특징에서 나온 선물처럼 보였다. 그의 시선과 표정은 세상을 향해 임의로 던졌다가 거두어 들일 수도 있는 듯했는데, 그것은 마치 팔이 손의 감각에 따라 움직이는 것 같았다. 그의 머리에서는 동시대와 맞지 않은 정신이 말을 했다. 그것은 현재의 인간사를 벗어나 있는 정신이었는데, 다만 그 정신이 속했던 과거 세계에 대한 의식을 내적으로 불러올 수 없었을 뿐이다. 작가로서—지금 이 내용은 그를 본 내 느낌일 뿐, 문학적 판단은 아니다—프랑크 베데킨트는 현대의 화학적 관점을 완전히 내던져버리고 연금술을 행하는 화학자 같았는데, 그마저도 마음 속으로는 관심도 없이 냉소적으로 연금술을 행하는 듯이 보였다. 바깥으로 드러난 프랑크 베데킨트의 모습을 영혼으로 통찰하면, 정신이 형태에 어떻게 작용하는지에 대해 많은 것을 배울 수 있었다. 당연히 이때는 '인간을 관찰하려고 하는' 그런 심리학자의 시선으로 접근해서는 안 된다. 대신에 순수하게 인간적인 면이, 우리가 찾아 나서는 것이 아니라 우리에게 다가오는 운명의 내면적 정신적인 섭리를 통해, 그 배경이 되는 정신세계를 드러내는 방식으로 접근하는 것이 마땅하다.

'심리학자'가 자신을 관찰하고 있다는 사실을 알게 되면 기분이 나쁠 수 있다. 그렇지만 순수하게 인간적인 관계에서 '정신적인 배경을 바라보는' 관계로 넘어가는 것은 피상적인 관계에서 깊은 우정 관계로 넘어가는 것처럼 순수히 인간적인 일이다.

파울 셰르바르트Paul Scheerbart는 하르트레벤의 베를린 모임에서도 매우 특출한 인물이었다. 그는 시를 지었는데, 처음 읽는 독자들에게 그의 시는 단어와 문장을 임의로 조합해 놓은 듯한 인상을 주었다. 그의 시들은 너무나 기괴하기 때문에, 사람들은 첫 인상을 넘어설 만큼 마음이 끌리는 것을 느끼게 된다. 그러고 나면 사람들은 공상적인 감각이 단어들 속에서 눈에 띄지 않는 갖가지 의미들을 추구함으로써 정신적인 내용을 표현하고 있다는 사실을 발견하게 된다. 이때 정신적인 내용은 근거가 없을 뿐 아니라, 아예 근거를 찾아보려는 생각조차 없는 마음의 공상에서 유래한 것이었다. 파울 셰르바르트 안에는 공상적인 것에 대한 내적인 숭배가 있었고, 그 숭배는 의도적으로 기괴한 형식 속에서 움직이는 것이었다. 내가 보기에 셰르바르트는, 재능이 있는 사람이라면 표현하려는 것을 기괴한 형식으로만 묘사해야 하며, 그렇지 않으면 지루해지고 만다고 느끼는 사람이었다. 이런 느낌은 또한 그 기괴함을 원숙한 예술적 형식 속에서 발전시키려 하기보다는, 으스대면서 의도적으로 경솔하게 구는 마음상태 속에서 발전시키려고 한다. 그리고 이런 기괴한 형식 속에서 나타나는 것은 *분명* 내적인 공상의 영역에서 발생하게 된다. 파울 셰르바르트의 기본적인 마음 자세는 정신성을 추구하되 명확성은 배제한다는 것이었다. 이 '공상가'는 심사숙고해서 나온 생각은 정신적인 영역에 귀속되지 않는다고 말했다. 그 때문에 정신을 표현하려는 사람은 심사숙고하면 안 된다는 것이다. 그러나 셰르바르트는 이런 공상으로부터 상상 쪽으로 단 한 발짝도 내딛지 못했다. 그래서 그는 매우 흥미롭지만 난삽한 공상에 빠진 정신을 바탕으로 글을 썼으며, 그의 정신은 전체 우주계 안에서 마치 이야기 속의 또 다른 이야기처럼 희미하게 아른거리며 정신의 영역을 희화화하고, 또 그만큼이나 신중한 인간 체험을 포함시켰다. 그가 지은 〈타루브, 바그다드의 유명한 요리사〉가 그 예이다.

셰르바르트를 개인적으로 알게 된 사람들은 이와는 다른 인상을 받았다. 그들에게는 약간의 교양을 갖춘 관리처럼 보였을 것이다. '겉모습'만 보면, 베데킨트는 매우 흥미로운 외모인 반면, 셰르바르트는 평범하고 속물적이었다. 그를 알고 나서 처음 대화를 시작해 보면, 이런 인상은 한층 강해졌다. 그는 속물들을 격렬하게 증오했지만, 그의 표정과 말투는 속물적이었다. 그래서 그가 보이는 증오심은, 그가 속물들의 무리에서 너무 많은 것을 자기 모습 속에 받아들였으며, 그도 이 사실을 알고는 있지만 이를 극복할 수 없다고 느끼는 데서 연유하는 감정 같았다. 우리는 그의 영혼의 바탕에서 일종의 고백을 읽었다. "나는 속물들을 무찌르려 한다. 왜냐하면 그들이 나를 속물로 만들었기 때문에."

그렇지만 이런 외적 현상에 구애됨이 없이 파울 셰르바르트의 내면으로 들어가 보면, 그야말로 기괴하고 공상적인 것에만 꽂혀 있는, 아주 섬세하면서 정신적으로는 미성숙한 정신인간이 모습을 드러냈다. 그러면 우리는 '명석한' 두뇌와 '황금빛' 심장을 가진 그가 정신세계에 *어떤 식*으로 존재하는지를 체험해 볼 수 있었다. 거기서 미완성으로 남은 부분들을 그가 어느 정도까지만이라도 완성시킬 수 있었다면, 정신 세계를 직관으로 뚫고 들어갈 수 있는 굉장한 인물이 세상에 등장할 수 있었으리라는 사실을 우리는 인정하지 않을 수 없었다. 이와 동시에 우리가 깨달은 사실은, 이미 '공상에 대한 믿음'이 너무나 강해서 현세에서는 앞으로 어떠한 완성도 불가능하리라는 것이었다.

프랑크 베데킨트와 파울 셰르바르트 안에서 내가 만난 인물들은 그들의 전존재를 통해서 사람이 반복하여 지상의 삶을 산다는 사실을 알고 있는 사람들에게 매우 뜻깊은 체험을 제공했다. 베데킨트와 셰르바르트는 현생에서 그야말로 수수께끼였다. 이들에게서 우리는 이들이 지금 살고 있는 세상으로 가지고 온 것을 눈여겨보았다. 그러자 이들의 인격 전체가 무한히 확장되는 일이 일어났다. 우리는 또한 현재 삶의 정신적 환경에서는 완전히 전개될 수 없는 그들의 불완전함도 이전 삶의 결과라고 이해했다. 그리고 이런 불완전함을 극복할 수 있으려면, 죽은 뒤 지상에 다시 태어나서 살아야 할 필요가 있다는 사실을 알아차렸다.

그 외에도 나는 이 모임에서 수많은 인물들과 이런 식으로 대면했다. 나는 이들을 만나는 것이 나의 운명(카르마)임을 깨달았다.

속속들이 호의적인 파울 셰르바르트 같은 사람과도 나는 순수하게 인간적이고도 진실한 관계를 이룰 수 없었다. 다른 사람들처럼 파울 셰르바르트도 교류하는 동안에 늘 작가적인 면모만을 나타냈다. 그럼에도 나는 그의 비범한 인격에 주의와 관심을 돌리지 않을 수 없었기에, 결국은 그에게 애정을 갖기로 마음먹었다.

물론 작가로서가 아니라 완전한 의미의 인간으로서 모임에 나오는 사람도 있었는데, 하를란W. Harlan이 그런 사람이었다. 하지만 그는 말수가 적었고, 모임에서는 거의 늘 조용한 관찰자로 앉아 있었다. 그러나 그가 입을 열었을 때는 좋은 의미로 영특하거나 정말로 재치가 넘쳤다. 그는 본래 글은 많이 썼지만, 정확히 말하면 작가로서가 아니라 자신의 마음에 두고 있는 것을 밖으로 표현해야 하는 인간으로서 글을 썼다. 그때 마침 그의 ≪작가 거래소≫가 출간됐는데, 인생을 해학적으로 맛깔스럽게 묘사한 작품이었다. 모임 장소에 약간 일찍 도착했을 때 거기 하를란이 먼저 와서 혼자 앉아 있으면, 나는 늘 기분이 좋았다. 그러면서 우리는 서로 가까워졌다. 이 모임에는 작가들만 있고 '인간들'은 찾아볼 수가 없다고 했지만, 그만은 예외였다. 더불어 내가 이 모임을 그렇게 볼 수밖에 없었다는 것을 그가 이해했으리라 믿는다. 그리고 곧 우리는 각기 다른 인생길을 따라 완전히 멀어지게 되었다.

잡지와 자유문학협회 주변 사람들은 명백하게 *나의* 운명 속에 얽혀 들었다. 그러나 나는 어떤 식으로든 그들의 운명 속에 짜 넣어지지 않았다. 그들은 내가 베를린에, 또 그들의 모임에 나타난 것을 보았고, 내가 잡지를 편집하고 자유문학협회를 위해 일하고자 한다는 사실을 알게 되었지만, 왜 하필 내가 이런 일을 해야 하는지는 이해하지 못했다. 그들의 마음의 눈에는 내가 그들 사이를 배회하는 것처럼 보였기 때문에, 나를 더 깊이 이해하고 싶어지도록 그들을 유인하는 것은 아무 것도 없었다. 내 안에는 이론의 흔적이라곤 없었지만, 그들은 이론적인 독단주의에 사로잡혀 나의 정신적 활동을 무언가 이론적인 것처럼 여겼다. 그런 것을 그들은 '예술가적 기질'이라 믿었으며, 그것에 대해서는 아무 관심을 둘 필요가 없었다.

하지만 나는 직접적인 관찰을 통해서 그 무리를 대표하는 사람들의 예술사조를 알게 되었다. 그들의 사조는 18세기 말이나 19

세기 초에 베를린에 등장했던 예술사조만큼 그렇게 급진적이지는 않았다. 또 예술을 구원하기 위하여 오토 브람의 무대 변혁과 같이 완전한 자연주의를 내세우지도 않았다. 이 사조는 예술에 대하여 그와 같은 간단명료한 확신이 없었다. 그보다 이 예술사조는 개개인의 의지와 재능에서 나와 한데 모이기는 하지만, 통일적인 양식을 이루려는 노력은 전적으로 결여돼 있었다.

나는 내심으로 이 모임 안에서 나의 위치가 편치 않았다. 나는 내가 왜 그곳에 있는지 알고 있지만, 다른 이들은 모르고 있다는 심정 때문이었다.

XXV

베를린

<마가친>과 관계가 있는 또 하나의 단체인 "연극협회" ── 루돌프 슈타이너가 연극협회의 이사로 선출되다 ── 연극 분야에서 하게 된 흥미로운 체험들 ── 모리스 마테를링크의 ≪침입자≫ ── 하지만 잡지와 생생한 예술의 활기찬 협력은 점점 어려워지다 ── 의도한 것들이 실행되지 않다 ── 1897년에 발표된 글들의 소개 ── 예를 들어 1898년 2월 12일자 <마가친>에 실린 <빈의 시인(페터 알텐베르크)>, 루돌프 하이덴하인에 관한 글 등

자유연극협회도 〈마가친〉 관계자들과 연결되어 있었다. 자유문학협회만큼 밀접하지는 않았지만, 이 두 협회의 이사진이 동일한 사람들이었다. 나는 베를린에 도착하자마자 연극협회 이사진에도 선출되었다.

연극협회의 임무는 특별히 개성적이라거나 일반적인 취향과 거리가 멀다는 등의 이유로 극장에서 일단 상연이 거부된 연극을 상연하는 일이었다. '인정받지 못한' 수많은 연극적 시도들을 공정하게 평가하는 일은 이사로서 쉽지 않은 임무였다.

공연은 매번 다른 여러 무대에서 활동 중인 배우들로 출연진을 구성해서 성사되었다. 그러면 우리는 이 배우들과 함께 무대를 빌리거나 감독으로부터 무대를 자유롭게 사용해도 좋다는 허락을 받아 오전에 공연을 하였다. 협회의 자금력이 충분치 않아서 배우들이 적절한 보상을 받을 수 있는 형편이 아니었으므로, 배우들은 극협회에 기꺼이 헌신했다. 그럼에도 당시에는 배우들뿐 아니라 무대감독들 또한 일반적인 취향에서 벗어난 작품들을 상연하는 데 대해 내적으로 아무런 이견이 없었다. 이들은 다만, 이런 작품을 일반 관객을 대상으로 저녁에 공연하게 되면 극장의 재정적 손해가 불가피하기 때문에 저녁 공연은 불가능하다고 했을 뿐이다. 관객도 정말로 극장이 예술만을 추구해도 좋다고 할 만큼 성숙해 있지 못했다.

연극협회와 연관된 이런 활동은 나에게 매우 적합한 것으로 드러났다. 특히 작품 연출에 관한 부분이 그랬다. 나는 오토 에리히 하르트레벤과 함께 리허설에 참여했다. 우리는 우리 자신이 실제적인 연출가라고 느꼈다. 우리는 작품을 무대에 맞게 구성했다. 분명한 점은, 바로 이런 예술에서는 개별적인 것 안에서 전체적인 양식을 직관적으로 파악해내는 살아 있는 예술감각으로부터 나온 것이 아니라면 어떤 이론과 교의도 소용이 없다는 사실이다. 일반적인 규칙은 되도록 피해야 한다. 그것이 동작에 대한 것이든 장면 배열에 대한 것이든 간에, 그 분야에서 '해볼 수 있는' 가능성이 있는 모든 것은 스타일에 대한 확실한 감각을 통해 순간적으로 생겨나야 한다. 이때 지적인 고려는 전혀 없이 스타일에 대한 생생한 감각이 시키는 대로 연출하는 것은 공연에 참여한 예술가들에게 좋은 영향을 미치는 반면에, 지성을 바탕으로 하는 연출에 대해서는 예술가들은 자기 내면의 자유를 침해받는다고 느낀다.

나는 당시 이 분야에서 경험했던 일들을 훗날 매우 만족스러운 마음으로 자꾸만 돌아보게 되었다.

이런 방식으로 우리는 모리스 마테틀링크Maurice Maeterlinck의

≪침입자≫(L'Intruse)를 오토 에리히 하르트레벤의 번역으로 초연했다. 마테를링크는 예감하며 이해하는 관객들에게 무대를 통해서 삶의 굵직한 사건들 사이에 자리한 보이지 않는 것을 전할 수 있는 극작가라는 것이 당시 심미가들의 평이었다. 마테를링크는 희곡에서 보통 '사건'이라 칭하는 것과 대화의 진행 방식을 활용함으로써, 상징 같은 것에서 무언가를 예감하게 만들었다. 당시에 이런 상징화는 먼저 생긴 자연주의에 반감이 있는 여러 취향의 사람들을 끌어들였다. 하지만 '정신'을 추구하면서도 '정신세계'를 직접 드러내는 표현 형식을 원하지 않는 사람들은 상징주의에서 만족감을 느꼈다. 상징주의에서 쓰는 언어는 자연주의 표현 양식과는 달리 정신적인 것을 향해 나아갔지만, 그 정신적인 것이 신비적-예감적이며 모호하고 불명확한 방식으로 드러나는 정도까지만 그랬다. 암시적인 상징들의 배후에 있는 것을 '분명하게 말하기'가 어려우면 어려울수록, 그만큼 많은 사람들이 이 상징들을 통해서 더 큰 황홀감을 느꼈다.

 이렇듯 가물거리는 정신적인 빛을 보면서 나는 편치 않은 기분이었다. 그럼에도 불구하고 ≪침입자≫ 같은 희곡을 연출하는 일은 대단히 매력적이었다. 왜냐하면 이런 상징들을 적당한 무대 장치를 통해서 묘사해내는 데는 방금 기술한 식으로 방향을 설정한 연출 활동이 특이나 많이 요구되었기 때문이다.

 게다가, 짤막한 소개말(사회)로 공연의 시작을 알리는 임무까지 나에게 떨어졌다. 당시 프랑스에서는 익숙한 방식이었는데, 독일에서도 몇몇 연극에 이 방식이 도입되었다. 물론 일반적인 연극에서 그런 것은 아니었고, 연극협회의 지침에 따라 시도하는 경우에만 소개말을 했다. 연극협회의 모든 공연에 앞서 *매번* 소개말을 한 것도 아니었다. 공연 전에 낯선 예술적 의도를 관객들에게 소개하는 일이 꼭 필요하다고 생각할 때만 드물게 소개말을 했다. 나는 이런 짤막한 무대 강연을 맡게 된 것에 근본적으로 만족했다. 나 자신의 정신에서 나온 분위기를 강연을 통해 전달할 수 있는 기회였기 때문이다. 그리고 일반적으로 정신에 무관심한 인간적 환경 속에서 이런 강연을 할 수 있다는 사실이 마음에 들었다.

당시 연극예술 활동에 참여한 것은 나에게 정말로 뜻깊은 일이었다. 그런 이유로 나는 잡지에 실리는 연극비평을 직접 썼다. 나는 이런 '비평'에 관해서도 나름의 특별한 견해가 있었으나, 독자의 이해를 얻기는 어려웠다. 나는 희곡 및 그 희곡의 공연에 대해 한 개인의 '판단'을 내놓는 일은 불필요하다고 보았다. 그럴 때 보통 내놓는 그런 판단은 본래 관객이 혼자서 자기 힘으로 해내야 하는 것이었다.

연극 공연에 관하여 글을 쓰는 사람은 예술적·이상적 서술을 통해서 독자들로 하여금 극의 이면에 존재하는 상상적인 장면들의 관계를 떠올릴 수 있도록 해주어야 한다. 예술적으로 형성된 사고를 통하여 작품을 이상적으로 다시 쓰고, 이를 작가의 내면에 의식되지 않은 채 살고 있는 작품의 싹으로 독자에게 제시해야 하는 것이다. 나에게 사고란 현실을 추상적이고 지적으로 표현해 주는 수단만은 아니었기 때문이다. 색채나 형태로, 또는 무대를 수단으로 예술 활동이 가능하듯, 나는 사고를 형성하는 작업으로도 예술 활동을 할 수 있다고 보았다. 그러므로 연극 공연에 관해 글을 쓰는 사람이라면 마땅히 그런 작은 사고예술 작품을 제공해야 한다. 내가 보기에 관객 앞에서 상연되는 연극에서 그런 것이 생겨나는 것은 예술 활동의 불가피한 요청이었다.

이때 어떤 극이 '좋다', '나쁘다', 혹은 '보통이다'라는 것은 그런 '사고 예술'의 분위기와 표현 방식을 보면 분명히 내릴 수 있는 판단이다. 대놓고 단정적으로 말하지 않더라도 그런 판단을 숨길 수는 없기 때문이다. 예술적 구성의 실현 불가능성은 사고 예술에서 이루어지는 모방을 통해서 분명하게 드러난다. 모방에도 사고가 제시되고는 있지만, 예술 작품이 정말로 살아 있는, 진정한 상상에서 나온 것이 아니면, 그런 사고는 실체가 없는 것으로 증명되기 때문이다.

나는 잡지를 통해서 이렇듯 *살아 있는* 예술과 *생동적인* 공동작업을 해보고 싶었다. 따라서 잡지가 예술과 정신생활에 대한 이론적인 평가나 비평처럼 보이는 것을 막아줄 무언가가 생겨나야 했다. 이 잡지 자체가 그런 정신생활과 예술의 한 *부분*이 되어야 했다.

왜냐하면, 연극 작품에서 '사고 예술'을 통해서 할 수 있는 일은 어느 것이나 연극 예술에서도 실행할 수 있기 때문이다. 우리는 연출 기술로 무대장치 속에 배치해 둔 것을 사고 안에서 만들어지는 이미지 속에서 되살릴 수 있다. 그런 식으로 배우를 이해할 수 있으며, 배우의 내면에 살고 있는 것을 비판이 아닌 '긍정적' 표현으로써 되살릴 수 있다. 그러면 우리는 구석에서 '두려워하고', '안타깝게 여기고', 심지어는 무시하고 증오하는 '비판자'가 되는 대신에, '작가'로서 예술적인 시대 생활의 공동창작인이 된다. 이런 일이 예술의 모든 분야에서 실행되면, 문학예술지는 그야말로 실생활 속에 자리를 잡는다.

하지만 그런 일에서 우리는 늘 같은 경험을 한다. 우리가 작가로 활동하는 사람들 앞에서 그런 주장을 관철하려 하면, 그들은 자신들의 사고 습관에 배치되는 데다 그 사고 습관에서 벗어날 생각도 없기 때문에 그런 주장에 전혀 동의하지 않는다. 그렇지 않으면 열심히 듣기는 하지만, 다 듣고 나서는, "예, 옳은 말씀입니다만, 저는 예전부터 그렇게 해오고 있습니다." 하고 답한다. 그들은 우리가 하려는 말과 그들이 '예전부터 해온 것' 사이의 차이를 전혀 알아차리지 못한다.

고독하게 자신의 정신적 길을 갈 수 있는 사람은 이런 일들에 심적으로 관여할 필요가 없다. 하지만 정신적으로 인간과 연계하여 작업해야 하는 사람은 이런 관계에 심적으로 아주 철저히 사로잡힌다. 게다가 그가 자신의 내적 방향과 굳게 하나가 되어 그 방향에서 근본적으로 벗어날 수 없을 때는 더욱 그렇다.

당시 나는 잡지에 글을 쓰고 강연을 하면서도 내적으로 어떤 만족도 얻을 수 없었다. 다만, 지금 와서 내가 그때 쓴 글이나 강연문을 읽고서 내가 그때 물질주의를 옹호하려 했다고 믿는다면, 완전히 잘못 본 것이다. 나는 결코 물질주의를 옹호하려 한 적이 없다.

그런 사실은 내가 쓴 잡지글이나 강연 발췌문에서도 분명히 알 수 있다. 일부 물질주의적 입장으로 보이는 부분을 정신적인 것, 영원한 것을 논한 다른 부분들과 비교해 보기만 하면 된다. 예컨대, "빈의 한 시인"이라는 기고글에서 나는 페터 알텐베르크Peter Altenberg에 관해 다음과 같이 썼다.

> 우주의 영원한 조화에 몰두해본 사람들이 가장 관심을 가질 만한 문제에 그는 익숙지 않은 것 같다. … 영원한 이념의 빛은 알텐베르크의 눈 속으로 한 치도 뚫고 들어가지 못한다.(<마가친> 1897. 7. 17)

그리고 위의 '우주의 영원한 조화'라는 말에 기계적·물질주의적 의미는 없다는 사실이, 내가 루돌프 하이덴하인Rudolf Heidenhain에 관해 기고한 글(1897. 11. 6)에서 다음과 같이 분명히 드러난다.

> 우리의 자연관은 생명 없는 자연현상을 설명하는 데 사용하는 것과 동일한 법칙에 의거하여 유기체의 생명을 설명해야 한다는 뚜렷한 목표를 향해 나아가고 있다. 기계적, 물리학적, 화학적 법칙성을 동물체 및 식물체에서도 추구한다. 비록 그 형태가 끝도 없이 복잡해서 우리가 알아내기 어려울 뿐, 기계를 지배하는 것과 같은 종류의 법칙이 유기체 안에서도 작동하고 있다는 것이다. 우리가 생명이라 부르는 현상을 가능케 하기 위해서 이런 법칙에 추가해야 할 것은 아무것도 없다. … 생명현상에 대한 기계론적 해

석이 점점 더 확산되고 있다. 하지만 자연과정을 더 깊숙이 통찰할 수 있는 이들이라면 이런 해석에 결코 만족하지 못할 것이다. … 오늘날 자연연구자들은 생각만으로도 너무 겁을 먹고 있다. 기계론적인 해석이 한계에 부닥치면, 그들은 우리에게 그 일은 해석할 수 없다고 말한다. … 용감한 사고는 더욱 고차적인 통찰 방식으로 고양된다. 그런 사고는 기계적이지 않은 것을 더 고차적인 법칙에 따라 해석하고자 한다. 우리의 자연과학적 사고는 우리의 자연과학적 경험에 비해 전적으로 뒤처져 있다. 오늘날 사람들은 과학적 사고를 몹시 치켜세운다. 그들은 우리가 과학의 시대에 살고 있다고 말한다. 하지만 이 과학의 시대는 이제껏 역사에 기록되어 온 시대 중에 가장 빈곤한 시대이다. 사실 자체와 사실의 기계적인 해석에 매달리는 것이 이 시대의 특징이다. 이런 사고방식으로 생명을 이해할 수는 없다. 왜냐하면 생명을 이해하는 데에는 기계를 해석하는 것보다 더 고차적인 표상 방식이 요구되기 때문이다.

'*생명*'의 해석과 관련하여 위와 같이 말하는 사람이 '*정신*'에 관해 물질주의적 의미로 사고할 까닭이 없다는 것은 너무나 당연한 일이 아닐까?

그렇지만 나는 가끔씩 '정신'이 자연의 품안에서 '태어난다'는 사실을 언급할 때가 있다. 여기서 '정신'의 의미는 무엇일까? 그것은 인간의 생각, 느낌, 행동을 통해 '문화'를 만들어내는 모든 것을 의미한다. 당시에 '정신'에 관해서 무언가 다른 이야기를 했다면, 완전히 쓸데없는 짓이 되고 말았을 것이다. 왜냐하면, 내가 '인간에게 나타나는 정신과 자연의 근저에는 정신도 자연도 아니면서 정신과 자연이 완전히 합체를 이룬 어떤 것이 자리한다'고 했다면, 아무도 나를 이해하지 못했을 것이기 때문이다. 이런 합체는 자신의 창조 활동을 통해 물질을 만들어내는 창조적인 정신임과 동시에 이를 통해 완전히 정신으로 나타나는 물질이다. 이런 합체를 이해하려면 당시의 사고 습관과는 되도록 멀리 떨어진 원상에 의거해야 한다. 그런데 정신에 부합하는 관점에서 지구와 인류 발달의 원초상태를 제시해야 한다면, 그런 원상을 언급할 수밖에 없을 것이다. 또한 오늘날에도 여전히 인간 내부에서 활동 중인 정신적·질료적 힘—한편으로는 신체를 형성하는 힘이면서 다른 한편으로는 문화의 창조를 가능케 하는 살아 있는 정신이 자기 안에서 생기도록 하는 힘—을 표현해야 한다면, 그럴 때에도 그런 원상에 대해 반드시 언급해야 할 것이다. 하지만 외부 자연에 관해서는 자연 속의 원초적인 정신 질료가 추상적인 자연법칙 속에서 생기를 잃고 사멸한 것으로 보인다고 평해야 할 것이다.

하지만 이 모든 설명은 제시되지 않았다.

이는 자연과학적 경험과 연계될 수는 있어도 자연과학적 사고와 연계될 수는 없었다. 자연과학적 경험 속에는, 정신으로 충만한 참된 생각이 세계와 인간에 대해 자기 마음에 조명할 수 있는 무언가가 들어 있었다. 그 무언가로부터 전통적으로 지키고 믿어 온 교리 속에 자취를 감춘 정신을 재발견할 수 있었다. 나는 자연의 경험으로부터 정신과 자연에 대한 통찰을 이끌어내고 싶었다. 나는 '현세現世'에서 정신이자 자연으로서, 실재하는 신성神性으로서 인정할 수 있는 것에 관해 말하고 싶었다. 왜냐하면 전통적으로 지켜온 교리 속에서는 '현세'에 있는 정신을 인정하지 않음으로써 지각할 수 있는 세계에서 정신을 분리시키는 바람에, 이 신성이 '내세來世'가 되어버렸기 때문이다. 정신은 인간 의식에 대해서는 점점 더 깊어 가는 어둠 속으로 사라진 어떤 것이 되어버렸다. 내가 자유문학협회에서 행한 아래의 강연문에는 신성적·정신적인 것을 부정하는 대신, '현세' 속에 신성적·정신적인 것이 자리하기를 바라는 간절함이 배어 있다.

나는 과학이 우리에게 인간이 이제껏 소유해 온 것보다 더욱 아름다운 형태로 자유의 의식을 되돌려 주리라 믿는다. 우리 영혼생활 속에는 천체들이 태양 주위를 움직이는 것만큼이나 자연적인 법칙들이 작용하고 있다. 하지만 그런 법칙들은 그 외의 모든 자연보다 더 높은 무언가를 제시한다. 이 무언가는 인간 내면 말고는 어디에도 존재하지 않는다. 이로부터 흘러나오는 것, 그 안에서 인간은 자유롭다. 인간은 비유기적인 합법칙성과 유기적인 합법칙성의 경직된 필연성을 극복하고, 자기 자신에게만 순종하고 자신만을 따른다. (뒷부분의 강조 표시는 이 책에서 한 것이며, 이 글이 처음 실린 〈마가친〉에는 강조 표시가 없다. 1898. 2. 12 일자 〈마가친〉을 참조할 것.)

XXVI

베를린

사후세계에 관해 루돌프 슈타이너는 그리스도교 교리와는 달리 윤리적 개인주의를 주장하다 —— 이로 인해 내면적인 혼란과 함께 격렬한 시련을 겪다 —— 그리스도교의 발달을 정신적으로 통찰함으로써 시련을 극복하다 —— 이 정신적인 통찰에서 얻은 인식은 훗날 그의 저서 ≪신비적 사실로서의 그리스도교≫에 기록되다 —— 그리스도교의 참된 내용을 내면적 인식 현상으로 전개하다

그리스도교에 관해서 내가 당시에 강연과 기록을 통해 주장한 내용들을 하나씩 놓고 보면, 그것들은 훗날 내가 제시한 설명과 모순되는 것처럼 보인다. 원인은 아마 이럴 것이다. 그 즈음에 내가 '그리스도교'라는 말을 쓸 때는 그리스도교 교리에 담긴 내세론을 염두에 두고 있었다. 종교적 체험의 모든 내용에는 정신세계가 있다고 했는데, 그것은 인간이 정신의 능력을 키워 도달할 수 있는 세계가 아니라고 했다. 종교가 말해야 하는 것, 종교가 도덕적 명령으로 제시해야 하는 것은 인간이 외부로부터 받은 계시에서 유래한다. 정신에 관한 나의 생각은 그와 반대였다. 나의 정신관은 감각으로 지각하는 세계와 마찬가지로 정신세계도 인간과 자연에서 체험하고자 했다. 나의 도덕적 개인주의도 마찬가지였다. 나는 외부에서 주어지는 명령에 의해 유지되는 도덕 생활을 거부하고, 대신에 신성함이 깃들인 영혼적·정신적 인간 본성을 펼치는 것을 도덕 생활의 시작으로 삼고자 했다.

당시에 그리스도교를 통찰할 때 내 마음속에서 일어난 일은 나에게는 고된 시련이었다. 바이마르에서 하던 일을 놓은 뒤부터 ≪신비적 사실로서의 그리스도교≫를 마무리할 때까지는 이런 시련으로 채워진 시간이었다. 이 시련은 운명에 의해 주어진 저항이었고, 정신적인 발전을 통해 극복해야 할 일이었다.

나는 자연 인식으로부터 도출할 수 있는—비록 당시에는 도출하지 못했지만—사유 속에 인간이 정신세계를 통찰할 수 있는 토대가 있음을 알게 되었다. 이런 까닭에 나는 정신 인식으로 이어질 자연적 토대의 인식을 명확하게 강조했다. 나처럼 정신세계를 체험하며 사는 경우가 아니라면, 정신세계를 지향하는 사고에 몰두한다고 해도 그것은 단순한 사고 활동을 의미할 뿐이다. 정신세계를 체험해본 사람에게 그것은 근본적으로 다른 것을 의미한다. 그런 사람은 그 사고 방향을 유일한 지배적 지향으로 삼고자 하는 정신세계의 존재들 곁으로 가게 된다. 이때 인식의 편협성으로 인해 추상적인 일탈이 생겨남은 물론이요, 인간세계에서는 오류일 뿐인 존재들과 정신적으로 활발히 교류한다. 아리만Ahriman적인 존재들에 관해서는 훗날 내가 그런 사고 지향을 알려주고 싶을 때 얘기한 바 있다. 아리만적 존재에게 절대적인 진리는, 세계는 기계임이 분명하다는 것이다. 아리만적 존재는 감각으로 지각하는 세계와 인접한 세계에 살고 있다.

나는 나 자신의 관념을 지니고는 한순간도, 심지어 무의식 속에서도 그런 세계에 떨어진 적이 없다. 내 모든 인식 행위가 냉철한 의식 속에서 수행되는지 주의해서 살펴보았기 때문이다. 또 자연의 인식으로부터 정신에 대한 통찰을 발달시키는 대신에 기계주의적·물질주의적 사고방식을 발달시키려는 악마적인 힘에 대항해서도 나는 더더욱 의식적으로 투쟁했다.

정신적 인식을 구하는 사람은 이 세계들을 *체험해야* 하며, 이 세계들에 관해 단순히 이론적으로 생각해 보는 것만으로는 충분치 않다. 당시에 나는 내면에 몰아치는 폭풍 속에서 정신에 관한 나의 견해를 지켜야만 했다. 이 폭풍은 내가 외부에서 경험하는 일들의 배후에서 일어났다.

이 시련기를 거치는 동안, 나는 정신적 통찰을 통해서 그리스도교의 발달에 관심을 쏟을 때만 비로소 앞으로 나아갈 수 있었다. 이로부터 내가 얻은 통찰은 ≪신비적 사실로서의 그리스도교≫라는 책에 잘 표현되어 있다. 그전에 나는 늘 기존의 교리에 근거한 그리스도교적 내용을 염두에 두고 말했다. 니체도 그랬지만 말이다.

나는 이 책 앞부분(140쪽 이하 참조)에 박학다식한 시토수도회 수사이자 빈대학 가톨릭신학부 교수와 그리스도에 대해 나눈 대화를 기술해 놓았다. 나는 회의적인 분위기에 직면했다. 내가 찾아야 하는 그리스도교를 기존의 어떤 교리에서도 발견하지 못했기 때문이다. 시련기를 거치면서 격심한 영혼의 투쟁에 자신을 내맡긴 뒤에, 나는 몸소 그리스도교 속으로, 정확히는 정신이 그리스도교에 대해 말하는 그런 세계 속으로 침잠해야 했다.

그리스도교를 대하는 나의 입장을 안다면, 많은 사람이 내가 가고 있다고 주장하는 길에서 내가 정신과학적으로 찾아내거나 발견한 것이 없다는 사실이 아주 명확해진다. 그 사람들은 내가 예로부터 전승되어 온 정신적 통찰들을 끌어 모아 놓았다는 식으로 주장한다. 그노시스론을 비롯한 여러 이론을 가공했다고 보는 것이다. ≪신비적 사실로서의 그리스도교≫에서 얻은 정신적인 통찰은 정신세계로부터 직접 길어낸 것이다. 나는 오로지 강연을 듣는 청중과 책을 읽는 독자에게 정신적으로 통찰한 내용이 전승된 기록과 일치함을 보여줄 목적으로 역사적인 기록들을 조사하여 책과 강연의 내용에 삽입했다. 하지만 사료에 나와 있다고 해도 내가 정신 속에서 먼저 대면해 보지 않았다면 그 어떤 것도 내용에 삽입하지 않았다.

내가 훗날의 발언과 모순되는 내용으로 그리스도교에 관해 발언한 시기에는, 그리스도교의 참된 내용이 내적인 인식 현상으로 내 영혼에 새싹처럼 나타나기 시작했다. 세기가 바뀔 무렵에 그 싹은 계속해서 자라났다. 세기가 바뀌기 전에 나는 앞서 말한 영혼의 시련을 겪었다. 가장 깊고 가장 진지한 인식의 축제 속에서 골고타의 신비 앞에 정신적인 고백을 한 일은 내 영혼의 발달에 결정적으로 중요한 사건이었다.

XXVII

베를린

세기말을 맞아 현대 정신생활은 인류에게 새로운 정신의 빛을 가져다 주어야 한다 ──── 헤겔과 슈티르너에서 출발하여 19세기를 살아온 동기는 더 이상 현실에 영향을 미칠 여력을 가지고 있지 않다 ──── 슈티르너 저작 편찬자인 J. H. 매케이와 친구가 되다. 윤리적 개인주의의 순수히 정신적인 면모를 외형적인 것으로 만들려는 정신적인 시험을 겪다 ──── 그런 시험 후에 다시 올바른 위치로 돌아가다 ──── <마가친>의 존립을 둘러싼 우려

그 무렵 내 머릿속에서는 세기의 전환기를 맞아 인류에게 새로운 정신적인 빛을 전해주려면 어떻게 해야 할까 하는 생각이 맴돌았다. 인간의 정신을 향한 사고와 의지의 폐쇄성이 절정에 달한 것처럼 보였다. 인류 발달 진로의 급격한 변화가 불가피해 보였다.

많은 사람들이 이같은 뜻을 표명했다. 하지만 그들은 인간이 감각을 통해서 자연에 주의를 기울이듯이 실재하는 정신세계에 주의를 기울이고자 할 것이라는 사실은 안중에 없었다. 그들은 영혼의 주관적인 정신 상태가 일대 변화를 겪게 되리라고 추측할 따름이었다. 새롭고 객관적인 실제의 세계가 모습을 드러낼 수 있다는 생각은 당시 사람들의 시야를 벗어나 있었다.

나는 미래에 대한 전망과 주위에서 받은 인상으로부터 생겨난 느낌 때문에, 정신의 시선을 자꾸만 19세기의 발달 과정으로 돌리지 않을 수 없었다.

내가 본 것은, 괴테 및 헤겔의 시대와 함께 정신세계에 관한 표상들을 인식하면서 인간의 사고방식 안으로 수용하던 모든 것이 사라지고 있다는 사실이었다. 이제 정신세계에 관한 표상들의 인식을 '교란'하는 일은 없어야 했다. 이런 표상들은 신앙과 '신비' 체험의 영역으로 추방되었다.

나는 헤겔에서 새 시대의 가장 위대한 사상가를 보았다. 하지만 헤겔 역시 그저 사상가일 뿐이었다. 그에게 정신세계란 사유하는 과정 속에 있는 무엇이었다. 나는 무엇보다도 모든 사유를 형상화하는 그의 능력에 완전히 감탄하면서도, 내가 본 정신세계에 대하여 그에게는 어떠한 감도 없다는 것을 느꼈다. 그런 정신세계는, 사유가 체험에 의해 강화되어, 말하자면 사유가 일종의 체험의 몸체가 되어 영혼으로서의 그 몸체가 세계의 정신을 수용할 때, 비로소 사고의 *배후*에서 모습을 드러내게 된다.

헤겔의 사상 안에서는 정신적인 모든 것이 사유가 되었기 때문에, 헤겔은 인류의 인식을 위해 정신이 암흑에 갇혀 있던 시대에 옛 정신의 마지막 여명을 가져다 준 인물로 보였다.

이 모든 것은, 내가 정신세계를 들여다보고 있든, 아니면 물질세계 속에서 저물어 가는 세기를 돌아보고 있든 간에, 나에게 그렇게 다가왔다. 그런데 이 세기에 바야흐로 막스 슈티르너Max Stirner라는 인물이 등장했는데, 나는 이 사람을 정신세계 안으로까지 추적할 수는 없었다.

헤겔은 전적으로 사상가였다. 그는 내적인 계발을 통해서 사고를 점점 더 *심화*했고, 그 심화 과정에서 사고의 지평을 더욱 *확장*하려고 노력했다. 그런 사고는 심화되고 확장되는 가운데 마침

내 세계의 모든 내용을 포괄하는 세계정신이라는 사고와 하나가 될 터였다. 그에 비해 슈티르너는 인간이 계발한 모든 것을 전적으로 개별적·개인적 의지의 산물로 보았다. 그에게 인류의 성취는 개별 인물의 노력의 집적일 뿐이었다.

나는 특히 그 무렵에는 편협해지지 말아야 했다. 나는 마치 헤겔 정신의 한가운데 있는 것처럼 마음속에서 나 자신의 내적인 경험인 듯 헤겔을 경험했다. 그러고 나면 또 헤겔과는 정반대인 정신 속에 내적으로 완전히 침잠해야만 했다.

세계정신의 내용을 오로지 지식으로 한정하는 편협함에 반대하여, 개별 인간은 의지적 존재일 뿐이라고 주장하는 또 다른 편협한 주장이 등장해야만 했다.

그런데 만일 그 대립이 내 발전의 영혼적 체험으로 나의 내면에만 등장하는 상황이었다면, 나는 그런 것을 저술이나 강연에 끌어들이지 않았을 것이다. 나는 *그런* 영혼적 체험을 하면서 늘 *그런* 식의 대립을 유지했다. 하지만 헤겔과 슈티르너의 이런 대립은 그들의 세기에 속하는 일이었다. 그리고 19세기가 어떤 시대였는지도 그 두 사람을 통해서 알려졌다. 결국 철학자들이 자기가 속한 시대에 미치는 영향은 본질적으로 문제가 되지 *않는다*는 말은 사실인 셈이다.

물론 헤겔이 끼친 영향력이 엄청났다고 할 수도 있다. 하지만 그것이 핵심은 아니다. 온도계가 그것이 설치된 장소의 온도를 나타내는 것과 마찬가지로, 철학자들은 사상의 내용을 통해서 자신이 속한 시대의 정신을 나타낸다. 그 시대의 *잠재의식* 안에 숨어 있는 것이 철학자들을 통해 *의식의 차원*으로 떠오르는 것이다..

그리하여 19세기는 헤겔과 슈티르너에 의해 표현되는 자극들을 통하여 양극단 속에 살고 있다. 한편으로, 비개인적 사고는 세계를 고찰하는 데 푹 빠져 있지만, 그 고찰에는 창조적 힘을 지닌 인간이 관여할 바가 없다. 다른 한편으로, 완전하게 개인적인 의지는 인간들의 조화로운 공동생활에 대한 감이 별로 없다. 실로 가능한 모든 '사회적 이상'이 등장하지만, 그것들은 현실에 영향을 미칠 힘이 없다. 현실은 점점 더 개별자들의 의지가 동시에 작용할 때 생겨날 수 있는 상태로 되어 간다.

헤겔은 인간의 공동생활 속에서 윤리사상이 객관적 형태를 취하기를 원한다. 이에 반해, 슈티르너는 인간들의 생활에 그렇듯 조화로운 형태를 부여할 수 있는 것은 어떤 것이든 '개별자들'(유일자들)을 현혹할 뿐이라고 느낀다.

당시에 나는 슈티르너를 고찰하는 일과 관련하여 매케이J. H. Mackay와 친해졌다. 매케이는 뛰어난 슈티르너 전문가이자 슈티르너 편찬자였고, 그와의 우정은 슈티르너를 고찰하는 데 이래저래 상당한 영향을 미쳤다. 내가 아직 바이마르에 있을 적에, 가브리엘레 로이터의 소개로 머리부터 발끝까지 호감이 가는 이 사람과 즉석에서 만남을 가졌다. 매케이는 내 책 ≪자유의 철학≫에서 도덕적 개인주의를 논한 장들을 파고들었다. 그는 나의 설명이 사회에 대한 자신의 관점과 잘 어울린다는 사실을 발견했다.

우선, 매케이한테서 개인적으로 받은 인상이 그를 대할 때 내 마음을 가득 채웠다. 그는 자기 안에 '세상'을 품고 있었다. 그의 외적, 내적 태도 전체에 풍부한 세상 경험이 묻어났다. 그는 영국에서도 살아 보았고 미국에서도 살아 보았다. 그 모든 경험이 끝없는 친절함 안에 녹아 있었다. 나는 이 남자에게 엄청난 호감을 품게 되었다.

그 뒤 1898년에 매케이가 장기 체류를 위해 베를린에 나타나면서 우리 둘 사이에는 아름다운 우정이 펼쳐졌다. 안타깝게도 이 우정 또한 삶에 의해서, 특히나 내가 공식적으로 인지학을 대표하게 되면서 끝나고 말았다.

당시에 *내가* 매케이의 작품을 어떻게 보았고 오늘날까지도 그렇게 보고 있는지, 그리고 당시에 그에게서 어떤 영향을 받았는지는 순전히 주관적으로만 서술할 수 있을 뿐이다. 왜냐하면 매케이 자신의 진술은 전혀 다르리란 것을 내가 알고 있기 때문이다.

매케이는 인간의 사회생활에서 권력(지배력)이란 권력은 모두 깊이 혐오했다. 그리고 사회의 행정조직에 권력이 개입하는 것을 지극히 잘못된 일이라고 보았다. 그는 '공산주의적 무정부주의'를 극도로 사악한 사회이념으로 간주하였는데, 그 이념이 권력수단을 동원해서 인류를 더 나은 상태로 인도하고자 하기 때문이었다.

그런데 의문스러웠던 점은, 매케이가 그런 이념, 그리고 그 이념에 근거한 선전선동에 대항하는 자신의 사회사상을 이름지으면서 반대자들의 사상과 같은 이름을 빌려와 수식어 하나만 바꿨다는 사실이다. 그는 당시에 무정부주의라 불리던 것을 *반대하는* 의미로 자신의 주장을 '개인주의적 무정부주의'라고 불렀다. 이는 물론 세상 사람들이 매케이의 이념을 삐딱하게 판단할 수밖에 없도록 하는 계기가 되었다. 그는 자신과 동일한 의견을 개진하는 미국인 터커B. Tucker와 통하는 사이였다. 터커가 베를린에 있는 매케이를 방문했을 때, 나는 그곳에서 터커를 알게 되었다.

문인으로서 매케이는 자신의 인생관을 작품으로 표현하기도 했다. 그는 ≪무정부주의자들≫이라는 소설을 썼다. 내가 이 소설을 읽은 것은 소설의 작자를 알고 난 뒤였다. 이 책은 개인으로서의 인간에 대한 신뢰를 보여준 고귀한 작품이다. 책은 최극빈층의 사회적 상태를 아주 생생하고 강렬하게 묘사하고 있다. 그러면서 동시에 그 사람들이 비참한 세계에서 벗어나 더 나은 길을 찾아갈 방법도 기술하고 있다. 그 방법은 바로 인간 본성의 선한 힘에 집중하여 그 힘을 개발함으로써 인간의 자유로운 공동체 안에서 권력에 기댈 필요 없이 그 힘이 사회적으로 작동할 수 있도록 하는 것이다. 매케이는 인간에 대하여 스스로 조화로운 삶의 질서를 만들어낼 수 있다는 고귀한 믿음을 갖고 있었다. 그렇지만 이런 일은 정신적인 길에서 인간의 내면에 일대 변화가 이루어지는 먼 훗날이나 가능하리라고 생각했다. 이 때문에 그는 그 정도로 충분한 진척을 이룬 개인에 대하여 그런 정신적인 길에 대한 사상을 널리 전파할 것을 촉구했다. 결국 매케이의 사회 이념도 오직 *정신적 수단들*을 통해서만 작동하는 것이었다.

매케이는 자신의 인생관을 시로 표현하기도 했다. 친구들은 그의 시가 교훈적이고 이론적이어서 비예술적이라고 여겼다. 나는 그의 시들을 무척 좋아했다.

그런데 운명이 매케이, 슈티르너와의 우의를 다른 방향으로 이끄는 바람에, 나는 다시 한 번 사상의 영역으로 침잠해야 했다. 그리고 그것이 내게는 *정신적인 시련*이 되었다. 내게는 나의 '도덕적 개인주의'가 인간의 순수한 내면 체험이라고 느껴졌다. 나는 도덕적 개인주의를 정교하게 발전시키면서도 그것을 어떤 정치적 관점의 토대로 삼는 데 대해서는 단 한 번도 생각해 본 적이 없었다. 그런데 1898년 무렵인 그 당시, 내 영혼은 순수한 도덕적 개인주의로 인해 일종의 심연으로 끌려 들어가야 했다. 도덕적 개인주의는 순수히 인간적인 내면의 것으로부터 외면적인 어떤 것이 되어야 했다. 비밀스럽던 것이 공공연한 것으로 바뀌어야 했다.

그 뒤 새로운 세기 초에 ≪근대 정신생활 출현기의 신비주의≫, ≪신비적 사실로서의 그리스도교≫ 같은 책에서 내가 정신적인 것에 대한 나의 체험을 서술할 수 있게 되면서, '도덕적 개인주의'는 시련 뒤에 다시금 올바른 자리를 찾았다. 하지만 이때에도 시련이 이어지는 바람에, 내 체험의 언어적 전달은 완전한 의식 상태로 보아서는 아무 역할도 하지 못했다. 체험의 공개는 완전한 의식 상태의 바로 아랫단계에서 출발했고, 바로 그런 근접성 때문에 그것은 내가 지난 세기의 마지막 몇 년 동안 사회적인 사안에 관해 얘기할 때 사용했던 형식으로 표현되었다. 그렇지만 그것에 대해 제대로 된 상을 얻으려면, 지나치게 극단적으로 보이는 내용들은 그와는 성격이 다른 내용들과 대조해보아야 한다.

정신세계를 보는 사람은 의견이나 주장을 표명할 때 늘 자신의 존재가 공개된다는 느낌을 얻는다. 그는 추상적 개념이 아니라 생동하는 통찰 속에서 정신세계로 들어선다. 정신적인 것의 감각적인 모상인 자연도 의견이나 주장을 내세우는 대신, 자신의 형상과 생성변화를 세상에 내보인다.

당시에 나는 내면에서 내 모든 영혼의 힘을 격랑 속으로 끌어들이는 내적인 동요를 체험했다.

외적인 사생활은 오이니케 가족이 베를린으로 옮겨온 덕분에 지극히 만족스러운 상태가 되었다. 잠시나마 내 집에서 완전히 비참하게 살다가, 오이니케의 가정으로 옮겨간 뒤로는 극진한 보살핌을 받으며 살 수 있었다. 오이니케 부인과의 우정은 그 뒤로 곧 공식적인 결혼생활로 바뀌었다. 사적인 관계는 이 정도로 그친다. 사생활에 관해서는 나의 성장과 관련된 것 외에는 어떤 것도 이 책에서 언급하지 않을 것이다. 당시에 나는 오이니케의 집에서 생활함으로써 안팎으로 분주한 삶을 위한 안정된 기반을 갖출 수 있게 되었다. 덧붙이자면, 사적인 관계는 공적인 일에 속하지 않는다. 둘은 서로 아무런 관련이 없다는 말이다.

그리고 나의 정신적인 성장은 어떤 사적인 관계와도 그야말로 완전히 별개이다. 사생활이 전혀 다른 모습이었더라도 나의 정신적인 성장 과정은 완전히 같았을 것임을 나는 자각하고 있다.

당시 삶의 온갖 불안정한 요소에 더하여 〈마가친〉의 존속 가능성을 둘러싼 걱정까지 끊이지 않았다. 내가 겪는 모든 난관에도 불구하고, 내 마음대로 쓸 수 있는 물질적 수단이 있었다면 주간지 보급을 확대할 수 있었을 것이다. 하지만 잡지사는 극히 적은 보수밖에 지급할 수 없는 상태여서 나부터도 물질적인 생활기반을 거의 제공받지 못했기에, 잡지를 알리기 위해 아무 일도 할 수가 없었다. 그래서 잡지의 보급은 내가 떠맡았을 때의 변변찮은 수준에 계속 머물 수밖에 없었다.

나는 끊임없는 걱정에 시달리는 가운데 계속 〈마가친〉을 발행했다.

XXVIII

베를린

노동자학교의 교사직을 맡다 —— 수업, 강연 연습, 역사 과목 등 —— 1899년 초에서 1904년 말까지 이어진 사적 유물론 추종자들의 저항 —— 역사에서 이념적으로 정신적인 동기들을 사실에 부합하도록 설명하는 것이 금지되다 —— 부르주아 계급과 노동자 계급의 분리 —— 프롤레타리아를 두고 제기되어 세계를 움직이는 질문들에는 정신의 영역이 전혀 개입되어 있지 않다

나로서는 힘들었던 이 시기에 베를린의 노동자학교 교장이 나를 찾아와 학교에서 연설 실습과 역사 수업을 맡아 달라고 요청했다. 나는 처음엔 이 학교가 사회주의와 연관돼 있다는 사실에 별로 개의치 않았다. 나는 노동자 계급 출신의 성인 남녀를 가르치는 멋진 임무를 눈앞에 그려 보았다. '학생들' 가운데 어린 사람이 별로 없었기 때문이다. 수업을 맡게 되면 인류 역사의 발전 과정을 순전히 내가 생각한 대로 강의할 것이며, 지금 사회민주주의 계통에 널리 퍼져 있는 마르크스주의에 입각한 방식으로는 강의하지 않을 것임을 교장에게 분명히 밝혀 두었다. 그럼에도 그들은 계속 내가 수업을 맡아주기를 원했다.

이런 조건을 내세운 뒤로는 이 학교가 리프크네히트Wilhelm Liebknecht(카를 리프크네히트의 아버지)의 사회민주주의에 기반을 두고 있다는 사실에 더는 마음을 쓰지 않았다. 내가 보기에 이 학교는 프롤레타리아 출신의 남녀들로 이루어져 있었다. 그들 중 압도적인 다수가 사회민주주의자였다는 사실에 전혀 개의치 않았다.

하지만 '학생들'의 정신적 성향에는 당연히 관심이 있었다. 나는 그때까지는 전혀 익숙하지 않았던 표현 방법으로 말해야 했다. 그들을 어느 정도 이해시키려면 그들의 개념과 판단 형식에 적응해야만 했다.

그들의 개념과 판단 형식들은 그 원천이 두 군데였다. 첫째 원천은 자신들의 생활이었다. 이 사람들은 물질적인 노동과 그 노동의 결과를 알고 있었다. 하지만 역사를 통해 인류를 이끌어 가는 정신적은 힘은 그들의 영혼에 떠오르지 않았다. 그러니 마르크스주의는 '유물론적 역사관'만으로 그들을 쉽게 설득할 수 있었다. 마르크스주의는 물질적 노동을 통해 생산된 경제적·물질적인 것만이 역사의 발전을 가져오는 힘이라고 주장했다. 마르크스주의에서 '정신적인 요인'은 물질적·경제적인 것에서 생겨난 일종의 부산물, 즉 이데올로기일 뿐이다.

더구나 당시 노동자 계급에서는 학술 교육에 대한 열망이 오래 전부터 커져 왔다. 하지만 그 열망을 충족시켜 줄 수 있는 것은 대중적인 유물론 학술서적뿐이었다. 그런 책들만이 노동자들의 개념과 판단 형식에 부합했기 때문이다. 비유물론적인 책들은 노동자들이 이해할 수 없도록 씌어 있었다. 그런 까닭에, 당시에 막 형성기에 있던 프롤레타리아 계급이 인식을 몹시도 갈망했을 때, 이를 충족시켜 줄 수 있는 것이라고는 거칠기가 짝이 없는 유물론밖에 없다는 지극히 비극적인 상황이 생겼다.

노동자들이 마르크스주의를 통해서 '유물론적 역사'로 받아들이는 마르크스주의 경제학에도 부분적으로 진리가 들어 있다는 사실을 우리는 충분히 고려해야 한다. 그리고 바로 그런 부분적인 진리를 노동자들은 쉽게 이해한다. 그러므로 내가 그 부분적인 진리를 모조리 무시하고 관념론적 역사를 가르쳤다면, 사람들은 유물론의 부분적인 진리 속에서 실로 자기도 모르게 내 강의에 거부감을 느꼈을 것이다.

이런 이유로 나는 내 강의를 듣는 사람들도 이해할 수 있는 진리를 강의의 출발점으로 삼았다. 16세기까지는 마르크스 식으로 경제력의 지배를 논하는 것이 말도 안 된다는 사실을 가르쳐 주었다. 또 16세기부터 비로소 마르크스주의적으로 이해할 수 있는 경제적 관계가 발생했다는 사실, 그리고 19세기에 이르러 그 관계가 절정에 다다르게 되는 과정도 알려주었다.

이로써 전적으로 사실에 입각하여 앞선 시대의 관념적·정신적 자극들을 논할 수 있었고, 이 자극들이 근래에 들어 물질적·경제적인 자극에 맞서 어떻게 약해지게 되었는지 알려줄 수 있었다.

이렇게 해서 노동자들은 역사를 통해서 인식 능력에 대한 표상과 종교적, 예술적, 윤리적인 자극들에 관한 표상을 얻었고, 이것들을 '이데올로기'로만 치부하던 태도에서 벗어났다. 이 과정에서 유물론을 논박한다고 해도 아무런 의미도 없었을 것이다. 나는 유물론으로부터 관념론을 소생시켜야 했다.

그러나 '연설 실습'에서는 그와 같은 방향으로 할 수 있는 일이 거의 없었다. 강좌는 늘 강연과 연설의 형식적인 원리들을 토론하는 것으로 시작했다. 그러고 나면 '학생들'은 연습 삼아 실제로 연설을 해보았는데, 이때는 당연히 자신의 유물론적 방식에 익숙한 내용을 말했다.

노동자 계급의 '지도자들'은 일단 이 학교에서 일어나는 일에 전혀 관심을 두지 않았다. 그래서 나는 완전히 자유롭게 수업을 진행했다.

하지만 역사 수업에 더하여 자연과학 수업까지 맡게 되면서 일은 더 어려워졌다. 이때 특히 어려웠던 점은, 과학을 지배하던, 그리고 이른바 과학을 대중화하려는 이들을 지배하던 유물론적 표상들을 사실을 근거로 뛰어넘는 일이었다. 나는 최선을 다해 그 일을 했다.

그런데 바로 이 자연과학 덕분에 노동자 계급 안에서 나의 교수 활동이 확장되었다. 수많은 노동조합으로부터 자연과학 강연을 해달라는 요청이 쇄도했다. 특히 당시에 선풍적 인기를 끌던 해켈의 책 ≪세계의 수수께끼≫에 관해 가르쳐 주기를 바랐다. 나는 이 책의 삼분의 일에 해당하는 실증적인 생물학 부분에 생물들의 계통 관계가 정확하고 간결하게 요약돼 있다고 보았다. 나는 일반적으로 인류가 생물학의 그런 측면을 근거로 정신성으로 인도될 수 있다고 확신했으며, 이는 노동자 계급도 마찬가지라고 생각했다. 나는 책의 바로 이 삼분의 일을 나의 고찰에 연결해서 말했고, 나머지 삼분의 이에 대해서는 무가치한 것으로 보아야 하므로 실제로 책에서 잘라내야 마땅하다고 자주 이야기했다.

구텐베르크 기념행사가 열렸을 때, 나는 베를린 서커스장에 모인 칠천 명의 식자공과 인쇄공 앞에서 축사를 하게 되었다. 노동자들을 대상으로 하는 나의 화법이 공감을 얻은 것이다.

운명은 이런 활동을 통해 나를 다시 깊이 빠져들어야 하는 삶의 한 토막으로 이끌었던 것이다. 이 노동자 집단 안에서 개개인의 영혼이 어떻게 잠들고 꿈꾸는지, 또 일종의 집단영혼이 어떻게 이 사람들을 사로잡아 이들의 표상, 판단, 태도를 지배하게 되었는지, 나는 생생히 볼 수 있었다.

그렇다고 해서 개개인의 영혼이 시들어 죽었을 거라고 생각해서는 안 된다. 나는 이런 개별적인 영혼이라는 방향에서 내 학생들과 노동자계급 일반의 영혼을 꿰뚫어볼 수 있었다. 그것이 이 활동을 하는 내내 나 자신에게 부과한 임무를 수행하도록 뒷바침했다. 당시 노동자들이 마르크스주의를 대하는 태도는 그로부터 20년이 지난 시대와 같지 않았다. 당시 노동자들은 마르크스주의를 경제에 관한 복음처럼 여겨 무척 심사숙고하며 자기 것으로 만들었다. 하지만 세월이 흐르자 프롤레타리아는 무엇인가에 홀린 듯한 집단이 되어 버렸다.

당시에 프롤레타리아의 의식은 집단암시와 같은 효과를 내는 감정이었다. 수많은 개개인의 영혼들이 "세계가 다시금 정신적인 관심을 갖게 될 때가 반드시 올 것이지만, 지금은 먼저 프롤레타리아가 순전히 경제적으로 해방되는 것이 먼저다"라는 말을 되풀이했다.

나는 내 강의가 그들의 영혼에 여러 좋은 영향을 미쳤음을 알게 되었다. 그들은 유물론과 마르크스주의적 역사관에 모순되는 것도 수용했다. 나중에 '지도자들'이 내가 어떤 식으로 강의를 해

왔는지를 알게 되면서 내 활동에 이의를 제기했다. 나에게 배우는 학생들이 모인 자리에서 '작은 지도자들' 가운데 한 사람이 연설을 했다. 그는 "우리는 프롤레타리아 운동에서 자유를 원하지 않는다. 우리가 원하는 것은 이성적인 강제이다"라고 말했다. 이는 학생들의 의지에 반해서 나를 학교에서 몰아내려는 의도를 지닌 말이었다. 강의 활동이 점점 더 어려워지자, 나는 인지학 일을 시작한 지 얼마 안 되어 곧 학교 일을 그만두었다.

나는 당시의 편견 없는 대다수 사람들 쪽에서 노동자 운동을 관심 있게 지켜보고 프롤레타리아 계급을 이해하는 마음으로 대했더라면 이 운동이 전혀 다른 모습으로 전개되었으리라는 인상을 받았다. 하지만 사람들은 노동자들을 노동자 계급 내부의 생활에 맡겨놓았고, 자기들은 자신의 계급 내부에서 살아갔다. 한 계급에 속한 사람들은 다른 계급에 속한 사람들에 대하여 이론적인 견해를 가졌을 뿐이었다. 파업 같은 일이 벌어지고서야 어쩔 수 없이 임금 문제가 논의되었다. 또한 온갖 복지 시설들이 설립되었는데, 그것은 각별히 인정할 만한 일이었다.

하지만 이렇듯 세계를 뒤흔드는 문제들을 정신의 영역에 담가 보려는 시도는 전적으로 부족했다. 그렇게 하려는 노력만이 그런 문제들이 지닌 파괴적인 힘을 덜어낼 수 있었을 텐데 말이다. 그 시대에 이른바 '상류 계급들'은 유대감을 상실했고, 무자비한 경쟁과 더불어 이기주의가 만연했다. 그 시기에 이미 20세기의 두 번째 십 년 간에 발생할 세계적인 참사가 준비돼 있었다. 이와 더불어, 프롤레타리아 계급은 나름의 방식으로 프롤레타리아 계급의식이라는 집단의 유대감을 발전시켰다. 프롤레타리아는 프롤레타리아 계급의식을 정당화하는 데 필요한 소재를 제공하는 때에 한하여 '상류 계급'에서 형성된 '문화'에 참여했다. 시간이 지나면서, 서로 다른 계급들 간의 다리가 모두 끊어졌다.

 이렇듯 나는 필연적으로 〈마가친〉을 통해서는 부르주아적 본질 속으로, 또 노동자 계급 내 활동을 통해서는 프롤레타리아적 본질 속으로 들어가 보았다. 그 시대를 추동하는 힘을 인식하고 실제로 체험해 볼 수 있는 풍요로운 장이었다.

XXIX

베를린

강연의 기술과 언변에 관한 몇 가지 ── 잡지 <드라마투르기셰 블래터Dramturgische Blätter>(연극평론) 1898년 3월호 ── 루트비히 야코봅스키와 교우 ── 문예 단체 "디 콤멘덴Die Kommenden"(미래인) ── 파울 아스무스, 마르타 아스무스, 볼프강 키르히바흐 ── 프리드리히스하겐 출신의 브루노 빌레와 빌헬름 뵐셰 ── 자유대학 ── 조르다노 브루노 연맹, 그리고 그 연맹의 일원론적인 세계관 ── 대치되는 것들의 발생 ── 그곳에서 행한 강연이 인지학 활동의 시초가 되다 ── 그 활동은 현대 인식론의 조건에 합당해야 한다 ── 옛 정신 인식 전문가인 프리드리히 에크슈타인은 밀교적 지혜를 비밀로 하는 입장을 보이다 ── H. P. 블라바츠키 ── 비의적 지혜를 비밀로 간직하는 것은 시대착오적이다

지난 19세기의 마지막 삼분의 일 동안 인식에서 이룬 성취를 통해 정신의 영역에서는 인류 발달을 위한 새로운 빛이 비쳐들려 했다. 하지만 그 성취를 유물론적으로 해석한 탓에 정신적인 잠 속에 빠져들면서, 이를 인식하기는커녕 눈치조차 못 채게 되었다.

그 고유한 본질로 인해서 정신적인 방향으로 발전해 가야 했음에도 자기 고유의 본질을 부정하고 말게 되는 시대가 닥쳤다. 삶의 불가능성이 현실화되기 시작한 그 시대가 도래한 것이다.

1898년 3월에 〈드라마투르기셰 블래터Dramaturgische Blätter〉(연극평론)(1898년 초부터 〈마가친〉에 부록으로 배본)에 실린 내 글을 일부 발췌하여 여기에 옮겨보려 한다. 나는 '강연의 기술'에 관해 다음과 같이 썼다.

다른 어떤 분야보다도 이 분야에서는 배우는 사람이 완전히 방치되거나 우연에 맡겨진다. … 공적인 생활에서 받아들인 형식으로 인해 요즘 사람들 대부분은 자주 공적으로 발언해야 하는 상황을 만난다. … 일상적인 말이 예술작품의 반열에 오르는 일은 흔치 않다. … 우리들 대부분은 아름답게 말하는 감각이 부족하며, 개성적으로 말하는 방법에 대한 감각은 더더욱 부족하다. … 예컨대 바르게 노래하는 법을 전혀 모르는 사람이 가수에 관해 글을 쓴다면 아무도 이를 인정하지 않을 것이다. … 연극예술과 관련해서는 요구가 훨씬 덜하다. … 한 줄 시구를 올바르게 말하고 있는지 어떤지를 구별할 수 있는 사람은 점점 드물어진다. …오늘날 사람들은 예술적으로 말하는 것을 들으면 흔히들 난데없는 관념론으로 간주한다. … 사람들이 언어를 예술적으로 수련할 가능성에 대해 좀더 잘 의식하고 있었더라면, 그런 상황에 이르지는 않았을 것이다. …

그 당시 눈앞에 아른거리던 것은 한참 세월이 흐른 뒤 인지학협회에서 실현될 수 있었다. 마리 폰 지버스Marie von Sivers(마리 슈타이너)는 언어예술에 열광했으며, 스스로 진정한 예술적 말하기에 열정을 다했다. 또한 마리 폰 지버스의 도움을 받아 언어조형과 연극적 표현에 관한 강좌를 진행함으로써 이 분야를 참된 예술의 반열에 올려놓는 활동을 펴 나갈 수 있었다.

내가 여기서 이런 말을 하는 것은, 내가 살아가는 내내 어떤 이상理想들이 나의 삶을 통해 펼쳐지고자 한다는 사실을 알려주기 위함이다. 왜냐하면 많은 이들이 나의 발전 과정에서 모순되는 것을 찾아내려고 하기 때문이다.

이 즈음에는 요절한 작가 루트비히 야코봅스키Ludwig Jacobowski와 우정을 나누었다. 이 인물의 영혼을 지배하는 분위기는 내적인 비극 속에서 숨을 쉬는 듯했다. 그는 유대인이라는 운명을 무겁게 짊어지고 있었다. 그는 자유사상을 지닌 의원 밑에서 사무실을 책임지고 있었다. 그 의원은 '반유대주의방어협회'를 이끌면서 협회지를 발행하고 있었는데, 그 방면의 일이 루트비히 야코봅스키를 지나치게 압박했다. 그리고 이 일은 날마다 새로운 고통의 불을 지폈다. 그러잖아도 그는 자기 민족을 적대하는 여론에 몹시 고통받고 있는 터에, 자신이 맡은 일로 해서 그런 적대적인 여론을 날마다 마음에 떠올려야 했기 때문이다.

그 밖에도 그는 민속학 분야에서 풍부한 활동을 펼쳤다. 태고 이래 민족성들의 생성 과정을 다루는 저술의 기초로 삼기 위해, 그는 손에 넣을 수 있는 모든 자료를 수집했다. 그가 이 분야에 대한 풍부한 지식을 바탕으로 작성한 논문들 중 몇몇은 매우 흥미로운 내용을 담고 있다. 이 논문들은 일단 그 시대의 유물론적 의식 안에서 작성됐지만, 만약 야코봅스키가 더 오래 살았더라면, 그의 연구는 확실히 정신화의 길로 들어설 수 있었을 것이다.

루트비히 야코봅스키의 시는 이런 활동으로부터 빛을 발했다. 그의 작품은 완벽하게 근원적이라고 할 수는 없지만, 인간의 감각을 깊이 있게 다루면서 영혼의 힘으로 얻는 경험들로 채워져 있다. 그는 자신의 서정시를 '빛나는 날들'이라고 불렀다. 그가 이런 인상을 받았을 때 그에게 시들은 비극적인 삶을 비추는 정신적인 태양이었다. 그 밖에 그는 장편소설도 썼다. ≪유대인 베르터≫에는 루트비히 야코봅스키의 모든 내적인 비극이 살아 있다. ≪로키, 어느 신神 이야기≫에서는 독일 신화에서 유래하는 작품을 창작했다. 이 소설에서 풍겨 나오는 영혼의 충만함은 민족성에 서린 신화적인 것에 대한 작가의 사랑이 남긴 여운이다.

루트비히 야코봅스키가 해놓은 일들을 개관해 보면, 매우 다양한 분야에서 풍부한 성과를 냈다는 사실에 놀라게 된다. 그럼에도 그는 많은 사람과 교제하려 힘썼고, 사람들과 어울리는 것을 편안하게 여겼다. 게다가 그는 당시에 〈디 게젤샤프트Die Gesellschaft〉(사회)라는 월간지도 발행했는데, 이 잡지는 그에게 엄청난 짐이었다.

그는 삶을 예술적으로 형상화하기 위해 삶의 내용을 갈구하는 가운데 자신의 삶을 소진했다.

그는 "디 콤멘덴Die Kommenden"(미래인)이라는 단체를 창립했는데, 단체의 구성원은 문필가, 예술가, 학자 그리고 예술에 관심 있는 사람들이었다. 모임은 매주 한 번씩 열렸다. 시인들은 자기 작품을 소개했다. 인식과 삶의 극히 다양한 분야에 관한 강연들이 행해졌다. 밤이 되면 자유롭게 함께했다. 모임은 점점 커졌고, 그 중심에는 루트비히 야코봅스키가 있었다. 누구나 상냥하면서 아이디어가 넘치며 심지어 세련되고 고상한 유머를 보여주는 이 인물을 사랑했다.

겨우 서른에 닥친 느닷없는 죽음이 그를 이 모든 일에서 떼어 냈다. 끊임없이 자신을 혹사한 탓에 그는 뇌수막염으로 세상을 떠났다.

내게 남은 것은 이제 친구를 위해 장례식에서 조사弔辭를 하고 그의 유고를 정리하는 일뿐이었다.

야코봅스키와 친했던 시인 마리 슈토나Marie Stona는 야코봅스키의 친구들이 보내준 원고를 모아 멋진 기념문집 한 권을 만들었다.

루트비히 야코봅스키에게서는 모든 것이 사랑스러웠다. 그의 내면적인 비극, 이 비극으로부터 벗어나 "빛나는 날들"로 가기 위한 노력, 파란만장한 삶에 대한 헌신 등 모든 것이 그랬다. 나는 늘 우리의 우정에 대한 기억을 가슴속에 생생하게 간직해 왔으며, 이 친구에 대한 간절한 마음으로 짧으나마 우리가 함께한 시간을 되돌아본다.

그 무렵에 나는 마르타 아스무스Martha Asmus 부인과도 우정을 나누었다. 부인은 철학적으로 사고하면서도 유물론에 심하게 치우쳐 있었다. 하지만 부인의 오빠이자 철저한 관념론자였던 파울 아스무스Paul Asmus가 젊은 나이에 죽음을 맞이하면서 부인은 오빠에 대한 강렬한 기억 속에 살아갔고, 덕분에 유물론에 대한 치우침도 완화되었다.

철학적인 은둔자와 같았던 파울 아스무스는 19세기의 마지막 삼분의 일에 해당하는 시기에 다시 한 번 헤겔 시대의 철학적 관념론을 체험했다. 그는 '나'(das Ich)에 관한 논설과, 인도게르만의 종교들에 관한 논설을 썼다. 둘 다 형식은 헤겔 풍이었지만, 내용은 완전히 독자적이었다.

이미 작고한 지 오랜 이 흥미로운 인물은 누이동생인 마르타라는 인물을 경유하여 내게 정말 가깝게 다가왔다. 마르타는 세기 말에 이르러 정신적인 경향을 띤 20세기 초의 철학이 새로운 별똥별이 되어 반짝 쏟아낸 빛인 듯 보였다.

프리드리히하겐 출신인 브루노 빌레Bruno Wille와 빌헬름 뵐셰 Wilhelm Bölsche와는 그다지 밀접하지는 않으면서도 한동안은 뜻깊은 관계를 맺고 지냈다. 브루노 빌레는 ≪순수한 수단을 통한 해방의 철학≫을 썼다. 제목만 보면 나의 ≪자유의 철학≫과 유사한 것 같지만, 내용은 전혀 다른 영역을 다루고 있다. ≪노간주나무의 계시≫는 그의 매우 중요한 작품으로, 브루노 빌레는 이 작품 덕에 폭넓은 명성을 얻었다. 세계관 이야기를 하는 이 책은 뛰어난 자연 감각으로 씌어졌으며, 모든 물질적인 존재를 통해 정신이 말을 한다는 확신이 스며 있다. 빌헬름 뵐셰는 다수의 대중적인 자연과학서로 유명하며, 광범위한 독자층에서 매우 특출한 인기를 누리고 있다.

이런 사람들로부터 '자유대학'(Freie Hochschule)을 설립하려는 움직임이 시작되었고, 그들은 나를 그 일에 끌어들였다. 나는 역사 강의를 맡았고, 브루노 빌레는 철학을, 뵐셰는 자연과학을 맡았다. 자유롭게 사고하는 신학자인 테오도르 카프슈타인Theodor Kappstein은 종교적 인식, 곧 신학을 담당했다.

두 번째로 설립된 것이 "조르다노 브루노 연맹"(Giordano-Bruno-Bund)이었다. 조르다노 브루노 연맹이 정신적이며 일원적인 세계관에 공감하는 인사들로 결성된 것은 당연한 일이었다. 연맹은 '물질과 정신'이라는 두 가지 세계 원리는 존재하지 않으며, 대신에 정신이 통일의 원리로서 모든 존재를 형성한다는 사실을 강조했다. 브루노 빌레가 정신성이 풍부한 강연을 통하여 연맹의 발족을 선언했다. 빌레의 강연은 "정신이 들어 있지 않은 물질은 결코 없다"는 괴테의 말에 기초를 두고 있었다. 이 강연이 있고 나서 빌레와 나 사이에는 유감스럽게도 작은 오해가 생겼다. 나는 그의 강연에 덧붙여, "괴테는 이런 훌륭한 말을 남기고 한참이 지난 뒤에, 이 말을 보충하는 뜻에서, 현존재의 활발한 정신 활동 안에서 구체적인 정신의 형상인 양극성과 향상성을 보았다는 의미심장한 말을 남겼고, 괴테가 이렇듯 보충하는 말을 남긴 덕분에 그의 포괄적인 발언의 내용이 비로소 완전해졌다"고 말했다. 내가 빌레의 강연의 중요성을 충분히 인정하고 있었음에도, 나의 발언은 강연을 반박하는 것으로 받아들여졌다.

막상 조르다노 브루노 연맹의 지도자들과 내가 전면적으로 대립하게 된 계기는 일원론一元論 자체를 강연한 일이었다. 이 강연에서 나는 '물질과 정신'이라는 노골적인 이원론적 표현이 본래 최근의 창작물임을 강조했다. 그리고 조르다노 브루노 연맹이 극복하고자 하는 정신과 자연의 대립도 최근 몇 세기 동안에 제기된 것임을 강조했다. 그런 다음 나는 이런 이원론의 대척점에 스콜라 철학이라는 일원론이 있다는 사실에 주의를 환기시켰다. 비록 스콜라 철학이 존재의 일부를 인간 인식에서 박탈하여 '신앙'에 할당했다 치더라도, 스콜라 철학은 신성과 정신세계부터 자연의 세세한 데 이르기까지 빈틈없이 통일적인(일원론적) 구조를 보여주는 하나의 우주 체계를 제시했다고 한 것이다. 결국 나 또한 스콜라 철학을 칸트 철학보다 한 수 위에 두었다.

나의 이 강연으로 인해 커다란 소동이 일어났다. 사람들은 내가 가톨릭 신학으로 하여금 연맹으로 들어오는 길을 터주려 한다고 생각했다. 지도적인 인사들 중에서는 볼프강 키르히바흐 Wolfgang Kirchbach와 마르타 아스무스만이 내 편을 들었다. 나머지 사람들은 이 '잘못 알려진 스콜라 철학' 이야기로 내가 본래 하려던 일을 짐작하지 못했다. 아무튼 그들은 내가 조르다노 브루노 연맹에 큰 혼란을 야기하기 딱 좋은 사람이라고 확신했다.

내가 이 강연을 잊을 수 없는 이유는, 시기적으로 이 강연에 뒤이어 많은 이들이 나를 유물론자라고 보았기 때문이다. 당시 수많은 사람들은 이 '유물론자'를 중세 스콜라 철학을 새로이 일으키고자 하는 사람으로 보았다.

이 모든 일에도 불구하고 나중에 나는 조르다노 브루노 연맹에서 기초적인 인지학 강연을 할 수 있었고, 이 강연이 나의 인지학 활동의 출발점이 되었다.

인지학이 가지고 있는 정신세계에 관한 지식을 대중에게 공개하는 일에는 실로 쉽지 않은 결단이 필요하다.

몇 가지 역사적 사실을 살펴보면 이런 결단이 지닌 특징이 아주 잘 드러난다.

오늘날과는 그 성질을 완전히 달리하는 옛 인류의 영혼 상태에 상응하여, 근대 초에 해당하는 약 14세기까지 사람들은 늘 정신세계에 관한 지식을 가지고 있었다. 그런 지식은 현대의 인식 조건에 부합하는 인지학적 지식과는 그야말로 천양지차였다.

위에 언급한 시기를 지나면서 인류는 무엇보다 정신에 관한 인식을 산출할 수 없었다. 인류는 '옛 지식'을 보존하는 데 그쳤다. 영혼은 원래 '옛 지식'을 그림의 형태로 통찰했고, 그래서 '옛 지식'은 오직 상징적·구상적 형태로만 존재했다.

이런 '옛 지식'은 고대에는 '신비'라는 테두리 안에서 배양되었다. 옛 지식은 일단 그것을 전해 받을 만큼 준비를 갖춘 사람들, 곧 '전수자'에게만 전해졌다. 이 지식을 세상 사람들에게 전하는 일은 금지되었는데, 이들은 옛 지식을 쉽사리 무가치하게 다루는 경향이 있기 때문이다. 그 뒤로 이런 관례는 '옛 지식'에서 얻어낸 내용을 가꾼 후세의 인물들에 의해 유지되었다. 이들은 자신들을 준비시킨 극소수의 사람들과 함께 이 관례를 유지했다.

그리고 그렇게 해서 옛 지식은 현재까지 이어졌다.

여러 인물들이 그와 같은 정신 인식에 관한 요구를 하며 나에게 다가왔는데, 그중에서 한 인물을 거론하고자 한다. 그는 앞에서 언급한 랑Lang 여사의 빈 모임에 들락거렸고, 내가 드나들던 빈의 다른 모임에서 나와 마주치기도 한 인물이었다. 그가 바로 저 '옛 지식'의 대가인 프리드리히 에크슈타인Friedrich Eckstein이다. 우리가 교제하는 동안 프리드리히 에크슈타인은 많은 저술을 내놓지 않았다. 하지만 그의 저술은 정신으로 가득 차 있었다. 그렇다고 해도 그가 쓴 글을 보고 단박에 그가 옛 정신 인식의 은밀한 전문가라는 사실을 알아차리는 사람은 없었다. 정신 인식은 그의 정신적 작업의 배후에서 이루어지는 일이었다. 삶이 이 친구로부터 나를 멀리 떼어놓은 지 한참 뒤에야, 나는 한 문집에서 보헤미아 형제들에 관한 매우 중요한 논문을 읽었다.

프리드리히 에크슈타인은 비밀히 전승되어 온 정신 인식을 일반적인 지식처럼 공개적으로 퍼뜨려서는 안 된다는 신념을 강력히 주장했다. 에크슈타인만이 이런 신념을 고수한 것은 아니었다. '옛 지혜'에 통달한 거의 모든 이들이 같은 신념이었고, 지금도 그렇다. '옛 지혜'의 수호자들은 이 신념을 규율로서 엄격히 관철했는데, 이 신념을 블라바츠키가 창립한 신지학협회에서 어느 정도까지 깨뜨렸는지는 나중에 밝힐 것이다.

프리드리히 에크슈타인에 따르면, '옛 지혜의 전수자'는 공개적인 주장을 펼칠 때 자신의 주장에 이러한 '전수'에서 나온 힘을 입혀야 하지만, 이런 공개적인 것과 비의적인 것은 엄격히 구별해야 한다. 비의적인 것은 그 진가를 온전히 이해하는, 제한된 범위의 사람들 내에서 보존되어야 하는 것이다.

정신 인식을 위하여 공개적인 활동을 펼치려면 이 전통을 깨뜨릴 결심을 해야만 했다. 나는 나 자신이 현대 정신생활의 조건에 얽매여 있음을 깨달았다. 이런 조건들에 비춰 볼 때, 옛 시대에 당연히 그래 왔던 것처럼 비밀을 지키는 일은 불가능하다. 우리는 어떤 지식이 등장하기만 하면 그 지식이 공개되기를 원하는 시대에 살고 있다. 옛날식으로 비밀을 지켜야 한다고 보는 관점은 시대착오적이다. 가능한 단 한 가지 일은, 사람들에게 정신의 인식을 단계적으로 알리되, 어느 누구도 낮은 수준의 지식을 알지 못하고는 더 높은 수준의 지식을 전달 받는 단계에 오를 수 없도록 하는 것이다. 이는 사실상 하급에서 상급으로 올라가는 학교 제도와도 유사하다.

게다가 나는 아무에게도 비밀을 지켜야 할 의무가 없었다. 나는 '옛 지혜'로부터 물려받은 것이 아무것도 없으며, 나에게 있는 정신 인식은 철두철미 나 자신의 연구 성과이기 때문이다. 오로지 나에게 어떤 인식이 생겨났을 때에만 누군가에 의해 이미 세상에 알려진 '옛 지식'을 인용하여 나의 지식과 옛 지식이 일치함을 보여주는 동시에 현재 연구에서 가능한 진보를 보여주려 했을 뿐이다.

그리하여 나는 어느 시점부터 정신 인식을 세상에 공개적으로 드러냄으로써 내가 옳은 일을 하고 있다는 완벽한 확신이 들었다.

XXX

1899~1902
베를린

괴테 탄생 150주년 —— 비의적인 것을 공개하려는 의지로 인해, 1899년 8월 28일자 <마가친 퓌어 리테라투어Magazin für Literatur>에 소논문 <괴테의 비밀 계시>를 게재하다 —— 이 잡지는 정신적인 영향을 실질적으로 행사하지 못하는 것으로 드러나고, 이에 따라 1900년 말에 잡지를 다른 이들에게 넘기다 —— 브록도르프 그룹에서 괴테의 비밀 계시를 주제로 강연 청탁을 받다 —— 뒤이어 중세 신비주의에 관한 일련의 강연 —— "디 콤멘덴" 모임에서 "붓다에서 예수까지"라는 제목으로 여러 차례 강연 —— 신지학협회에서 "신비적 사실로서의 그리스도교"에 관해 강연 —— 그 협회의 활동을 권유 받다 —— 마리 폰 지버스를 만나다 —— ≪19세기의 세계관과 인생관≫, ≪해켈과 그의 반대자들≫이 단행본으로 출간되다

내 안에 살고 있는 비의적秘儀的인 것을 공개적으로 표명하려는 의지로, 나는 괴테가 태어난 지 150주년 되는 1899년 8월 28일에 괴테의 동화 ≪초록 뱀과 아름다운 백합≫에 관하여 "괴테의 비밀 계시"라는 제목으로 〈마가친〉에 글을 썼다. 이 글은 물론 아주 약간만 비의적이다. 어차피 독자들에게 내가 제시한 것 이상을 기대하기는 무리였다. 괴테의 동화 내용은 내 마음속에서 전적으로 비의적인 내용으로 살고 있었다. 그리고 그런 비의적인 상태에서 나는 해설을 썼다.

1880년대부터 나는 이 동화와 연결된 이미지적 상상(Imagination)에 몰두했다. 나는 동화 속에 나타난 괴테의 길을 보았다. 이 길은 외부 자연의 관찰로부터 인간의 영혼 내부로 향하는 길로서, 괴테는 이를 개념이 아닌 상으로 정신에 제시했다. 괴테는 영혼이 가진 힘의 생명과 활동을 표현하기에는 개념들이 턱없이 빈약하고 생기가 없다고 보았다.

그런데 실러가 ≪인간의 미적 교육에 관한 편지≫에서 이러한 생명과 활동을 개념 속에 담아내려 시도하면서 괴테와 맞서는 상황이 되었다. 실러는 인간의 삶이 물질적인 신체로 인해 자연의 필연성에, 이성으로 인해 정신의 필연성에 예속되어 있음을 보여주려 했다. 그리고 영혼이 이 둘 사이에서 내적인 균형을 잡아야 한다는 것이 실러의 생각이었다. 그러면 인간은 그 균형 속에서 진정으로 인간다운 현존재로 자유로이 살아가리라는 것이다.

이 생각은 정신적으로 풍부하지만, 실제의 영혼 생활에 관한 것으로는 너무 단순하다. 이 영혼 생활에 깊숙이 뿌리박은 힘들은 의식 속에서 반짝이지만, 그 반짝임 속에서 그와 똑같이 덧없는 다른 힘들에 영향을 주고는 다시 사라진다. 생겨나자마자 사라지는 과정인 것이다. 하지만 추상적 개념들은 어느 정도 오래 지속되는 것에만 연결될 수 있다.

이 모든 것을 느낌으로 알고 있었던 괴테는 형상적인 지식을 내세워 실러의 개념적인 지식에 맞섰다.

비교秘敎에 진입하고자 하는 사람은 누구나 괴테의 이 작품에 나오는 경험을 하게 된다.

그 무렵에 브록도르프Brockdorff 백작 부부로부터 그들이 매주 개최하는 행사에 하루 참석하여 강연을 해달라는 부탁을 받았다. 이 행사에는 온갖 부류의 방문자들이 모였으며, 강연은 삶과 인식의 전 영역에 걸쳐 이루어졌다. 강연에 초청을 받기 전까지는 이런 행사에 관해 아무 것도 몰랐으며, 브록도르프 부부와 아는 사이도 아니었고 이 부부에 대한 얘기를 듣는 것조차 처음이었다.

Schlachtensee, 22. Sept. 1903

Verehrtestes Fräulein Mücke!

Es blieb gestern keine Zeit mehr dazu, was ich Ihnen gerne gesagt hätte: dass mich Ihr letzter Brief mit tiefer Befriedigung erfüllet hat. Sie missverstehen mich wohl nicht: es ist das nicht, weil Sie mir darin so viel Gutes sagen, sondern wegen der Art, wie Sie sich zu unsrer Sache stellen. Ich weiß ja seit langem, dass Sie die Wahrheit lieben; und dass wir uns in dieser Liebe zur Wahrheit gefunden haben, das hat mich mit Befriedigung erfüllet, und Ihr neulicher Brief ist eine Bekräftigung davon. — Ich kann Ihnen nur sagen, dass diese Liebe zur Wahrheit immer mein Führer war. Ich bin viel missverstanden worden; und werde gewiß auch noch viel missverstanden werden. Das liegt in der Natur meines Weges. — Für alles mögliche bin ich schon genommen worden. Nicht zum mindesten für einen Fanatiker nach dieser, oder jener Richtung. Wenn ich mich von etwas frei weiß, so ist es gerade der Fanatismus. Denn der Fanatismus ist der wahre Verführer zur Illusion. Und ich habe stets den Grundsatz gehabt, aller Illusion aus dem Wege zu gehen.

Sie schreiben, daß ich in meinem Leben den Geist darstelle. In einer Hinsicht, das verspreche ich Ihnen, strebe ich das gewiß an: ich werde nie über irgend etwas Geistiges sprechen, das ich nicht aus unmittelbarster geistiger Erfahrung kenne. Das ist mein Leitstern. Und das hat mir über alle Illusionen hinweggeholfen. Ich kann die Illusionen durchschauen. Und ich darf wohl sagen, dass für mich das Geistige so und ganz so Wirklichkeit ist, wie der Tisch es ist, auf dem ich das schreibe. Wer alles bei mir überschauen wollte, der würde Einklang sehen, wo er, da er es eben nicht überschaut, nur Widerspruch findet. Ich kann Ihnen nur sagen: es ist dieselbe Erfahrungsart, die mich die Wahrheit in der ~~Wissenschaft~~, und dieselbe, die mich die „mystische Tatsache" im Christentum gelehrt hat. – Wer mich genauer kennt, der weiß auch, daß ich mich in meinem Leben nicht sonderlich verändert habe. Eines kann ich Ihnen sagen: ich presse mich nicht, ich erzwinge nichts in mir, wenn ich die Wahrheiten des geistigen Lebens erzähle wie die Wirklichkeiten der Sinnenwelt. Sie werden, wie ich bestimmt hoffe, immer mehr erkennen, daß die theosophische Arbeit der sozialistischen nicht widerstrebt, sondern daß beide zusammengehören, wie die Buchstaben eines Buches und der Sinn des Buches. So wenig dieser Sinn *den äußeren Buchstabenbildern widerspricht, so wenig die Theosophie dem Sozialismus. Und der wäre wohl auch ein Tor, der den Sinn ohne die Buchstaben haben wollte.*

Wir sprechen wohl einmal mehr darüber.

Ganz Ihr
Rudolf Steiner
Schlachtensee bei Berlin, Seestraße 40.

요한나 뮈케에게 보낸 루돌프 슈타이너의 편지, 1903년 나는 제안 받은 대로 니체를 주제로 강연을 했다. 그런데 그 자리에서 청중들 속에 정신세계에 대단한 관심을 가진 인물들이 있다는 사실을 알아차렸다. 그래서 두 번째 강연을 부탁받았을 때는 "괴테의 비밀 계시"를 주제로 제안했다. 그리고 바로 이 강연에서 나는 동화와 연결하여 순수하게 비의적으로 얘기를 풀어나갔다. 정신세계로부터 주조된 언어로 말할 수 있다는 사실은 나에게 중요한 경험이었다. 내가 여태까지 베를린에서 지내는 동안은 여러 사정으로 어쩔 수 없이 정신세계의 언어가 아니라 내 설명을 통해서만 정신적인 것의 빛이 비추도록 했기 때문이다.

그런데 브록도르프 부부는 블라바츠키가 설립한 신지학협회의 어느 지부를 이끌고 있었다. 브록도르프 부부는 자신들과 연결된 신지학협회 회원들을 대상으로 내가 괴테 동화와 연결 지어 말한 내용을 정기적으로 강연해 달라고 나를 초청했다. 하지만 나는 내 안에 정신과학으로 살고 있는 것에 관해서만 말할 수 있다는 점을 분명히 했다.

실제로도 나는 다른 것에 관해서는 아무 얘기도 할 수 없었다. 신지학협회에서 나온 문헌들에 관해서 거의 알지 못했기 때문이다. 나는 이미 빈에서부터 신지학자들을 알았고, 그 뒤로도 다른 신지학자들과 알고 지냈다. 이런 약간의 친분으로, 프란츠 하르트만Franz Hartmann이 출판물을 간행했을 때 〈마가친〉에 신지학자들에 관해 비판적인 기사를 쓰기도 했다. 그리고 그 외에 내가 신지학 문헌에 관해 알고 있는 내용 대부분도 그 방법과 태도가 내 성미에는 전혀 맞지 않았다. 나의 설명을 신지학 문헌에 연결할 수 있는 가능성은 어디에도 없었다.

그래서 나는 중세 신비주의와 연결 지어 강연을 진행했다. 마이스터 에크하르트Meister Eckhart에서 야콥 뵈메Jacob Böhme에 이르기까지 신비주의자들의 생각을 훑어, 내가 원래 보여주려고 결심한 정신적 통찰들을 표현해 낼 수단을 찾아냈다. 그 뒤 이 강연들을 모아 ≪근대 정신생활 출현기의 신비주의≫란 책으로 묶어냈다.

하루는 이 강연의 청중 가운데서 *마리 폰 지버스*가 모습을 나타냈다. 그 뒤 운명의 선택을 받은 마리 폰 지버스는 내 강연이 시작된 직후에 창립된 '신지학협회 독일지부'의 지휘권을 단단히 장악했다. 그때부터 나는 이 독일지부 안에서 점점 늘어가는 청중을 앞에 두고 나의 인지학 활동을 펼칠 수 있었다.

신지학협회의 강연에서 내가 직접 연구하여 확인한 결과들만을 제시할 것이라는 사실을 *모르는 사람은 아무도 없었다*. 기회가 될 때마다 그런 사실을 얘기했기 때문이다. 그리고 애니 베전트Annie Besant가 참석한 가운데 베를린에서 신지학협회 독일지부가 창립되고 내가 지부의 총책임자로 선출되었을 때는, 신지학과 관련이 없는 청중들을 대상으로 강연 하나가 잡혀 있어서 창립회장을 떠나야 했다. 나는 이 강연에서 인류의 정신적 발달 과정을 다루었고, 강연 제목에 '인지학'이라는 말을 명시적으로 덧붙였다. 애니 베전트 또한 내가 당시 강연에서 이런 제목으로 정신세계에 관한 주장을 펼쳤다는 사실을 알고 있었다.

그 뒤 신지학 총회 참석차 런던에 갔을 때, 나는 지도적 인사들 가운데 한 사람으로부터 내 책 ≪근대 정신생활 출현기의 신비주의≫에 참된 신지학이 있다는 말을 들었다. 나는 그 말에 만족했다. 왜냐하면 나는 내 정신적 관조의 결과들만을 제공했는데, 신지학협회에서 이를 받아들였기 때문이다. 당시에는 유일하게 정신인식에 완전히 동의하는 신지학계의 청중들 앞에서, 이러한 정신인식을 이제 *내 방식*으로 제시하지 *말아야* 할 하등의 이유가 없었다. 나는 어떤 종파의 교의도 따르지 않았다. 나는 전적으로 자신이 직접 정신세계로서 체험한 바에 따라서 말해도 된다고 믿는 것을 말하는 한 사람일 뿐이었다.

"부처에서 그리스도까지"라는 제목으로 "디 콤멘덴" 모임에서 일련의 강연을 한 것도 신지학협회 독일지부가 설립되기 전의 일이었다. 나는 이 강연을 통해서, 골고타의 신비가 부처의 사건에 비해 엄청난 진보를 의미한다는 것, 그리고 인류 발전은 그리스도 사건에 다가가려 노력함으로써 그 정점에 이른다는 사실을 보여주려 했다.

나는 또한 이 모임에서 신비의 본질에 관해 말하였다.

청중들은 내 말을 모두 받아들였다. 이는 내가 예전에 했던 강연들과 모순되지 않았다. 신지학협회 독일지부가 설립되면서 내가 '신지학자'로 낙인찍힌 뒤에야 비로소 나에 대한 거부 반응이 일기 시작했다. 그것은 실제로 사실이 아니었으며, 그것은 아무도 원치 않는 호칭이자 신지학협회와의 연관성이었다.

그러나 어떻게 보면 비신지학적인 청중들은 그들의 성향상 그저 내 설명에 '자극'을 받으려 하거나, '문학'으로 받아들이려 했을 수 있다. 나에게 가장 중요한 문제, 곧 정신세계의 자극들을 삶 속으로 들여오는 일에 대해서 그들은 조금의 이해도 없었다. 그러나 나는 차츰 신지학에 관심 있는 사람들 가운데서 그런 이해를 발견할 수 있었다.

처음에 니체에 관해, 그 다음에는 괴테의 신비로운 계시에 관해 강연했던 브록도르프 모임에서 이 무렵에는 괴테의 ≪파우스트≫를 비의적 관점에서 강의했다. (이 강의는 나중에 괴테의 동화에 관한 설명과 함께 철학인지학출판사에서 출간되었다.)

≪근대 정신생활 출현기의 신비주의≫에 관해 강연한 것이 계기가 되어, 나는 브록도르프 신지학 모임으로부터 다음 겨울에 또 다시 강연을 해달라는 요청을 받았다. 그래서 나는 일련의 강연을 했고, 그때의 강연들을 나중에 ≪신비적 사실로서의 그리스도교≫라는 책으로 묶어냈다.

나는 '신비적 사실로서'라는 제목의 선택이 중요하다는 점을 처음부터 확실히 해두었다. 단순히 그리스도교의 신비로운 내용을 표현하려고 했던 것이 아니기 때문이다. 내 목표는 고대 신비에서 골고다의 신비에 이르는 진화의 과정을 제시함으로써 그 과정에 지상적·역사적 힘은 물론 정신적·지상외적 자극들이 작용하고 있다는 사실을 보여주는 것이었다. 또한 고대 신비에서 나타난 우주 발달에 관한 숭배 형상이 골고타의 신비에서는 우주에서 지구로 옮겨진 사실로서 역사 안에서 실현되었음을 보여주고 싶었다.

신지학협회 어디서도 *이렇게* 풀어내는 데는 없었다. 신지학협회에서 내게 활동을 요청하기 전에도 나의 이러한 관점은 당시의 신지학적 교의와 뚜렷한 대조를 이루었다.

왜냐하면 그런 활동을 요청받은 것이 내가 그리스도에 관해 앞서 서술한 연속 강연을 하고난 직후였기 때문이다.

마리 폰 지버스는 내가 신지학협회에서 첫 번째 연속 강연을 하고 나서 두 번째 연속 강연을 하기 전까지 이탈리아의 볼로냐에 머물면서 그곳에 있는 신지학협회 지부에서 활동했다.

이것이 내가 처음으로 신지학 총회에 참석하기 위해 1902년 런던을 방문할 때까지 일어난 사실들이었다. 마리 폰 지버스도 참석한 이 회의에서는 협회 회원이 되어달라는 요청을 받은 지 얼마 안 된 나를 사무총장으로 하여 협회의 독일지부가 설립되리라는 것을 이미 기정사실화했다.

나는 런던 방문에 관심이 많았다. 나는 그곳에서 신지학협회의 주요 지도자들을 소개받았으며, 그들 중 한 사람인 버트램 케이틀리Bertram Keightley 씨 댁에 머물 수 있게 되면서 그와 절친한 사이가 되었다. 나는 작가인 미드Mead 씨도 알게 되었는데, 그는 신지학 운동에 무척 공이 큰 사람이었다. 우리는 버트램 케이틀리 댁에서 신지학협회에 깃들인 정신 인식에 관하여 상상할 수 있는 한 가장 흥미로운 대화를 나누었다.

특히 버트램 케이틀리가 있어서 대화는 친밀함을 더했다. H. P. 블라바츠키가 그곳의 대화에 소환되었다. 블라바츠키를 통해 많은 것을 체험한 나의 친애하는 집주인은 정신적 내용이 풍부한 블라바츠키의 전체 인품을 나와 마리 폰 지버스 앞에서 매우 생생하게 묘사했다.

나는 애니 베전트를 스치듯이 알게 되었고, ≪비의불교≫의 저자인 A. P. 시네트도 마찬가지였다. 리드비터Ch. W. Leadbeater 씨는 연단에서 말하는 것만 들었을 뿐, 소개를 받지는 못했다. 그는 나에게 특별한 인상을 주지 못했다.

내 귀에 들어온 흥미로운 사실들은 모두 내 마음에는 깊은 감명을 주었지만 내 통찰의 내용에는 영향을 주지 못했다.

나는 회의에 참석하는 사이사이에 남는 시간을 활용하여 런던의 자연과학관과 미술관을 부지런히 방문하기로 했다. 이런 자연과학적·역사적 수집물을 접하면서 내 안에 자연과 인류의 진화에 관하여 수많은 아이디어가 싹텄다고 해도 좋을 것이다.

이렇듯 나는 런던 방문을 통하여 뜻깊은 일들을 체험했다. 마음에 깊은 감동을 준 극히 다양한 인상을 지니고서 나는 귀국길에 올랐다.

〈마가친〉의 1899년 첫 호에는 "어느 이단자의 새해 관조"란 제하에 내가 쓴 논설이 실려 있다. 여기서 이단이라고 한 것은 종교 교리에 대한 반항이 아니라, 시대가 수용한 문화적 지향에 대한 반항을 의미한다.

우리는 새로운 세기의 문 앞에 서 있었다. 지난 세기는 외적 생활과 지식 분야에서 엄청난 성과를 가져왔다.

이를 대하며 나는 다음과 같은 생각을 토로했다.

예술 분야 등의 성취처럼 이런저런 많은 업적에도 불구하고, 오늘날 좀더 깊이 바라보는 사람이라면 이 시대의 교양 내용에 관하여 도저히 기뻐할 수 없다. 우리가 열망하는 최고의 정신적인 욕구를, 이 시대는 거의 채워주지 못하고 있는 것이다.

그리고 당시 현대문화의 공허함과 관련하여 나는 스콜라 철학 시대를 되돌아보았다. 그 시대 사람들은 최소한 개념적으로는 변함없이 정신과 함께했다.

그와 같은 현상에 직면하여, 더 깊은 정신적 욕구를 지닌 사람들이 스콜라 철학의 훌륭한 사고체계를 우리가 속한 시대의 사상 내용보다 만족스럽게 생각한다고 해서 이상하게 여길 필요가 없다. ≪관념론의 역사≫라는 뛰어난 책을 저술한 오토 빌만Otto Willmann도 자신의 책에서 지나간 세기들의 세계관에 대해 찬사를 늘어놓는다. 우리는 인간의 지식이 스콜라 철학자들의 철학체계 안에서 경험한 저 엄청나게 포괄적인 사고분석을 인간의 정신이 간절히 원하고 있다는 사실을 받아들여야만 한다.

낙담은 세기의 전환점에 선 정신생활의 특징을 보여주는 징후로, 지금 막 지나온 시대의 성과에 대한 기쁨을 흐려 놓는다.

그리고 '참된 지식'에 의하면 어느 세계관 속에 현존재의 전체상을 담기란 불가능하다는 사실이 입증된다고 주장하는 인물들에 대해서, 나는 다음과 같이 말하지 않을 수 없었다.

그렇게 목청을 돋우는 사람들의 견해를 좇는다면, 사물과 현상의 치수를 재고, 무게를 달고, 서로 비교하고, 기존의 도구들을 이용하여 이를 분석하는 정도에 만족해야 할 것이다. 그러면 우리는 결코 사물과 현상의 더 높은 *의미*를 묻는 정도까지는 이르지 못할 것이다.

신지학협회 내부에서 내가 인지학 활동을 하도록 이끌어준 사실들도 바로 이런 영혼 상태로부터 이해해야 한다. 당시 〈마가친〉 편집을 위한 정신적 배경을 찾기 위해 시대 문화에 몰입한 뒤, 나는 빌만의 ≪관념론의 역사≫ 같은 작품에서 마음의 원기를 되찾고 싶은 깊은 욕구를 느꼈다. 비록 나의 정신관과 빌만의 이념 형태 사이에 심연이 가로놓여 있다 하더라도, 나는 빌만의 이념 형태 역시 정신적으로는 가깝게 느꼈다.

1900년 9월 말에 나는 〈마가친〉은 다른 사람에게 넘길 수 있었다.

앞에서 전한 사실들을 보면, 〈마가친〉을 넘겨주기 전부터 이미 정신세계의 내용을 알리고자 하는 나의 목표는 내 영혼 상태로 미루어 피할 수 없는 일이 되었으며, 이는 〈마가친〉을 계속 이끌어 갈 수 없게 된 것과는 아무 관련이 없음을 알 수 있다.

내 영혼 안에 미리 정해져 있었던 것처럼, 나는 정신 인식 속에서 그 자극들을 취하는 활동에 돌입했다.

그럼에도 불구하고 나는 오늘날까지도, 앞서 서술한 장애 요소들이 없었더라면, 자연과학적 사고를 거쳐 정신세계로 가려는 나의 시도가 좀더 가망성 있는 것이 될 수 있었으리라는 느낌이 든다. 1897년부터 1900년 사이에 내가 한 말을 돌이켜보면, 그것들은 당대의 사고방식에 맞서 한번은 했어야 하는 말이었다. 또 다른 한편으로 나는 그 속에서 혹독한 정신적 시련을 경험했음을 기억한다. 나는 문화를 해체하고 파괴하면서 정신에서 벗어나려 애쓰는 당대의 힘이 어디에 존재하는지를 철저히 알게 되었다. 그리고 이런 인식을 통하여 나는 정신을 바탕으로 작업을 계속하기 위해 필요한 힘을 많이 얻었다.

내가 신지학협회 내부에서 활동하기 전, 〈마가친〉을 마지막으로 편집하던 시기에도 ≪19세기의 세계관과 인생관≫이라는 두 권짜리 책을 마무리했다. 이 책의 두 번째 판부터는 고대 그리스 시대부터 시작해서 19세기에 이르는 세계관의 발달을 개관하는 내용을 보태서 ≪철학의 수수께끼≫라는 제목으로 출간했다.

이 책이 나오게 된 외적 동기는 완전히 부차적이라고 볼 수 있다. 그 동기를 제공한 이는 〈마가친〉의 발행인 크론바흐Cronbach였다. 그는 19세기에 앎과 삶의 다양한 분야에서 이루어진 발달을 다뤄볼 생각으로 저술총서를 기획했는데, 이 총서에 세계관과 인생관에 관한 설명도 포함시키고자 했다. 그리고 그는 나에게 그 설명을 맡겼다.

나는 오래 전부터 이 책의 모든 소재를 내 영혼 안에 품고 있었다. 세계관을 고찰하기 위한 나의 개인적 출발점은 괴테에 있었다. 칸트 철학에 대비되도록 괴테의 사고방식을 도입해야 했던 것도 그렇고, 피히테와 셸링, 헤겔과 더불어 18세기와 19세기의 변화에서 나타나는 새로운 철학적 단초들도 그랬다. 나는 이 모든 것에서 세계관이 발달하는 시대의 시작을 보았다. 19세기 말에 이르러 모든 철학적 세계관의 노력이 무산되었음을 서술하는 리하르트 발레의 심오한 책들로 이 시대는 막을 내렸다. 그리하여 19세기 세계관의 노력이 하나의 전체로 완결체가 되어 나타났고, 나의 통찰 안에 살아 있는 그 완결된 노력을 서술할 기회가 있을 때마다 그냥 지나치지 않았다.

돌이켜보면 이 책이야말로 내가 살아온 삶의 징후들을 보여주는 것 같다. 나는 많은 이들이 믿는 것처럼 모순들을 지닌 채 앞으로 나아가지 않았다. 만약에 그랬다면 흔연히 인정했을 것이다. 그러나 나의 정신적인 진행 과정에서 그것은 사실이 아니었다. 나는 영혼속에 살고 있는 것에다가 새로운 영역을 추가로 찾아냄으로써 앞으로 나아갔다. 그리고 ≪세계관과 인생관≫을 개정한 직후에, 나는 정신 영역에서 특별히 생생한 발견을 추가했다.

심지어 나는 어디서든 신비롭고 감각적인 길 대신에 늘 수정처럼 투명한 개념을 거쳐 정신 영역으로 나아가려 했다. 개념과 원상의 체험이 나를 관념적인 것에서부터 실제적·정신적인 것으로 이끌었다.

나의 이미지적 상상 속에 태곳적부터 현재에 이르기까지 유기체의 *실상의 발달*이 자리한 것은, 내가 ≪19세기의 세계관과 인생관≫을 마무리한 뒤였다.

이 책을 쓰는 동안만 해도 나는 다윈의 사고방식에서 나온 자연과학관을 염두에 두고 있었다. 하지만 다윈의 사고방식은 그저 자연에 존재하는 명백한 사실들을 순서에 맞게 나열한 것쯤으로 보였다. 괴테가 자신의 변형 개념 속에서 *정신적 자극들을* 떠올린 것처럼, 나는 이런 사실들의 나열 속에 정신적 충동이 활동하고 있다고 보았다.

이렇듯 나는 헤켈이 주창한 것과 같은 자연과학적 발달 계열에 대하여 그 안에 기계적 법칙이나 한낱 유기적 법칙들이 지배하는 것으로 여긴 적이 없으며, 대신에 그 안에서 정신이 생물들을 단순한 것으로부터 복잡한 것을 거쳐 인간으로까지 끌어올리는 것으로 보았다. 나는 다윈주의가 괴테의 사고방식으로 향하는 길 위에 있으면서도 그보다는 뒤쳐진 사고방식임을 알게 되었다.

나는 여전히 이 모든 것을 개념적인 내용 속에서 *생각하고* 있었으며, 나중에야 비로소 이미지적인 상상을 통한 통찰로 뚫고 나갔다. 이 통찰을 통해 나는 아득히 먼 옛날 정신적인 현실 속에 가장 단순한 유기체들과는 완전히 다른 존재들이 있었다는 인식에 이르렀다. 정신적 존재로서 인간은 다른 모든 생물들보다 더 오래되었다는 점, 그리고 인간은 현재의 물질적 형태를 취하기 위해 자신과 여타 생명체들을 포함하는 우주 존재로부터 자신을 분리해야 했다는 점도 인식했다. 그러므로 여타 생명체들은 인간의 진화과정에서 탈락한 것들로, 이것들에서 인간이 유래한 것이 아니라 인간이 이것들을 뒤에 남겨두었다고 할 수 있다. 다시 말해서, 인간은 자신의 물질적 형태가 자기 정신의 형상을 띨 수 있도록 여타 생명체들을 자신으로부터 분리했던 것이다. 대우주적 존재로서 인간은 모든 지상세계를 자기 안에 지녔으며, 그 외의 것들을 분리해냄으로써 소우주가 되었다. 내가 이러한 인식에 도달한 것은 새로운 세기가 시작되고 난 뒤 몇 년 간의 일이었다.

그러므로 이런 인식은 ≪19세기의 세계관과 인생관≫의 어느 설명에서도 동기로 작용할 수 없었다. 나는 곧바로 이 책의 둘째 권을 저술하여, 괴테의 세계관에 비추어본 다윈주의와 해켈주의의 *정신화된 모습* 속에 우주의 신비를 정신적으로 파고들기 위한 출발점이 주어져야 마땅하리라고 썼다.

그 뒤 세월이 흘러 이 책의 제2판을 위한 개정 작업을 하던 때에는, 내 영혼 안에 이미 참된 발달에 관한 인식이 있었다. 나는 비록 첫째 판에서 취했던 관점을 *정신적 통찰* 없이도 사고를 통해 얻을 수 있는 것으로서 그대로 견지하고는 있었지만, 표현 형식에 약간의 개정이 필요하다고 느꼈다. 그 까닭은 첫째, 어쨌든 그 책은 전체 철학을 개관함으로써 전적으로 다른 구성을 취했기 때문이고, 둘째, 이 둘째 판이 출간될 때는 이미 생명의 참된 발달에 관한 나의 설명이 세상에 나와 있었기 때문이다.

그럼에도 불구하고 나의 ≪철학의 수수께끼≫을 구성한 형태는 나의 정신적 성장의 일정한 시기부터 견지되어온 관점으로서 주관적 정당성뿐 아니라 *완전히 객관적인* 정당성도 지니고 있다. 이 객관적 정당성의 근거는, 설사 *사고로서* 정신적으로 체험된다 하더라도 사고는 내 책에 제시된 것처럼 생물의 진화만 표상할 수 있다는 사실이다. 그리고 그 다음 걸음을 딛기 위해서는 정신적인 통찰이 있어야 한다는 것이다.

따라서 내 책에서는 인지학적 관점으로 옮아가기 이전의 관점을 완전히 객관적으로 제시하고 있다. 누구든 더 높은 경지로 오르기 위해서는 이러한 관점 속에 들어가 봐야 하고, 그 속에 들어가 있는 가운데서 체험해보아야 한다. 인식하는 자에게 이런 관점은 몽롱한 신비주의적 방식이 아니라 명료한 정신적 방식으로 정신세계를 추구하는 인식의 길의 한 단계로 등장한다. 또한 이런 관점을 통해 밝혀진 것들을 설명한 내용 중에는 인식하는 이가 더 높은 단계로 가기 위해서 이전 단계에서 필요로 하는 것이 들어 있다.

여하튼 나는 당시에 해켈을 자연과학 내에서 사색적인 입장에 서있는 호방한 인물로 평가했다. 그와는 달리 학계의 다른 연구자들은 사고를 배제하고 감각에 속하는 관찰 결과들만을 인정하려 했다. 해켈은 현실을 탐구할 때 *창조하는* 사유에 가치를 두었고, 그 때문에 나는 자꾸 해켈에게 끌렸다. 그래서 나는 책의 내용을—당시에는 형식도—결코 해켈이 말하는 의미로 저작하지 않았음에도, 그에게 내 책을 헌정했다. 그러나 해켈은 결코 철학적인 사람이 아니었다. 그는 철학에는 완전히 문외한이었다. 그래서 당시에 해켈에게 빗발치듯 쏟아졌던 철학자들의 공격을 보면서, 나는 그런 공격이 매우 부적절하다고 생각했다. 나는 그 철학자들에 반대하는 뜻으로 책을 해켈에게 헌정했으며, 그 전에 ≪해켈과 그의 반대자들≫이란 책을 저술한 것도 마찬가지 이유였다. 해켈은 몹시도 천진하게 모든 철학에 거슬러, 생물학적 현실을 제시하는 도구로 사고를 동원했다. 그래서 사람들은 그가 모르는 정신 분야인 철학으로 그를 공격하게 되었다. 나는 그가 철학자들이 자신에게 원한 것을 결코 알지 못했으리라 생각한다. 이 점은 그와 라이프치히에서 나눈 대화에서 분명하게 드러난다. 나는 해켈이 ≪세계의 수수께끼≫를 출간한 뒤, 보른그래버Borngräber의 희곡 ≪조르다노 브루노≫의 공연을 보러갔다가 그를 만나 이야기를 나누었다. 그가 말했다. "사람들은 내가 정신을 부정한다고 하죠. 나는 물질이 그 힘을 통해 어떤 형태를 이루는지를 그들이 보았으면 합니다. 그렇게 되면 그들은 증류기 안에서 일어나는 일 하나하나에서 '정신'을 지각할 수 있을 거예요. 정신은 어디에나 있습니다." 해켈은 정말로 실재하는 정신에 관해서는 아무것도 몰랐다. 그는 다만 자연의 힘들 속에서 '정신'을 보았다.

정신에 그토록 무지하다고 해서 그때 철학적으로 죽은 개념들을 이용해서 비판적으로 대응할 일은 아니었다. 그보다는 그 시대가 정신을 체험하는 일과는 거리가 멀다는 점을 깨닫고, 생물학적인 자연 해석에서 주어진 토대에서 정신의 불꽃을 일으키려고 시도했어야 마땅하다.

이상이 그때 나의 의견이었다. 그리고 이런 의견을 바탕으로 나는 ≪19세기의 세계관과 인생관≫을 썼다.

XXXI

1900~1913
베를린

베를린의 문예 그룹들 ──── 루돌프 슈타이너가 19세기의 문화적 성과에 관한 한스 크래머의 선집 출간에 참여하여 그 시대의 문예생활을 서술하다 ──── <철학에서의 이기주의>라는 글로 아르투르 딕스가 편찬한 ≪이기주의≫에 참여 ──── 이 논문의 제목은 <철학에서의 개인주의>여야 했다 ──── 1902년 슈타이너와 마리 폰 지버스가 신지학협회 독일지부를 이끌게 되다 ──── 런던과 파리 방문 ──── 신지학협회에서 점차 고착화되는 교조 ──── 1906년부터 나타나는 몰락의 징조들 ──── 강신술을 연상케 하는 행위들 ──── "동방의 별" 결성을 비롯하여 어리석은 일들이 이어지다 ──── 1913년 애니 베전트에 의해 독일신지학협회에서 제명당하다 ──── 독자적인 인지학협회 창립 ──── 인지학을 추구함과 동시에 예술에 관심을 가지다

당시에 한스 크래머Hans Kraemer가 19세기의 문화 성과를 집약한 또 다른 선집을 발행했다. 이 선집은 인식 생활과 기술 창조 및 사회 발전의 각 분야를 다루는 비교적 긴 논문들로 구성돼 있었다.

나는 문학 생활을 서술해 달라는 요청을 받았다. 그 덕분에 당시 19세기의 판타지의 발달을 두루 꿰게 되었다. 나는 문헌학자처럼 '원전을 바탕으로' 그런 것들을 연구하여 서술하는 대신에, 판타지 생활의 전개와 관련하여 내 자신이 내적으로 체험한 내용을 서술했다.

나는 또한 이러한 설명을 통해서 정신세계의 체험을 논할 수는 없었지만 정신생활의 현현顯現을 다루었다는 점에 의미를 두었다. 정신세계로부터 오는 고유한 정신적 자극들에 의해서 문학 현상 안에서 무엇이 실현되는지 언급하지는 못했다.

이 경우에도, 일상적인 의식의 내용을 체험에 의해 정신세계로 오를 수 있을 만큼 활성화하지 않고도, 일상적인 의식의 관점에서 영혼 생활이 현존재의 현상에 대해 말해야 하는 바가 내 앞에 놓여 있었다.

한층 의미 깊었던 일은, 내가 다른 책에 기고한 논문에서 정신 세계의 '문 앞에 서 있음'을 체험했다는 사실이다. 이 책은 한 세기를 다루는 작품은 아니었고, 인간의 '이기주의'를 추진력으로 삼아 전개된 인식과 생활의 다양한 분야를 특징적으로 그려내고자 하는 논문집이었다. 이 책을 발행한 이는 아르투르 딕스Arthur Dix로, ≪이기주의≫란 제목은 그 시대—19세기에서 20세기로 가는 전환기—와 완벽히 어울렸다.

15세기 이래 삶의 모든 분야에 영향을 미쳐온 주지주의主知主義의 자극은 실제로 그 본질이 순수하게 표현되는 경우에 '개개인의 영혼 생활'에 뿌리내리고 있다. 인간이 사회생활에서 지적인 능력으로 자신을 드러낸다면, 그것은 순수한 지적인 표현이 아니라 지적인 표현을 모방한 데 불과하다.

주지주의 시대에 사회적 느낌을 호소하는 목소리가 그토록 강렬하게 표출되는 이유 중의 하나는 원래 지성 안에서는 그런 사회적 감각을 내적으로 체험하지 못한다는 사실이다. 이런 일에서도 인류는 대체로 자신들이 가지지 못한 것을 갈망한다.

이 책에서 나는 '철학에서의 이기주의' 부분을 집필해 줄 것을 요청받았다. 그런데 내 논문에 이런 제목을 단 이유는 오로지 그 책의 전체 표제가 그것을 요구했기 때문이다. 내 논문의 제목은 본래 〈철학에서의 개인주의〉라고 했어야 옳다. 나는 탈레스 이래의 서양철학을 아주 간략히 개관해 보고자 했고, 그런 서양철학의

베를린의 루돌프 슈타이너, 1905년

발달이 개별 인간으로 하여금 원상들 안에서 세계를 체험토록 하는 데 목표를 두고 있음을 보여주고자 했다. 이는 내가 ≪자유의 철학≫에서 인식과 윤리적인 삶에 관해 서술하고자 했던 것과 같다.

이 논문과 더불어 나는 다시 한 번 '정신세계의 문' 앞에 섰다. 인간의 개별성 안에 원상들이 나타나고, 이 원상들이 우주의 진의를 드러내 보인다. 이 원상들은 나타나서 *체험*되기를 기다리며, 원상들을 통한 체험이 이루어질 때 영혼은 정신세계로 넘어갈 수가 있다. 이 대목에서 나는 쓰는 일을 멈추었다. 이로써 내면세계는 순수한 사유만으로 세계를 어디까지 이해할 수 있는지를 보여주었다.

내가 정신세계를 인지학적으로 설명하는 데 공개적으로 헌신하기 이전에 전前 인지학적인 영혼 생활을 극히 다양한 관점에서 서술했다는 것은 주지의 사실이다. 그 속에서 인지학 활동과 모순되는 점은 전혀 찾아볼 수 없다. 인지학은 생성 중인 세계상을 논박하는 것이 아니라 오히려 계승하고 확장하기 때문이다.

신비주의자인 어떤 사람이 정신세계를 설명하려 한다면, 누구라도 당연히 "당신은 개인적 체험에 관해 얘기하고 있군요. 당신의 묘사는 주관적이에요"라고 말할 수 있다. 그와 같은 정신의 길을 걷는 것은 정신세계로부터 나에게 주어진 사명은 아니었다.

나의 사명은 인지학을 위한 토대를 마련하는 데 있었다. 그리고 인지학은 과학적 사고가 감각기관을 통해 지각할 수 있는 사실들을 기록하는 데 머물지 않고 종합적인 이해로 나아갈 때만큼이나 객관적이었다. 내가 과학적·철학적으로 서술한 것, 괴테의 사상과 관련하여 자연과학적으로 서술한 것에 대해서는 토론할 수 있었다. 누구라도 그것을 대체로 옳다거나 그르다고 여길 수 있었다. 하지만 나의 서술은 진정한 의미에서 객관적·과학적인 성격을 얻고자 진력했다.

그리고 이와 같이 감정에 따른 신비주의적인 것에서 벗어난 인식으로부터 나는 당시 정신세계에 대한 체험을 얻었다. 알다시피, ≪신비주의≫와 ≪신비적 사실로서의 그리스도교≫에서 나는 신비주의의 개념을 이런 *객관적* 인식으로 이끌어 간다. 그리고 특히 내가 ≪신지학≫을 어떻게 구성했는가는 누구나 아는 일이다. 이 책에서 디딘 걸음마다 그 배경에 정신적 관찰이 자리한다. 이런 정신적 관찰에서 유래하지 않은 것에 대해서는 일절 언급하지 않았다. 하지만 그렇게 한 걸음 한 걸음 디뎌 가는 동안, 일단 책의 첫 부분에는 자연과학적 사고들을 제시하고, 그 관념들로 정신적으로 관찰한 것을 덮어씌웠다. 그리고 나서는 더 높은 세계로 상승하는 가운데 정신세계를 점점 더 자유롭게 형상화해 가는 작업을 해야 했다. 그러나 이런 형상화는 식물의 꽃이 줄기와 잎에서 생겨나듯 자연과학적인 것에서 발생한다. 꽃이 필 때까지만 지켜봐서는 그 식물을 온전히 주시하지 못하는 것처럼, 감각지각적인 것에서 정신으로 오르지 못하면 자연을 온전히 체험하지 못한다.

이와 같이 나는 인지학을 주관적인 것으로서 과학의 옆에 나란히 두기만 하는 것이 아니라, 인지학이 과학의 객관적인 연장임을 제시하고자 했다. 처음에는 당연히 *이런* 노력이 먹히지 않았다.

사람들은 이 과학과 인지학 앞에 놓여 있는 과학을 별개의 것으로 간주했고, 과학적 사고에 생명을 불어넣어 정신적인 것을 파악할 수 있도록 해보려는 경향은 조금도 없었다. 그들은 19세기 후반에 형성된 사고 습관에 매여 있었다. 그들은 감각지각적인 관찰의 사슬을 끊어버릴 용기가 없었으며, 저마다 자신의 환상을 주장하는 영역으로 들어설까봐 두려워하였다.

이상이 1902년에 마리 폰 지버스와 함께 신지학협회 독일지부를 지도하는 일을 맡았을 때 내가 내심으로 지향하는 바였다. 마리 폰 지버스는 자신의 온 존재를 통해서 우리가 착수한 일에 어떤 종파적 특성도 끼어들지 않도록 하고, 그 일이 보편적인 정신 생활 및 교양 생활 속에 자리잡도록 할 특성을 부여한 *그런* 인물이었다. 이 여성은 연극 예술과 웅변·낭독예술에 관심이 많았고, 이쪽 방면으로 이른바 파리에 있는 최고의 교육과정을 다니며 상당한 능력을 갖추었다. 베를린에서 나를 알게 된 무렵에도 그는 예술적으로 말하는 다양한 방법을 습득하기 위하여 훈련을 계속했다.

마리 폰 지버스와 나는 곧 깊은 우정을 나누었다. 그리고 이런 우정을 바탕으로 매우 다양한 정신 분야의 공동작업이 넓은 범위에서 펼쳐졌다. 시문학과 낭독예술뿐 아니라 인지학을 함께 가꾸는 일이 곧 우리 삶의 중요한 내용이 되었다.

이렇게 둘이서 함께 가꾸는 정신 생활을 구심점으로, 우선은 신지학협회의 틀 안에서 인지학이 처음으로 세상에 나올 수 있었다.

베를린의 마리 폰 지버스, 1910년

우리가 함께 런던을 첫 방문했을 때, 마리 폰 지버스는 H. P. 블라바츠키의 친한 벗인 바흐트마이스터Wachtmeister 백작부인에게서 블라바츠키와 신지학협회의 조직과 발전에 관해 많은 얘기를 들었다. 백작부인은 이전에 이 협회에서 어떤 정신적 내용이 모습을 드러냈고, 또 협회가 그 내용을 어떻게 가꾸어 왔는지를 소상히 알고 있었다.

내가 신지학협회의 틀 안에서 정신세계에서 오는 소식을 듣고자 하는 사람들을 찾는 일이 가능하다고 했을 때, 이 말이 특별히 당시 신지학협회 회원으로 이름을 올린 그런 인사들을 염두에 두고 힌 말은 아니었다. 물론 곧 이들 중 상당수가 나치럼 정신을 인식하는 방식에 뛰어난 이해를 보이는 것으로 증명되기는 했다.

그러나 회원들 대부분은 신지학협회를 이끄는 몇몇 지도자를 열광적으로 추종했다. 회원들은 이렇듯 분파적인 의미에서 강력한 영향력을 행사하는 지도자들이 선포한 교조를 무조건 따랐다.

신지학협회의 이런 활동은 그 진부함과 어설픈 지식으로 말미암아 나에게 거부감을 일으켰다. 나는 오직 영국의 신지학자들만이 여전히 블라바츠키 여사에서 유래하여 당시에 애니 베전트 등이 적절히 배양해온 내적인 내용을 가지고 있음을 발견했다. 나 자신은 결코 이러한 신지학자들이 활동했던 식으로 활동할 수는 없었을 것이다. 그러나 나는 그들 사이에 살고 있는 것을 어떤 정신적인 중심으로 여겼고, 정신 인식을 퍼뜨리는 일을 가장 깊은 뜻에서 진지하게 받아들인 사람이라면 그 정신적인 중심에 적절히 결합할 수 있었다.

마리 폰 지버스와 나는 대체로 신지학협회와 연결된 회원들보다는 자신이 받아들인 정신 인식을 진지하게 가꾸어 나가면서 성심성의껏 모임에 참석한 사람들을 더 신뢰했다.

그런 까닭에, 당시 신지학협회에 존재하는 지부들 내에서 우리가 했던 활동은 출발점으로서는 꼭 필요한 일이었지만, 그것은 우리 활동의 일부분에 지나지 않았다. 우리의 주요 활동은 대중 강연을 기획하는 것으로, 나는 신지학협회 외부에서 오직 내 강연 내용에 관심이 있어서 그 자리에 온 청중들을 상대로 강의를 했다.

이런 식으로 정신세계에 관한 내 주장을 알게 된 인물들, 그리고 어찌됐든 '신지학적 성향'을 띤 활동을 통해 이런 길을 찾아낸 이들에 의해, 나중에 '인지학협회'가 되는 맹아가 신지학협회의 틀 안에서 생겨났다.

내가 신지학협회에서 했던 활동을 빌미로 나에게 갖가지 비난이 쏟아지는 와중에,—협회 측에서도—내가 세상에 세를 떨치고 있는 이 협회를 발판 삼아 나의 정신 인식을 위한 길을 닦으려 했다는 주장까지 제기되었다.

이는 아무 근거 없는 비난이다. 내가 신지학협회의 초청을 받아들였을 때, 협회는 그 안에 실제로 정신생활이 존재했으므로 내가 기관으로서는 진지하게 여길 유일한 곳이었다. 만약에 협회의 성향과 자세, 활동이 내가 가입했을 당시처럼 유지가 되었다면, 나와 내 친구들이 탈퇴하는 일도 없었을 것이다. 그랬다면 인지학협회는 신지학협회 내에서 특별 분과의 하나로 공식적으로 설립되었을 것이다.

그러나 이미 1906년부터 신지학협회 내부에는 경악을 금치 못할 정도로 협회의 몰락을 보여주는 현상들이 만연했다.

예전의 H. P. 블라바츠키 시절에도 바깥세상에서는 이미 그런 현상이 협회에서 일어나고 있다고 주장하는 사람들이 있었지만, 사실 20세기 초에는 협회 측이 진지하게 정신적인 작업에 임함으로써 당시에 일어난 부당한 사건들의 오류를 만회할 수 있었다. 게다가 그 부당한 사건들이라는 것도 그 자체로 논쟁의 여지가 있었다.

그러나 1906년부터 신지학협회—이 협회를 이끌어가는 일에 나는 아무 영향도 미치지 못했다—에서는 강신술(Spritismus)의 연장이라는 생각이 들게 하는 활동들이 나타났고, 나로서는 협회에서 내가 지도하는 부분이 이런 일들과 전적으로 무관함을 갈수록 소리 높여 강조하지 않으면 안 되었다. 이런 활동은 당시에 인도의 한 소년을 두고 바로 이 인물을 통해 그리스도가 이 세상에 다시 나타나리라는 주장을 펼치면서 절정에 이르렀다. 이런 황당무계한 주장을 널리 전파하기 위하여 신지학협회 안에 '동방의 별'이라는 특별 협회도 만들어졌다. 나와 내 동료들로서는 이 '동방의 별' 회원들을 이들이 원하는 대로, 그리고 무엇보다도 신지학협회 회장인 애니 베전트가 목적하는 대로 독일지부의 일원으로 받아들이는 것은 실로 불가능했다. 그리고 이 일을 할 수 없었기 때문에 우리는 1913년에 신지학협회에서 제명당했다. 우리는 어쩔 수 없이 인지학협회를 독립된 단체로 창립해야 했다.

이 부분에서 나는 삶의 여정에서 만난 사건들을 미리 앞당겨 서술하고 있다. 하지만 그렇게 할 수밖에 없는 이유는, 이렇듯 더 나중에 있었던 사실들을 서술해야 내가 20세기 초에 신지학협회에 가입한 일과 관련된 나의 의도를 제대로 밝힐 수 있기 때문이다.

1902년 런던의 신지학협회 회의에서 처음으로 연설을 하면서, 나는 개별 지부들이 모인 협회는 각 지부가 보유하고 있는 것을 중심에 있는 협회에 전달함으로써 존속되어야 한다고 말했다. 나는 독일지부에 대해서 특히 이런 점을 염두에 두고 있다는 사실을 명확하게 강조했다. 이 독일지부는 결코 고착화된 교조의 전달자로서 활동하지 않을 것이며, 오직 자주적인 정신 탐구의 장으로 활동하면서 순수한 정신생활의 육성에 관해 협회 전체와 의사소통을 하게 되기를 바란다는 점을 분명히 했다.

XXXII

베를린

인지학을 전파하기 위해 대외적으로 노력하다 ──── 잡지 〈루시퍼·그노시스〉 창간 ──── 휩베 슐라이덴의 원자론과 그의 영향력 ──── 괴테의 정신에 부합하는 자연 관찰이 언제나 그의 원자론과 대비되다 ──── 근원현상 ──── 출판사 운영 시작

오늘날 인지학을 고찰하는 글에서, 세계대전으로 인해 사람의 영혼 속에 온갖 '신비주의적' 정신사조나 그 아류들이 출현하는 데에 유리한 분위기가 조성되었다는 식의 생각을 반복적으로 접할 때면, 게다가 인지학까지도 *이런* 사조의 하나로 인용될 때면, 나는 어떤 아픔을 느낀다.

인지학 운동이 20세기와 더불어 시작됐다는 것은 엄연한 사실이며, 이 운동이 창시된 뒤로 정신의 내면 활동에서 유래하지 않은 일이 이 운동의 핵심 사업이 된 적이 단 한 번도 없다는 점 또한 분명하다. 25년 전에 나는 정신적 인상의 내용을 내 안에 지니고 있었다. 나는 강연이나 논문 또는 책을 통해 그 내용에 형태를 부여했다. 내가 한 일은 모두 정신적인 내적 자극들로부터 행한 일이었다. 본질적으로 모든 주제는 정신으로부터 이끌어 냈다. 전쟁 기간에는 나 또한 당대의 사건에 의해 떠오른 주제들을 논했다. 하지만 그때 시대 분위기를 활용하여 인지학을 전파하려는 의

도는 전혀 없었다. 사람들이 어떤 시대적 사건들을 정신세계에서 온 인식으로 조명해 보고자 했기 때문에 생긴 일이었다.

인지학은 정신으로부터 받은 내부의 힘을 통해 가능한 일을 진행하려 노력해 왔을 따름이다. 인지학이 마치 전쟁 기간을 틈타 사람들 영혼의 어두운 심연으로부터 무언가 이득을 보고자 한 것처럼 설명하는 것은 정말 말도 안 되는 일이다. 전쟁 이후에 인지학에 관심을 보이는 이들이 늘어나고 인지학협회 회원이 증가한 것은 사실이다. 하지만 주목해야 할 것은, 사실이 그렇다 해도 20세기가 시작되면서 실행해온 인지학 일을 속행하는 데에 의미상 달라지는 것은 아무 것도 없다는 점이다.

내면의 정신적 존재를 바탕으로 인지학에 부여할 수 있었던 형태는 우선 독일에 있는 신지학자들의 온갖 저항부터 극복해야만 했다.

무엇보다도 당대의 '과학적' 사고방식에 비추어 정신 인식(Geist-Erkenntnis)을 정당화하는 문제가 제기되었다. 나는 이 책에서 정신 인식의 정당화가 불가피하다는 것을 여러 차례 언급했다. 나는 자연 인식(Natur-Erkenntnis)에서 으레 '과학적'이라고 간주하는 사고방식을 수용했고, 정신 인식을 위해서 그런 사고방식을 육성했다. 이로써 자연을 관찰할 때의 자연 인식 방법이 정신을 관찰하기 위해 달라진 것은 틀림없지만, 그런 자연 인식을 '과학적'이라고 볼 수 있게끔 만들어주는 특성은 그대로 유지되었다.

금세기가 시작할 때 자신을 신지학 운동의 주체로 자부하던 인물들은 정신 인식을 과학적으로 형태화하는 *이런* 방식에 대하여 이해도 못했고 관심도 없었다.

이 인물들은 휩베 슐라이덴Hübbe-Schleiden 박사 주위로 모여들었다. 휩베 슐라이덴 박사는 H. P. 블라바츠키와 개인적으로 친한 사이로, 1880년대에 이미 엘버펠트에서 신지학협회를 설립했다. H. P. 블라바츠키는 협회 설립에 몸소 관여했다. 휩베 슐라이덴 박사는 또 신지학적 세계관을 보급하기 위해 〈스핑크스〉라는 잡지를 발행했다. 이 운동은 완전히 흐지부지되었고, 신지학협회 독일 지부가 설립될 무렵에는 몇몇 인물들 외에는 아무 것도 남지 않았다. 그럼에도 이들은 나로 인해 자신들의 영역이 침범당한 듯 여겼다. 이 인물들은 휩베 슐라이덴 박사가 신지학의 과학적 토대를 구축해 주기를 기다리고 있었다. 그 전에는 독일 지역 내에서 이 분야에 어떤 일도 행해져서는 안 된다는 것이 이들의 생각이었다. 이들은 내가 시작한 활동이 자신들의 '기다림'을 방해한다면서, 무조건 해로운 것으로 여겼다. 하지만 그래도 신지학은 '자신들의' 일이었으므로, 이들은 당장 물러나지는 않았다. 또한 어떤 일이 이들 사이에서 일어났을 때도 피하려 하지 않았다.

이들이 휩베 슐라이덴 박사가 '과학성'의 토대를 놓아 이를 통해 신지학을 '증명'해야 한다고 했을 때, 이들이 말한 '과학성'은 어떤 의미일까? 이들은 인지학에는 전혀 관여하지 않았다.

이들에게 '과학성'은 자연과학에서 이론을 펼치고 가설을 세우는 데 필요한 원자론적 토대를 의미했다. 자연현상들은 사람들이 우주물질의 '근원 부분들'을 모아 원자로, 이 원자를 다시 분자로 모음으로써 '해명'되었다. 어떤 물질이 존재한다는 것은 그 물질이 원자들의 특정한 구조를 분자로 나타냄으로써 가능했다.

사람들은 이런 사고방식을 모범적인 것으로 보았다. 사람들은 복잡한 분자 구조를 그려냈고, 이 분자들이 정신 활동에 대해서도 토대가 되어야 했다. 화학적 과정은 분자 구조 내부에서 일어나는 과정의 결과이며, 정신적 과정에 대해서도 유사한 것을 찾아야만 했다.

나에게 이런 원자론은 '자연과학'에서 주어진 설명에 따르면 자연과학 *내에서*조차 전적으로 불가능한 것이었다. 게다가 원자론을 정신적인 것 안으로 옮겨놓으려는 시도는 진지하게 언급할 수조차 없는 사고의 탈선으로 보였다.

이 영역에서 내 방식으로 인지학의 토대를 마련하는 일은 늘 힘에 겨웠다. 어떤 분야에 속하는 사람들은 오래 전부터 이론적인 물질주의는 극복되었다고 단언한다. 그리고 이런 방향에서 인지학이 과학 내에서 물질주의에 관해 논할 때 인지학은 돈키호테처럼 풍차와 싸우는 격이었다. 하지만 그럴 때 사람들이 물질주의를 극복하는 방법이라 얘기하는 그 방법이야말로 무의식적으로 물질주의를 보존하는 길이라는 것이 나에게는 언제나 분명한 사실이었다.

나는 늘 원자를 물질적인 사건 내부에서 순수하게 기계적이거나 그 밖의 다른 작용을 하는 것으로 가정하는 데 대해서는 별다른 신경을 쓰지 않았다. 내가 신경을 쓰는 것은, 바로 사고에 의한 고찰이 원자—세계를 형성하는 가장 작은 물질—로부터 시작하여 유기체와 정신으로 이행하려고 시도한다는 사실이었다. 나는 오히려 전체에서 시작하는 것이 필요하다고 보았다. 원자 또는 원자 구조는 정신 작용이나 유기체 작용의 결과일 수밖에 없다. 나는 괴테가 자연을 관찰한 정신 안에서, 사고 구조로부터가 아니라 통찰을 통해 *파악한 근원현상*(Urphänomen)으로부터 출발하고자 했다. 내가 늘 깊이 확신하고 있는 것은, *사실*이란 곧 이론이며, 그러므로 이 사실의 *배후*에서 찾아 헤맬 것은 아무것도 없다는 괴테의 말이었다. 하지만 이 말은 자연에 대하여 감각기관이 제공하는 것을 받아들이는 것을 전제로 하며, 그런 범위 내에서 사고는 오직 복잡하게 유도되어 생겨 난 탓에 한 눈에 조망할 수 없는 현상들에서 시작하여 단순한 근원현상들에 이르기 위해서만 활용된다. 그렇게 되면 사람들은 자연 속에서 그들이 관계하는 색채와 여타 감각적인 특성들 *내부에* 정신이 작용하고 있다는 사실을 깨닫게 된다. 그러나 이 감각지각적인 것들 배후를 탐구해서는 원자론적 세계에 가닿지 못한다. 원자론에서 유효한 것은 결국 감각세계에 속하는 것이다.

이런 방향에서 자연에 대한 이해가 진일보했다는 주장은 인지학적 사고방식으로는 받아들일 수가 없다. 이 분야에서 예컨대 마흐Mach 같은 사람들의 생각이나 요즘 나오는 주장들을 보면 원자와 분자 구조를 포기하려는 조짐이 나타나긴 하지만, 그럼에도 원자와 분자 구조를 포기하면 모든 실재를 잃어야 할 정도로 그 구조가 사고방식 속에 너무 깊이 각인돼 있음을 알 수 있다. 마하는 개념에 대해서 감각지각적인 것을 통합하는 경제적인 방식으로만 언급했을 뿐, 정신적 실재 안에 살고 있는 것에 관해서는 더 이상 말하지 않았다. 그리고 요즘 나온 주장들도 다르지 않다.

이런 까닭에, 이론적인 물질주의를 극복한다고 등장한 것도 19세기의 마지막 삼분의 일에 해당하는 기간 동안 만연해 있던 물질주의만큼이나 인지학에 깃들인 정신적 존재와는 거리가 멀다. 당시 자연과학의 사고습관에 반대하여 인지학에서 주장했던 내용은 오늘날 그 유효성이 줄어들기는커녕 오히려 증대하고 있다.

이런 일들을 서술하는 것이 어쩌면 이 책 속에 이론적인 주장을 끼워 넣는 것처럼 보일지 모르겠다. 하지만 나는 그렇게 보지 않는다. 왜냐하면 이런 분석 속에 들어 있는 것은 내게는 *체험*, 그것도 가장 강렬한 체험으로서, 지금껏 외부에서 나에게 다가왔던 것보다 훨씬 더 중요하기 때문이다.

신지학협회 독일지부가 설립됨과 동시에 나는 곧 우리만의 잡지가 필요하다고 생각했다. 그래서 마리 폰 지버스와 나는 월간지 〈루시퍼〉(Luzifer)를 펴내기 시작했다. 물론, 당시에 루시퍼라는 이름은 내가 나중에 아리만의 반대편 극으로 루시퍼라고 부른 정신적 힘과는 아무런 관계가 없었다. 당시는 아직 이런 힘에 관해서 어렵게라도 말할 수 있을 정도로까지 인지학의 내용이 발달하지 못했다. 이 이름은 단순히 '빛의 운반자'란 뜻으로 쓰였다.

처음에 나는 신지학협회 지도부와 조화로이 일하려고 마음먹었지만, 그럼에도 시작부터 드는 생각은, 내용에 따라서는 신지학협회에서 가르친 것에 기대지 않은 채, 인지학 내에서 생겨난 *고유한* 배아를 바탕으로 발달해 가야 한다는 것이었다. 내가 이 일을 해낼 수 있는 방법은 잡지를 펴내는 것뿐이었다. 그리고 사실상 내가 이 잡지에 쓴 여러 글을 바탕으로 오늘날과 같은 인지학이 성장하게 된다.

이렇게 해서 이른바 베전트 여사의 '비호'와 참여의 도움으로 신지학협회 독일지부가 창립되었다. 당시 베전트 여사는 베를린에서 신지학의 목표와 원칙에 관해 강연도 했다. 그런 다음 우리는 베전트 여사에게 독일의 여러 도시를 돌며 강연을 해줄 것을 부탁했고, 훗날 함부르크, 베를린, 바이마르, 뮌헨, 슈투트가르트, 쾰른에서 강연이 성사되었다. 그럼에도 불구하고 신지학은 내 쪽에서 취한 어떤 별다른 조처들 때문이 아니라 그 일의 내적인 필연성 때문에 흐지부지되었고, 인지학은 내적 조건들에 의해 정해진 발전 경로를 따라 성장해갔다.

마리 폰 지버스는 힘닿는 한 물질적으로 희생했을 뿐 아니라 자신의 모든 노력을 인지학에 바침으로써 이 모든 일을 가능토록 만들었다. 처음에 우리는 실제로 아무 것도 갖춰지지 않은 상태에서 일할 수밖에 없었다. 〈루시퍼〉에 들어가는 원고는 거의 다 내가 썼다. 서신 왕래는 마리 폰 지버스가 도맡았다. 한 호가 완성되면 우리가 직접 띠종이를 둘러 주소를 쓰고 우표를 붙인 뒤, 잡지를 세탁바구니에 담아 직접 우체국에 가져갔다.

〈루시퍼〉는 금세 폭넓은 반응을 얻어, 빈에서 〈그노시스Gnosis〉란 잡지를 발행하는 라파포르트Rappaport 씨로부터 이 두 잡지를 하나로 통합하자는 제안을 받게 되었다. 그래서 〈루시퍼〉는 그 뒤 〈루시퍼·그노시스〉란 이름으로 간행되었다. 라파포르트 씨도 한동안은 경비의 일부를 부담했다.

〈루시퍼·그노시스〉는 탄탄대로를 밟아갔다. 잡지의 보급은 아주 만족할 만한 수준이었다. 이미 매진된 호는 2쇄를 내야 했다. 판매부수도 줄어들지 않았다. 그러나 인지학의 보급이 비교적 짧은 기간 내에 형태를 갖추면서 나는 개인적으로 여러 도시에서 강연을 요청받기에 이르렀다. 개별 강연은 많은 경우에 연속 강연이 되었다. 처음에 나는 이런 강연 활동과 더불어 〈루시퍼·그노시스〉의 편집까지도 그대로 이어나가려 했다. 하지만 잡지를 제때에 출간하는 일은 이제 불가능해졌고, 어떤 때는 몇 달이나 발행이 지연되기도 했다. 그리하여 매호 정기구독자를 확보하면서도 단순히 편집자의 업무 과중으로 잡지를 더는 출간할 수 없는 진기한 상황이 펼쳐졌다.

월간 〈루시퍼·그노시스〉를 통해서 나는 인지학의 토대를 이루는 내용을 처음으로 세상에 펴낼 수 있었다. 인간의 마음이 자신의 통찰을 통해 정신 인식의 이해에 도달하기 위해 어떤 노력이 필요한지에 관해서 내가 언급할 내용이 이 잡지를 통해 처음으로 공표되었다. 나는 매 호에 〈어떻게 초감각적 세계의 인식에 도달할 것인가?〉(Wie erlangt man Erkenntnisse der höheren Welten?)라는 글을 연재했다. 그뿐 아니라 〈아카샤 기록으로부터〉(Aus der Akascha-Chronik)를 연재함으로써 인지학적 우주론을 위한 토대를 마련했다.

이 잡지 활동에서 얻은 것—신지학협회에서 빌려온 어떤 것이 아니라—으로부터 인지학 운동이 성장해 나갔다. 내가 정신 인식에 관한 원고를 쓰면서 신지학협회에서 일반적으로 가르치는 내용을 고려했다면, 그것은 그저 협회의 가르침에서 오류로 보이는 이런 저런 내용들을 정정하여 제시한 데 불과했다.

이와 관련하여 짚고 넘어가야 할 문제가 있다. 상대측은 오해의 안개에 휩싸인 채 이 문제를 끊임없이 제기해 왔다. 내적인 이유에서 이 일에 관해 내가 언급해야 할 필요는 없었다. 이 일은 나의 발전 과정이나 대외적인 활동에 아무런 영향도 미치지 못했기 때문이다. 그리고 내가 이 책에서 기술한 내용들에 비하면, 이 일은 순수하게 '사적私的인' 일로 남아 있었다. 그것은 바로 내가 신지학협회 내에 있는 '비의祕儀학교'에 입회한 일이다.

이 비의학교는 H. P. 블라바츠키로 거슬러 올라간다. 블라바츠키는 신지학협회의 소수 내부자 모임을 위하여 장소 하나를 마련하고, 그곳에서 일반 협회에는 말하고 싶지 않은 소식들을 전해 주었다. 정신세계에 정통한 다른 사람들과 마찬가지로, 블라바츠키는 일반 대중을 상대로 좀더 심오한 가르침을 전하는 일은 불가능하다고 생각했다.

그런데 이 모든 일은 H. P. 블라바츠키가 자신의 가르침에 도달한 방식과 연관되어 있다. 가르침과 관련한 그런 전통은 늘 있었으며, 이 가르침의 연원은 고대 신비학교(Mysterien-Schulen)로까지 거슬러 올라간다. 이런 전통을 육성하는 각종 단체들은 가르침이 단체 밖으로 새나가는 일이 없도록 엄격하게 감시한다.

그런데 어느 한 쪽에서 그런 가르침을 블라바츠키에게 전수하는 것이 적절하다고 인정했다. 그곳에서 전수 받은 내용을 블라바츠키는 자기 내면에서 떠오른 계시들과 합쳤다. 블라바츠키는 진기한 격세유전을 통해 정신적인 것이 옛날의 신비 지도자들에서

처럼 꿈결 같은 의식 상태에서 작용하는 특별한 사람이었다. 이에 비해서 현대의 의식 상태는 의식영혼(Bewusstseinsseele)에 의해 샅샅이 비춰진다. 이렇게 '인간 블라바츠키' 안에서, 태곳적 신비에서는 당연했던 것이 되살아났다.

현대인들은 정신적인 통찰의 내용 가운데 어떤 것을 널리 전하면 좋을지를 오류 없이 결정할 수 있다. 연구자가 의식영혼에 적합하면서도 공인된 학문 안에서 나름의 효과를 발휘하는 개념의 옷을 입힐 수 있는 것은 누구에게나 전할 수 있다.

하지만 정신 인식이 의식영혼 속에 자리하지 않고 잠재의식에 가까운 영혼의 힘들 속에 살고 있다면 사정은 달라진다. 이러한 잠재의식적인 영혼의 힘은 신체에 작용하는 힘으로부터 충분히 독립해 있지 않다. 때문에 그렇듯 잠재의식적인 영역에서 길어낸 가르침들을 전하는 일은 위험할 수 있다. 그런 가르침들은 다시 잠재의식적인 영역으로 수용될 수 있기 때문이다. 그리고 거기서는 가르치는 사람이나 배우는 사람이나 인간에게 약이 되는 것, 해가 되는 것을 매우 신중하게 처치해야 하는 그런 영역에서 움직이고 있는 것이다.

그렇지만 인지학에서는 이 모든 것이 문제가 되지 않는다. 인지학은 모든 가르침을 무의식적인 영역으로부터 끄집어내기 때문이다.

블라바츠키의 내부자 모임은 비의학교를 통해 유지되었다. 나는 내 인지학 활동을 신지학협회 안으로 들여왔기 때문에, 협회 내에서 진행되는 모든 사항에 관하여 정보를 제공받아야 했다. 이런 정보를 위해서, 그리고 인지학적 정신 인식 자체에서 앞서가는 이들을 위한 핵심 모임이 필요하다고 여겼기 때문에, 나는 비의학교에 입회했다. 나의 핵심 모임은 당연히 이 비의학교와는 다른 의식을 가져야 했다. 이 모임은 인지학의 기본 인식을 충분히 습득한 이들을 위한 더 높은 분과, 더 높은 단계이어야 했다. 그러면서도 나는 모든 분야에서 이미 존재하는 것, 역사적으로 주어진 것을 끌어들이려 했다. 나는 신지학협회와 관련해서 했던 것처럼 비의학교에 대해서도 그렇게 해보고 싶었다. 이 때문에 나는 '핵심 모임'도 처음에는 이 비의학교에 연계했다. 하지만 이 연계는 *조직*들에만 관련이 있을 뿐, 내가 정신세계로부터 받아 전하는 것과 관계가 없었다. 그리하여 처음 몇 해 동안 나의 핵심 모임은 외적으로 베전트 여사의 비의학교의 한 분과로 인식되었다. 하지만 내적으로는 전혀 그렇지 않았다. 그리고 1907년에 베전트 여사가 뮌헨에서 열린 우리의 신지학 총회에 참석했을 때 여사와 나 사이에 이루어진 합의에 따라 외적인 관계 또한 완전히 중단되었다.

내가 베전트 여사의 비의학교에서 무언가 특별한 것을 배울 수 있었으리라는 주장은 애초부터 가능하지 않은 얘기였다. 왜냐하면 나는 무슨 일이 일어나는지 정보를 구해야 했던 몇몇 경우를 제외하고는 처음부터 그 학교의 행사에 참여하지 않았기 때문이다.

어쨌든 당시 그 학교에는 H. P. 블라바츠키에게서 유래한 내용 외에는 아무런 실질적인 내용이 없었다. 그리고 그 실질적인 내용은 이미 인쇄물로 나와 있었다. 이 인쇄물 외에도 베전트 여사는 인식의 향상을 돕는 갖가지 인도식 훈련을 제공했는데, 나는 이를 거절했다.

이렇듯 1907년까지 나의 핵심 모임은 조직내 배치와 관련해서는 베전트 여사가 육성한 모임과 관계가 있었다. 하지만 반대자들이 이런 사실에서 무언가를 끄집어내어 공격의 구실로 삼는다면, 이는 전적으로 옳지 않다. 반대자들은 내가 정신인식으로 인도될 수 있었던 것이 순전히 베전트 여사의 비의학교를 거친 덕분이라는 불합리한 주장을 서슴없이 펼쳐 놓았다.

1903년에 마리 폰 지버스와 나는 런던에서 열린 신지학 총회에 다시 참석했다. 그 자리에는 신지학협회 회장인 올코트Olcott 대령도 인도에서 와 있었다. 올코트는 호감이 가는 인물로서, 그가 어떻게 정열과 탁월한 조직가적 재능을 활용하여 블라바츠키의 동료로서 신지학협회를 설립하고 조직하고 운영하는 데 기여했을지 짐작이 갔다. 왜냐하면 겉에서 봤을 때 신지학협회는 짧은 기간에 뛰어난 조직을 갖춘 거대 기관이 되었던 것이다.

런던에서 베전트 여사는 브라이트 부인 댁에서 지내고 있었고, 마리 폰 지버스와 나 또한 두 번째 런던을 방문했을 때 이 친절한 가정에 초청을 받았기 때문에, 우리는 짧은 기간에 베전트 여사와 가까워졌다. 이 집에는 브라이트 부인과 함께 딸 에스더 브라이트 양이 있었다. 이 두 인물은 친절의 화신 같았다. 내가 이 집에 머물렀던 시간들을 돌이켜보면 마음속에 기쁨이 차오른다. 브라이트 모녀는 베전트 여사의 충실한 벗이었다. 모녀는 베전트 여사와 우리 사이를 가까이 이어주려고 노력했다. 후에 내가 어떤 문제—이 중 몇 가지는 이 책에서 이미 언급했다—로 베전트 여사에 맞대응함으로써 둘이 가까워지는 것이 불가능해지자, 신지학협회의 정신적인 지도자에 대하여 확고한 충성심으로 무비판적 지지를 보내는 브라이트 모녀 또한 고통스러워했다.

나는 베전트 여사가 지닌 자질로 인해 이 인물에 흥미를 느꼈다. 베전트 여사에게는 그 자신의 내적 체험으로부터 정신세계에 대하여 말할 어떤 권한이 있다는 사실을 나는 인지했다. 베전트 여사에게는 영혼을 통해 정신세계에 내적으로 다가갈 수 있는 자질이 있었다. 훗날 이 자질은 베전트 자신이 세운 외적인 목표들로 뒤덮여 버렸다.

정신으로부터 정신에 관하여 말하는 사람에게 나는 당연히 관심이 있었다. 하지만 다른 한편으로 내가 통찰하는 바에 따르면, 우리 시대에 정신세계에 대한 인식은 의식영혼 내부에 자리해야 한다는 것이 엄연한 사실이었다.

나는 고대 인류의 정신 인식을 보았다. 고대의 정신 인식은 꿈과 같은 특성을 띠고 있었다. 사람은 정신세계가 상으로 계시하는 것을 상으로 보았다. 그러나 그 상들은 인식을 향한 의지에 의해 충분히 분별 있게 발전하지는 못했다. 이 상들은 우주로부터 꿈처럼 주어져 영혼 안에 나타났다. 이런 고대의 정신 인식은 중세에 점차 사라졌다. 사람은 의식영혼을 얻었다. 인간은 이제 꿈과 같은 인식에서 벗어났다. 인간은 충분히 분별 있게 인식 의지를 통해서 관념들을 영혼 안으로 불러들인다. 인간은 우선 감각세계를 인식하기 위해 그 능력을 발휘한다. 그 능력은 자연과학 안에서 감각 인식으로 그 절정에 도달한다.

정신 인식의 과제는 이제 분별 있게 인식을 향한 의지를 통해서 원상의 체험을 정신세계로 가져가는 일이다. 그렇게 되면 인식하는 사람은 수학적인 체험을 할 때와 유사한 영혼의 내용을 갖게 된다. 그는 수학자처럼 생각한다. 하지만 숫자나 기하학적인 도형으로 생각하지는 않는다. 그는 정신세계의 상들로 생각한다. 그것은 깨어 있으면서 꿈을 꾸는 고대의 정신 인식과는 *반대*로 완전히 의식적으로 정신세계 내에 존재하는 상태이다.

신지학협회에서는 이런 새로운 정신 인식을 제대로 다룰 수 없었다. 온전한 의식으로 정신세계에 다가가려 하면, 그 즉시 의심의 눈초리를 보냈다. 사람들은 감각세계에 대해서만 온전한 의식이 있다고 알고 있었기 때문이다. 이런 의식을 정신 체험으로까지 계속 발전시키는 데 대해서는 제대로 이해하지 못했다. 사람들은 실제로도 온전한 의식을 억압하여 고대의 꿈의식(Traumbewusstsein)으로 되돌아가려 했다. 그리고 베전트 여사도 그렇게 되돌아갔다. 베전트 여사가 정신 인식에 대한 현대적인 접근 방식을 이해할 가능성은 거의 없었다. 그러나 베전트 여사가 정신세계에 관해서 한 말은 어쨌거나 정신세계로부터 왔다. 그 때문에 나는 베전트라는 인물에게 흥미를 느꼈다.

신지학협회의 다른 지도층 내에도 완전히 의식적인 정신 인식에 대하여 이런 식의 반감이 존재했기 때문에, 나는 협회 내에서 정신적인 것에 관해서는 진심으로 고향 같이 느낄 수는 없었다. 사교적으로는 기꺼이 이 모임들 안에 있었으나, 그들이 정신적인 것을 대하는 영혼 상태에 대해서는 이질감을 느꼈다.

이런 연유로 나는 또한 협회 회의에서 강연을 할 때 나 자신의 정신 체험을 바탕으로 말하는 일을 삼갔다. 나는 정신적 통찰이 없는 사람도 할 수 있는 그런 연설을 했다. 하지만 신지학협회 행사라는 틀에서 벗어나 마리 폰 지버스와 내가 베를린에서 기획하여 성사된 강연부터 나 자신의 정신적 통찰이 즉시 되살아났다.

베를린, 뮌헨, 슈투트가르트 등지에서 인지학 활동이 일어났으며, 다른 지역들도 이에 동참했다. 내용적으로 신지학협회에서 나온 것은 점차 사라졌고, 인지학적인 것 안에 자리한 내적인 힘을 통해서 활동이 공감을 얻기 시작했다.

나는 외적인 계획을 마리 폰 지버스와 공동으로 실행하면서, 내가 정신적으로 관조한 결과들을 다듬었다. 나는 한편으로 완전히 정신세계 내에 머무는 법을 터득했고, 1902년 무렵에는 이미지적 상상(Imagination), 영감(Inspiration), 직관(Intuition)을, 그리고 다음 몇 해 동안은 다른 여러 가지를 얻었다. 하지만 이런 내용들은 점진적으로 결합되어 나중에 나의 저술을 통해 세상에 소개되었다.

마리 폰 지버스가 펼친 활약에 힘입어 처음에는 아주 작은 규모로 철학과 인지학 관련 출판사가 설립되었다. 첫 번째 출판물은 내가 이 책에서 언급한 베를린 자유대학 강연을 받아 적어 소책자로 편찬한 것이었다. 두 번째 출판물은 내가 쓴 ≪자유의 철학≫이었다. 이 책은 종전의 출판업자를 통해서는 유통이 불가능해졌기 때문에 이 책을 사들이고 보급해야 할 필요가 있었다. 우리는 남아 있는 책과 판권을 구입했다. 우리에게는 이렇다 할 재원이 없었기 때문에 이 모든 일은 쉽지 않았다.

하지만 일은 진척을 보았다. 아마도 그건 바로 그 일이 외적인 것이 아니라 오로지 내적인 정신적 관계에 의지할 수 있었기 때문일 것이다.

XXXIII

베를린

강연 활동이 점점 늘어나다

신지학 운동에서 성장한 모임들 내에서 내가 처음으로 하는 강연 활동은 그 모임 사람들의 영혼 상태를 따라야만 했다. 사람들은 그 모임에서 신지학 서적을 읽었고, 어떤 것들을 가리키는 일정한 표현 형태에 익숙해 있었다. 내가 이해받으려면 그런 표현 형태를 충실히 따라야 했다.

시간이 흘러 일이 진척되고 나서야 비로소 표현 형태에서도 차츰 나만의 길을 갈 수 있었다.

그런 까닭에, 인지학 활동을 시작한 처음 몇 해 동안 내 강연을 받아쓴 노트에는 가까운 것을 바탕으로 더 멀리 있는 것을 파악할 수 있도록 정신 인식을 단계별로 보급하기 위해서 내면적·정신적으로 내가 나아간 길이 고스란히 담겨 있다. 그러나 이런 길 또한 실제로 사람들 *각자의 내면성에 따라* 선택되어야 한다.

대략 1901년부터 1907년 또는 1908년까지의 기간에 나는 내게 다가오는 정신세계의 사실과 실체의 인상을 받으며 영혼의 온 힘을 다하여 서 있었다. 보편적인 정신세계의 체험으로부터 특별한 인식이 생겨났다. ≪신지학≫과 같은 책을 구성하는 동안 우리는 많은 것을 체험한다. 나는 각 단계마다 오로지 과학적인 사고와 연계된 상태를 유지하기 위해 노력했다. 그런데 정신적인 체험이 확장되고 심화됨에 따라 이렇듯 과학적인 사고와의 연계 노력은 특별한 형태를 띤다. 내가 쓴 ≪신지학≫에서는 인간성을 서술하는 부분에서 '영혼세계'와 '정신의 영역'을 설명하는 부분으로 넘어가는 지점에서 어조가 완전히 바뀌는 것처럼 보인다.

나는 감각과학의 결과에서 시작하여 인간성을 설명한다. 나는 인간 유기체가 세분화되어 보이도록 인류학을 심화하려 한다. 그러고 나면 우리는 어떻게 인간 유기체가 그 조직 방법이 달라지는데 따라 유기체에 스며든 정신적·영혼적 본성과 서로 다르게 연결되는지를 볼 수 있다. 우리는 조직 형태에서 생명 활동을 발견하며, 거기서 에테르체의 관여를 확인한다. 우리는 느낌과 지각을 담당하는 기관들을 발견하며, 거기서 신체 조직을 통해 아스트랄체를 확인할 수 있게 된다. 나의 정신적 통찰 앞에는 이와 같이 인간의 본질을 구성하는 에테르체, 아스트랄체, 자아 등의 요소가 정신적으로 존재했다. 나는 이것들을 감각과학의 결과물과 연결지어 설명하고자 했다. 과학적인 태도를 유지하려는 사람에게 반복되는 지상의 삶과 이를 통해 만들어지는 운명에 대하여 설명하는 것은 어려운 일이다. 이야기가 정신의 관조에 머물지 않으려면, 감각세계를 세밀히 관찰해 보면 분명히 밝혀지는데도 사람들이 이해하지 못하고 있는 생각들은 다루어야만 한다. 그렇듯 좀더 세밀히 관찰해 보면, 인간은 조직과 발달의 측면에서 동물과는 다른 위치에 있다. 그리고 이런 다름을 관찰하게 되면, 반복되는 지상의 삶에 대한 생각들이 삶으로부터 모습을 드러낸다. 그러나 사람들은 바로 그 점을 간과한다. 그래서 그런 사고를 삶에서 가져오기보다는 자의적으로 이해하거나 혹은 단순히 낡은 세계관에서 다시 끄집어내는 것으로 보인다.

나는 이런 어려움에 완전히 의식적으로 대응했고, 어려움에 맞서 싸웠다. 그래서 ≪신지학≫이 판을 거듭할 때마다 내가 어떻게 반복되는 지상의 삶을 다룬 장을 고쳐 썼고 삶의 반복에 관한 진실을 무엇보다 감각세계를 관찰하여 얻은 이념에 연계하려 했는지 확인해보는 수고를 마다않는 사람이라면, 내가 공인된 과학적 방법에 따르기 위해 어떤 노력을 기울였는지도 알게 될 것이다.

이런 관점에서 보면 '영혼세계'와 '정신존재의 영역'을 다룬 장은 문제가 훨씬 더 난해하다. 이전에 나온 설명을 그저 내용이나 알기 위해 읽었던 사람은 자기 앞에 놓인 진실이 임의로 쏟아낸 주장처럼 보일 것이다. 하지만 감각세계의 관찰과 연결되는 것을 읽어냄으로써 원상의 체험이 강화된 사람이라면 사정이 다르다. 그런 사람은 그런 사고를 독자적인 내면의 삶을 향하면서 감각에 대한 얽매임에서 벗어난다. 그렇게 되면 이제 그 사람 안에서는 다음과 같은 영혼의 변화가 일어날 수 있다. 그는 감각의 얽매임에서 풀려난 사고가 담겨진 생명을 알아차리게 된다. 원상이 그의 영혼 속에서 짜이고 작용한다. 감각들을 통해 색채, 소리, 온기의 인상을 경험하듯, 그는 원상을 체험한다. 그리고 자연계가 색채, 소리 등을 통해 주어지는 것처럼, 정신세계는 경험된 원상을 통해 그에게 주어진다. 그렇지만 '체험에 의한 내적 인상'(innerer Erlebnis-Eindruck) 없이 지금까지의 '원상 체험'(Ideen-Erleben)의 변화를 깨닫지 못한 채로 내가 쓴 ≪신지학≫의 앞부분에 나오는 설명을 읽는 사람, 또 책의 앞부분을 읽었음에도 이어지는 설명에 대하여 마치 '영혼세계'를 다룬 장부터 읽기 시작한 것처럼 접근하는 사람이라면, 거부감이 들 수밖에 없다. 그에게는 증명되지 않은 주장으로 진실을 버티는 것처럼 보인다. 그러나 인지학 책은 내적 체험 속으로 받아들여지도록 되어 있다. 그런 다음 천천히 일종의 이해가 생겨난다. 이 이해는 아주 보잘것없는 것일 수 있다. 하지만 어쨌든 이해는 생겨날 수 있으며 또 마땅히 생겨날 것이다. 그리고 ≪어떻게 초감각적 세계의 인식에 도달할 것인가?≫에서 서술한 수련을 통해서 계속 다져가며 파들어가는 것은 그야말로 다져가며 파들어가는 것일 뿐이다. 이는 정신의 길로 나아가기 위해 필요하지만, 올바로 집필한 인지학 책은 독자에게 전하는 내용을 모아놓은 것이 아니라, 독자 안에 있는 정신생명을 깨우는 자명종이어야 한다. 그의 독서가 단순한 읽기가 아니라, 내면의 진동과 긴장과 이완을 수반하는 경험이 되어야 한다.

내가 책에서 제시한 내용이, 그 내용이 지닌 내적인 힘을 통해 독자의 마음에 그와 같은 경험을 불러일으키는 일과 얼마나 동떨어져 있는지 나도 안다. 하지만 나는 매 쪽에서 나의 내적 투쟁이 이 방면으로 가능한 한 많은 것을 성취하려 한다는 것 또한 알고 있다. 나는 내 주관적인 감정생활이 느껴지는 그런 문체로는 문장을 기술하지 않는다. 나는 글을 쓸 때 건조하고 수학적인 문체를 위하여 온기와 심오한 감각으로부터 나오는 것을 억제한다. 하지만 독자는 자기 안에서 스스로 온기와 감각을 일깨워야 하기 때문에, 그런 문체는 깨우는 자명종 역할을 할 수 있을 따름이다. 독자는 냉철함이 누그러진 상태에서 그 온기와 감각이 서술자로부터 자신에게 쉽사리 흘러들도록 해서는 안된다.

XXXIV

인지학 운동에서 실재하는 정신의 인식을 추구하는 일과 함께 중요해지는 예술 작업 ——
언어조형예술

신지학협회에서는 어떤 식으로든 예술적 관심을 장려하는 일은 거의 없었다. 그 점은 당시의 상황을 고려하면 전적으로 이해할 수 있지만, 올바른 정신적 성향을 꽃피우려면 그런 상태로 머물러서는 안 되었다. 그 협회의 회원들은 무엇보다도 *현실적인 정신 생활*에 모든 관심이 쏠려 있다. 회원들이 보기에, 감각세계에서 인간은 정신으로부터 떨려난, 한낱 덧없는 존재일 뿐이다. 예술 활동은 이렇듯 떨려난 존재들 사이에서나 이루어지는 것처럼 보인다. 그래서 예술은 그들이 찾고 있는 정신적 실재 밖에 있는 것처럼 보인다.

신지학협회 안의 사정이 이랬기 때문에, 예술가들은 그 안에서 마음이 편치 않았다.

협회 안에 예술적인 요소가 살아 숨쉬도록 만드는 일도 마리 폰 지버스와 나에게는 중요했다. 체험으로서의 정신 인식은 실로 인간의 전존재에 이롭다. 그것을 통해 영혼의 모든 힘이 자극을 받는다. 이런 체험이 존재하는 경우, 정신 체험의 빛이 창조적인 상상력의 내부를 밝혀 준다.

그러나 여기에 장애물 노릇을 하는 무언가가 등장한다. 예술가는 이렇게 상상력에 정신세계의 빛이 비추어 들면 일종의 우려를 느낀다. 예술가는 정신세계가 영혼의 내부를 주재하는 것에 대해서는 무의식 상태로 있기를 원한다. 의식의 시대가 시작된 이래로 문화생활을 지배해온 의식적인 사고의 요소에 의해 상상력이 '자극'을 받는 것이 문제라면, 예술가가 우려감을 갖는 것은 지극히 온당하다. 인간의 지성에 의한 이런 '자극'은 예술에 치명적으로 작용하니 말이다.

그러나 실제로 바라본 정신의 내용이 판타지를 두루 비추면 정반대의 것이 등장한다. 여태껏 인류 안에서 예술을 이끌어낸 조형력이 모두 되살아나는 것이다. 마리 폰 지버스는 언어 조형의 예술에 몸담고 있었고, 극연출에 각별한 관심을 보였다. 덕분에 인지학 활동 내에 예술에 대한 정신적 통찰의 효능을 확인할 수 있는 예술 영역이 있는 셈이었다.

'말'은 두 방향에서 의식영혼의 발달이 가져올 수 있는 위험에 노출되어 있다. 말은 사회생활에서 의사소통을 돕고 논리적·지적 인식을 전달하는 데 쓰인다. 두 가지 측면에서 '말'은 고유의 가치를 잃어버리고 있다. 말은 표현하고자 하는 '의미'에 맞아야 한다. 말은 소리에, 음에, 그리고 음의 조형 자체에 실재가 자리하고 있다는 사실을 잊도록 만들어야 한다. 아름다움, 모음의 반짝임, 자음의 특성은 언어에서 사라진다. 모음에서는 영혼이 없어지고, 자음에서는 *정신이 빠져나간다*. 그래서 언어는 자신의 원천인 정신의 영역에서 완전히 벗어난다. 언어는 지성과 인식의 시녀, 정신을 기피하는 사회생활의 시녀가 된다. 그렇게 언어는 예술의 영역에서 완전히 추방당한다.

진정한 정신적 통찰은 마치 본능처럼 '언어의 체험'이 된다. 정신적 통찰은 영혼이 담겨 있는 '모음'의 울림과 정신의 힘이 스며든 '자음'의 그림을 *느껴가는* 법을 배운다. 정신적 통찰은 언어 발달의 비밀을 이해하게 된다. 이 비밀은, 옛날에는 말을 통해 신성한 정신적 존재들이 인간의 영혼에 이야기를 건넬 수 있었지만, 지금은 이 말이 물질세계 내에서 의사소통할 때만 쓰인다는 데 있다.

말을 다시 본래의 영역으로 돌려보내기 위해서는, 이 정신적 통찰에 의해 일으켜진 열정이 필요하다. 마리 폰 지버스는 그런 열정을 발휘했다. 그렇게 그녀의 개인적인 특성 덕분에 인지학 운동에는 언어와 언어 조형을 예술적으로 가꿀 수 있는 기회가 생겨났다. 낭송술과 웅변술의 육성이 정신세계의 소식을 전달하는 활동에 추가되었으며, 인지학 활동 내에서 개최되는 행사에서 점점 더 큰 비중을 차지했다.

이런 행사에서 마리 폰 지버스의 낭송은 인지학 운동에 예술을 들여오는 출발점이 되었다. 이런 '부가적인 낭송'은 곧바로 연극으로 발전했고, 뒤이어 뮌헨에서는 이 연극이 인지학 강좌와 나란히 진행되었던 것이다.

우리는 정신 인식을 통해 예술을 발전시킬 수 있었기 때문에 현대적인 정신 체험의 진실 속으로 점점 더 풍성하게 성장해 나갔다. 예술이 본래 꿈같은 상을 얻는 정신 체험에서 생겨났기 때문이다. 예술은 인류 발전에서 정신 체험이 뒤로 물러난 시대에 예술의 길을 스스로 찾아야 했다. 하지만 이런 정신 체험이 새로운 형태로 문화 현장에 나타나면, 예술은 그런 체험과 다시 합쳐야 한다.

XXXV

책, 개인 인쇄물, 강연 코스를 통한 활동

나는 많은 사람이 바로 전 시대의 인식 경향에 불만을 나타내던 시기에 인지학 활동을 시작했다. 사람들은 기계론적 개념으로 파악할 수 있는 것만을 '확실한' 인식으로 인정함으로써 자신을 일정한 존재 영역 안에 가두었는데, 이제 그들은 그 한정된 영역에서 벗어나는 길을 찾고자 했다. 일종의 정신 인식을 얻고자 하는 많은 동시대인들의 그런 노력은 나에게 상당한 영향을 미쳤다. 오스카 헤르트비히Oskar Hertwig 같은 생물학자들은 인식을 향한 당대의 갈망을 표출하는 인물로 보였다. 오스카 헤르트비히는 처음에는 해켈의 제자였지만, 이후 다윈주의적 견해의 자극으로는 유기체의 생성이 설명되지 않는다는 생각에 다윈주의를 포기한 인물이다.

하지만 나는 그런 갈망에 가해지는 압박을 느꼈다. 감각의 영역에서 크기를 재고 수치화하고 무게를 달아 연구할 수 있는 것만을 지식으로 간주해야 한다는 믿음이 결과적으로 이러한 압박을 초래했다. 사람들은 감관을 통해 체험하는 것보다 현실을 더 상세히 체험하기 위해서 내적으로 활발한 사고를 육성하는 일까지는 감히 시도하지 못했다. 그래서 지금껏 유기체의 형태처럼 실재의 고차적 형태를 설명하는 데에도 적용해온 방식이 이제 더는 통할 수 없다는 주장만을 계속했다. 그 바람에 사람들은 실증적인 것으로 다가가야 하는 그때, 또 생명 안에 작용하는 것이 무엇인지 말해야 하는 바로 그때, 불확실한 개념들 안에서 헤맬 따름이었다.

기계론적인 세계 해석을 극복해 보고자 하는 사람들은 대체로 이 기계론을 극복하려면 기계론을 낳는 사고 습관까지도 극복해야 한다는 점을 인정할 용기가 부족했다. 감각에 근거하여 방향을 정하면 기계론적인 것으로 파고들게 된다는 사실을 인정하라는 시대적 요청이 있었으나, 이 사실을 인정하려 들지 않았다. 19세기 후반의 사람들은 그런 방향에 익숙해져 있었다. 기계론적인 것에 만족하지 못하는 오늘날의 사람들은 종래와 같은 방향을 고집하는 가운데 고차적인 영역으로 뚫고 들어가려 할 일이 아니다. 인간의 감각기관은 자체적으로 계발된다. 그러나 그렇게 계발된 기관으로는 기계적인 것 외에 다른 것은 결코 파악하지 못한다. 더 많은 것을 인식하고 싶다면, 자연이 감각의 힘에 부여한 형태를 우리 스스로 더 깊은 곳에 자리한 인식의 힘들에 부여해야 한다. 기계적인 것을 위한 인식의 힘은 저절로 깨어나지만, 실재의 고차적 형태를 인식할 힘은 깨워져야 한다.

이렇듯 인식을 추구하는 노력을 스스로 인정하는 것은 나에게 시대적인 요청으로 보였다.

나는 그런 조짐을 감지할 때면 행복감을 느꼈다. 그래서 예나를 방문했던 일을 가장 아름다운 추억으로 간직하고 있다. 한 번은 바이마르에서 인지학적 주제들에 관해서 강연을 해야 했다. 예나의 작은 모임에서도 강연이 마련되었다. 예나에서는 강연 후에도 아주 소수의 사람들과 함께했다. 사람들은 신지학의 내용에 관해서 토론하고 싶어했다. 이들 가운데는 당시 예나에서 대학의 철학 강사로 활동하고 있던 막스 셸러Max Scheler도 있었다. 토론은 곧바로 그가 나의 설명에서 느낀 바를 논하는 쪽으로 흘러갔다. 그리고 나는 그 즉시 *그의* 인식 노력에 숨은 심오한 특징을 느꼈다. 그는 나의 관점에 대해 내적인 관용을 보였다. 이런 관용은 진심으로 인식을 추구하는 사람에게는 꼭 필요한 것이다.

우리는 정신 인식의 인식론적 정당성에 관해서 토론했다. 우리는 한편에서 '감각적 현실'로 파고드는 일을, 그리고 다른 한편에서 '정신적 현실'로 파고드는 일을 인식론적으로 어떻게 정당화해야 하는가 하는 문제를 논의했다.

나는 셸러가 사고하는 방식이 탁월하다는 인상을 받았다. 그래서 오늘날까지 나는 아주 깊은 관심을 가지고 그의 인식의 길을 좇고 있다. 나는 당시에 그토록 마음이 통했던 이 사람과 다시 만날 수 있는 기회가 될 때마다―유감스럽게도 극히 드물긴 했지만―늘 깊은 만족을 느꼈다.

나에겐 그런 체험들이 중요했다. 매번 그런 체험이 닥치면, 자신의 인식의 길이 확실한지 새로이 시험해 볼 필요가 있다는 생각이 다시 생겨났다. 그리고 이렇듯 시험이 계속 반복되는 가운데 정신적 현존재의 영역을 더욱 확장해 가는 힘도 계발된다.

지금 내 인지학 활동의 결과물은 두 가지로 나와 있다. 첫째는 전 세계에 출판된 내 책이고, 둘째는 방대한 강좌이다. 이 강좌들은 일단 개인적인 인쇄물로 계획되어 신지학(훗날의 인지학)협회 회원에게만 판매되도록 했다. 후자는 질적으로 고르지는 않지만 잘 만들어진 강연 필기물로, 시간이 부족했던 탓에 내가 교정을 볼 수는 없었다. 구두로 전달된 내용은 구두로 전달된 채로 남아 있다면 가장 좋을 것이다. 그러나 회원들은 강좌 내용을 개인 인쇄물로 갖고 싶어했다. 그래서 그런 인쇄물이 만들어진 것이다. 내가 그것을 교정 볼 시간이 있었더라면 애초에 '회원용'이라는 제한을 둘 필요도 없었을 것이다. 이제 그런 제한을 없앤 지도 1년이 넘었다.

이 책에서는 무엇보다도 이 두 가지, 즉 출판된 내 책들과 이런 개인 인쇄물이 내가 인지학으로서 완성한 내용과 어떻게 조화를 이루는지를 말해 둘 필요가 있다.

현대의 의식 앞에 인지학을 제시하기 위해서 내가 해온 내면의 노력과 작업을 따라가 보려는 사람은, 공적으로 출간된 저술에 의거해야 한다. 그 저술에서 나는 우리 시대의 모든 인식 노력에 맞섰다. 저술에는 나의 '정신적 관조'를 통해 점점 더 형상화되어 드러나는 인지학의 체계가—물론 여러 면에서 불완전하긴 하지만—담겨 있다.

'인지학'을 구축하라는 요구, 그리고 그와 함께 정신세계의 소식을 오늘날의 일반 교양세계로 전달하기 위해 해야 할 일에만 집중하라는 요구와 나란히, 이제 또 다른 요구가 등장했다. 회원들의 영혼의 욕구와 정신을 향한 동경에 전적으로 호응해달라는 요구였다.

회원들은 특히 성경의 기록 내용과 복음서 전반을 인지학적인 관점에서 제시된 설명으로 들으려는 경향이 있었다. 사람들은 강좌를 통해서 인류에게 주어진 이런 계시에 대해 듣고 싶어했다.

이런 요청에 부응하여 협회 내에서 강연 코스를 개최하는 와중에 또 다른 것이 추가되었다. 이 강연에는 회원들만 참석했다. 이들은 인지학의 초기 전달 내용들을 알고 있었다. 이들에게는 인지학 분야에서 앞서 있는 사람들에게 하듯이 그렇게 말할 수 있었다. 이런 내부 강연들에서는 완전히 공개하기로 결정된 저술에서는 찾아볼 수 없는 그런 태도를 취했다.

내부 모임에서 사안에 관해 말할 때는 허용되었던 방식이라도, 만일에 처음부터 공개리에 설명하기로 정해져 있었다면 나는 다른 식으로 *표현했어야* 할 것이다.

그러므로 공개적인 저술과 개인적인 저술, 이 두 가지는 사실상 두 가지 서로 다른 토대에서 생겨난 것이었다. 완전히 공개된 저술들은 내 안에서 씨름하고 노력한 결과물인 데 비해, 개인 인쇄물에서는 협회가 함께 씨름하고 노력한다. 나는 회원들의 영혼에서 일어나는 동요에 귀 기울이며, 내가 그들에게서 들은 것 안에서 생기 있게 살아가는 가운데 강연의 관점들이 생겨난다.

형성 중인 인지학으로부터 나온 가장 순수한 결과가 아닐 수도 있는 것은 어디서든 털끝만치도 말한 적이 없다. 회원의 편견과 선호와 타협할 수 있는 소지는 전혀 없다. 이 개인 인쇄물을 읽는 사람은, 이것이 바로 진정한 의미에서 인지학이 말해야 하는 내용이라고 받아들일 수 있다. 그 때문에 이런 방향에서 비난이 쇄도하면서, 회원들 사이에서만 이런 인쇄물을 유포하는 구조를 주저 없이 포기할 수 있었다. 그러므로 내가 확인하지 못한 원본에 오류가 있다면 그냥 받아들이는 수밖에 없다.

*판단의 전제조건*으로 *상정되는 내용*을 아는 사람에게는 물론 그런 개인 인쇄물의 내용을 판단하는 일을 허용해줄 수 있다. 그리고 그런 인쇄물은 인지학이 인간과 우주의 본질을 제시하는 한, *적어도* 인간과 우주에 대한 인지학적 인식이 판단의 전제조건이 되는 것이 보통이다. 또한 정신세계에서 전해 받은 내용 중에 '인지학적 역사'로서 존재하는 것에 대한 인지학적 인식도 판단의 전제조건이 된다.

XXXVI

인지학을 위한 다른 활동들

인지학협회 안에는 세인들과의 관계는 고려치 않고 생겨난 조직이 하나 있는데, 본래는 여기서 설명할 필요도 없는 조직이다. 하지만 그 내용이 나를 공격하는 데 이용되고 있으므로, 이제는 그 조직이 어떤 것인지 밝혀야겠다.

신지학협회에서 활동을 시작하고 몇 년 뒤에 마리 폰 지버스와 나는 어떤 측으로부터 한 협회를 이끌어달라는 제안을 받았다. 이 협회는 '고대의 지혜'를 구현한 고대의 상징법과 제식을 수호하는 일로 명맥을 유지하고 있었다. 어쨌든 나는 그런 협회의 의도대로 활동할 생각은 손톱만큼도 없었다. 모든 인지학적인 것은 마땅히 자기 자신의 인식 원천과 진리 원천에서 솟아나야 한다. 이 목표 설정에서 조금도 벗어나서는 안 된다. 그렇지만 나는 항상 역사적으로 주어진 것을 존중했다. 역사적으로 주어진 것 안에는 정신이 살아있으며, 그 정신은 인류의 생성·변화 속에서 발달한다. 그래서 나는 가능하다면 새로이 탄생하는 것을 역사적으로 존재하는 것에 연계하는 데에 늘 찬성했다. 그런 까닭에 나는 존 야커J. Yarker가 이끄는 사조에 속해 있는, 위에서 언급한 협회로부터 활동을 위한 자격증을 받았다. 이 협회는 이른바 최고 등급의 프리메이슨 조직이었다. 나는 이 협회에서, 역사와 관련지어 나 스스로 상징법과 제식에 관련된 활동을 조직하는 순전히 공식적인 권리를 얻은 것 외에는 아무 것도, 그야말로 아무 것도 취하지 않았다.

내가 만든 조직 내에서 주도한 조직의 '행위'의 경우에는, 그 행위 안에 제시한 내용 어느 것 하나도 *역사의 그 어떤 전통도 모방하지 않았다*. 공식 자격증을 소지하고는 있었으나, 나는 인지학적 인식의 형상이라고 여겨지는 활동만 했다. 그리고 그 모든 활동은 회원들의 필요에 따라 수행했다. 이들은 정신 인식을 싸고 있는 기존의 개념을 처리하는 일 외에도, 통찰에, 그리고 심정에 직접적으로 말을 건네는 무언가를 얻고자 노력했다. 그리고 나는 그런 요구에 부응해 보았다. 위에 언급한 협회 측에서 제안이 오지 않았더라도, 나는 역사와 관계 없이 상징법과 제식 활동의 정비를 실시했을 것이다.

하지만 그렇다고 '비밀결사'를 결성한 것은 *아니었다*. 이 조직에 참여하려는 이들에게는 어떤 비밀결사에 가입하는 것이 아니라 의례 행위의 참가자로서 정신인식에 대한 일종의 구체화, 혹은 표현을 체험하게 될 것임을 명명백백하게 말해 두었다. 설령 그 중 몇 가지는 기존의 비밀결사에서 회원을 받아들이거나 더 높은 위계로 승급시킬 때의 형식으로 진행했다 하더라도, 그것은 그런 비밀결사로 운영하려는 의도에서가 아니라, 영혼 체험 속에 정신적으로 생겨난 것을 감각의 상을 통해 구체적으로 설명해 보려고 그랬던 것일 뿐이다.

거기서는 기존의 그 어떤 비밀결사에서 활동했거나 그런 비밀결사에서 전해 받은 것을 전달하는 일이 아무런 문제가 되지 않았다. 그에 대한 증거가 바로, 내가 조직한 제식 행위에 아주 다양한 유파의 비밀결사 회원들이 참가했다는 사실, 그리고 그들이 우리의 제식 행위에서 자신의 비밀결사 내에서 보던 것과는 *그야말로 완전히 다른 점들을 찾아냈다*는 사실이다.

한 번은 우리 제식 행위에 처음으로 참여했던 인물이 행사 직후에 나를 만나러 왔다. 그는 한 비밀결사 내에서 높은 위계에 오른 인물이었다. 그는 우리 행위에 참가함으로써 받은 인상으로 인해 자신의 비밀결사 표장을 나에게 넘겨주려 했다. 그는 자신이 진정한 정신적 내용을 체험한 까닭에 이제 앞으로는 형식에 매몰돼 있는 행사에 참여할 수 없다고 생각했던 것이다. 나는 그 사안을 올바로 처리했다. 왜냐하면 인지학은 어떤 사람이라도 그가 속해 있는 삶의 관계로부터 그를 빼내서는 안 되기 때문이다. 인지학은 그런 관계에 무엇인가를 덧붙여 주어야지, 그 관계로부터 아무것도 빼앗아서는 안 된다. 그렇게 이 문제의 인물은 자신의 비밀결사에 남아서 우리의 상징 행위에 계속 참가하게 되었다.

앞서 서술한 것 같은 조직이 알려지면서 오해가 생기는 것은 충분히 이해할 수 있다. 그야말로 많은 사람들이 자신이 얻은 내용보다 어디 소속이라는 외적인 사항을 더 중요하게 여긴다. 그래서 일부 참가자들 또한 그 일에 대해 마치 자신들이 어떤 비밀단체에 소속한 것처럼 얘기했다. 보통은 비밀결사와 연계되어야 주어지는 것들을 우리는 비밀결사와의 *연계에 상관 없이* 그들에게 보여주었다는 것을 이들은 분별하지 못했다.

우리는 바로 이 영역에서도 고대 전통과 단절했다. 원래의 방식으로 완전히 의식적인 영혼 체험을 조건으로 정신적인 내용을 탐구할 때 해야 할 일을 한 것이다.

마리 폰 지버스와 내가 역사적으로 의미 있는 야커 조직과 관련하여 서명한 증서를 두고 훗날 사람들은 갖가지 모략의 빌미로 삼고자 했는데, 이는 그런 모략을 꾸미기 위해 별것 아닌 일에 인상을 쓰며 덤비는 꼴이었다. 우리는 '격식'에 맞춰 서명을 했다. 관행이 준수되었다. 그리고 서명과 함께 나는 아주 분명하게 말했다. "이는 모두 관례일 뿐이며, 내가 일으킨 조직은 야커 조직에서 *아무것도 이어받지 않을 것*"이라고 말이다.

지난 뒤에야 드는 생각이지만, 훗날 비방자들에게 빌미가 될 수 있는 조직에는 아예 연루되지 않는 편이 훨씬 '더 영리'하지 않았을까 싶다. 하지만 내가 아주 조심스럽게나마 하고 싶은 말은, 이 시기에도 나는 다른 이들이 뒤틀린 길이 아니라 올곧은 길을 가고 있다고 전제하는 사람들 중 하나였다. 정신적인 관조도 사람들에 대한 이런 믿음을 바꾸어 놓지 못했다. 당사자의 요청 없이 그런 정신적인 관조를 주변 사람들의 내적 의도를 탐구하는 데 남용해서는 안 된다. 다른 경우에도 정신연구자가 타인의 속마음을 탐구하는 일은 금지되어 있다. 이는 권한 없이 편지를 개봉하는 일이 금지되어 있는 것과 마찬가지다. 그래서 사람은 정신 인식이 전혀 없는 사람과 같은 입장에서 상대방을 대한다. 하지만 그렇게 대할 때에도 차이는 있는데, 반대 상황을 경험할 때까지는 누군가의 의도를 정직하다고 여기거나, 아니면 일단 온 세상을 해롭다고 보는 것이다. 사람들의 사회적 협력은 후자의 분위기에서는 불가능하다. 그런 사회적 협력은 *불신이 아니라 신뢰감* 위에서만 구축할 수 있기 때문이다.

    인지학협회에 참가한 많은 사람들은 제의적 상징 속에 정신의 내용을 부여하는 그런 조직으로부터 혜택을 보았다. 다른 모든 인지학적 활동 영역과 마찬가지로 이 영역에서도 냉철한 의식의 범위를 벗어난 것은 모두 제외했고, 따라서 부당한 마법이나 암시 행위 등은 생각할 수 없었다. 그러나 회원들은 어떤 식으로든 자신의 사상 이해에 말을 거는 것이 있으면 직접적인 관조를 통해 심정이 경험할 수 있는 방식으로 받아들였다. 그 덕에 많은 사람들이 사고 형성에서 거듭 진전을 이루었다. 전쟁이 시작되면서 그런 조직을 계속 육성할 수 있는 가능성이 차단되었다. 비밀단체라고 볼 아무런 증거가 없는데도, 사람들이 우리 조직을 비밀단체로 추정한 것이다. 그리하여 인지학 운동에서 상징법과 제의를 담당하는 분과는 1914년 중반부터 휴면에 들어갔다.

    선의와 진실을 분별하는 감각을 가지고 그 상황을 바라보는 사람이라면 절대로 트집 잡을 일 없는 이 조직에 참여했던 인물들이 도리어 중상모략의 주동자가 된 것은, 내적으로 참되지 못한 인간이 참다운 정신적 내용을 갖춘 운동에 접근할 때 생겨나는 인류의 저 비정상적 행태들 중 하나이다. 그런 사람들은 자신들의

루돌프 슈타이너, 1923년

평범한 영혼에 상응하는 것을 기대하는데, 당연히 그런 것을 구하지 못하면 자신들이 처음에 몸담았던 조직에—무의식적으로 부정직하게—등을 돌린다.

인지학협회와 같은 단체는 회원들의 영혼적 요구를 토대로 그 모양이 형성될 수밖에 없었다. 따라서 인지학협회에서 이런저런 활동을 하도록 적시하는 어떤 추상적인 프로그램도 도입할 수는 없으며, 현실에 존재하는 것들을 바탕으로 작업을 해야 한다. 그리고 이 현실에 존재하는 것이 바로 회원들의 영혼적 요구이다. 삶의 내용으로서의 인지학은 그 자체만의 원천으로부터 형성되었다. 인지학은 정신적 창조물로서 동시대인들 앞에 모습을 드러냈다. 인지학에 내적으로 이끌린 사람들 중 다수가 다른 사람들과의 협력을 추구했다. 이를 통해 일부는 종교, 일부는 과학, 일부는 예술적인 면을 추구하는 사람들이 모여 협회의 모습이 만들어졌다. 그리고 구하는 것은 얻을 수 있어야 했다.

개인적인 인쇄물은 원래 회원들의 현실적인 영혼적 요구를 기반으로 작업되었기 때문에, 처음부터 완전히 일반에 공개된 저술과는 달리 판단해야 한다. 그런 인쇄물에 담긴 내용은 인쇄가 예정되지 않은 상태에서 구두로 전달하려는 의도로 작성되었다. 또한 시간이 흐름에 따라 생겨나는 회원들의 영혼적 요구에 귀 기울임으로써 무슨 말을 할지를 찾아냈다.

일반에 공개된 저술의 내용은 인지학 자체의 요구에 상응한다. 이에 비해 개인 인쇄물이 만들어지는 방식을 보면, 앞에서 언급한 의미로 협회를 이루는 모든 영혼이 함께 작업하는 듯했다.

XXXVII

여행 ─── 파리 신지학 총회 ─── 파리에서 행한 일련의 강연 ─── 에두아르 쉬레

인지학적 인식이―일부이긴 하지만―개인 인쇄물에서 확인할 수 있는 그런 형태로 협회에 축적되는 동안, 마리 폰 지버스와 나는 공동 작업을 통해서 이른바 예술적 요소를 가꾸어 나갔다. 이런 예술적 요소는 실로 인지학 운동에 활력을 주도록 운명 지어져 있었다.

한편으로는 연극예술을 지향하는 낭송이 있었다. 이는 인지학 운동이 올바른 내용을 얻기 위해서 수행해야 했던 작업 주제를 형상화했다.

다른 한편으로 인지학에 헌신하는 동안 거쳐야 했던 여정에서 나는 건축, 조소, 회화의 심화 발전에 몰두할 수 있었다.

나는 여기에 내 삶을 기술하면서 정신세계 내부를 체험하는 인간에게 예술이 갖는 중요성을 여러 곳에서 언급했다.

그런데 나는 인지학 활동에 돌입하는 시기까지 줄곧 인류의 발달 과정에서 생산된 예술작품들을 대부분 복제품으로만 연구할 수 있었다. 진품을 접할 수 있는 곳은 빈과 베를린 등 몇 군데뿐이었다.

그러다가 이제 마리 폰 지버스와 함께 인지학을 위한 여행에 나서자, 유럽 일대에 자리한 박물관의 보물들이 내 가까이로 다가왔다. 그리하여 나는 20세기 초부터, 그러니까 40대에, 고등예술학 수업을 마쳤으며, 그와 관련해서 인류의 정신적 발달에 대한 통찰도 마쳤다. 그러는 동안 마리 폰 지버스는 항상 내 곁에 있으면서, 내가 예술적·문화적 통찰로 체험해 볼 수 있었던 모든 것에 섬세하고 고상하게 관여함으로써 그 모든 것을 몸소 아름답게 보충하며 함께 체험했다. 그녀는 이런 체험들이 어떻게 인지학적 사고를 움직이게 만드는 모든 것 속으로 흘러드는지 이해했다. 왜냐하면 내 영혼이 예술에서 받아들인 인상이, 내가 강연을 통해 활성화해야 하는 것에 스며들었기 때문이다.

위대한 예술작품을 실제로 보고 있자니, 하나의 세계가 우리 영혼에 다가왔으며, 고대의 영혼 구성이 그 세계로부터 시간을 뛰어넘어 새로운 시대로 말을 걸어왔다. 우리는 여전히 치마부에 Cimabue(13세기 피렌체의 화가, 이탈리아 고딕 예술의 선구자)가 얘기하는 예술의 정신성에 영혼을 푹 담글 수 있었다. 또한 우리는 예술품을 바라봄으로써 스콜라학파의 전성기에 아랍 사상에 대항하여 토마스 아퀴나스가 이끌었던 강력한 정신 투쟁에 잠겨볼 수도 있었다.

나에게는 건축 예술의 발달을 고찰하는 일이 특히 중요했다. 양식의 형태를 고요히 바라보노라면, 괴테아눔의 형태 안에 새겨 넣을 수 있을 만한 것이 마음속에 떠올랐다.

밀라노에서는 레오나르도 다빈치의 "최후의 만찬" 앞에 섰고, 로마에서는 라파엘로와 미켈란젤로의 작품들 앞에 섰다. 또 우리가 본 작품에 관해서 대화를 나누었다. 이런 일들이 성숙한 나이가 되어서야 비로소 내 영혼 앞에 처음으로 등장했으니, 마땅히 하늘의 섭리에 고마움을 표해야 한다고 믿는다.

하지만 내가 앞서 말한 체험을 간단하게 기술하고자 하더라도 적지 않은 분량의 책을 집필해야 할 것이다.

누구든 정신적 통찰이 있다면, 눈으로 "아테네 학당"이나 "성체 논쟁" 같은 작품을 들여다보며 몰입하는 동안 인류 발달의 신비를 **실로** 깊이 꿰뚫어보게 된다.

또한 치마부에부터 조토Giotto를 거쳐 라파엘로까지 조심스레 관찰하다 보면, 고대 인류의 정신적 통찰이 점차 희미해져서 근대적이고 좀더 자연주의적인 쪽으로 바뀌고 있음을 확인하게 된다. 내가 정신적 통찰을 통해 인류 발달의 법칙이라고 밝혀낸 사실이 예술의 발달 속에 나타나서 영혼을 향해 다가온다.

이렇듯 끊임없이 예술에 젖어드는 가운데 인지학 운동이 어떻게 새 생명을 맞이하는지를 확인할 때마다 나는 늘 깊이 만족스러웠다. 정신의 본성을 이념으로 에워싸서 이념적으로 형상화하기 위해서는 이념의 움직임이 유연해야 한다. 유연성은 영혼을 예술적인 것으로 채울 때 주어진다.

또한 그릇된 감상과 관련이 있는 갖가지 내면의 거짓이 침투하는 데 맞서 협회를 지켜내려는 노력이 절대적으로 요구되었다. 정신적 운동은 늘 이런 침투의 위험에 노출되어 있는 것이 사실이다. 하지만 만일 예술적인 것 안에 살아감으로써 얻어진 유연한 사고를 통하여 정신적인 것을 전하는 강연이 활기를 띠게 된다면, 청중 속에 박혀 있는, 감상에서 오는 내면의 거짓은 내쳐지게 된다. 예술적인 것은 비록 감각과 감정에 의해 지지되기는 하지만, 형상화와 관찰에 대낮 같은 명료성을 추구한다면, 그릇된 감상에 대항하여 균형을 잡는 데 최고의 효과를 낼 수 있다.

그리고 이런 관점에서 운명이 마리 폰 지버스를 나의 협력자로 점지해 주었다는 사실은 인지학 운동에 특별한 행운으로 느껴진다. 마리 폰 지버스는 자신의 본성으로부터 이렇듯 느낌에 의해 지지되지만 감상적이지는 않은 예술적 요소를 전적으로 이해하며 육성하는 법을 알고 있었다.

우리는 이렇게 내적으로 거짓된 감상적 요소에 지속적으로 맞서야만 했다. 정신적 운동 속으로 그런 요소가 거듭거듭 스며들어 왔기 때문이다. 그런 요소를 간단히 거부하거나 무시할 수는 없다. 왜냐하면 그런 요소에 맨 먼저 몰두하는 사람들이야말로 많은 경우에 자기 영혼의 가장 깊은 자리에서 탐구하는 사람이기도 하기 때문이다. 그렇지만 이들은 우선 정신세계로부터 전달된 내용과 군건한 관계를 맺는 일에 어려움을 겪는다. 이들은 무의식적으로 감상 속에서 일종의 무감각을 추구한다. 이들은 아주 특별한 진실, 즉 비의적인 진리를 원한다. 이들은 그런 종파적인 진리를 가지고 무리를 지어 따로 분리되려 하는 충동을 키운다.

올곧음을 협회 전체를 이끄는 유일한 지도력으로 만드는 일이 중요하다. 그래야 길을 잃고 이쪽저쪽으로 헤매고 다니는 사람들이, 이 운동은 자신들이 설립하였으므로 운동의 중심 주체는 당연히 자신들이라는 자들이 어떻게 활동하는지를 반복적으로 확인할 수 있다. 마리 폰 지버스와 나는 혹처럼 기형적으로 성장한 이들에 대항하여 싸우기보다는 인지학의 내용에 대하여 긍정적으로 작업하는 것이 본질적인 과제라고 여겼다. 물론 싸움이 필요한 예외적인 경우들도 있었다.

우선 일련의 파리 강연이 있기까지의 시기에는 내 마음속의 발달과정이 어느 정도 완성되어 있었다. 나는 1906년에 신지학 총회가 열리는 동안 파리 강연을 했다. 총회에 참석한 몇몇 사람들이 총회 행사에 곁들여 이 강연을 듣고 싶다는 소망을 표명했다. 당시 파리에서 나는 마리 폰 지버스와 함께 에두아르 쉬레Edouard Schuré와 개인적인 친분을 쌓았다. 마리 폰 지버스는 이미 꽤 오래 전부터 쉬레와 편지를 주고받았으며, 그의 작품을 번역하는 데 매진했다. 쉬레는 내 강연회에 청중으로 참석했다. 나는 종종 메레슈콥스키Mereschkowski와 민스키Minsky를 비롯해서 다른 러시아 문인들을 청중으로 맞이하는 기쁨도 누렸다.

이 연속 강연에서 나는 인간 본질에 중요한 영적 인식을 기반으로 내 안에 '*무르익었다*'고 느껴지는 내용을 전달했다.

이렇듯 인식이 '무르익은 느낌'은 정신계를 탐구하는 데 본질적인 것이다. 이런 느낌을 받기 위해서는, 어떤 통찰이 처음에 영혼 안에 어떻게 떠오르는지 체험했어야 한다. 우선은 어둡고 윤곽이 흐릿하게 느껴진다. 그런 통찰을 '잘 숙성시키기' 위해서는 그것을 다시 영혼 깊이 가라앉혀야 한다. 의식은 통찰의 정신적 내용을 파악하기에 아직 상당히 부족하다. 정신의 심연 속에서 영혼은 의식의 방해를 받지 않고 이런 내용과 함께 정신계에서 지내야 한다.

외적인 자연과학에서 어떤 인식을 주장하려면, 그 전까지 필요한 모든 실험과 감각적 관찰을 마쳐야 하고, 문제가 되는 추정에 반박의 여지가 없어야 한다. 정신과학이라고 해서 방법론적인 성실성과 인식의 규칙이 덜 필요한 것은 아니다. 단지 좀 다른 길을 걸을 뿐이다. 인식하는 진리와의 관계 속에서 의식을 시험해 보아야 한다. 의식이 이런 시험을 통과할 때까지 인내와 지구력과 내적인 성실함으로 '기다릴 수 있어야' 한다. 의식은 특정 분야의 관념 능력 면에서 문제가 되는 통찰을 개념 능력 안으로 수용할 수 있을 만큼 충분히 강해져야 한다.

파리의 연속 강연에서 나는 내 마음속에서 오랜 '숙성'을 거쳐야 했던 통찰을 청중에게 보여주었다. 나는 인간 본질을 구성하는 부분들, 즉 물질체, 생명 현상의 중개자인 에테르체, 감각과 의지 현상의 중개자인 아스트랄체, 그리고 '자아의 운반체'가 일반적으로 상호간에 어떻게 관계되어 있는지를 설명한 뒤에, 남성의 에테르체는 여성적이고 여성의 에테르체는 남성적이라는 사실을 전해주었다. 이를 통해 바로 당시에 많이 다루어졌던 현존재의 근본 문제를 인지학 내부에서 조명했다. 이는 불행한 바이닝어Weininger가 저술한 ≪성性과 성격≫과 당시의 문학 작품만 회상해 보면 알 일이다.

그러나 그 문제는 인간 본성의 심연으로 이어졌다. 인간이 물질체를 가졌을 때는 에테르체를 가졌을 때와는 완전히 다른 양상으로 우주의 힘 속에 편입된다. 물질체를 통해서 인간은 지구의 힘들 속에 있고, 에테르체를 통해서는 지구 바깥에 있는 우주의 힘들 속에 있다. 남성적인 것과 여성적인 것은 우주의 비밀로 인도된다.

    나에게 이런 인식은 내면을 가장 많이 흔들어 놓는 영혼 체험에 속했다. 왜냐하면 어떻게 끈기 있게 기다리며 정신적인 통찰에 접근해야 하는지, 또 '의식의 성숙'을 체험할 때 그 통찰을 인간의 인식 범위 안으로 옮겨 놓기 위해서 어떻게 개념으로 붙잡아야 하는지를, 나는 늘 새롭게 느꼈기 때문이다.

XXXVIII

인지학 운동에 관한 몇 가지 언급 —— 베를린과 뮌헨에서의 활동 —— 파울리네 폰 칼크로이트 백작부인 —— 소피 슈틴데 —— 폰 세비치 부인 —— 1907년의 뮌헨 총회 —— 쉬레의 엘레우시스 신비극 공연 —— 인지학 조류는 신지학 운동에 새로운 분위기를 제공했지만 받아들여지지 않다

여기서부터는 인지학 운동의 역사와 분리하여 내 삶의 발자취를 서술하기는 어려울 것이다. 그럼에도 내 인생길을 서술하는 데 꼭 필요한 만큼만 인지학협회의 역사에서 가져오고자 한다. 이는 물론 적극적인 회원들의 이름을 거론할 때에도 참작이 될 것이다. 내가 서술하는 시기가 현재에 너무나 근접한 나머지, 이름을 거론하는 일이 오해받기 십상이었다. 선의에도 불구하고 많은 이들이 다른 사람의 이름은 보이는데 자신의 이름이 보이지 않으면 쓸쓸한 기분이 들 것이다. *기본적*으로 나는 협회 내부 활동의 *바깥에서* 정신적인 생활에 관계를 맺고 있는 인물들의 이름만 언급할 것이다. 이에 반해 협회 내에 그런 관계를 들여오지 않은 인물들은 거명하지 않을 것이다.

베를린과 뮌헨에서는 인지학 활동의 양극단이 펼쳐지고 있었다. 인지학을 찾은 인물들은 그들의 영혼이 얻고자 갈망하는 정신적 내용을 자연과학적 세계관에서도, 또 전통적인 교조에서도 발견하지 못한 이들이었다. 베를린에서 인지학협회 지부를 만들고 공개 강연을 들으러 오는 인물들은 전통적인 교조에 대립하는 세계관에서 형성된 것들도 모두 거부하는 사람들이었다. 합리주의, 주지주의 등에 토대를 둔 세계관의 추종자들은 인지학이 제공하는 것을 환상, 미신 등이라고 여겼기 때문이다. 감정이나 사고로 인지학 이외의 것에 적응이 안 돼서 인지학을 수용하는 청중과 회원들이 나타났다. 이들은 다른 쪽에서 제공한 내용에 만족하지 못했다. 우리는 이런 내면의 분위기를 고려해야만 했다. 그러자 회원 수와 공개 강연을 찾는 청중 수가 점차 증가했다. 정신세계를 들여다보려는 다른 시도와 관련된 것에는 거의 눈길을 주지 않는 인지학적 삶이 생겨났다. 그들은 인지학의 내용이 더 많이 전달되기만을 고대했다. 정신세계에 대한 지식이 점차 더 발전해 가기를 원한 것이다.

뮌헨은 상황이 달랐다. 그곳에서는 처음부터 예술적 요소가 인지학 작업에 영향을 미쳤다. 그리고 이런 예술적 요소를 통해서 인지학과 같은 세계관은 합리주의와 주지주의의 경우와는 완전히 다른 방식으로 수용될 수 있었다. 예술적 *상像*은 합리주의적 개념보다 더 영적이다. 예술적인 상은 또한 살아있으며, 주지주의와는 달리 영혼속에서 정신성을 죽이지 않는다. 뮌헨에서 회원과 청중의 교양을 육성하기 위해 선도적으로 일하는 인물들에게는 예술적 감각이 앞에서 언급한 방식으로 작용했다.

결과적으로 베를린에서 맨 먼저 협회의 지부가 모양새를 갖추어 만들어졌다. 인지학을 찾는 사람들의 관심도 비슷했다. 뮌헨에서는 예술적 감각에 따라 각 모임에 개별적 욕구가 형성되었으며, 나는 그런 모임들에서 강연을 했다. 파울리네 폰 칼크로이트Pauline von Kalckreuth 백작부인과 전쟁 시기에 사망한 소피 슈틴데Sophie Stinde 양 주변에 모여든 이들이 점차 이들 모임에서 일종의 중심이 되었다. 이 모임은 또한 뮌헨에서 개최되는 내 공개 강연을 주관했다. 이들의 이해가 점점 깊어지면서 이 모임은 내가 말해야 하는 내용에 완벽하게 호응하게 되었다. 이렇게 인지학이 이 모임 안에서 발전해 갔는데, 모임의 목적을 생각하면 그 발전의 양상은 매우 만족스운 일이었다. 휩베 슐라이덴의 친구로서 고령의 신지학자인 루트비히 다인하르트Ludwig Deinhard는 곧 이 모임에 호감을 표했다. 그리고 그건 매우 소중한 일이었다.

또 다른 모임의 중심에는 헬레네 폰 셰비치Helene von Schewitsch 여사가 있었다. 그녀는 흥미로운 인물이었으며, 아마도 그런 이유로 그녀 곁에 사람들이 모여들었던 것 같다. 이 모임은 바로 앞에 기술한 모임처럼 깊이 파고들기보다는 당대의 정신 사조 중 하나로 인지학을 알아 가는 데 치중했다.

그 즈음에 폰 셰비치 여사는 자신이 쓴 ≪나는 나 자신을 어떻게 찾았는가?≫를 출간했다. 이 책은 신지학에 대한 특별히 강렬한 고백을 담고 있으며, 폰 셰비치 여사가 앞서 기술한 모임에서 흥미로운 중심점이 되는 데 이바지했다.

나에게—또한 많은 모임 참석자들에게도—폰 셰비치 여사는 역사의 중요한 일부분이었는데, 그녀로 인해 페르디난트 라살레 Ferdinand Lassalle가 어느 루마니아 사람과 결투를 하다가 때 이른 종

말을 맞이한 것이다. 그녀는 훗날 배우로서 경력을 쌓았고, 미국에서 블라바츠키, 올코트와 친구가 되었다. 그녀는 세계적인 여류인사로, 내가 그녀의 집에서 강연을 했을 당시에는 정신에 대한 관심이 지대했다. 그녀가 했던 강렬한 체험들은 그녀의 행동과 말에 특별한 무게감을 부여했다. 나는 그녀를 통해서 라살레의 활동과 그의 시대를 볼 수 있었고, 블라바츠키의 삶에서 드러나는 수많은 특징을 볼 수 있었다고 말하고 싶다. 그녀가 하는 말은 주관적인 색이 강했고, 그 내용이 상상을 통해서 임의로 만들어지는 일이 잦았다. 하지만 그런 점을 감안하면 우리는 수많은 베일에 가려진 진실을 꿰뚫어 볼 수 있었으니, 한 비범한 인물이 우리 앞에 그 모습을 드러내고 있는 셈이었다.

뮌헨의 다른 모임들은 다른 식으로 형성되었다. 이런 여러 모임에서 나에게 맞섰던 한 인물이 자주 생각이 난다. 그 인물은 바로 좁은 의미의 교회 조직 바깥에 있는 가톨릭 성직자 뮐러Müller였다. 그는 장 파울Jean Paul의 최고 전문가였다. 그리고 〈르네상스〉라는 상당히 흥미로운 잡지를 발행하여 자유가톨릭주의를 옹호했다. 그는 자신의 관점에서 흥미를 느낄 수 있는 만큼을 인지학에서 취했지만, 매번 회의적이었다. 이의를 제기하는 사람이었지만, 그의 이의는 강연에 이어지는 토론에서 멋진 유머를 던지는 식으로 사랑스럽고 초보적인 것이었다.

내가 인지학 활동의 양극으로 베를린과 뮌헨의 특징을 서술한 것은 어느 쪽이 좋다, 나쁘다는 식으로 그 가치를 평하려는 것이 아니다. 그것은 그야말로 사람들에게서 나타나는 차이로, 우리가 일할 때는 그런 차이를 고려해야 했지만, 나름의 가치는 모두 동일하다는 뜻이다. 적어도 가치의 관점으로 판단하는 일은 아무 의미가 없다.

뮌헨의 활동 방식으로 인해, 신지학협회 독일지부에서 주관하기로 되어 있는 1907년 신지학협회 총회는 뮌헨에서 개최되었다. 앞서 런던, 암스테르담, 파리에서 열린 신지학협회 총회에서는 강연이나 토론을 통해 신지학의 문제를 다루는 행사들이 포함되어 있었다. 그런 행사들은 학술회의를 모방한 것으로, 신지학협회의 행정적 질문들을 다루었다.

그런데 뮌헨에서는 그 가운데 많은 내용이 변경되었다. 우리—즉 주최측—는 회의에 사용할 대형 콘서트홀의 실내 장식을 진행했다. 우리는 실내 장식에 사용된 형태와 색채를 통해서 구두로 다루어질 내용을 지배하는 분위기를 예술적으로 재현해려려 했다. 공간 안의 예술적인 환경과 영적인 활동이 조화로이 맞아들어야 했다. 그와 동시에 나는 추상적·비예술적 상징을 피하고 예술적 감각 자체가 말하도록 하는 데 최고의 가치를 두었다.

총회 프로그램 안에 예술 공연도 끼워 넣었다. 마리 폰 지버스는 쉬레Schuré가 재구성한 엘레우시스의 드라마를 이미 오래 전에 번역해 두었는데, 나는 공연을 위해 그 드라마를 언어적으로 다듬었다. 우리는 이 드라마를 프로그램 안에 포함시켰다. 이로써 미미하게나마 고대 신비와의 연결은 확보되었다. 하지만 더 중요한 점은 신지학협회가 예술적인 면을 포용했다는 사실이었다. 예술적인 면은, 지금부터 이런 예술적인 면이 없이는 협회 안에 영적인 삶

Sonnenmächten Entsprossene,
Leuchtende, Welten begnadende
Geistesmächte; zu Michaels Strahlenkleid
Seid ihr vorbestimmt vom Götterdenken.

Er, der Christusbote weist in euch
Menschentragenden, heil'gen Welten-Willen;
Ihr, die hellen Aetherwelten-Wesen
Trägt das Christuswort zum Menschen.

So erscheint der Christus Künder
Den erharrenden, durstenden Seelen;
Ihnen prasselt euer Leuchte-Wort
In des Geistesmenschen Weltenzeit.

Ihr, der Geist-Erkenntnis Schüler
Nehmet Michaels weises Winken;
Nehmt des Welten-Willens Liebe-Wort
In der Seelen Höhenziele wirksam auf.

루돌프 슈타이너의 친필 잠언

을 허용하지 않겠다는 의지를 드러내 주었다. 데메터Demeter 역을 맡은 마리 폰 지버스는 연기를 통해 연극적인 요소가 협회 내에서 도달해야 하는 뉘앙스를 명확하게 드러내 주었다. 그 외에도 그 시점에 마리 폰 지버스의 낭독 및 낭송 예술은 말 속에 내재하는 힘으로부터 끌어낸 것을 통해 결정적 순간에 도달했고, 그 시점부터 이 분야에서 성과를 내며 앞으로 나아갈 수 있게 되었다.

신지학협회의 기존회원들은 대부분 영국, 프랑스, 그리고 특히 네덜란드 출신으로, 뮌헨 총회가 가져온 혁신을 속으로 불만스러워했다. 지금까지 신지학협회가 보여준 내적인 태도와는 완전히 다른 어떤 것이 인지학의 흐름을 타고 들어왔다는 사실을 이해했다면 좋았을 테지만, 그 중 극히 일부만이 주목을 받는 데 그쳤다. 그런 내적 자세야말로 인지학협회가 계속해서 신지학협회의 *한 부분*으로는 존립할 수 없는 *진정한 이유*였다. 그렇지만 대부분 사람들은 시간이 흐르면서 신지학협회 내에 생겨나 끊임없는 분쟁으로 이어진 부조리만 강조한다.

후기

이 부분을 끝으로 슈타이너는 급작스레 집필을 중단했다. 그리고 1925년 3월 30일 세상을 떠났다.

그는 온전히 인류를 위해 일하느라 생을 바쳤지만, 세간의 사람들은 그의 희생을 말로는 다 할 수 없을 적대감으로 되갚았다. 그렇게 해서 인식을 향해 걸어간 그의 길은 가시밭길이 되고 말았다. 그럼에도 그는 그 길을 끝까지 걸어 목표를 이루었다. 인식의 경계를 허물어뜨린 것이다. 이제 그런 경계란 존재하지 않는다. 우리 앞에는 이 인식의 길이 투명한 사고의 빛을 받으며 놓여 있다. 이 책도 그것을 증거한다. 그는 인간의 지성으로 하여금 정신의 차원까지 올라가 정신 안으로 뚫고 들어가서 우주의 정신적 본질과 하나가 되게 했다. 사람이 할 수 있는 가장 위대한 일을 한 것이다. 그는 우리가 신의 위대한 사업을 이해하도록 가르쳤다. 사람이 할 수 있는 가장 위대한 일을 한 사람이니, 지옥의 지배를 받는 악한 세력이 어떻게 그를 증오하지 않을 수 있겠는가?

하지만 그는 이해의 부족에서 만들어진 그 증오를 사랑으로 되갚았다.

그가 세상을 떠났다.
인내자, 안내자, 완성자였던 그가
자신을 짓밟은 세상을
자신의 힘으로 고양시킨 이 세상을 떠났다.
사람들은 그로 인해 높이 올랐으나, 도중에 포기했다.
그들은 증오를 내뱉고, 그가 가는 길을 가로막았으며
막 움터 나오는 것을 망가뜨렸다.

독기와 화염을 뿜으며 날뛰던 이들이
지금은 환호하며 그와의 기억을 더럽힌다.
"이제 그는 죽었다. 당신들을 자유로,
빛 안으로, 의식으로 이끌고
인간의 영혼 안에 깃든 신성한 것을 알도록 이끌고
나 자신을 깨닫도록, 그리스도를 알도록 이끈 그였다.

이 담대한 노력이 범죄였을까.
프로메테우스가 형벌로,
소크라테스가 독배로 갚은 죄를
그가 저지르기라도 했을까.

바라바보다 더한 죄를

십자가에 달릴 죄를 지었단 말인가.

그는 당신들에게 미래를 보여주었을 따름이다.

악마인 우리는 그런 일을 참지 못한다.

감히 그런 일을 하는 자를 쫓고 사냥한다.

우리에게 주어진 온 마음으로

우리에게 명령하는 힘들과 함께.

이 시대의 전환이,

신을 모르는 채 약해지고 미쳐가고 죄악에 빠지는

이 인간들이 우리에 속하기에.

그렇게 손아귀에 넣은 것을 우리는 놓치지 않는다.

감히 그런 일을 하는 자를 찢어발길 뿐."

그는 운명을 받아들여 용감히 그 일을 했다.

사랑과 인내로, 부족하고 약한 사람들을 참아가며.

끊임없이 그의 사업을 위험에 빠뜨리고

끊임없이 그의 말을 곡해하고

끊임없이 그의 관대함을 오해하고

자신을 이해 못할 만큼 편협한

사람들의 부족함과 약함을 참아가며.

그렇게 그는 가늠할 수 없이 큰 사람이었다.

그렇게 그는 우리를 이끌었다. 그리고 우리는 숨이 찼다.

그의 걸음을 따르느라, 아찔한 하늘로 함께

날아오르느라. 우리의 약함은

그의 비행을 방해했고

그의 발목에 납처럼 무겁게 매달렸다….

이제야 그는 자유롭다. 저 높은 곳에서

지상에서 얻은 것을 받아들여

그 목적을 지키는 존재들의 조력자가 되었다. 그들은 반긴다.

사람의 아들을, 그 창조력으로

신의 의지에 봉사한 그를.

지성이 굳어버린 노인에게도

더할 수 없이 메마른 기계의 시대에도

정신을 새겨넣고 일깨운 그를.

사람들은 그를 방해했다.

땅은 그림자를 드리우며

세상 공간에는 형상들이 생겨나고

안내자는 참아내며, 하늘을 열었고

사람의 무리는 경외하고 기뻐한다.

하지만 지구는 암울한 밤에 싸여 있다.

주 석

≪루돌프 슈타이너 자서전, 내 인생의 발자취≫는 인지학과 3구성론을 주제로 한 세계인지학협회 주간지 〈괴테아눔〉(Das Goetheanum)에 1923년 12월 9일부터 1925년 4월 5일까지 70회에 걸쳐 연재되었다. 루돌프 슈타이너는 1925년 3월 30일에 세상을 떠났기 때문에 미완성의 상태로 남겨진 자서전은 단행본으로 발간되지 못했다. 단행본 발간에 관해서 슈타이너는 1924년 9월 12일의 강연에서 다음과 같이 언급한 적이 있다. "〈괴테아눔〉 소식지에 연재해 온 글에서는 확실히 외면적인 것만 이야기할 수 있었습니다. 그래서 단행본은 주석을 달아서 낼 생각인데, 주석에서는 내면적인 것을 다루게 될 것입니다."(GA 238) 그 뒤 마리 슈타이너는 〈괴테아눔〉의 70회 연재분을 38개의 장으로 묶고 후기를 덧붙여 1925년에 자서전을 출간했다.

이 책의 제7판은 대부분 남아 있는 원고와 내용을 비교해서 개정한 것이다. 의미에 맞춰 수정한 세 부분은 해당 부분에 수정되었음을 표시했다. 문체에 영향을 미칠 문장부호와 서식은 초판이나 원고를 기준으로 반영되었다.

루돌프 슈타이너의 저작, 논문, 강연 등은 가능한 한 〈루돌프 슈타이너 전집〉(GA)을 참조하도록 안내했다. 다른 판본의 참조를 위한 것으로는 ≪루돌프 슈타이너 전집 개관 제1권 저서 개관≫도 있다. 저작 제목에 붙은 약어 TB는 그 저작이 문고판(Taschenbuch)으로도 발행되었음을 뜻한다. 달리 표시가 없으면 그것은 전집 발간 출판사의 간행물이다.

스위스 샤프하우젠에 있는 노발리스 출판사에서는 ≪루돌프 슈타이너의 생애, 3권의 사진집≫을 출간했고, 마지막 네 번째 사진집은 스위스 도르나흐의 괴테아눔 출판사에서 준비 중이다. 이 사진집들에는 가장 많이 언급된 인물들의 사진이 실려 있는데, 그의 생애와 관련된 추가적인 내용도 곳곳에 등장한다.

전집(GA)에 포함되어 있는 루돌프 슈타이너의 저작에는 도서목록 번호가 붙어 있다.

본문 쪽수

15 **루돌프 슈타이너의 부모:** 요한 슈타이너Johann Steiner(1829년 6월 23일 게라스Geras 출생, 1910년 1월 22일 호른Horn 사망)와 프란치스카 슈타이너 Franziska Steiner(결혼 전 성은 블리 Blie; 호른에서 1834년 5월 8일 출생, 1918년 12월 24일 사망). 두 사람은 호른에 묻혔다. 두 사람의 묘비에는 루돌프 슈타이너가 부친이 세상을 떠났을 때 쓴 글이 새겨져 있다.
"그의 영혼은 그리스도의 나라에서 쉬고
그를 사랑하는 이들의 생각은 그와 함께 있으리."
크랄예베치Kraljevec**:** 오늘날 크로아티아 북부의 마을. 무르Mur 강과 드라바Drava 강이 합류하기 전 30km 지점의 두 강 사이에 있는 마을로, 철도가 지나간다.

17 **성 발렌틴 성당의 신부:** 시토회 수사신부인 로베르트 안데르스키(P. Robert Andersky).

18 **딸 하나와 아들 하나:** 레오폴디네 슈타이너Leopoldine Steiner (1864 포트샤흐Pottschach 출생, 1927 호른 사망)와 구스타프 슈타이너 Gustav Steiner(1866년 포트샤흐 출생, 1942년 니더 외스터라이히 지방 샤이브스 사망). 부모와 남매에게 보내는 편지에 관해서는 ≪서간집 II 1891-1924≫, GA 39 참조.

23 **한 곳은 45분쯤이면 오르는데:** 성녀 로살리아 경당은 노이되르플의 동북쪽, 푀트싱으로 가는 길 가까운 곳에 있는데, 두 지역 사이에서 가장 높은 장소 가까이에 있다. 경당은 1970년에도 있었지만, 주위에 지어진 건물들에 둘러싸였다. 자서전의 시점에는 푀트싱으로 가는 길이 뚫리지 않았다는 사실도 고려해야 한다. 성녀 로살리아 경당은 루돌프 슈타이너가 상세히 언급한 유일한 경당이다. 노이도르플에서 도보로 네 시간 거리에도 경당이 있지만, 너무 멀어서 언급되지 않았다. ≪기고문집≫ 83/84번, 1984년 부활절.

27 **샹보르 백작:** 하인리히 카를 페르디난트 마리 디외도네 폰 아르투아(Heinrich Karl Ferdinand Marie Dieudonné von Artois), 보르도 공작, 샹보르 백작, 1820년 파리 출생, 1883년 비너노이슈타트 인근 프로스도르프Frohsdorf 사망.
보조교사: 하인리히 강글Heinrich Gangl.

28 **기하학 책 한 권:** 프란츠 리터 폰 모츠닉Franz von Močnik 저 ≪Lehrbuch der Geometrie≫(기하학 교과서), 1848.

32 **(노이되르플의) 신부님:** 프란츠 마라츠Franz Maraz. 노이되르플 다음 임지인 외덴부르크(오늘날 헝가리의 쇼프론)에서는 대성당의 참사회원 등 고위직에 올랐다.

34 **라틴어와 전례의 장엄함:** Das feierliche der Lateinischen Sprache und des Kultus: 원고에 따라 des -.

36 **비너노이슈타트의 의사:** 카를 히켈Carl Hickel 박사, 1813년 노이 티차인Neu Titschein 출생,

1905년 비너노이슈타트 사망. 히켈은 중환에 거의 실명한 상태에서 1893년 1월 6일 루돌프 슈타이너에게 편지를 썼다. 비교: ≪루돌프 슈타이너 전집에 관한 기고문집≫ 49, 도르나흐 1975.

42 **그제서야 처음으로 '모범생' 소리를 듣게 되었다:** 학년평가서에서 루돌프 슈타이너는 2학년부터 줄곧 "우등생"으로 기록되어 있다.

44 **교장 선생님:** 하인리히 슈람Heinrich Schramm, 교장 겸 지역학교감독관, 1868년에서 1874년까지는 비너노이슈타트 실업고등학교 교장. 논문은 1873년에 발표되었고, 저서 ≪모든 자연 현상의 근원인 물질의 일반 운동≫은 1872년 빈에서 출간되었다.

45 **3학년이 되면서 나는 내 마음에 있는 '이상형'을 진정으로 충족시켜 주는 선생님을 만난 것이다:** 교사 라우렌츠 엘리네크Laurenz Jelinek를 가리킨다. 그는 3학년에서 6학년까지 루돌프 슈타이너의 담임교사였다. 1873/74년도 학교연례소식지에는 그의 논문 ≪세제곱수, 그리고 정수를 그 최대수가 주어진 정수의 합으로 나누기≫가 실렸다.

46 **시간이 좀 더 흐른 뒤에야 또 다른 선생님 한 분과도 마음으로 가까워졌다:** 교사 게오르크 코자크Georg Kosak, 1836년 빈 출생, 1914년 그라츠Graz 사망.

51 **화학 선생님은 아주 탁월한 인물이었다:** 후고 폰 길름Hugo von Gilm, 1831년 인스브루크 출생, 1906년 비너노이슈타트 사망. 시인 헤르만 폰 길름Hermann von Gilm의 이복동생.

52 **열다섯 살 때부터…개인지도를 해주었다:** 동급생인 알베르트 플리바Albert Pliwa는 이렇게 증언한다. "우리 아버지는 5학년 학생 가운데 나의 복습 지도를 위해 믿을 만한 학생을 수소문했다. 이에 엘리네크 교수는 루돌프 슈타이너를 추천했다. 나는 슈타이너의 도움을 받아 모든 과목을 공부했다." 일 년만에 루돌프 슈타이너는 그를 우등생으로 만드는 데 성공했고, 졸업할 때 플리바는 슈타이너, 도이치와 함께 우등상을 받은 3인에 속했다.

54 **고학년 3년 동안 독일어와 독일 문학을 담당하는 선생님:** 요제프 마이어Josef Mayer를 가리킨다. 1878년의 학교연례소식지에 ≪논리학과 심리학의 관점에서 본 상 이론≫이라는 논문을 발표했는데, 루돌프 슈타이너가 시상詩想의 본질에 관해 35쪽에 단 주석은 아마도 그 논문을 염두에 두고 썼을 것이다.
그래서…≪철학 개론≫과 ≪심리학≫ 책을 구입했다: 이 두 권은 구스타프 아돌프 린트너Gustav Adolf Lindner의 저서로, 1866년과 1858년에 출간되었다.

56 **역사와 지리 담당 선생님:** 티롤 출신의 프란츠 코플러Franz Kofler. 1879년 그는 니더외스터라이히 주립 비너노이슈타트 실업학교의 14차 학교연례소식지에 ≪홍적기의 빙하시대와 그 원인≫이라는 논문을 게재했는데, 이 논문은 1927년 C. S. 피히트Picht에 의해 개인

출판물로 다시 출간되었다.

57 **실업학교의 마지막 학년에 이르러서야 역사 수업으로 나를 사로잡는 선생님을 만났다:** 교사 알베르트 뢰거Albert Löger를 가리킨다. ≪루돌프 슈타이너 전집에 관한 기고문집≫ 49/50, 도르나흐 1975와 비교할 것.

63 **카를 율리우스 슈뢰어**Karl Julius Schröer**:** 1825년 프레스부르크Preßburg 출생, 1900년 빈 사망. 1867년부터 빈 공과대학에서 문학을 가르쳤다. 루돌프 슈타이너는 ≪인간이라는 수수께끼. 독일과 오스트리아 출신인 일련의 인물들의 사고, 관점, 감각 등에서 명백히 드러나는 것들과 그렇지 않은 것들≫, 베를린 1916, GA 20(TB 638)에서 이 인물에 관해서 상세히 기술하고 있다. 또한 ≪서간집 I 1881~1890≫, GA 38과 ≪서간집 I 1890~1925≫, GA 39를 참조할 것.

64 **로베르트 침머만**Robert Zimmermann**:** 1824년 프라하 출생, 1898년 빈 사망. 비교: ≪역사, 그리고 인지학협회와의 관계에서 본 인지학 운동의 조건≫, GA 258, 강연 2.
프란츠 브렌타노 Franz Brentano**:** 1838년 보파르트 인근 마리엔베르크 출생, 1917 취리히 사망. 클레멘스 브렌타노Clemens Brentano의 조카. 1873까지 가톨릭신학 교수였으나, 그 뒤로는 뷔르츠부르크와 빈에서 철학교수로 일했다. 1917년 루돌프 슈타이너는 자신의 저작 ≪영혼의 수수께끼≫에서 브렌타노를 기리는 추모사를 썼다. 이 책 146쪽, 그리고 저서 ≪오늘날 문화 위기 가운데의 괴테아눔 사색≫, GA 36, 1961,153~169쪽(TB 635, 부분 수록)과 비교.

68 **그때 우연히 평범하고 단순한 어떤 사람을 알게 되었다:** 펠릭스 코구츠키Felix Koguzki(1833년 빈 출생, 1909년 트루마우 사망)를 가리킨다. 지금까지 보존된 그의 일기에는 다음과 같은 대목이 있다. "인체르스도르프에 사는 젊은 학생인 슈타이너 씨가 1881년 8월 21일 우리집을 찾아왔는데, 아쉽게도 나는 집에 없었다. 슈타이너 씨는 같은 해 26일 금요일에 두 번째로 나를 방문했다."(에밀 보크 저, ≪루돌프 슈타이너. 그의 삶과 업적에 관한 연구≫, 슈투트가르트 1967).

73 **시간에 관한 수수께끼:** 자전적 메모(바르Barr 1907), 루돌프 슈타이너, 마리 슈타이너 폰 지버스 저, ≪서간과 기록물 1901~1925≫, GA 262에 수록.
프리드리히 테오드르 피셔 Friedrich Theodor Vischer**:** 1807년 루트비히스부르크 출생, 1887년 그문덴 암 트라운제 사망.
그의 저서 가운데 한 곳에서 나의 생각을 찾아냈다: 〈옛것과 새것〉 3판, 슈투트가르트 1882, 3호, 223쪽에 다음과 같은 내용이 실려 있다. "우리는 시간에 대한 개념을 수정해야 한다…." 1917년 6월 16일의 브레멘 강연에서 루돌프 슈타이너는 다음과 같이 말했다. "당시에 나는 뒤 브와 레이몽Du Bois-Raymond의 '세계의 수수께끼'[1]에 관해 상당히 긴 글을 썼는데[2], 물론 당연히 모든 잡지사에서 퇴짜를 맞았다. 또한 그보다는 짧은 글을 써서³ 프리드리히 피셔에게 보냈다. 그는 대단한 관심을 기울여 그 문제를 꼼꼼히 들여다보고는, 그 글에서 말하는 방식에는―여기서는 물론 오늘날 정신과학이라고 부르는 것을 향해 나아가는 방식을 가리킨다―종래의 과학에서 '인식의 한계'라고 일컫는 것을 극복할 무엇인가가 있다고 인정했다. 그로부터 얼마 지나지 않아 피셔는 세상을 떠났고, 그 바람에 그는 정신과학을 여기서 말하는 의미로 제대로 계속 파고들려 했던 유일한 사람이 되고 말았다."

1 ≪세계의 일곱 가지 수수께끼≫, 1880.
2 1888년 무렵에 쓴 논문을 가리키는데, 무엇인지는 알려지지 않았다.
3 "원자론적 개념에 대해 가능한 유일한 비판", 1882. <초기 문예 저작 간행물들>, 4권, 19호, 도르나흐 1941, 그리고 <루돌프 슈타이너 전집에 관한 기고문집>, 63호, 도르나흐 1978 등에 수록. 이 책에 실린 프리드리히 테오도르 피셔에게 보낸 편지 사본과 비교할 것.

75 **에드문트 라이틀링어:** 1830년 페스트 출생, 1882년 빈 사망. ≪자유로운 관찰≫, 베를린 1874.

87 **훌륭한 이상주의를 품은 한 젊은이:** 에밀 셰나이히Emil Schönaich(1860년 트로파우 출생, 1899년 트로파우 사망). 그는 이미 1882년에 트로파우에서 <자유 슐레지엔 언론>지에서 일하고 있어서 루돌프 슈타이너의 몇몇 글을 게재하도록 했다. 그 글들의 일부분은 <자유 슐레지엔 언론>의 초창기 몇 년분이 망실되면서 사라졌다. ≪루돌프 슈타이너 전집에 관한 기고문집≫, 51/52호, 도르나흐 1975 참조.

89 **또 한 사람과 의미 있는 우정을 나누었다:** 루돌프 론스페르거Rudolf Ronsperger. 1900년에 루돌프 슈타이너는 <마가친 퓌어 리테라투어>에 "기념비"는 제목으로 그의 사망을 전하는 글을 실었다. 이 글은 ≪문화와 시대의 역사에 관한 논문집 1887~1890≫, GA 31에 실려 있다. <루돌프 론스페르거에게 보낸 편지 I (1881~1890)>, GA 38도 참조할 것.

91 **상당히 밀접한 우정을 맺었다:** 모리츠 치터Moriz Zitter와의 우정을 가리킨다. 이 책 210쪽 참조.

94 **이와 관련해서 특히 기억나는 친구가 있다:** 요제프 쾨크Josef Köck를 가리킨다. ≪루돌프 슈타이너 전집에 관한 기고문집≫, 55호, 도르나흐 1976과 비교할 것.

96 **비너노이슈타트 실업학교 출신인 또 다른 동창생:** 루돌프 쇼버Rudolf Schober. 루돌프 슈타이너가 언급하지 않은 어린 시절의 친구들의 이름은 특히 그를 통해서 확인할 수 있게 되었다. ≪루돌프 슈타이너 전집에 관한 기고문집≫, 49/50호, 51/52호, 54호, 55호와 비교할 것.

99 **의회 토론:** 이 토론이 1886년에 있었다는 근거는 다음 저작에 실려 있다. ≪인간이라는

수수께끼. 독일과 오스트리아 출신인 일련의 인물들의 사고, 관점, 감각 등에서 명백히 드러나는 것들과 그렇지 않은 것들》, GA 20, 1984, 122쪽.
바르톨로메우스 카르네리 Bartholomäus Carneri: 1821년 크리엔트 출생, 1909년 마르부르크 사망. 〈다윈주의 윤리학자 바르톨로매우스 카르네리〉, 《인지학의 방법론적 토대 1884~1901》에 수록, GA 30, 그리고 《인간이라는 수수께끼》 GA 20설명 참조.
에른스트 폰 플레너 Ernst von Plener: 1841 에거Eger 출생, 1923 빈 사망.

100 **게오르크 린바허**Georg Lienbacher: 1822년 쿠헬Kuchel 출생, 1896년 쿠헬 사망.
에두아르트 그레그르 Eduard Grégr: 1827년 슈타이어 출생, 1907년 프라하 인근 르슈텐 Lschtěn 사망.
프란츠 라디슬라우스 리거 Franz Ladislaus Rieger: 1818년 세밀Semil 출생, 1903년 프라하 사망.
오토 하우스너 Otto Hausner: 1827년 갈리치아 지방의 브로디Brody 출생, 1890년 렘베르크 Lemberg 사망.

102 **토비아스 고트프리트 슈뢰어**Tobias Gottfried Schröer: 1791년 프레스부르크 출생, 1850년 프레스부르크 사망. 《인간이라는 수수께끼》, GA 20, 1984, 90쪽 이하 참조.

103 **성탄 민속극:** 〈크리스마스 전래공연. 오버우퍼 마을의 공연〉, 도르나흐 1981, 〈크리스마스 전래공연 환영사〉, GA 274, 또한 〈크리스마스 전래공연에 관하여. 크리스마스 축일의 추억〉은 《오늘날 문화 위기 가운데 괴테아눔 사색, 1921~1925》, GA 36에 수록.

104 **그는 《파우스트》 제2부의 편집과 서문 작업을 하는 중이었고:** 슈뢰어는 괴테 《파우스트》의 해설판을 발간했고(제2부, 1881, 신판, 바젤 1982), 퀴르슈너의 《독일 국민 문학》을 위해 괴테 희곡 전6권을 손보았다. 그의 저서 《독일문학사》는 1853년 페스트에서 발간되었고, 《19세기 독일 시문학의 주요 저작들. 일반강연집》은 1875년 라이프치히에서 나왔다.

112 **나는 괴테가 말한 감각적·초감각적 형태를 이해하기에 이르렀는데:** 〈나의 식물학 연구〉(괴테의 《자연과학 논문들》은 퀴르슈너의 《독일 국민 문학》 1권 79쪽 이하, GA 1에 수록된 것으로, 루돌프 슈타이너가 주석을 붙여 간행한 것이다)에서 괴테는 다음과 같이 적었다. "식물이 이제 단 하나의 개념으로 묶일 수 있는 것이라면, 통찰(Anschauung)이 더 고차적인 방법으로 생명을 얻을 수 있겠다는 생각이 내게는 시간이 지날수록 분명해졌다. 그것은 초감각적인 원형식물(Urpflanze)의 감각적인 형태라는 것으로 당시 내 머리에 떠오르는 요구였다." 이와 연관지어 루돌프 슈타이너는 위에 언급한 책의 서문에서 다음과 같이 썼다. "원형(die Ideelle Form), 즉 모든 유기체의 전형의 특성은 결국 그것이 시간적, 공간적 요소로 구성되어 있다는 것이고, 따라서 괴테가 보기에도 그것은 감각적이면서 동시에 초감각적인 형태였던 것이다."

112 ≪영혼의 수수께끼≫: 베를린 1917, GA 21(TB 637).

120 에두아르트 폰 하르트만Eduard von Hartmann: 1842년 베를린 출생, 1906년 베를린 사망. 에두아르트 폰 하르트만에게 보낸 루돌프 슈타이너의 편지는 ≪서간집 I 1881~1890≫, GA 38, ≪서간집 II 1890~1825≫, GA 39에 수록되어 있다.

123 요제프 퀴르슈너Josef Kürschner: 1842년 고타Gotha에서 태어났으며, 1906년 티롤을 여행하던 중에 사망했다. 카를 율리우스 슈뢰어, 요제프 퀴르슈너, 루돌프 슈타이너가 괴테 자연과학 저작물의 간행에 관해 주고받은 편지는 ≪루돌프 슈타이너 전집에 관한 기고문집≫, 46호, 1974에 실렸다. ≪서간집 I 1881~1890≫, GA 38, ≪서간집 II 1890~1825≫, GA 39도 참고할 것.

129 ≪괴테 세계관의 인식론≫: ≪괴테의 세계관에 나타난 인식론의 기조. 실러를 특별히 고려하고 퀴르슈너의 "독일 국민 문학"에 실린 괴테의 자연과학 저술들에 덧붙이는 글≫, 베를린과 슈투트가르트, 1886. GA 2(TB 629).

131 이 친구 말고도 두 누이: '친구'는 발터 페르Walter Fehr, '누이들'은 누나 요한나Johanna와 군디라고도 불리던 여동생 라데군데Radegunde를 가리킨다. 여동생은 35세의 나이로 1903년에 사망했다. 발터의 아버지 요제프 에두아르트는 철학과 법학의 박사였다. 슈타이너의 친구 쾨크와 쇼버도 이 집안에 드나들었다. ≪루돌프 슈타이너 전집에 관한 기고문집≫, 55호, 도르나흐 1976와 비교할 것. 또한 ≪서간집 I 1881~1890≫, GA 38의 라데군데에게 보낸 편지, 그리고 ≪서간집 II 1890~1925≫, GA 39의 발터 페르에게 보낸 편지를 참조할 것.

133 마리 오이게니 델레 그라치에Marie Eugenie delle Grazie: 1864년 헝가리에서 태어나 1931년 빈에서 사망했다.

134 여류시인에 관해 어느 신문의 문예란에 기고했다: 〈현대독일문예〉에 기고한 "마리 오이게니 엘레 그라치에에 관하여". 〈자유 슐레지엔 언론〉 6권에 수록, 1886년도 (4월 6일 발행), ≪문학론 1884~1902≫, GA 32에 재수록.

136 나는 〈자연과 우리의 이상〉이라는 소논문을 썼다: "≪헤르만≫의 저자(마리 오이게니 델레 그라치에)에게 보내는 공개 서한", 빈 1886, ≪인지학의 방법론적 토대 1884~1901≫ GA 30에 재수록.

137 괴테의 말, "너 자신을 알고 세상과 평화로이 지내라!": 괴테의 시 〈헌사〉 64행.

138 라우렌츠 뮐너Laurenz Müllner: 1848년 매렌Mähren 지방의 그로스 그릴로비츠Groß-Grillowitz에서 출생, 1911년 메란Meran에서 사망. ≪인간이라는 수수께끼≫, GA 20, 1984, 185쪽 이

하와 비교할 것.

139 빌헬름 노이만Wilhelm Neumann: 1837년 빈에서 출생, 1919년 빈 인근의 뫼들링에서 사망. ≪토마스 아퀴나스의 철학≫, GA 74 (TB 605)의 세 번째 강연을 참조할 것.

140 아돌프 슈퇴르Adolf Stöhr: 상트 푈텐St. Pölten에서 1855년 출생, 1921년 사망.
고스비네 폰 베를렙슈Goswine von Berlepsch: 1845년 에르푸르트 출생, 1916년 빈 사망.
에밀리에 마타야Emilie Mataja: 빈에서 1855년 출생, 1938년 사망.
프리츠 렘머마이어Fritz Lemmermeyer: 빈에서 1857년 출생, 1932년 사망. 프리드리히 렘머마이어 저 ≪루돌프 슈타이너, 로베르트 하멀링과 80년대 오스트리아 정신사의 몇몇 인물에 대한 회상≫, 슈투트가르트 1929, 그리고 ≪서간집 I 1881~1890≫, GA 38을 참조할 것.
알프레트 슈트로스Alfred Stroß: 1860~1888.

142 한스 브란트슈테터Hans Brandstetter: 1854년 그라츠 인근 미헬바흐Michelbach 출생, 1925 그라츠 사망.

143 ≪자유의 철학≫: ≪자유의 철학. 현대 세계관의 기조≫, 베를린 1894, GA 4 (TB 627).

146 요제프 키티르Josef Kitir: 1867년 아스팡 암 벡셀Aspang am Wechsel 출생, 1923년 빈 사망.

148 페르허 폰 슈타인반트Fercher von Steinwand: 1828년 오버캐른텐 지방의 슈타인반트 임 묄탈Steinwand von Mölltal 출생, 1902년 빈 사망. 그의 보통 이름은 요한 클라인페르허Johann Kleinfercher였다. ≪인간이라는 수수께끼≫, GA 20, 1984, 99~107쪽, ≪문학논문집 1884~1902≫, GA 32에서 루돌프 슈타이너는 그를 언급한다.

150 블라바츠키Helena Petrowna Blavatsky: 1831년 러시아 남부 예카테리노슬라프 출생, 1891년 런던 사망. 무엇보다 이 책 474쪽 이하와 438쪽의 언급(신지학협회 관련)을 참조할 것.

153 괴테의 자연과학 분야 저작집 제2권 ... 상세한 서문: 슈타이너가 발간한 괴테의 자연과학 저작집은 1883년에 1권, 1887년에 2권, 1890년에 3권, 1897년에 4권의 1부와 2부가 나왔고, 1975년 도르나흐판 전집 GA 1a~e에 다시 실렸다. 슈타이너가 쓴 서문 전체는 책 제목 ≪루돌프 슈타이너, 괴테 자연과학 저작 서문집≫으로 출간. GA 1(TB 649).

154 로베르트 하멀링Robert Hamerling: 1830년 니더외스터라이히 지방 키르히베르크 암 발트Kirchberg am Wald 출생, 1889년 그라츠 사망. 슈타이너와 하멀링이 교환한 편지 중에서는 1887년 1월 30일과 1888년 5월 11일에 하멀링이 쓴 편지만 남아 있다. 하멀링에 관해서는 ≪문학론 1884~1902≫, GA 32, ≪인간이라는 수수께끼≫, GA 20, 그리고 ≪어떻게 정신세계를 이해하게 될 것인가?≫, GA 154에 실린 강연 "로베르트 하멀링, 시인, 사

상가, 인간"을 참조할 것.

156 〈새로운 미학의 아버지 괴테〉: 이 강연은 1888년 11월 9일에 행해졌으며, ≪독일의 말≫, 오이겐 페르머스토르퍼Eugen Pernerstorfer, 빈 1889의 특별판으로 출간되었고, ≪인지학의 방법론적 토대 1884~1901≫, GA 30, 그리고 ≪예술과 예술의 인식≫ 1985년판, GA 271에 수록되었다.

158 알프레드 포르마이Alfred Fromey: 1844년 데사우Dessau 출생, 나지 벨리츠Nagy-Belicz 사망.

159 크리스티네 헵벨Christine Hebbel: 1817년 브라운슈바이크 출생, 1910년 빈 사망.
빌보른: 일마 빌보른 자일러Ilma Wilborn-Seiler. ≪진리의 말들≫, GA 40에 수록된 ≪괴테 세계관의 인식론 기조≫에 대한 헌사 "이 소책자에 담긴…"참조.

160 프리드리히 슐뢰글Friedlich Schlögl: 빈에서 1821 출생, 1892년 사망.

153 〈도이체 보헨슈리프트Deutsche Wochenschrift〉: 〈도이체 보헨슈리프트(독일주간지), 베를린, 빈. 독일인의 민족적 이익을 위한 기관지〉. 명목상으로는 카를 나이서Karl Neißer 박사가 책임편집인으로 되어 있었지만 실제로는 루돌프 슈타이너가 1888년 1월 초부터 발행인이던 요제프 오이겐 루셀Joseph Eugen Russell 박사의 탓으로 같은 해 7월 18일 폐간될 때까지 편집을 맡았다. 루돌프 슈타이너가 이 잡지에 쓴 글들은 ≪문화와 정신사에 관한 논문집 1887~1901≫, GA 31, 그리고 ≪인지학의 방법론적 토대 1884~1901≫, GA 30에 수록되었다.

162 빅토르 아들러Viktor Adler: 1852년 프라하 출생, 1918년 빈 사망.

163 엥엘베르트 페르너스토르퍼Engelbert Pernerstorfer: 빈에서 1850년 출생, 1918년 사망. 1881년부터 1904에 걸쳐 〈독일의 말〉지 편집장었는데, 루돌프 슈타이너의 글 두 편이 이 잡지에 실렸다. 이 책 156쪽의 언급 참조.

168 이런 다양한 종류로…: ≪자연과학 저작집≫, 5권(부록, 식물생리학).

170 수년 전부터 철학적 문제들에 관해 나와 서신 왕래를 해온 에두아르트 폰 하르트만: 이 책 120쪽 이하를 볼것.

173 마리 랑Marie Lang: 1858~1934.
H. P. 블라바츠키: 이 책 150쪽을 볼것.
프란츠 하르트만Franz Hartmann: 1838년 도나우뵈르트Donauwörth 출생, 1912년 켐텐 사망.
로자 마이레더Rosa Mayreder: 빈에서 1858년 출생, 1938년 사망. ≪서간집 I 1881~1890≫, GA 38, ≪서간집 II 1890~1925≫, GA 39 참조.

176 후고 볼프Hugo Wolf: 1860년 빈디슈그래츠Windischgrätz 출생, 1903년 빈 사망. 196년 로자 마이레더는 그의 오페라 ≪코레히도르≫의 대본을 썼다.
카를 마이레더Karl Mayreder: 빈에서 1856년 출생, 1935년 사망. 건축가. 빈 공과대학 교수.

177 프리드리히 에크슈타인Friedrich Eckstein: 1861년 빈 인근 페르히톨트스도르프Perchtoldsdorf 출생, 1939년 빈 사망. ≪서간집 I 1881~1890≫, GA 38, ≪서간집 II 1890~1925≫, GA 39 참조.

181 괴테의 자연과학저술 제2권: 이 책 153쪽을 볼 것.

199 괴테의 "수수께끼 동화": 이 책 437, 445쪽을 볼 것.

202 ≪크리스티안 로젠크로이츠의 신비로운 결혼식≫: 요한 발렌틴 안드레애Johann Valentin Andreae의 1616년 저작이라고 기록되어 있다. 발터 베버Walter Weber가 현대독일어로 다시 쓰고 루돌프 슈타이너의 글(1917~1918년)을 더하여 출간되었다. ≪크리스티안 로젠크로이츠의 신비로운 결혼식≫, 츠빈덴 출판사, 바젤 1978.
훗날 내가 만든 신비극: ≪신비 전수로 들어가는 문. 장미십자가의 신비≫, 베를린 1910. ≪영혼의 시험. "신비 전수로 들어가는 문"의 에필로그인 전기적 소묘≫, 베를린 1911. ≪입구의 수호자. 그림으로 표현한 영혼의 과정들≫, 베를린 1912. ≪영혼의 깨어남. 그림으로 표현한 영혼과 정신의 과정들≫, 베를린 1913. 이 작품들 전체는 ≪신비극 4편≫, GA 14 (TB 607, 608)에 수록되었다.

207 프리츠 브라이텐슈타인Fritz Breitenstein: (1858년 지벤뷔르겐 지방의 뮐바흐Mühlbach 출생, 1915년 오늘날 헝가리의 그로스바르다인Großwardein 사망), 아말리에 브라이텐슈타인Amalie Breitenstein (1860년 헤르만슈타트Hermannstadt 출생, 1942 빈 사망). ≪서간집 I≫(1881~1890), GA 38과 비교할 것. 아말리에는 첫 남편의 동생인 율리우스 브라이텐슈타인(지벤뷔르겐 지방의 뮐바흐Mühlbach 1870년 출생, 1950년 사망)과 재혼했다.

208 헤르만슈타트 강연: 1889년 12월 29일자 강연이다. ≪루돌프 슈타이너 전집에 관한 기고문집≫ 61/62호.

210 나의 오랜 친구: 모리스 치터Morris Zitter를 가리키는데, 이 사람도 1921년 5월 세상을 떠날 때까지 로자 마이레더와 친밀했다. 그는 헤르만슈타트에서 ≪독일 열람실≫을 간행했는데, 여기에는 루돌프 슈타이너의 〈현재를 향한 자유로운 시선〉 (1884) 이라는 글이 실렸다 (≪인지학의 방법론적 토대 1884~1901≫, GA 30에 재수록). 1899년 치터는 루돌프 슈타이너, O. E. 하르트레벤과 함께 베를린의 〈마가친〉 발행인으로 기록되어 있다. ≪서간집I 1881~1890≫, GA 38, ≪서간집 II 1890~1925≫, GA 39 참조.
≪교육자 렘브란트≫: 1890년에 저자가 "한 독일인"이라고 익명으로 표시된 채 발간되

였다. 실제 저자는 율리우스 랑벤Julius Langbehn. 1925년까지 60쇄를 기록했다.

212 **이 소년의 가정에서:** 루돌프 슈타이너는 1884년 7월 10일부터 1890년 9월 28일까지 라디슬라우스 슈페히트(1834~1905)와 파울리네 슈페히트(1846~1916) 부부의 집에서 그 부부의 네 아들인 리하르트, 아르투르, 오토, 에른스트의 가정교사로 지냈다. 그 가운데 루돌프 슈타이너가 가장 집중적으로 가르친 오토 슈페히트는 피부과 의사가 되었는데, 훗날 제1차 세계대전에 참전하여 얻은 감염으로 인해 사망했다. ≪서간집 I 1881~1890≫, GA 38, ≪서간집 II 1890~1925≫, GA 39 참조.

215 **이그나츠 브륄**Ignaz Brüll: 1846년 프로스니츠Proßnitz 출생, 1907년 빈 사망.

216 **요제프 브로이어**Josef Breuer: 빈에서 1842년 출생, 1925년 사망.

220 **"자신에 대한 의식의 이해":** ≪특히 피히테의 지식학을 고려한 인식론의 기본 문제. 자신에 대한 의식의 이해에 관한 연구≫, 1891을 가리킨다. 이 논문의 확장판으로 출간된 것은 에두아르트 하르트만 박사에게 헌정된 저서 ≪진리와 과학. "자유의 철학"을 위한 서론≫, 바이마르 1892. GA 3(TB 628).
하인리히 폰 슈타인 Heinrich von Stein: 하인리히 루트비히 빌헬름 폰 슈타인Heinlich Ludwig Wilhelm von Stein. 로스토크에서 1833년 출생, 1896년 사망. 저서로는 ≪플라톤주의의 역사에 관한 일곱 권의 책. 플라톤의 체계와 그후의 신학 및 철학과의 관계에 대한 연구≫, 전 3권, 괴팅엔 1862, 1864, 1875.

222 **오토 빌만**Otto Willmann**의 ≪관념론의 역사≫:** 이 책 448쪽을 볼 것.

224 **〈우리가 괴테문서실의 출판물을 통해 괴테의 자연과학 연구에 관해 얻는 견해〉:** 1891년 발간. ≪인지학의 방법론적 토대 1884~1901≫, GA 30에 재수록.

226 **베른하르트 주판**Bernhad Ludwig Suphan: 1845년 노르트하우젠Nordhausen에서 출생, 1911년 바이마르에서 사망. ≪서간집 I 1881~1890≫, GA 38, ≪서간집 II 1890~1925≫, GA 39 참조.
발터 폰 괴테 Walther von Goethe: 1818년 바이마르 출생, 1885년 라이프치히 사망.
소피 대공비 Großherzogin Sophie: 작센·바이마르Sachsen-Weimar 대공비 소피 루이제, 네덜란드 공주 (1824년 헤이그 출생, 1897년 바이마르 사망).
구스타프 폰 뢰퍼 Gustav von Loeper: 1822년 폼머른Pommern 지방 베더빌Wedderwill 출생, 1891년 베를린 사망.
헤르만 그림 Herman Grimm: 1828년 카셀 출생, 1901년 베를린 사망. 루돌프 슈타이너가 자주 인용하는 인물로, 이 사람에 대한 글은 ≪인지학의 방법론적 토대 1884~1901≫, GA 30, ≪현대 문화 위기 한가운데의 괴테아눔 사고≫, GA 36, 169쪽 이하에 수록.

228 **빌헬름 셰러**: 1841년 니더외스터라이히의 셴보른Schöborn 출생, 1886년 베를린 사망.

230 **에리히 슈미트**Erich Schmidt: 1853년 예나 출생, 1913년 베를린 사망.

232 **율리우스 발레**Julius Wahle: 1861년 빈 출생, 1940년 드레스덴 사망. 1924년부터 1928년까지 바이마르의 괴테·실러문서실장.

235 **그의 논문을**: 헤르만 그림의 ≪괴테에 관한 강연≫, 8판, 베를린 1903의 16차 강연을 가리킨다.

236 **카를 알렉산더 대공**Großherzog Karl Alexander: 바이마르에서 1818년 출생, 1901년 사망.

237 **카를 아우구스트 대공 계승자**Erbgroßherzog Karl August: 1844년생, 1894년 카프 상트 마르틴 Kap St. Martin 사망.
대공 계승자비 파울리네 Erbgroßherzogin Pauline: 1852년 슈투트가르트 출생, 1904년 로마에서 베네치아로 가는 도중 사망. 루돌프 슈타이너는 파울리네 슈페히트에게 보낸 1891년 3월 21일자 편지에서 대공 계승자비를 언급하고 있다.

237 **라인홀트 쾰러**Reinhold Köhler: 바이마르에서 1830년 출생, 1892년 사망.

240 **"문화의 창조자인 판타지"**: 1891년 11월 25일 강연과 1891년 11월 28일자 바이마르신문 비평에서 언급. ≪루돌프 슈타이너 전집에 관한 기고문집≫ 99호/100호에 재수록.

242 **또 다른 강연**: "1893년 2월 20일 빈 강연" "통일된 자연관과 인식의 한계들". ≪인지학의 방법론적 토대 1884~1901≫, GA 30에 수록.
에른스트 헤켈 Ernt Haeckel: 1892년 10월 9일 알텐부르크에서 행한 오스터란트 자연연구자협회 창립 75주년 기념 강연 "종교와 과학을 이어주는 일원론. 어느 자연연구자의 신앙고백". 본 1892.

244 **헤르만 폰 헬름홀츠**Hermann von Helmholtz: 1892년 6월 11일 바이마르의 괴테협회 총회에서 행한 연설 "다가올 자연과학적 이념들에 대한 괴테의 예지백". 〈도이체 룬트샤우〉 72호.
헤켈을 볼 때면: ≪유기체 일반형성론≫(베를린 1866)에서는 4쪽에 걸쳐 괴테를 다루고 있는데, 다음과 같은 부분도 있다. "하지만 자연연구자로서의 괴테에서 강조해야 하는 것, 그리고 우리가 보기에 그 누구도 제대로 인정하지 못한 것 가운데 가장 중요한 것은, 우리가 그를 독일에서 독립적으로 진화론을 제창한 인물로 기념해야 한다는 사실이다." ≪자연의 창조역사≫(베를린 1868)의 네 번째 강연에는 "괴테와 오켄Oken의 진화론"이라는 제목이 붙어 있다.

245 **이렇게 해서 나는 헤켈을 개인적으로 알게 되었다:** 헤켈(1834년 포츠담 출생, 1919년 예나 사망)을 처음 만난 것은 1894년이었다. ≪서간집 II 1890~1925≫, GA 39 참조.

246 **하인리히 폰 트라이치케**Heinrich von Treitschke: 1834년 드레스덴 출생, 1896년 베를린 사망.

248 **루트비히 라이스트너**Ludwig Laistner: 1845년 에슬링엔Eßlingen 출생, 1896년 슈투트가르트 사망. 루돌프 슈타이너는 괴테전집(소피판) 2차분 11권 ≪자연과학에 관하여, 일반자연론≫ 1부, 바이마르 1893에서 "진심을 담아 루트비히 라이스트너 박사에게 이 책을 바친다"라고 썼다. ≪서간집 II 1890~1925≫, GA 39 참조.

252 **한스 올덴**Hans Olden: 1859년 프랑크푸르트 암 마인에서 출생, 1932년 비스바덴에서 사망.
가브리엘레 로이터 Gabriele Reuter: 1859년 알렉산드리아 출생, 1941년 바이마르 사망. 가브리엘레 로이터 저 ≪아이에서 사람으로. 나의 어린 시절 이야기≫, 베를린 1921, 450쪽 이하 참조.

258 **오토 에리히 하르트레벤**Otto Erich Hartleben: 1864년 클라우스탈Clausthal에서 출생, 이탈리아 살로Salò에서 사망.

263 **오토 하르나크**Otto Harnack: 1857년 에를랑엔Erlangen 출생, 1914년 네카르Neckar 강에서 사망. 그는 괴테의 기일에 자살했다.

267 **윤리문화협회:** 이 협회의 독일지부는 1892년 베를린에서 W. 푀르스터(W. Foerster)와 게오르크 폰 기지츠키(Georg von Gizycki)에 의해 창립되었다.

270 **신랄한 글을:** "윤리적인 문화를 지향하는 사회", ≪미래≫, 1권, 베를린 1892, 막시밀리안 하르덴Maximilian Harden 발행. ≪문화와 정신의 역사에 관한 논문집 1887~1901≫, GA 31에 수록.

279 **니체**Friedrich Nietzsche: 1844년 뤼첸Lützen 인근 뢰켄Röcken에서 출생, 1900년 바이마르에서 사망. 1889년 이래로 병을 앓았다.

280 **≪시대에 맞선 투사 니체≫:** 원제 ≪프리드리히 니체, 그의 시대에 맞선 투사≫, 바이마르 1895. GA 5(TB 621)

281 **엘리자베트 푀르스터 니체**Elisabeth Förster-Nietzsche: 1844년 뤼첸 Lützen 인근 뢰켄Röcken에서 출생, 1935년 바이마르에서 사망. ≪서간집 II 1890~1925≫, GA 39의 루돌프 슈타이너가 그녀에게 보낸 편지 참조.

282 프리츠 쾨겔Fritz Koegel: 1860년 하세로데Hasserode에서 출생, 1904년 바트 쾨젠Bad Kösen에서 사망.
훗날 나는 엘리자베트 푀르스터 니체 여사와 심각한 갈등에 빠졌다: 이 책 287쪽 이하 참조.

283 **그렇게 내 영혼 앞에 니체가 있었다. 니체의 영혼은 정신의 빛 안에서 한없이 아름다운 모습으로**: 원고에 있는 "한없이" 추가.

284 **오이겐 뒤링의 대표적인 철학책**: 이 책 291쪽 참조.

287 **니체문서실과의 관계**: 이 책 291쪽 이하 참조.

289 **《괴테의 세계관》**: 1897년 바이마르 발행. GA 6(TB 625)

291 **나의 견해를 둘러싸고 벌어졌던 논쟁은 배제하고, 그 견해를 여기서 다시 언급하고자 한다**: 여기서 언급한 논쟁은 루돌프 슈타이너가 쓴 다음과 같은 논문과 글을 둘러싼 논쟁이었다. 〈니체문서실, 그리고 지금까지의 발행인에 대해 제기된 문서실의 이의. 니체전집 발행을 둘러싼 싸움〉, 1896~1900년 사이에 여러 잡지에 게재된 이 글들은 《문화와 정신의 역사에 관한 논문집 1887~1901》, GA 31에 수록되어 있다. 이 책 330쪽과 주석도 참조할 것.

297 **젊은 시절에 알게 된 어느 친구**: 모리스 치터를 가리킨다. 이 책 210쪽, 그리고 편지, 그 가운데서도 로자 마이레더에게 보낸 1895년 8월 20일자 편지를 참조할 것.

304 오토 프뢸리히Otto Fröhlich: 1869년 슐라이츠Schleiz 출생, 1940년 바이마르 사망.

307 파울 비케Paul Wiecke: 1864년 엘버펠트Elberfeld 출생, 1944년 드레스덴 사망.

308 리하르트 슈트라우스: 1864년 뮌헨 출생, 1949년 가르미슈Garmisch 사망.
하인리히 첼러Heinrich Zeller: 1856년 오버바이에른 지방 포이츠빈켈Voitswinkel 출생, 1934년 바이마르 사망.

310 한스 브론자르트 폰 셸렌도르프Hans Bronsart von Schellendorf: 1830년 베를린 출생, 1913년 뮌헨 사망.
아그네스 슈타펜하겐Agnes Stavenhagen: 1862년 하노버 인근 빈젠Winsen 출생.
베른하르트 슈타펜하겐Bernhard Stavenhagen: 1862년 그라이츠Greiz 출생, 1914년 제네바 사망.
말러Gustav Mahler: 뵈멘(보헤미아) 지방 칼리슈트Kalischt 출생, 1911년 빈 사망.

314 에두아르트 폰 데어 헬렌Eduard von der Hellen: 1863년 하노버의 벨렌Wellen 출생, 1927년 슈투트가르트 사망. 1894년 가을부터 니체문서실에서 프리츠 쾨겔과 함께 발행인으로 일했다.

318 하인리히 프랭켈Heinrich Fränkel: 1859년 라이프치히 출생.

325 오이니케Anna Eunike: 1853년 포츠담 인근 베엘리츠 출생, 1911년 베를린 인근 랑크비츠 사망. 1899년 10월 31일에 결혼하여 안나 슈타이너가 되었다. 슈타이너가 그녀에게 보낸 편지들은 ≪서간집 II 1890~1925≫, GA 39에 실려 있다.

328 아우구스트 프레제니우스August Fresenius: 비스바덴에서 1850년 출생, 1924년 사망.

329 짧지만 중요한 단평: 〈괴테가 말하는 파우스트의 구상〉, 괴테연보 15권, 1894.

331 본래 아무 일도 없었기 때문이다: 이 책 195쪽, 그리고 ≪서간집 II 1890~1925≫, GA 39에 실린 막시밀리안 하르덴에게 보낸 루돌프 슈타이너의 편지들 참조.
프란츠 페르디난트 하이트뮐러Franz Ferdinand Heitmüller: 1864년 함부르크 출생, 1919년 베를린 사망.

332 요제프 롤레체크Joseph Rolletschek: 1859년 뵈멘 지방 기사우스Gißaus 출생, 1934년 바이마르 사망. 가명은 요제프 롤레트Joseph Rollet.

333 막스 크리스트리프Max Christlieb: 1862년 뷔르템베르크Württemberg 지방 비블링엔Wiblingen 출생, 1914년 베를린 사망. 일본에서 돌아온 뒤 랠프 월도 트린Ralph Waldo Trine의 많은 저작들을 독일어로 옮겼다.

336 이 책방에서… 잡지를 정기적으로 발행한다는 사실: 바이마르에서 발행되는 비평과 문학 주간지 〈리테라리셔 메르쿠르Literarischer Merkur〉(문예 소식). 헤르만 바이스바흐Hermann Weißbach 출판사 간행. 편집인은 쿠르트 바이스바흐Curt Weißbach. 이 잡지는 1891년부터 1893년 사이에 루돌프 슈타이너가 쓴 45편의 글을 실었다. 전집의 논문 모음인 GA 29~32 참조.

341 루돌프 슈미트Rudolf Schmidt: 1836년 코펜하겐 출생, 1899년 프레데릭스보르Frededriksborg 사망. ≪서간집 I 1881~1890≫, GA 38, ≪서간집 II 1890~1925≫, GA 39 참조.

342 콘라트 안조르게Conrad Ansorge: 1862년 슐레지엔 지방 부흐발트Buchwald에서 출생, 1930년 베를린 사망.

357 **괴테의 《산문체 잠언》을 편집하면서 작성한 서문:** 《괴테의 자연과학 저작들》 4권, 2부. 플라톤주의 철학에 관한 부분은 《산문체 잠언》의 서문이 아니라 같은 책 272, 273쪽에 붙인 상세한 각주에 있다.

371 **《19세기의 세계관과 인생관》:** 1권, 베를린 1900, 2권 베를린 1901. 지크프리트 크론바흐Siegfried Cronbach가 발행한 선집 《세기말. 100년 동안의 정신 발달을 돌이켜보다》의 14권, 19건으로 출간되었다.
《철학사의 개요를 통해 본 철학의 수수께끼》: GA 18(TB 610/611)

374 **프랑크푸르트 암 마인에서 괴테의 자연관에 관해 연설한 적이 있다:** 1893년 8월 27일 행한 "괴테문서실의 최근 간행물을 토대로 한 괴테의 자연관"이라는 제목의 강연을 가리킨다. 《주교령 프랑크푸르트 암 마인 연보 1894년》, 《인지학의 방법론적 토대 1884~1901》, GA 30에 수록.
자신의 분야에서 중요한 위치에 있는 어느 물리학자: 잘로몬 칼리셔Salomon Kalischer (1845년 토른Thorn 출생, 1924년 베를린 사망)를 가리킨다. 저서로는 《자연과학에 대한 괴테의 관계와 자연과학에서의 그의 의미》, 베를린 1878이 있고, 헴펠판 괴테전집에서 괴테의 자연과학 저작을, 그리고 소피판 전집에서 색채론(2차의 1~5권, 1890~1906)을 발간했다. 괴테문서실의 칼리셔와 루돌프 슈타이너의 만남에 관해서는 주간지 〈괴테아눔〉 1971년 281쪽에 실린 쿠르트 프란츠 다비트Kurt Franz David의 글 참조.

376 **〈마가친 퓌어 리테라투어Magazin für Literatur〉(문학잡지)의 발행인:** 〈마가친〉은 1832년 베를린에서 요제프 레만Joseph Lehmann이 창간했고, 루돌프 슈타이너 이전에는 파울 셰틀러Paul Schettler를 책임편집인으로 하여 오토 노이만 호퍼Otto Neumann-Hofer가 베를린의 아우구스트 도이브너August Deubner 출판사에서 발행했다. 1897년 7월 10일, 루돌프 슈타이너와 오토 에리히 하르트레벤이 잡지를 인수했다. 1898, 1899년에 모리츠 치터가 합류했다. 베를린의 루돌프 슈타이너를 책임편집인으로 바이마르의 에밀 펠버 출판사에서 발간했으며, 나중에 베를린의 지크프리트 크론바흐가 합류했다. 1900년 3월 17일부터 9월 29일까지는 루돌프 슈타이너가 유일한 발행인이었다. 9월 19일에 잡지는 요한네스 가울케Johannes Gaulke와 프란츠 필립스Franz Philips에게 넘어갔다.

383 **오토 율리우스 비어바움Otto Julius Bierbaum:** 1865년 니더슐레지엔 출생, 1910년 드레스덴 사망. 1890년에 잡지 〈디 게젤샤프트Die Gesellschaft〉에서 일하기 시작했다.
프랑크 베데킨트Frank Wedekind: 1864년 하노버 출생, 1918년 뮌헨 사망.

384 **파울 셰르바르트Paul Scheerbart:** 1863년 단치히(지금의 폴란드 그단스크)에서 출생, 1915년 베를린 사망. 저서로 1897년에 출간된 《타루브, 바그다드의 유명 주방장》이 있다.

387 **발터 하를란Walter Harlan:** 1867년 드레스덴 출생, 1931년 베를린 사망.

393 **게다가 짤막한 소개말로 공연의 시작을 알리는 임무가 나에게 떨어졌다**: 1898년 1월 23일 베를린의 일을 가리킨다. 1898년도 〈마가친 퓌어 리테라투어〉, 그리고 ≪희곡론 1889~1990≫, GA 29에 수록.

397 **"빈의 한 시인"**: ≪문학론 1884~1902≫. GA 32에 재수록.
   〈루돌프 하이덴하임에 관하여〉: ≪인지학의 방법론적 토대 1884~1901≫, GA 30에 수록.

400 **자유문학협회에서 행한 강연**: "혁명기(1848)부터 현재까지의 독일 문예의 주류들"의 제5차 강연 "현대정신생활에서 입센과 니체의 의미". ≪전기와 전기적 소묘들 1894~1905≫, GA 33에 수록.

403 **≪신비적 사실로서의 그리스도교≫**: 베를린 1902. "브록도르프 백작 부부, 그리고 친애하는 빈의 친구 로자 마이레더와 모리츠 치터에게 바친다"는 헌사가 붙었다. 제2 확장판부터는 제목 끝에 "그리고 고대의 신비들"이라는 말이 더해졌다. GA 8 (TB 619).

408 **막스 슈티르너**Max Stirner: 본명은 카스파르 슈미트Kaspar Schmidt. 주저는 ≪유일자와 그의 소유물≫, 라이프치히 1845. 루돌프 슈타이너는 다음의 여러 곳에서 슈티르너를 언급한다. ≪철학의 수수께끼≫(1914), GA 18, ≪철학에서의 개인주의≫ (≪인지학의 방법론적 토대 1884~1901≫, GA 30에 재수록), 1895년 8월 20일자 로자 마이레더에게 보낸 편지(≪서간집 II 1890~1925≫, GA 39).

410 **존 헨리 매케이**: 1864년 스코틀랜드 그리노크Greenock 출생, 1933년 베를린 사망. ≪서간집 II 1890~1925≫, GA 39 참조.

413 **≪근대 정신생활 출현기의 신비주의≫**: ≪근대 정신생활 출현기의 신비주의, 그리고 그것과 현대 세계관들의 관계≫, 베를린 1901, GA 7. 1924년의 2판부터 ≪…현대 세계관의…≫로 바뀌었다. (TB 623)

417 **베를린의 노동자학교 교장이 나를 찾아와**: 이에 관해서는 다음 책을 참조할 것. 요한나 뮈케Johanna Mücke, 알빈 알프레트 루돌프Alwin Alfred Rudolph 저, ≪루돌프 슈타이너와 그의 베를린 노동자학교 활동에 대한 회상 1899~1904≫, 바젤 1979.
   빌헬름 리프크네히트 Wilhelm Liebknecht: 1826년 기센Gießen 출생, 1900년 샤를로텐부르크Charlottenburg 사망.

420 **구텐베르크 기념행사 … 축사**: 〈문화발달의 획기적 사건인 구텐베르크의 업적〉. ≪문화와 정신의 역사에 관한 논문집 1887~1901≫, GA 31에 수록.

422 루돌프 슈타이너의 노동자학교 활동은 1899년 1월 13일부터 1904년 12월 23일까지였다.

425 '강연의 예술'에 관해 다음과 같이 썼다: ≪희곡론≫, GA 29에 수록된 〈강연 예술에 대하여〉를 가리킨다.

426 마리 폰 지버스Marie von Sivers: 1867년 3월 14일 폴란드 브워츠와베크Włocławek 출생, 1948년 스위스 베아텐베르크Beatenberg 사망. 1914년 12월 24일부터 마리 슈타이너. 루돌프 슈타이너, 마리 슈타이너 폰 지버스, ≪서간집과 자료들 1901~1925≫, GA 262, 헬라 비스베르거Hella Wiesberger 저 ≪마리 슈타이너 폰 지버스 – 인지학에 바친 일생. 서간과 자료로 쓴 전기≫, 도르나흐, 1956 등 참조.

427 루트비히 야코봅스키Ludwig Jacobowski: 1868년 스트렐노Strelno 출생, 1900년 베를린 사망. 루돌프 슈타이너는 야코봅스키의 유작으로 구성된 시집 ≪여운≫ (Ausklang)에 "시인의 삶과 성격"이라는 제목으로 상세한 서문을 썼는데, 이는 시인에 대한 예찬을 담고 있었다. 이 서문을 비롯해서 시인에 대해 슈타이너가 쓴 글들은 ≪전기와 전기적 소묘들 1894~1905≫, GA 33, ≪문학론 1884~1902≫. GA 32, ≪서간집 II 1890~1925≫, GA 39에 수록되어 있다.

428 〈디 게젤샤프트 Die Gesellschaft〉(사회): 루트비히 야코봅스키는 M. G. 콘라트와 함께 드레스덴과 아리프치히에서 이 잡지를 발행했다. 해켈에 대해 쓴 루돌프 슈타이너의 여러 글이 이 잡지에 실렸는데, 특히 1899년에는 〈해켈과 그 반대자들〉이라는 논문이 처음으로 이 잡지에 실렸다.
"디 콤멘덴Die Kommenden": 이 책 444쪽을 볼 것.

429 친구들이 보내준 원고를 모아… 기념문집: ≪루트비히 야코봅스키를 비춘 생명의 빛≫, 마리 슈토나Marie Stona 편, 브레슬라우 1901. 이 책에는 루돌프 슈타이너의 글 〈로키Loki〉가 실려 있다.
마리 슈토나: 본명은 마리 숄츠Marie Scholz, 결혼 전의 이름은 스토나브스키Stonawski. 트로파우 인근 스트르제보비츠Strzebowitz에서 1861년 출생, 1944년 사망.

430 브루노 빌레Bruno Wille: 1860년 막데부르크Magdeburg 출생, 1928년 린다우Lindau 사망. 1900년에 조르다노 브루노 연맹 창립.
빌헬름 뵐셰Wilhelm Bölsche: 1861년 쾰른 출생, 1939년 리젠게비르게Riesengebirge 지방 오버슈라이버하우Oberschreiberhau 사망.
자유대학: 루돌프 슈타이너의 "자유대학" 강연 활동은 1902년 10월 15일부터 이어진 "민족대이동부터 12세기까지의 독일 역사"라는 제목의 연속강연으로 시작되어 1905년 12월 19일에 "게르만 사회에서 도시 사회로. 중세 형성의 기초"라는 제목의 연속강연 최종회로 막을 내렸다. 슈타이너 자신의 강연록 또는 청중기록이 남아 있는 강연 내용은 ≪철학, 역사, 문학에 관하여≫, GA 51에 수록되었다.
조르다노 브루노 연맹: 1900년 11월 30일부터 1905년 5월 3일까지 루돌프 슈타이너는

"통일된 세계관을 위한 조르다노 브루노 연맹"에서 강연했다.

432 **볼프강 키르히바흐**Wolfgang Kirchbach: 1857년 런던 출생, 1906년 바트 나우하임Bad Nauheim 사망. ≪서간집 II 1890~1925≫, GA 39 참조.
이 강연이 나의 인지학 활동의 출발점이 되었다: "일원론과 신지학". 1902년 10월 8일 베를린 시청 시민홀에서 조르다노 브루노 연맹을 위해 행한 이 연설에 이어 같은 달 15일에는 강연에 대한 토론의 밤 행사가 열렸다. 이 강연에 관해 1902년 11월 1일자 〈프라이뎅커Freidenker〉지에 실려 큰 반향을 부른 보도는 ≪문학에 관한 초기 저작≫, 4권, 도르나흐 1941, 150쪽 이하, ≪철학, 역사, 문학에 관하여≫, GA 51에 재수록되었다. ≪서간집≫ 2권, 도르나흐 1953에 수록된 빌헬름 휩베 슐라이덴에게 보낸 1902년 10월 11일, 13일자 편지 참조.

433 **프리드리히 에크슈타인**Friedrich Eckstein: 이 책 177쪽을 볼 것. ≪코메니우스와 보헤미아 형제들≫, 라이프치히 1922는 그가 편찬하고 서문을 붙여 낸 책이다.

437 **"괴테의 비밀 계시"**: "괴테의 비밀 계시. 1899년 8월 28일, 그의 탄생 150주년을 맞아": ≪인지학의 방법론적 토대 1884~1901≫, GA 30에 재수록. 이 글의 개정판은 ≪"파우스트"와 동화 "뱀과 백합"을 통해 드러나는 괴테의 정신 형태≫, 베를린 1918, GA 22에 실렸다. 또한 이 책 134쪽, 그리고 ≪동화 "초록 뱀과 아름다운 백합"에서 드러나는 괴테의 감춰진 계시≫, 1편의 글과 11회의 강연, 도르나흐 1982도 참조할 것.

438 **브록도르프 백작 부부**: 소피 폰 브록도르프 백작부인(결혼 전 이름은 알레펠트Ahlefeldt, 1848년 위틀란트Jütland 지방 담가르드Damgaard 출생, 1906년 메란Meran 인근 알군트Algund 사망), 카이 로렌츠 브록도르프Cay Lorenz von Brockdorf 백작(1844년 노이뮌스터Neumünster 출생, 1921년 메란 사망).

442 **니체를 주제로 강연을 했다**: 1900년 9월 20일의 강연.
두 번째 강연: 1900년 9월 29일의 강연.
신지학협회: 신지학협회(The Theosophical Society)는 1875년 11월 17일 뉴욕에서 H. P. 블라바츠키와 헨리 스틸 올코트Henry Steel Olcott(1832~1907)에 의해 창립되었다. 그리고 창립 후 곧 본부를 인도로 옮겼다. 이 책 150, 160쪽 참조. 그리고 ≪인지학협회와의 관계에서 본 인지학 운동의 역사와 상황들. 자체적인 숙고를 위한 제언≫, 1923년 6월 도르나흐에서 행한 8회의 강연, GA 258 참조.
신지학자들에 대한 비판적인 기사: "신지학자들", 1897년 9월 4일자 〈마가친〉에 실린 글 "신지학자들"을 가리킨다. ≪문학론 1884~1902≫, GA 32에 재수록.

443 **강연을 진행했다**: 1900년 10월 6일부터 1901년 4월 27일까지 베를린의 신지학도서관에서 행한 27회의 강연을 가리킨다.

≪**근대 정신생활 출현기의 신비주의**≫: 이 책 413쪽 참조.
애니 베전트: 1847년 런던 출생, 1933년 인도 아드야르Adyar 사망. 1907년 5월, 신지학 협회 창립자이자 회장인 올코트가 사망한 뒤 회장으로 선출되었다. 무엇보다 이 책 320쪽 이하, 그리고 293쪽의 주석(신지학협회)을 참조할 것. 애니 베전트에 관한 여러 언급은 ≪루시퍼·그노시스, 논문집 1903~1908≫, GA 34에 실려 있다.
창립회장: 1902년 10월 19일과 20일의 신지학협회 독일지부 창립회의 장소.
신지학과 관련이 없는 청중들을 대상으로 하는 강연: 1902년 10월 20일, 〈디 콤멘덴〉 회원들을 위한 27회 강연 가운데 제3차 강연을 가리킨다. 전체 강연의 제목은 〈차라투스트라에서 니체까지. 고대 오리엔트 시대에서 현대까지의 세계관으로 읽는 인류발달사, 또는 인지학〉이었다. 루돌프 슈타이너가 1900년 9월 13일의 제1차 강연 〈프리드리히 니체의 인격〉으로 시작한 이 〈디 콤멘덴〉 회원을 위한 강연 시리즈는 1903년 4월 6일의 강연을 마지막으로 막을 내렸다.

444 **"부처에서 그리스도까지":** 1901년 10월 3일부터 1902년 3월 27까지의 24회 강연.
그것은 실제로 사실이 아니었으며: 빌헬름 휩베 슐라이덴에게 보낸 1902년 12월 15일자 편지를 볼것. ≪서간집≫ 2권, 도르나흐 1953.

445 **괴테의 ≪파우스트≫를 비의적 관점에서 강의:** ≪"파우스트"와 동화 "뱀과 백합"을 통해 드러나는 괴테의 정신 형태≫, 베를린 1918, GA 22에 수록.
일련의 강연을 했고 … ≪신비적 사실로서의 그리스도교≫: 1901년 10월 11일부터 1902년 4월 26일까지 베를린의 신지학도서관에서 행한 24회 강연을 가리킨다. ≪서간집 II 1890~1925≫, GA 39의 볼프강 키르히바흐에게 보낸 1902년 10월 2일자 편지 참조.

446 **버트램 케이틀리**Bertram Keithley: 1860~1949.
미드George R. S. Mead: 1963~1933.

447 **어느 이단자의 새해 관조:** ≪인지학의 방법론적 토대 1884~1901≫, GA 30에 재수록.

448 **오토 빌만**Otto Willmann: ≪관념론의 역사≫, 전 3권, 브라운슈바이크 1894~1897.

450 ≪**19세기의 세계관과 인생관**≫: 이 책 371쪽을 볼 것.

454 **그에게 내 책을 헌정했다:** "저자는 지극한 존경의 마음을 담아 에른스트 해켈 교수님께 이 책을 바칩니다."
≪**해켈과 그의 반대자들**≫: 1900년에 베스트팔렌 지방 민덴Minden에서 출간되었고, ≪인지학의 방법론적 기초1884~1901≫, GA 30에 수록되었다. 이 책 430쪽 〈디 게젤샤프트〉지 부분의 주석도 참조할 것.

457 **다른 전집:** ≪해설과 그림으로 본 19세기. 한스 크래머와 여러 저자가 쓴 정치와 문화의 역사≫를 가리킨다. 이 가운데 루돌프 슈타이너가 쓴 부분은 "문학 - 정신적인 삶"으로, 1900년에 베를린에서 출간되었다. ≪전기와 전기적 소묘들 1894~1905≫, GA 33에 "19세기의 문학과 정신적인 삶"이라는 제목으로 재수록되었다.

458 **〈철학에서의 이기주의〉:** 라이프치히 1899. ≪인지학의 방법론적 토대 1894~1905≫, GA 30에 〈철학에서의 개인주의〉라는 제목으로 재수록되었다.

461 **내가 ≪신지학≫을 어떻게 구성했는가:** ≪신지학. 초감각적 세계 인식과 인간 이해≫, 베를린 1904. GA 9(TB 615).

466 **인도의 한 소년:** 지두 크리슈나무르티Jiddu Krishnamurti, 1895년 출생, 1986년 미국 캘리포니아 오하이Ojai 사망.

471 **빌헬름 휩베 슐라이덴:** 1846년 함부르크 출생, 1916년 괴팅엔 사망. ≪서간집≫, 2권 도르나흐 1953 참조.

474 **월간 〈루시퍼〉:** 1903년 6월에서 12월(1~7호)는 〈루시퍼〉라는 제호로, 그 다음 1904년 1월부터 1908년 5월(8~35호)는 〈루시퍼·그노시스〉라는 제호로 나왔다. 단행본으로는 ≪루시퍼·그노시스. 인지학의 기초논문들, 그리고 〈루시퍼〉, 〈루시퍼·그노시스〉에서 발췌한 보고들 1903~1908≫, GA 34.

476 **≪어떻게 초감각적 세계의 인식에 도달할 것인가?≫:** 1904~1905년 베를린에서 여러 논문으로 발표되었다. 첫 단행본 출간은 1909년 베를린(GA 10, TB 600).

480 **올코트 대령:** 이 책 442쪽 이하 참조.

483 **철학과 인지학 관련 출판사:** 원래 이름은 "철학·신지학 출판사"였는데, 1915년에 철학·인지학 출판사로 이름을 바꾸었다. 여기서 언급한 글은 〈실러와 우리 시대〉로, 1905년 1월에서 3월까지 베를린 자유대학에서 행한 강연의 기록이다. ≪철학, 역사, 문학에 관하여≫, GA 51로 나왔다. 이 단행본은 베를린에 있는 신지학 협회 베젠트지부의 위임을 받아 마리 폰 지버스와 요한나 뮈케에 의해 출간되었고, 이는 1908년의 출판사 설립으로 이어졌다.

499 **막스 셸러Max Scheler:** 1874년 뮌헨 출생, 1928년 프랑크푸르트 사망.

507 **분명하게 말했다. "이는 모두 관례일 뿐이며…":** 마리 폰 지버스에게 보낸 1905년 11월 25일, 30일자 편지 참조. 이 두 편지를 쓴 것은 사건이 있고 하루, 그리고 6일이 지난 뒤였

다. 이 편지들은 ≪서간문과 문서들≫, GA 262에 수록.

516 **일련의 파리 강연**: ≪우주진화론≫, 1906년 5월 25일~6월 14일의 18회 강연. 에두아르 쉬레의 요약본에 청중 메모를 더하여 발행되었다. GA 94.
에두아르 쉬레 Edouard Schuré: 슈트라스부르크에서 1842년 출생, 1929년 사망.
드미트리 셰르게에비치 메레슈코브스키: 1865년 상트 페테르부르크에서 출생, 1941년 파리 사망.
민스키Minsky: 니콜라이 막시모비치 빌렌킨Nikolai Maximowitsch Wilenkin의 가명. 1855년 빌나Wilna의 글루보카예Glubokoe 출생.

517 **물질체, 생명 현상의 중개자로서 에테르체, 감각과 의지 현상의 중개자로서 아스트랄체, 그리고 "자아의 운반체"**: 원고에 따라 추가.

522 **파울리네 폰 칼크로이트**Pauline von Kalckreuth: 1856년 뒤셀도르프 출생, 1929년 뮌헨 사망.
소피 슈틴데 Sophie Stinde: 1853년 출생, 1915년 뮌헨 사망.
루트비히 다인하르트 Ludwig Deinhard: 1847년 라인팔츠Rheinpfalz 지방 다이데스하임Deidesheim 출생, 1917년 뮌헨 사망.
헬레네 폰 셰비치 Helene von Schewitsch: 결혼 전 성은 된니게스Dönniges. 뮌헨에서 1845년 출생, 1911년 사망.

524 **신지학 협회총회는 뮌헨에서 개최되었다**: ≪주술적 인장과 꾸며진 기둥들 - 1907년 성령강림절의 뮌헨회의와 그 영향≫, GA 284.
쉬레가 재구성한 엘레우시스의 드라마: ≪서막 "프로세르피나의 납치"와 엘레우시스의 성극들≫, 쉬레 재구성, 마리 슈타이너 폰 지버스 번역에 루돌프 슈타이너가 자유로이 음률을 붙였다. 1939년 도르나흐에서 출간.

색인

ㄱ

가스트, 페터 295
가우치, 파울 161
갈릴레이 125
게라스(루돌프 슈타이너 부친의 출생지) 15
게르비누스, 게오르크 고트프리트 103
　— ≪독일문학사≫ 103
과학자 클럽, 빈 242
괴테, 발터 폰 166, 226
괴테, 요한 볼프강 63, 65-66, 105, 107-114, 123-129, 137, 138, 153, 166-170, 181-183, 194-197, 199, 201-203, 224, 244, 288-289, 312, 329-330, 348, 373, 374, 431, 437-442, 450, 452-453, 473
　— 색채론 107, 109-110
　— 파우스트 65, 104, 227, 233, 329-330
　— 초록 뱀과 아름다운 백합 동화 199-203, 437
　— 산문체 잠언 357
　— 자연과학저술 114, 123-129, 166, 181
　— 자연과학저술(퀴르슈너 판) 167, 182,
　　　퀴르슈너 판 194
　— 국외 이주 독일인들의 대화 199
괴테·실러문서실 179, 218, 226, 232-238, 314
괴테아눔 513
괴테연보 224, 329, 330
괴테협회 252, 258, 259
≪교육자 렘브란트≫ 211
구속주회 수도원(라이타 강변) 26
구텐베르크, 요한 420
귀요, 장 마리 284
〈그노시스〉 475
그라이프, 마르틴 146
그라치에, 마리 오이게니 델레 133-145
　— 집시 여인 134
　— 헤르만 134
　— 로베스피에르 134
　— 사탄족 134
　— 사울 134
그레그르, 에두아르트 100
그륀, 아나스타시우스 66
그림, 헤르만 166, 227-228, 234-236
　— 괴테에 관한 강좌 227

길름, 헤르만 폰 52

ㄴ

노동자학교, 베를린 417, 420-422
노이되르플 23, 27, 30-31, 30-32, 41
노이되르플의 신부 31-34
노이만, 빌헬름 139-140
노이퍼 337-340
뉴턴 109
니체, 엘리자베트 푀르스터 281-282, 284
니체, 프리드리히 206, 252, 265, 279-295
 — 권력 의지(모든 가치의 전도) 285
 — 선악의 피안 206
 — 차라투스트라 286, 304, 305
니체문서실 281, 284, 287
닐센, 라스무스 341

ㄷ

다윈, 다윈주의 74, 127, 128, 243, 364
다인하르트, 루트비히 522
데멜 343
데아크, 페렌츠 208
도스토예프스키 94
〈도이체 리테라투어차이퉁〉(독일문학) 328
〈독일의 말〉 163
〈도이체 보헨슈리프트〉(독일주간) 161, 319
〈도이칠란트〉(독일) 343
동방의 별 466
두나옙스키 100
뒤링, 오이겐 284, 291-293
 — 《엄밀한 과학적 세계관 및 인생 설계로서의 철학 강좌》 291
〈드라마투르기셰 블래터〉(연극평론) 425
〈디 게젤샤프트〉(사회) 428
"디 콤멘덴", 베를린 428, 444
딕스, 아르투르 458
 — 《이기주의》 458

ㄹ

라살레, 페르디난트 522
라센, 에두아르트 라센307
라이스트너, 루트비히 248-251
 — 《스핑크스의 수수께끼》 249
라이엘, 찰스 364
라이타 강 23, 26
라이틀링어, 에드문트 75-80, 110
 — 자유로운 통찰 75
라파엘로 235, 514
 — 성체 논쟁 514
 — 아테네 학당 514
라파포르트 475
락스알페 17
랑, 마리 173-174, 433
랑벤, 요제프 《교육자 렘브란트》의 저자
 — 《교육자 렘브란트》 210
레나우, 니콜라우스 66, 159, 208
 — 〈3인의 집시〉
레빈스키, 요제프 141
레싱, 고트홀트 에프라임 36, 50, 63, 229
 — 《라오콘》 63
렘머마이어, 프리드리히 140, 141, 147, 158, 160
 — 《연금술사》 141
레오나르도 514
 — 최후의 만찬 514
로베스피에르 134
로살리아 경당 23
로스토크 220
로이터, 가브리엘레 252, 256-257, 315
 — 《훌륭한 가정에서》 253
로테크, 카를 폰 52, 57
 — 《일반세계사》 52
로트베르투스, 요한 카를 163
롤레체크, 요제프 332
뢰퍼, 구스나프 폰 166, 226-227, 233-234
루빈스타인, 안톤 140

〈루시퍼·그노시스〉 475-476
〈루시퍼〉 475
륍센, 하인리히 보르헤르트 51
〈르네상스〉, 잡지 523
리거, 프란츠, L. 100
리드비터, 찰스 웹스터 447
레오나르도 다 빈치 514
리스트, 프란츠 170, 343-344
리프만, 오토 129
리프크네히트, 빌헬름 417
리히터, 오이겐 318
장 파울 251, 523
린바허, 게오르크 100

ㅁ

〈마가친 퓌어 리테라투어〉(문학잡지) 376-381, 391, 414-415, 423, 425, 437, 442, 447-450
　잡지에 수록된 루돌프 슈타이너의 글:
　─ 니체문서실, 그리고 지금까지의 발행인에 대해 제기된 문서실의 이의 291
　─ 혁명기(1848)에서 현재까지의 독일 문예의 주류들 400
　─ 니체의 이른바 "동일한 것의 영원회귀" 285
　─ 빈의 한 시인 397
　─ 괴테의 비밀 계시 442
　─ 어느 이단자의 새해 관조 447
　─ 루돌프 하이덴하임에 관하여 397
　─ 신지학자들 442
마르크스, 카를(마르크스주의) 417-419, 421
마이레더, 로자 174-177
　─ 《여성성 비판》 175
마이레더, 율리우스(카를 마이레더의 아우) 176
마이레더, 카를(로자 마이레더의 남편) 176
마이스터 에크하르트 443

마이어, 율리우스 로베르트 80
마타야, 에밀리에(필명 에밀 마리오트) 140, 160
마테를링크, 모리스 392-393
　─ 《침입자》 393
마흐, 에른스트 473
말러, 구스타프 310
매케이, 존 헨리 410-412
　─ 《무정부주의자들》 412
메레슈콥스키, 디미트리 세르게비치 516
몰트케, 헬무트 폰 248
뫼들링, 빈 인근 16
문학협회, 베를린(자유문학협회) 252, 377-378, 380, 382, 388-389
뮐너, 라우렌츠 138, 143
뮐러, 요제프 523
　─ 〈르네상스〉, 월간지 523
뮐러, 요한네스 폰 52
미드, G. R. S. 446
미손, 요제프 105
　─ 촌뜨기 나츠, 니더외스터라이히에서 객지로 나가다 105
미켈란젤로 514
민스키(니콜라이 막시모비치 빌렌킨의 가명) 516

ㅂ

바그너, 리하르트 86, 88-89, 280, 310
바움가르트너 138
바이닝어, 오토 517
　─ 《성과 성격》 517
바이런 342
바이마르 신문 343
바치 113
바흐트마이스터 백작부인 464
반유대주의방어협회 427
발데, 펠릭스 70
발레, 리하르트 170

발레, 율리우스 232, 307, 315
베데킨트, 프랑크 383-384, 386, 387
베르너, 카를 142
   — ≪성 코마스 아퀴나스≫ 142
베를렙슈, 고스비나 폰 140
베전트, 애니 443, 446, 464, 466, 475, 479, 480, 481, 482
베티나, 폰 아르님 228
벡셀 17
보른그래버 455
   — ≪조르다노 브루노≫, 희곡 455
볼프, 후고 176
뵈메, 야콥 443
뵐러, 파울 343
뵐셰, 빌헬름 430
브람, 루트비히 307
브라이텐슈타인 207
브라이트 481
브란데스, 게오르크 341-342
브란트슈테터, 한스 142
브렌타노, 프란츠 64-65, 67
브로이어, 요제프 216
브록도르프 백작 438, 442, 445
브론자르트, 폰 셸렌도르프 310
브루크너, 안톤 141
브륄, 이그나츠 215
블라바츠키, H. P. 150, 173, 435, 442, 466, 477-479
블리 15
비너노이슈타트 23, 37, 40, 42, 52, 86, 96
비어바움, O. J. 383
비케, 파울 307
비흐만, 루트비히 340
빈 공대 독일어 열람실 98
빌레, 브루노 430, 431
   — ≪노간주나무의 계시≫ 430
   — ≪해방의 철학≫ 430
빌로트, 테오도르 321

빌만, 오토 222
   — ≪관념론의 역사≫ 222
빌보른, 일마 159, 160

ㅅ

샹보르 백작 26
성 발렌틴 성당 신부 17
셰러, 빌헬름 105, 228-229
셰르바르트, 파울 384-386,
   — ≪타루브, 바그다드의 유명 요리사≫ 385
셰비치, 헬레네 폰 522
   — ≪나는 나 자신을 어떻게 찾았는가?≫ 522
셸러, 막스 499
셸링, 프리드리히 빌헬름 요제프 폰 250, 450
소피 루이제, 작센 바이마르 대공비 166, 236
쇼펜하우어, 아르투르 91, 251, 259, 281
쉬레, 에두아르 516, 524
   — 엘레우시스의 드라마 524
슈네베르크 17
슈뢰어, 카를 율리우스 63, 66, 90, 102-107, 115, 123, 133, 134-137, 143, 162, 329
   — 헝가리 산악지역의 독일어 방언 사전 기고문 104
   — ≪헝가리의 독일 성탄극≫ 103
   — ≪19세기 독일 시문학사≫ 104
   — 괴테의 파우스트 편집 104
   — ≪고트셰 방언 사전≫ 104
슈뢰어, 토비아스 고트프리트(Chr. 외저, 카를 율리우스 슈뢰어의 부친) 102
슈미트, 루돌프 341-342
   — ≪변신왕≫ 341
슈미트, 에리히 226, 229, 230, 232, 236
   — ≪레싱의 삶과 저작의 역사≫

슈타이너, 루돌프
  저작:
  ─〈아카샤 기록으로부터〉 476
  ─《신비적 사실로서의 그리스도교》 403, 405, 413, 445, 461
  ─《근대 정신생활 출현기의 신비주의, 그리고 그것과 현대 세계관의 관계》 413
  ─《자유의 철학》 143, 158, 177, 179, 184-185, 191, 198, 261, 272-277, 279, 325-326, 328, 370-374, 410, 430, 483
  ─《철학의 수수께끼》 (19세기의 세계관과 인생관) 371, 450
  ─ 박사학위 논문 223
  ─《시대와 맞선 투사 니체》 280, 283, 289, 328
  ─〈새로운 미학의 아버지 괴테〉 156
  ─〈파우스트와 동화〈초록 뱀과 백합〉에서 드러나는 괴테의 정신적 성향〉 199
  ─《괴테의 세계관》 289, 346, 357
  ─《괴테 세계관의 인식론》 129, 131, 280, 373
  ─《헤켈과 그의 반대자들》 454
  ─《신비극》 70
  ─《신지학》 461, 487, 489
  ─《영혼의 수수께끼》 112
  ─《진리와 과학》 373
  ─《어떻게 초감각적 세계의 인식에 도달할 것인가?》 476

  논문:
  ─〈자연과 우리의 이상들〉(개인 인쇄물) 136
  ─〈현대독일시〉(델레 그라치에를 중심으로), 〈자유 슐레지엔 언론〉 기고 134
  ─〈도이체 보헨슈리프트〉(1888) 기고 161
  ─〈호문쿨루스(로베르트 하멀링)〉,〈도이체 보헨슈리프트〉(1888) 기고 214
  ─〈우리가 괴테문서실의 출판물을 통해 얻은 괴테의 자연과학 자술들에 관해 얻은 견해〉(괴테 연보 12권, 1891) 224
  ─〈니체의 이른바 동일한 것의 영원회귀〉,〈마가친 퓌어 리테라투어〉(1900) 기고 285
  ─〈현대 세계관과 반동적 흐름〉,〈마가친 퓌어 리테라투어〉(1900) 기고 299-301
  ─ 니체문서실에 관하여,〈마가친 퓌어 리테라투어〉(1900) 기고 331
  ─ 논설과 서평,〈리테라리셔 메르쿠르〉(1891-93) 기고 336
  ─ 연극비평,〈마가친 퓌어 리테라투어〉 기고 394
  ─ 빈의 한 시인,〈마가친 퓌어 리테라투어〉(1897) 기고 397
  ─ 루돌프 하이덴하임,〈마가친 퓌어 리테라투어〉(1897) 기고 397
  ─〈혁명기(1848)에서 현재에 이르는 독일 문학의 주류〉,〈마가친 퓌어 리테라투어〉(1898) 기고 400
  ─ 강연의 기술,〈드라마투르기셰 블래터〉(1898) 기고 425-426
  ─ 괴테의 비밀 계시,〈마가친 퓌어 리테라투어〉(1899) 기고 442
  ─ 신지학자들,〈마가친 퓌어 리테라투어〉(1897) 기고 442
  ─〈어느 이단자의 새해 전망〉,〈마가친 퓌어 리테라투어〉(1899) 기고 447
  ─〈루시퍼〉와〈루시퍼·그노시스〉에 게재한 글 474-476
슈타이너, 마리 → 지버스, 마리 폰
슈타이너, 요한(루돌프 슈타이너의 부친) 15-16, 19-20, 21, 22, 23, 34-35, 37-38, 40, 41, 55, 57-58, 60
슈타이너, 프란치스카(루돌프 슈타이너의 모

친) 15, 16, 19, 35
슈타인, 하인리히 폰 220-223
   — ≪플라톤주의의 역사에 관한 일곱 권의 책≫ 221
슈타인반트, 페르허 폰 148
슈타펜하겐, 베른하르트 310, 337
슈토나, 마리 429
슈퇴르, 아돌프 140
슈트라우스, 리하르트 307, 308
   — ≪오일렌슈피겔≫ 308
   — ≪군트람≫(음악극) 308
   — ≪차라투스트라 교향곡≫ 308
슈트로스, 알프레트 140, 141
슈티르너, 막스 408-410
슈틴데, 소피 522
슈필하겐, 프리드리히 378
슐뢰글, 프리드리히 160
슐렌터, 파울 307
스펜서, 허버트 281
〈스펑크스〉, 잡지 471
시네트, 앨프레드 퍼시 150, 447
   — ≪비의불교≫ 150
〈신 독일 전망〉, 잡지 332
신지학 150, 173, 174, 435-436, 443, 461, 465, 470-471, 475, 486-488
신지학협회 434, 442-450, 462, 464-467, 470-471, 474-475, 476-483, 492, 500, 524, 526
실러 36, 81-82, 113, 199-201, 438
   — ≪인간의 미적 교육에 관한 편지≫ 81, 199-201

ㅇ
아들러, 빅토르 162
아르님, 기젤라 폰 227
아르님, 베티나 폰 228
아스무스, 마르타 429, 430
아스무스, 파울 429
아터제(잘츠캄머구트) 120
안조르게, 콘라트 342, 343, 344, 346
알텐베르크, 페터 397
야커, 존 505
야코봅스키, 루트비히 427-429
   — 빛나는 날들 427
   — ≪로키, 어느 신의 이야기≫ 428
   — ≪유대인 베르터≫ 427
약초 채취꾼 (펠릭스 코구츠키) 68-70
에머슨, 랠프 월도 284
에크슈타인, 프리드리히 433-434
에크하르트, 마이스터 443
엥겔스, 프리드리히 163
오이니케, 안나 327, 414
올덴 부부 252-254, 257, 270, 315
   — ≪현명한 캐테≫ 253
   — ≪공식적인 아내≫ 252
올코트, 헨리 스틸 480, 523
외저, Chr. 102
윤리문화협회, 독일 267
인지학 14, 227, 325, 432, 443, 449, 453, 460, 461, 462, 469-470, 472, 474, 475, 476, 478, 483, 489, 494, 497, 500-502, 510, 512-513, 517
인지학협회 465, 466, 504, 508, 510, 515, 520-524, 526
인체르스도르프 60
입센, 헨리크 252, 309
   — 노라 309

ㅈ
자우어브룬 30
자유대학, 베를린 430
자유문학협회, 베를린 378, 381, 383, 388, 391, 400
자유연극협회, 베를린 391
자허 마조흐, 레오폴트 폰 138
장 파울 251, 523

젬머링 산 17
조토 514
주판, 베른하르트 170, 226, 230
지모니, 프리드리히 56
지버스, 마리 폰(마리 슈타이너) 426, 443, 446, 462, 474, 475, 480, 483, 493-495, 504, 507, 513, 515, 516, 524-526, 527
조르다노 브루노 연맹, 베를린 430, 432

ㅊ

치마부에 513, 514
철학인지학출판사 445, 483
체체니 백작 30
첼러, 하인리히 308
쳄파스 여성사중주단 160
⟨추쿤프트⟩, 잡지 270
침머만, 로베르트 64-66, 73, 134
— ≪형태학으로서의 미학≫ 66

ㅋ

카르네리, 바르톨로메우스 99
카를 아우구스트, 작센 바이마르 대공계승자 237
카를 알렉산더, 작센 바이마르 대공 236
카프슈타인, 테오도르 430
칸트, 칸트철학 47-50, 56, 61, 113, 264
— ≪순수 이성 비판≫ 47-49
— ≪미래의 모든 형이상학을 위한 서설≫ 61
칼크로이트 백작부인 522
케이틀리, 버트램 446
케플러, 요한 80
코타 출판사 248, 251
— 코타 세계문학총서 251
코페르니쿠스 33
쾨겔, 프리츠 282, 284, 287, 291, 343
쾰러, 라인홀트 237-238
퀴르슈너, 요제프 114, 123, 167, 194, 348, 357
크랄예베치(루돌프 슈타이너의 출생지) 15
크래머, 한스 457
크론바흐 450
크롬프톤, 폰 342, 345, 346
크룩, 빌헬름 트라우고트 62
크리스트리프, 막스 334
≪크리스티안 로젠크로이츠의 신비로운 결혼식≫ 202
페르허 폰 슈타인반트 (본명은 요한 클라인페르허) 148
— ⟨근원적 충동의 합창⟩ 148
— ⟨근원적 꿈의 합창⟩ 148
— ⟨젤렌브란트 백작부인⟩ 148
키르히바흐, 볼프강 432
키티르, 요제프 146

ㅌ

타키투스 52
타아페 백작, 에두아르트 99
탈레스 458
터커, 벤저민 412
토마스 아퀴나스 142, 513
토마추크, 콘스탄틴 100
톨스토이 216
— ≪크로이처 소나타≫ 216
툰 백작, 레오 폰 161
트라이치케, 하인리히 폰 246-248
틸로, C. A. 62
— ≪철학의 역사≫ 62

ㅍ

파울리네, 작센 바이마르 대공 계승자비 237
⟨파터란트⟩지 138
페르너스토르퍼, 엥엘베르트 163
페르허 폰 슈타인반트(본명은 요한 클라인페르허) 148

포르마이, 알프레트 158-160
포트샤흐 16, 18, 23
푀르스터 니체, 엘리자베트 281-282
필자크 305
프랭켈, 하인리히 318
　　―《황제여, 강해지소서》 318
프레몽트레 수도회, 게라스 15
프레제니우스, 아우구스트 328-331
프로스도르프 성 26
프로이트, 지그문트 216
프뢸리히, 오토 304, 306
프리메이슨 집회소, 노이되르플 32
프리트융, 하인리히 161
플라톤, 플라톤 철학 220-222, 224
플레너, 에른스트 폰 99
피셔, 프리드리히 테오도르 73
피셔, S.(출판사) 332
피텐 성 26
피히테, 요한 고틀리프 60-62, 156, 250, 450
　　―《인간의 운명》 62
　　―《독일 국민에게 고함》 61
　　―〈학자의 사명에 관하여〉 61
　　―〈학자의 본질에 관하여〉 61
　　―《지식학》 60, 61

ㅎ

하르나크, 오토 263
　　― 완숙기의 괴테 263
하르트 형제, 하인리히와 율리우스 146
하르트레벤, 오토 에리히 258-260, 262, 327, 343, 380-382, 393
　　―《결혼을 위한 교육》 381
　　―《괴테 어록》 328
하르트만, 에두아르트 폰 120-123, 170-172, 272-276, 382
　　―《인식론의 기초 문제》 120
　　―《발전 단계에 있는 인류의 종교 의식》 123
　　―《도덕의식의 현상학》 121
하르트만, 프란츠 173, 174, 442
하클란, 발터 387
　　―《작가 거래소》 388
하멀링, 로베르트 141, 154-155
　　― 호문쿨루스 154-155
하우스너, 오토 100
하이네, 하인리히 94
　　― 낭만파 94
　　―《독일 종교와 철학의 역사》 94
하이덴하임, 루돌프 397
하이트뮐러, 프란츠 페르디난트 331-332
　　― 침몰한 비네타 332
헤켈, 헤켈철학 66, 242-246, 262, 364, 420, 452, 454, 497
　　―《인류기원론》 365
　　―〈종교와 과학을 잇는 일원론〉 243
　　―《세계의 수수께끼》 420
　　―《일반 형태학》 66
헤겔 흉상(L. 비흐만 작) 338-340
헤겔, 게오르크 빌헬름 프리드리히 71, 156, 250, 407-410, 450
헤르더, 요한 프리드리히 230
헤르만슈타트 91, 208, 209
헤르바르트, 요한 프리드리히 54, 63, 64, 65
　　―《일반 형이상학》
　　―《철학 개론》 54
　　―《심리학》 54
헤르트비히, 오스카 497
헨켈, 카를 146
헬렌, 에두아르트 폰 데어 232, 314-316, 318, 331
　　―《라바터의 인상학 원고에 대한 괴테의 공헌》 314
헬름홀츠, 헤르만 폰 244
헴펠, 구스타프 227
　　― 괴테 전집 227

헵벨, 프리드리히 141, 159, 160
　　―〈들판의 소년〉160
호르네퍼, 에른스트 293, 294
　　―《니체의 영원회귀론》293
호른(루돌프 슈타이너 모친의 출생지) 15
호메로스 235
호요스 백작 15
황제(빌헬름 2세) 318
훔볼트, 빌헬름 폰 329
휩베 슐라이덴, 빌헬름 471, 522
휴얼, 윌리엄 75
　　―《역사에 기초한 귀납법적 학문의 철학》51
히르틀, 요제프 148

도판목록

9   루돌프 슈타이너, 1919년
25 포트샤흐에서 바라본 쳄머링 산
    노이되르플 마을의 도르프슈트라세
43 실업학교 졸업 무렵의 루돌프 슈타이너, 1879년
76 프리드리히 테오도르 피셔에게 보낸 루돌프 슈타이너의 편지, 1882년
225 바이마르 시기의 루돌프 슈타이너, 1889년
439 요한나 뮈케에게 보낸 루돌프 슈타이너의 편지, 1903년
459 베를린의 루돌프 슈타이너 , 1905년
463 베를린의 마리 폰 지버스, 1910년
509 루돌프 슈타이너, 1923년
525 루돌프 슈타이너의 친필 잠언

루돌프 슈타이너 연보

1861	2월 25일, 루돌프 요제프 로렌츠 슈타이너가 당시 오스트리아-헝가리제국의 크랄예베치(지금은 크로아티아에 속함)에서 철도 전신원이던 요한 슈타이너와 프란치스카(결혼 전 성은 블리) 사이의 장남으로 출생.
1863	포트샤흐에서 유년기를 보냄. 그곳에서 아버지가 역장으로 근무.
1869	아버지가 노이되르플(당시 헝가리, 지금은 오스트리아)로 전근.
1872	10월, 비너노이슈타트에 있는 실업학교(이공계열 김나지움)로 진학.
1877	칸트 연구 시작.
1879	7월, 최우수 성적으로 대학입학자격시험 합격, 첫 빈 방문, 오버라로 이사, 피히테 연구. 10월, 빈 공과대학에서 학업 시작. 전공 분야는 수학, 물리학, 자연사, 카를 율리우스 슈뢰어 교수의 문학 강의에 몰두.
1882	요제프 퀴르슈너가 출판을 주도한 ≪독일 국민 문학≫ 선집에서 괴테의 자연과학 저작물 분야를 맡음.
1884	괴테의 형태론 저작물을 한 권으로 발행. 빈에서 슈페히트 집안의 가정교사로 일함.
1886	≪괴테 세계관의 인식론≫
1888	1월~7월 〈도이체 보헨슈리프트〉(독일주간지)편집, 미학에 관해 연구.
1889	7월~8월, 바이마르, 베를린, 슈투트가르트, 뮌헨 여행.
1890	3월, 로자 마이레더를 만남. 10월 1일, 바이마르의 괴테·실러문서실에서 근무 시작, 괴테의 자연과학 저작물을 색채론과 골격학만 제외하고 출간.
1891	로스토크 대학에서 철학박사 학위 취득. 논문 주제는 ≪인식론의 기본 문제 - 피히테의 지식학을 중심으로≫.

1893	11월, 저서 ≪자유의 철학≫ 출간.
1894	연초, 엘리자베트 푀르스터 니체를 만남.
1895	≪시대에 맞선 투사 니체≫
1896	괴테·실러문서실 활동 종료.
1897	≪괴테 세계관의 인식론적 토대≫
	7월 1일, 오토 에리히 하르트레벤과 함께 〈마가친 퓌어 리테라투어〉(문학지) 편집을 맡아 베를린으로 이사.
	자유문학협회와 연극협회에서 활발한 교류.
1899	베를린 노동자학교에서 수업 시작.
	10월, 안나 오이니케와 결혼.
1900	≪헤켈과 그의 반대자, 19세기의 세계관과 인생관≫ 제1권.
	"디 콤멘덴"(미래인) 협회 및 조르다노 브루노 연맹과 긴밀히 협력.
	9월, 신지학 도서관에서 강연회 시작.
	9월 29일, 〈마가친〉의 편집 책임자 역할 종료.
	12월 2일, 시인이자 친구 루트비히 야코봅스키 사망.
	≪19세기의 세계관과 인생관≫ 제2권.
1901	≪근대 정신생활 출현기의 신비주의≫
	10월, 신지학 도서관에서 다시 강연회 시작, 미래인 협회에서 강연 시작.
1902	≪신비적 사실로서의 그리스도교와 고대의 신비≫.
	1월, 신지학협회 회원으로 가입.
	10월 19일, 신지학협회 독일 지부 설립, 사무총장으로 취임.
	마리 폰 지버스와의 우정과 공동 작업이 시작됨.
1903	잡지 〈샛별〉 창간 및 발행.
1904	≪신지학≫
	6월, 논문 〈어떻게 초감각적 세계의 인식에 도달할 것인가?〉 연재 시작.
	7월, ≪인간과 지구의 발달 - 아카샤 기록의 해석≫.
	독일 순회강연 시작.
	5월 초, 런던에 있는 애니 베전트 방문, 그녀는 슈타이너를 독일 신비학회의 대표로 임명.
	6월, 암스테르담 신지학협회 회의에서 강연.
1905	순회강연 연장, 독일과 스위스의 25개 도시 순방.
1906	연속강연회 시작. 1~6월 파리에서 16회 강연.
	1~7월, 라이프치히에서 14회 강연.
	1~9월, 슈투트가르트에서 14회 강연.
1907	5월, 뮌헨에서 개최된 신지학협회 유럽지회 회의에서 예술적 형상화를 시도하여 에두아르트 쉬레의 작품 〈엘레우시스의 신성 드라마〉 공연.
	애니 베전트와 결별, 순회강연회 속행.
1908	독일, 네덜란드, 스칸디나비아 지역 중심으로 순회강연.

1909	강연회 속행, 로마, 오슬로, 부다페스트 등에서 순회강연회.
	8월, 뮌헨에서 에두아르트 쉬레의 작품 〈샛별의 아이들〉 연출.
	그리스도교적 주제의 확장 및 심화.
1910	≪신비학 개요≫
	8월, 뮌헨에서 자신의 신비극 〈정신세계로 들어가는 입구〉를 연출함.
	예수 재림을 주제로 독일, 스칸디나비아, 오스트리아, 이탈리아로 순회강연 시작.
	민족혼의 인식, 복음서의 고찰.
1911	≪인간과 인류의 정신적 지도≫
	3월 19일 안나 슈타이너 사망.
	연초에 슈타이너의 가장 긴밀한 협조자인 마리 폰 지버스의 발병으로 강연회 활동이 제한됨.
	8월, 뮌헨에서 자신의 두 번째 신비극 〈영혼의 시험〉을 연출.
	가을, 크리슈나무르티를 미래의 지도자('예수')로 선전하는 애니 베전트와의 갈등이 표출되면서 순회강연 활동에 집중.
1912	≪깨달음의 길≫
	주로 헬싱키, 오슬로, 바젤에서 순회강연 및 연속강연회 실시.
	8월, 세 번째 신비극 〈문지기〉 연출.
	인지학협회의 창립을 위한 첫 시도.
	"오이리트미"라는 새로운 예술 장르를 선보임.
1913	2월 2일~3일, 인지학협회 결성(신지학협회 탈퇴).
	≪정신세계의 문턱≫
	헤이그, 헬싱키, 오슬로에서 순회강연회.
	8월, 뮌헨에서 네 번째 신비극 〈영혼들, 깨어나다〉 연출.
	9월 20일, 도르나흐에서 괴테아눔(괴테관) 건물 기공식.
1914	도르나흐가 슈타이너의 새로운 활동 중심지가 됨.
	1918년까지 베를린이 독일의 활동 중심지 역할을 함.
	건축 지휘.
	1차 세계대전 발발로 인하여 8월부터 강연 여행이 제한됨.
	12월 24일, 마리 폰 지버스와 결혼.
	≪철학의 수수께끼≫
1915	전쟁 기간 동안 한정된 자금으로 적대국 사람들과 함께 도르나흐에서 괴테아눔 건설을 속행
	오이리트미를 발전시켜
	괴테의 〈파우스트〉 연출.
1916	≪인간이라는 수수께끼≫
1917	≪영혼의 수수께끼≫, 인간과 사회의 유기적 조직의 3구성론을 개발.
	7~8월, 독일의 전쟁 의도에 관한 토론회를 시도함.
1919	≪사회적 문제의 핵심≫

	4월~6월, 독일 뷔르템베르크 주에서 3구성론 운동.
	9월, 슈투트가르트에 자유발도르프학교 설립. 도르나흐 이외에 슈투트가르트가 슈타이너의 활동 중심지가 됨.
1920	자연과학, 의학, 교육학에 관한 강좌 마련,
	'미래의 날' 주식회사에 경제 사업에 관해 조언.
	9월~10월, 괴테아눔 개관 기념으로 인지학 연사들이 3주간 세미나 코스를 실시.
	슈타이너는 교회, 민족과 관련하여 학문적 공격을 받음.
1921	전쟁으로 인해 중단되었던 강연 여행을 재개해 네덜란드와 노르웨이로 떠남.
	강연 및 조언 활동을 속행.
1922	독일, 오스트리아(빈 회의), 영국(3회), 네덜란드(2회) 여행을 통해 공개 강연활동의 정점을 이룸.
	9월, 그리스도교 단체의 설립을 조언하고 조력함.
	12월 31일~1923년 1월 1일, 방화로 인해 괴테아눔이 소실됨.
1923	인지학협회의 활성화 시도, 독일, 노르웨이, 영국, 오스트리아, 네덜란드에 지회 신설, 스웨덴과 스위스에는 이미 지회가 설립되어 있었음.
	교육학 관련 강좌와 강연회를 제외한 공개강연 활동을 철회함.
	12월 24일~1924년 1월 1일, 도르나흐의 괴테아눔에 일반인지학협회를 설립하고 회장직을 맡아 이끌어감.
1924	9월 말까지 내부의 강좌 활동 증가.
	'농업 과정'을 위한 생명역동농법 창안, '치유교육 코스'를 통해 특수교육을 창설.
	교육학, 오이리트미의 형상화 및 언어 형상과 희곡론에 관한 강좌 마련.
	의사 및 그리스도교 단체 성직자를 위한 과정 개설.
	자유정신대학의 회원을 위하여 카르마와 신비적 지도에 관한 결과물을 강연회에서 소개함.
	슈투트가르트, 프라하, 파리, 브레슬라우, 아른하임, 헤이그, 토키, 런던에서 강연 코스 제공.
	9월 28일, 마지막 강연회를 마침.
	이미 1923년 1월부터 시작된 쇠약 증세로 침상에 누움.
	병상에서도 자신의 일을 계속해 나감.
1925	〈회원 여러분께!〉, ≪치유예술 확장의 토대≫, ≪내 인생의 발자취≫ 집필.
	3월 30일, 괴테아눔에 있는 작업실에서 사망.

루돌프 슈타이너 전집 목록

전집 총 354권은 1956년부터 스위스 도르나흐 소재 〈루돌프 슈타이너 유고관리국〉에서 간행되고 있다. 제목 뒤의 출간 연도는 "1883/1897"처럼 연도 표시가 두 번인 경우 초판과 개정판을, "1889-1901"처럼 표시된 것은 저작물의 완성 기간 또는 원고의 연재 기간을 표시한 것이다. 그리고 맨 뒤 괄호 안의 이탤릭체 숫자는 전집번호(GA로 통용)이다.

A. 저작물
1. 저서

Goethes Naturwissenschaftliche Schriften, 5 Bände, 1883/1897 (1a-e); 1925 *(1)*
괴테의 자연과학서, 총 5권 (루돌프 슈타이너의 서문과 해설)

Grundlinien einer Erkenntnistheorie der Goetheschen Weltanschauung, 1886 *(2)*
괴테 세계관의 인식론 개요

Wahrheit und Wissenschaft. Vorspiel einer <Philosophie der Freiheit>, 1892 *(3)*
진리와 과학. 〈자유의 철학〉의 서막

Die Philosophie der Freiheit. Grundzüge einer modernen Weltanschauung, 1894 *(4)*
자유의 철학. 현대 세계관의 개요

Friedrich Nietzsche, ein Kämpfer gegen seine Zeit, 1895 *(5)*
시대에 맞선 투사 니체

Goethes Weltanschauung, 1897 *(6)*
괴테의 세계관

Die Mystik im Aufgange des neuzeitlichen Geisteslebens und ihr Verhältnis zur modernen Weltanschauung, 1901 *(7)*
근대 정신생활 출현기의 신비주의, 그리고 현대 세계관의 관계

Das Christentum als mystische Tatsache und die Mysterien des Altertums, 1902 *(8)*
신비적 사실로서의 그리스도교와 고대의 신비들

Theosophie. Einführung in übersinnliche Welterkenntnis und Menschenbestimmung, 1904 *(9)*
신지학. 초감각적 세계 인식과 인간 규정 입문

Wie erlangt man Erkenntnisse der höheren Welten? 1904/1905 *(10)*
어떻게 초감각적 세계의 인식에 도달할 것인가?

Aus der Akasha-Chronik, 1904-1908 *(11)*
아카샤 연대기로부터 (인간과 지구의 발달. 아카샤 기록의 해석, 한국인지학출판사)

Die Stufen der höheren Erkenntnis, 1905-1908 *(12)*
고차적 인식의 단계들

Die Geheimwissenschaft im Umriß, 1910 *(13)*
신비학 개요

Vier Mysteriendramen, 1910-1913 *(14)*
신비극 4편

Die geistige Führung des Menschen und der Menschheit, 1911 *(15)*
인류와 인간을 위한 정신적 안내

Anthroposophischer Seelenkalender, 1912 *(in 40)*
인지학적 영혼달력 (영혼달력. 루돌프 슈타이너의 명상시 52편, 한국인지학출판사)

Ein Weg zur Selbsterkenntnis des Menschen, 1912 *(16)*
인간이 자기 인식을 얻는 과정

Die Schwelle der geistigen Welt, 1913 *(17)*
정신세계의 문턱

Die Rätsel der Philosophie in ihrer Geschichte als Umriß dargestellt, 1914 *(18)*
철학의 수수께기. 철학사 개요

Vom Menschenrätsel, 1916 *(20)*
인간이라는 수수께끼

Von Seelenrätseln, 1917 *(21)*
영혼의 수수께끼

Goethes Geistesart in ihrer Offenbarung durch seinen Faust und durch das Märchen von der Schlange und der Lilie, 1918 *(22)*
〈파우스트〉와 〈뱀과 백합의 동화〉에 나타난 괴테의 정신적 특성

Die Kernpunkte der sozialen Frage in den Lebensnotwendigkeiten der Gegenwart und Zukunft, 1919 *(23)*
현재와 미래의 삶에 필연적인 사회 문제의 핵심

Aufsätze über die Dreigliederung des sozialen Organismus und zur Zeitlage 1915-1921, *(24)*
사회 유기체의 3구성과 1915-1921년 시대상에 대한 소고들

Kosmologie, Religion und Philosophie, 1922 *(25)*
우주론, 종교 그리고 철학

Anthroposophische Leitsätze, 1924/1925 *(26)*
인지학의 주요 원칙

Grundlegendes für eine Erweiterung der Heilkunst nach geisteswissenschaftlichen Erkenntnissen, 1925. Von Dr. R. Steiner und Dr. I. Wegman *(27)*
정신과학적 인식에 의한 치유예술 확장의 토대

Mein Lebensgang, 1923/25 *(28)*
내 인생의 발자취 (루돌프 슈타이너 자서전. 내 인생의 발자취, 한국인지학출판사)

2. 논문 모음
Aufsätze zur Dramaturgie 1889-1901 *(29)*
희곡론

Methodische Grundlagen der Anthroposohpie 1884-1901 *(30)*
인지학의 방법론적 토대

Aufsätze zur Kultur- und Zeitgeschichte 1887-1901 *(31)*
문화사와 시대사에 대한 소고들

Aufsätze zur Literatur 1886-1902 *(32)*
문학론

Biographien und biographische Skizzen 1894-1905 *(33)*
전기와 생애에 대한 스케치

Aufsätze aus «Lucifer-Gnosis» 1903-1908 *(34)*
잡지 〈루시퍼·그노시스〉에 실린 소고들

Philosophie und Anthroposophie 1904-1918 *(35)*
철학과 인지학

Aufsätze aus <Das Goetheanum> 1921-1925 *(36)*
인지학 전문 주간지 〈괴테아눔〉에 실린 소고들

3. 유고 간행물
Briefe 서간문 / Wahrspruchworte 잠언집 / Bühnenbearbeitungen 무대작업들 / Entwürfe zu den Vier Mysteriendramen 1910-1913 신비극 4편의 스케치 / Anthroposophie. Ein Fragment 인지학 미완 원고 / Gesammelte Skizzen und Fragmente 스케치와 미완 원고 모음 / Aus Notizbüchern und -blättern 수첩과 메모장 모음 *(38-47)*

B. 강연문
1. 공개강연
Die Berliner öffentlichen Vortragsreihen, 1903/04 bis 1917/18 *(51-67)*
베를린 기획강연

Öffentliche Vorträge, Vortragsreihen und Hochschulkurse an anderen Orten Europas 1906-1924 *(68-84)*
공개강연, 기획강연, 그리고 유럽 각지 대학에서 가진 강좌 내용 모음

2. 인지학협회 회원을 위한 강연
Vorträge und Vortragszyklen allgemein-anthroposophischen Inhalts 일반 인지학 내용의 강연과 연속강연회 / Christologie und Evangelien-Betrachtungen 그리스도론과 복음서 고찰 / Geisteswissenschaftliche Menschenkunde 정신과학적 인간학 / Kosmische und menschliche Geschichte 우주와 인간의 역사 / Die geistigen Hintergründe der sozialen Frage 사회 문제의 정신세계적 배경 / Der Mensch in seinem Zusammenhang mit dem Kosmos 우주적 맥락 안에 존재하는 인간 / Karma-Betrachtungen 카르마 연구 *(91-244)*

Vorträge und Schriften zur Geschichte der anthroposophischen Bewegung und der Anthroposophischen Gesellschaft *(251-265)*
인지학 운동과 인지학협회의 역사에 대한 강연문과 원고들

3. 영역별 강연과 강좌
Vorträge über Kunst: Allgemein-Künstlerisches 일반 예술에 관한 강연 – Eurythmie 새로운 동

작예술로서 오이리트미 - Sprachgestaltung und Dramatische Kunst 언어조형과 연극예술 - Musik 음악 - Bildende Künste 조형예술 - Kunstgeschichte 예술사 *(271-292)* - Vorträge über Erziehung 발도르프 교육학 *(293-311)* - Vorträge über Medizin 의학 관련 강연회 *(312-319)* - Vorträge über Naturwissenschaft 자연과학에 관한 강연회 *(302-327)* - Vorträge über das soziale Leben und die Dreigliederung des sozialen Organismus 사회적 양상과 사회 유기체의 3구성론에 관한 강연회 *(328-341)* - Vorträge für die Arbeiter am Goetheanumbau 1차 괴테아눔 건축 당시 노동자를 위한 강연회 *(347-354)*

C. 예술 작품
Originalgetreue Wiedergaben von malerischen und graphischen Entwürfen und Skizzen Rudolf Steiners in Kunstmappen oder als Einzelblätter: Entwürfe für die Malerei des Ersten Goetheanum 루돌프 슈타이너가 직접 그린 작품철과 스케치: 회화, 그래픽, 1차 괴테아눔 천정 벽화 스케치의 복사본 / Schulungsskizzen für Maler 화가를 위한 수련 스케치 / Programmbilder für Eurythmie-Aufführungen 오이리트미 공연 프로그램을 위한 그림들 / Eurythmieformen 오이리트미 안무 / Skizzen zu den Eurythmiefiguren, u.a. 오이리트미 동작모형물 등의 스케치

루돌프 슈타이너 전집 | 교육학

1. 발도르프 교육예술
   - 인간 본성이 중심인 교육

2. 근간) 정신과학적 인간 이해의 교육적 실제
   - 아동·청소년을 위한 교육

루돌프 슈타이너 전집 | 예술

1. 근간) 보이는 언어-오이리트미

루돌프 슈타이너 전집 | 인지학

0. 인지학 영혼달력
   - 루돌프 슈타이너의 명상시 52편

1. 인간과 지구의 발달
   - 아카샤 기록의 해석

2. 루돌프 슈타이너 자서전
   - 내 인생의 발자취

3. 우주론, 종교 그리고 철학

4. 근간) 신비적 사실로서의 그리스도교

5. 근간) 신비학 개요

6. 근간) 어떻게 초감각적 세계의 인식에 도달할 것인가?

7. 근간) 신체의 건강한 발달을 위한 영혼적·정신적 바탕

8. 근간) 괴테 세계관의 인식론적 토대

9. 근간) 영혼의 수수께끼